BIBLIOTHÈQUE
LATINE-FRANÇAISE

PUBLIÉE

PAR

C. L. F. PANCKOUCKE

ŒUVRES

COMPLÈTES

DE CICÉRON

TRADUCTION NOUVELLE

Par MM. Andrieux, Agnant, Bompart, Champollion-Figeac, Charpentier, Chevalier, E. Gréslou, De Guerle, Delcasso, De Golbéry, Du Rozoir, Ajasson de Grandsagne, Guéroult, Liez, J. Mangeart, Matter, Naudet, C. L. F. Panckoucke, Pericaud, Pierrot, Stiévenart.

TOME DIX-NEUVIÈME.

PARIS
C. L. F. PANCKOUCKE, ÉDITEUR
RUE DES POITEVINS, N. 14

M DCCC XL

BIBLIOTHÈQUE LATINE-FRANÇAISE

PUBLIÉE

PAR

C. L. F. PANCKOUCKE.

Exegi monumentum ære perennius.
(HOR., *Od.* lib. III, ode 30.)

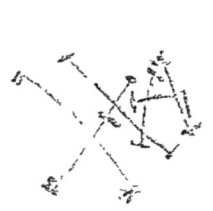

OEUVRES

COMPLÈTES

DE CICÉRON

LETTRES

REVUES

PAR M. DE GOLBERY

DÉPUTÉ
CONSEILLER A LA COUR ROYALE DE COLMAR
CORRESPONDANT DE L'INSTITUT (INSCRIPTIONS ET BELLES-LETTRES)
MEMBRE DE L'INSTITUT ARCHÉOLOGIQUE DE ROME.

TOME DEUXIÈME.

PARIS

C. L. F. PANCKOUCKE, ÉDITEUR

OFFICIER DE L'ORDRE ROYAL DE LA LÉGION D'HONNEUR
RUE DES POITEVINS, N. 14

M DCCC XL

LETTRES
DE M. T. CICÉRON.

— Ans de Rome 696 à 701 —

M. T. CICERONIS
EPISTOLÆ.

EPISTOLA LXXXVII.
(ad Att., IV, 1.)

Scrib. Romæ non. sext. A. V. C. 696.

CICERO ATTICO SAL.

Quum primum Romam veni, fuitque cui recte ad te litteras darem, nihil prius faciendum mihi putavi, quam ut tibi absenti de reditu nostro gratularer. Cognoram enim (ut vere scribam) te in consiliis mihi dandis nec fortiorem nec prudentiorem, quam me ipsum : nec etiam pro præterita mea in te observantia, nimium in custodia salutis meæ diligentem, eumdemque te, qui primis temporibus erroris nostri, aut potius furoris particeps, et falsi timoris socius fuisses, acerbissime dissidium nostrum tulisse, plurimumque operæ, studii, diligentiæ, laboris ad conficiendum reditum meum contulisse. Itaque hoc tibi vere affirmo, in maxima lætitia, et exoptatissima gratulatione, unum ad cumulandum gaudium conspectum, aut potius complexum mihi tuum defuisse; quem semel nactus, nunquam dimisero : ac,

LETTRES
DE M. T. CICÉRON

LETTRE LXXXVII.

Rome, 5 août 696.

CICÉRON A ATTICUS.

Dès que j'ai été arrivé à Rome, et qu'il s'est présenté une voie sûre pour vous écrire, j'ai cru devoir, avant toutes choses, me réjouir avec vous de mon retour. Car, pour vous parler franchement, lorsque j'eus besoin de vos conseils, vous manquâtes aussi bien que moi de résolution et de prudence; il me parut même que vous ne travailliez pas à me sauver avec autant d'ardeur que semblait le mériter l'attachement inviolable que j'ai toujours eu pour vous. Mais si vous vous laissâtes abuser comme moi, si mes vaines terreurs, si les fausses alarmes qu'on me donna passèrent jusqu'à vous, vous ne fûtes que trop puni de cette faute par l'affliction que mon éloignement vous a causée, et vous la réparâtes aussitôt en vous employant pour moi avec tout le soin et tout le zèle possibles. Je puis donc vous assurer que, dans le plus fort de ma joie, lorsque j'ai vu tous nos citoyens la partager avec moi, j'ai toujours senti qu'il me manquait, pour être

nisi etiam prætermissos fructus tuæ suavitatis omnes exegero, profecto hac restitutione fortunæ me ipse non satis dignum judicabo.

Nos adhuc in nostro statu, quod difficillime recuperari posse arbitrati sumus, splendorem nostrum illum forensem, et in senatu auctoritatem, et apud viros bonos gratiam magis quam optaramus, consecuti sumus. In re autem familiari, quæ quemadmodum fracta, dissipata, direpta sit, non ignoras, valde laboramus; tuarumque non tam facultatum, quas ego nostras esse judico, quam consiliorum ad colligendas et constituendas reliquias nostras indigemus; nunc, etsi omnia aut scripta esse a tuis arbitror, aut etiam nuntiis ac rumore perlata, tamen ea scribam brevi, quæ te puto potissimum ex meis litteris velle cognoscere.

Pridie nonas sext. Dyrrachio sum profectus, illo ipso die quo lex est lata de nobis. Brundisium veni nonis sext.; ibi mihi Tulliola mea fuit præsto natali suo ipso die, qui casu idem natalis erat et brundisinæ coloniæ, et tuæ vicinæ Salutis : quæ res, animadversa a multitudine, summa Brundisinorum gratulatione celebrata est. Ante diem VI id. sext. cognovi litteris Quinti fratris, mirifico studio omnium ætatum atque ordinum, incredibili concursu Italiæ, legem comitiis centuriatis esse perlatam. Inde a Brundisinis honestissimis ornatus, iter ita feci, ut undique ad me cum gratulatione

heureux, de vous voir et de vous embrasser. Si je puis une fois avoir ce plaisir, je le goûterai sans cesse; et si je ne me dédommage avec intérêt de tout ce que notre séparation m'a fait perdre de douceur et d'agrément, je croirai que la fortune ne m'a pas jugé digne d'un tel bonheur, et qu'elle ne m'a été favorable qu'à demi.

Quant à ma position actuelle, j'ai recouvré beaucoup plus tôt que je n'y comptais, et bien plus facilement que je ne l'osais espérer, la supériorité dans le barreau, le crédit dans le sénat, et, parmi tous les bons citoyens, l'estime dont je jouissais avant ma disgrâce. Mais pour mes biens, qui, comme vous savez, ont été en proie à l'avarice et à la fureur de mes ennemis, il ne me sera pas si aisé d'en sauver les restes et d'en réparer les ruines. J'aurai plus besoin pour cela de vos conseils que de votre bourse, dont je crois néanmoins que je puis disposer. On vous a mandé sans doute tout ce qui s'est passé à mon retour, ou le bruit public en aura porté les nouvelles jusqu'à vous : je vais cependant vous écrire en peu de mots quelques particularités, que vous serez bien aise d'apprendre par moi-même.

Je partis de Dyrrachium le 4 août, le jour même qu'on publia le décret de mon rappel. J'arrivai le lendemain à Brindes, où ma fille m'attendait; et il se trouva que c'était le jour de sa naissance, celui de la fondation de la colonie de cette ville, et celui de la dédicace du temple du Salut[1], auprès duquel vous logez. Le peuple fit cette remarque, et m'en félicita avec de grandes démonstrations de joie. Le 8 du même mois, je reçus une lettre de mon frère, qui m'apprit que le décret de mon rappel avait passé dans une assemblée par centuries, où tous les peuples de l'Italie étaient accourus, où tous les ordres et tous les âges avaient fait paraître une ar-

legati convenerint. Ad urbem ita veni, ut nemo ullius ordinis homo nomenclatori notus fuerit, qui mihi obviam non venerit, præter eos inimicos, quibus id ipsum non liceret aut dissimulare, aut negare. Quum venissem ad portam Capenam, gradus templorum ab infima plebe completi erant : a qua plausu maximo quum esset mihi gratulatio significata, similis et frequentia, et plausus me usque ad Capitolium celebravit; in foroque, et in ipso Capitolio miranda multitudo fuit.

Postridie in senatu, qui fuit dies non. sept. senatui gratias egimus. Eo biduo quum esset annonæ summa caritas, et homines ad theatrum primo, deinde ad senatum concurrissent impulsu Clodii, mea opera frumenti inopiam esse clamarent; quum per eos dies senatus de annona haberetur; et ad ejus procurationem sermone non solum plebis, verum etiam bonorum Pompeius vocaretur : idque ipse cuperet; multitudoque a me nominatim, ut id decernerem, postularet; feci et accurate sententiam dixi; quum abessent consulares, quod tuto se negarent posse sententiam dicere, præter Messallam et Afranium. Factum est S. C. in meam sententiam, ut cum Pompeio ageretur, ut eam rem susciperet, lexque ferretur : quo S. C. recitato quum continuo populus, more hoc insulso et novo, plausum, meo

deur incroyable. Je partis de Brindes après avoir reçu des personnes les plus recommandables de cette ville toutes sortes d'honnêtetés. Je rencontrai sur ma route des députés de toutes les villes voisines, qui me venaient faire des complimens. Quand on sut que j'approchais de Rome, il n'y eut pas un seul citoyen d'aucun ordre, dont le nomenclateur pût savoir le nom[2], qui ne vînt au devant de moi, excepté ceux qui s'étaient déclarés mes ennemis trop ouvertement pour le pouvoir ou nier, ou même dissimuler. Lorsque je fus arrivé à la porte Capène[3], tous les degrés des temples furent aussitôt remplis par le petit peuple, qui me témoigna sa joie par ses applaudissemens, et les continua jusqu'au Capitole, où il m'accompagna, et où je trouvai, aussi bien que dans la place publique, une foule infinie.

Le lendemain, 5 septembre, je fis mes remercîmens au sénat. Pendant ces deux jours, la populace, excitée par Clodius, à l'occasion de la grande cherté de blé qui était à Rome, s'étant attroupée d'abord au théâtre, et ensuite à la porte du sénat qui était assemblé pour y donner ordre, criait que j'étais la cause de ce qu'on manquait de blé. Les honnêtes gens, aussi bien que la multitude, nommaient pour cette commission Pompée, qui de son côté la souhaitait. Le peuple s'adressait à moi, et voulait que je proposasse cet avis : je le proposai donc, et je l'appuyai le mieux qu'il me fut possible. Tous les consulaires, excepté Messalla et Afranius, s'étaient absentés, prétendant qu'ils ne pouvaient opiner librement et en sûreté. On fit, conformément à mon avis, un décret par lequel on offrait à Pompée la commission des blés, et l'on se chargeait de la lui faire confirmer par le peuple, à qui on lut aussitôt ce décret.

nomine recitando, dedisset, habui concionem ; omnes magistratus praesentes, praeter unum praetorem, et duos tribunos pleb. dederunt. Postridie senatus frequens, et omnes consulares, nihil Pompeio postulanti negarunt. Ille legatos quindecim quum postularet, me principem nominavit, et ad omnia me alterum se fore dixit.

Legem consules conscripserunt, qua Pompeio per quinquennium omnis potestas rei frumentariae toto orbe terrarum daretur : alteram Messius, qui omnis pecuniae dat potestatem, et adjungit classem et exercitum et majus imperium in provinciis, quam sit eorum, qui eas obtineant. Illa nostra lex consularis nunc modesta videtur, haec Messii non ferenda. Pompeius illam velle se dicit, familiares hanc; consulares, duce Favonio, fremunt, nos tacemus; et eo magis, quod de domo nostra nihil adhuc pontifices responderunt. Qui si sustulerint religionem, aream praeclaram habebimus; superficiem consules ex S. C. aestimabunt : sin aliter, demolientur, suo nomine locabunt, rem totam aestimabunt.

Ita sunt res nostrae, ut in secundis fluxae, ut in adversis bonae. In re familiari valde sumus, ut scis, perturbati. Praeterea sunt quaedam domestica, quae litteris non committo. Quintum fratrem, insigni pietate, virtute, fide praeditum, sic amo, ut debeo. Te exspecto,

Lorsqu'il m'entendit nommer, il se mit à applaudir d'une manière toute nouvelle et toute ridicule [4]. Je le haranguai ensuite, après en avoir reçu la permission des magistrats, qui tous étaient présens, excepté un préteur et deux tribuns du peuple. Le lendemain le sénat fut très-nombreux; tous les consulaires s'y rendirent, et l'on ne refusa rien à Pompée de ce qu'il demanda. Entre les quinze lieutenans qu'il a souhaité avoir, il me nomma le premier, et ajouta qu'en tout je serais un autre lui-même [5].

Les consuls ont dressé un décret qui donne à Pompée, pour cinq ans, dans tout l'empire, la surintendance du commerce et du transport des blés. Messius en a dressé un autre, qui y joint le pouvoir de disposer de tout l'argent de l'épargne, de lever des troupes, d'armer une flotte, et de commander dans les provinces au dessus même des gouverneurs. Ce décret fait paraître le nôtre fort modéré. Pompée dit qu'il est content du premier, et ses amis se déclarent pour le second. Les consulaires murmurent fort haut, et Favonius fait encore plus de bruit qu'aucun d'eux. Pour moi, je me tais, surtout parce que les pontifes n'ont point encore prononcé touchant ma maison. S'ils déclarent que la consécration est nulle, j'aurai une fort belle place. Les consuls, conformément au décret du sénat, estimeront les bâtimens qui ont été abattus, ou bien ils feront démolir le portique de Clodius, traiteront avec des entrepreneurs pour rebâtir ma maison, et estimeront mes autres biens.

Voilà donc l'état où je me trouve maintenant, assez mal par rapport à ma fortune passée, mais assez bien par rapport aux malheurs qui l'ont suivie. Il y a, comme vous le savez, un grand désordre dans mes affaires. Je ne vous parle pas de quelques chagrins de famille [6], que

et oro, ut matures venire; eoque animo venias, ut me tuo consilio egere non sinas. Alterius vitæ quoddam initium ordimur. Jam quidam, qui nos absentes defenderunt, incipiunt præsentibus occulte irasci, aperte invidere. Vehementer te requirimus.

EPISTOLA LXXXVIII.
(ad Att., IV, 2.)
Scrib. Romæ mense octobr. A. V. C. 696.

CICERO ATTICO SAL.

Si forte rarius tibi a me quam a ceteris litteræ redduntur; peto a te, ut id non modo negligentiæ meæ, sed ne occupationi quidem tribuas : quæ etsi summa est, tamen nulla esse potest tanta, ut interrumpat iter amoris nostri et officii mei. Nam ut veni Romam, iterum nunc sum certior factus, esse cui darem litteras : itaque has alteras dedi.

Prioribus tibi declaravi adventus noster qualis fuisset, et quis esset status, atque omnes res nostræ quemadmodum essent, ut in secundis fluxæ, ut in adversis bonæ. Post illas datas litteras, secuta est summa contentio de domo. Diximus apud pontifices pridie kal. octobres. Acta res est accurate a nobis : et si unquam in dicendo fuimus aliquid, aut etiam si unquam alias fuimus, tum

je n'ose confier à une lettre. J'ai pour mon frère toute l'amitié que méritent sa vertu et l'attachement inviolable qu'il a pour moi. Je vous attends avec impatience pour régler ma conduite par vos conseils. Il faut que je me fasse un nouveau plan de vie. Quelques-uns de ceux qui m'ont servi pendant mon absence commencent à murmurer dans l'ombre contre moi, et ne peuvent cacher l'envie qu'ils me portent. Vous m'êtes ici fort nécessaire.

LETTRE LXXXVIII.[1]

Rome, octobre 696.

CICÉRON A ATTICUS.

Si je vous écris moins souvent que quelques autres de vos amis, vous ne devez ni me soupçonner de négligence, ni même chercher dans mes occupations de quoi m'excuser. Quoiqu'elles soient très-grandes, elles ne le seront jamais assez pour interrompre un commerce auquel l'inclination me porte autant que l'amitié m'y oblige. La véritable raison, c'est que depuis que je suis de retour à Rome, voici la seconde fois que je trouve une occasion pour vous écrire.

Je vous ai marqué, dans ma première lettre, quels honneurs on m'avait rendus à mon arrivée, et dans quel état je me trouvais, *assez mal par rapport à ma fortune passée, mais assez bien par rapport aux malheurs qui l'ont suivie.* On a agité depuis, avec beaucoup de chaleur, l'affaire de ma maison. J'ai plaidé moi-même devant les pontifes, le 30 septembre[1] ; ma pièce était fort travaillée. Si jamais j'ai eu quelque éloquence, et si elle

profecto dolor et magnitudo vim quamdam nobis dicendi dedit. Itaque oratio juventuti nostræ deberi non potest; quam tibi, etiam si non desideras, tamen mittam cito.

Quum pontifices decressent, ita : *Si neque populi jussu, neque plebiscito, is qui se dedicasse diceret, nominatim ei rei præfectus esset, neque populi jussu, aut plebiscito, id facere jussus esset; videri posse sine religione eam partem areæ mihi restitui;* mihi facta statim est gratulatio. Nemo enim dubitat, quin domus nobis esset adjudicata. Tum subito ille in concionem ascendit; quam Appius ei dedit : nuntiat jam populo, pontifices secundum se decrevisse; me autem vi conari in possessionem venire. Hortatur ut se et Appium sequantur, et suam libertatem ut defendant. Hic quum etiam illi infimi partim admirarentur, partim irriderent hominis amentiam; ego statueram illuc non accedere, nisi quum consules ex S. C. porticum Catuli restituendam locassent.

Kal. octobr. habetur senatus frequens : adhibentur omnes pontifices, qui erant senatores : a quibus Marcellinus, qui erat cupidissimus mei, sententiam primus rogatus, quæsivit, quid essent in decernendo secuti. Tum M. Lucullus de omnium collegarum sententia respondit, religionis judices pontifices fuisse, legis senatum : se et collegas suos de religione statuisse, in se-

a paru dans quelque occasion, ç'a été surtout dans celle-ci, où ma douleur et mes intérêts m'animaient également, et donnaient à mon discours plus de force et de véhémence. Cette harangue mérite d'être mise entre les mains de notre jeunesse, et je vous l'enverrai au premier jour, quand même vous n'en seriez pas curieux.

Les pontifes décidèrent[2] que *si celui qui disait avoir dédié à la Liberté la place où était ma maison, n'avait point eu pour cela une commission expresse, et qu'il n'eût eu en général aucun ordre du peuple, on pouvait sans intéresser la religion me rendre cette place*[3]. Là-dessus tout le monde me fit des complimens; car on ne doutait point que par cette réponse ma maison ne m'eût été adjugée. Cependant Clodius, qui en avait la permission de son frère Appius, monta à la tribune : il dit au peuple que la décision des pontifes m'est entièrement contraire, et que je veux me mettre par force en possession; il l'exhorte à les suivre, lui et son frère, et à défendre la déesse de la Liberté. Parmi la populace, les uns regardaient avec étonnement cette fureur insensée, et les autres ne faisaient qu'en rire; pour moi, j'avais résolu de ne paraître dans la place qu'après que les consuls, en exécution d'un décret du sénat, auraient adjugé les travaux du portique de Catulus[4].

Le 1er octobre, l'assemblée du sénat fut très-nombreuse : tous ceux d'entre les pontifes qui étaient sénateurs y furent appelés[5]. Marcellinus[6], qui est fort dans mes intérêts, ayant parlé le premier, leur demanda quel avait été le but de leur décision. M. Lucullus répondit, au nom de tous ses collègues, qu'ils n'avaient examiné que la validité de la consécration; que c'était au sénat à prononcer sur la loi; qu'ils avaient jugé le premier chef

natu de lege statuturos : quisque horum loco sententiam rogatus, multa secundum causam nostram disputavit. Quum ad Clodium ventum est, cupiit diem consumere; neque ei finis est factus : sed tamen, quum horas tres fere dixisset, odio et strepitu senatus coactus est aliquando perorare.

Quum fieret S. C. in sententiam Marcellini, omnibus præter unum assentientibus, Serranus intercessit : de intercessione statim ambo consules referre cœperunt. Quum sententiæ gravissimæ dicerentur, senatui placere mihi domum restitui, porticum Catuli locari, auctoritatem ordinis ab omnibus magistratibus defendi : si quæ vis esset facta, senatum existimaturum, ejus opera factum esse, qui S. C. intercessisset : Serranus pertimuit; et Cornicinus ad suam veterem fabulam rediit : abjecta toga se ad generi pedes abjecit : ille noctem sibi postulavit : non concedebant; reminiscebantur enim kal. jan. : vix tamen de mea voluntate concessum est.

Postridie S. C. factum est id quod ad te misi. Deinde consules porticum Catuli restituendam locarunt : illam porticum redemptores statim sunt demoliti libentissimis omnibus. Nobis superficiem ædium consules de consilii sententia æstimarunt H.-S. vicies; cetera valde illiberaliter; Tusculanam villam quingentis millibus; Formia-

comme pontifes, et qu'ils jugeraient le second comme sénateurs. Ayant ensuite opiné chacun à leur tour, ils parlèrent tous pour moi avec beaucoup de force. Le rang de Clodius étant venu, il tâcha de prolonger son discours jusqu'à la fin de la séance. On l'écouta pendant trois heures, mais il s'éleva ensuite un si grand bruit, et l'on témoigna tant d'indignation, qu'il fut obligé de conclure.

On fit alors un décret, conformément à l'avis de Marcellinus, et il n'y eut qu'une seule voix contraire. Serranus s'étant opposé au décret, les deux consuls prirent aussitôt les avis sur cette opposition. Il fut arrêté qu'on n'y aurait point égard, qu'on ferait rebâtir ma maison, qu'on relèverait le portique de Catulus, qu'on chargerait tous les magistrats de faire exécuter cette délibération du sénat; que si quelqu'un se servait de voies de fait pour l'empêcher, on s'en prendrait au tribun qui s'opposait au décret. Ces avis, qui furent proposés avec beaucoup de chaleur, intimidèrent Serranus. Son beau-père Cornicinus, commençant à jouer sa comédie ordinaire, quitte sa robe et se jette aux pieds de son gendre. Celui-ci demande une nuit pour se déterminer; mais on ne voulait pas la lui accorder : on se souvenait que, le 1er janvier, il s'était servi du même artifice; et il ne l'aurait point obtenue, si je n'y avais consenti.

Le lendemain on fit le décret que je vous envoie. Les consuls traitèrent ensuite avec les entrepreneurs pour rebâtir le portique de Catulus, et l'on abattit aussitôt celui de Clodius; ce qui causa une joie universelle. Les consuls, de l'avis de leur conseil, m'ont adjugé 2,000,000 de sesterces* pour ma maison de Rome; mais ils ont

---

* Environ 409,100 fr.

num H.-S. ducentis quinquaginta millibus : quæ æstimatio, non modo vehementer ab optimo quoque, sed etiam a plebe reprehenditur. Dices, quid igitur causæ fuit? dicunt illi quidem, pudorem meum, quod neque negarim, neque vehementius postularim. Sed non est id; nam hoc quidem etiam profuisset. Verum iidem, mi T. Pomponi, iidem inquam illi, quos ne tu quidem ignoras, qui mihi pennas inciderant, nolunt easdem renasci; sed, ut spero, jam renascuntur : tu modo ad nos veni, quod vereor ne tardius interventu Varronis tui nostrique facias.

Quoniam acta quæ sint, habes; de reliqua nostra cogitatione cognosce. Ego me a Pompeio legari ita sum passus, ut nulla re impedirer, quin, si vellem, mihi esset integrum, aut si comitia censorum proximi consules häberent, petere, aut votivam legationem sumere : sic enim nostræ rationes postulabant; sed volui meam potestatem esse vel petendi, vel ineunte æstate exeundi : et interea me esse in oculis civium de me optime meritorum, non alienum putavi.

Ac forensium quidem rerum hæc nostra consilia sunt, domesticarum autem valde impedita. Domus ædificatur. Scis quo sumptu, qua molestia reficiatur Formianum; quod ego nec relinquere possum, nec videre. Tusculanum proscripsi; suburbano non facile careo. Amicorum benignitas exhausta est in ea re, quæ nihil habuit præ-

mis mes autres biens à fort bas prix ; ma maison de Tusculum à 500,000 sesterces *, et celle de Formies à 250,000 **. D'où vient cette injustice? me direz-vous. Ils disent encore que c'est ma faute ; que je ne devais point avoir honte de demander ce qui m'était dû, et que je devais insister plus que je n'ai fait. Mais cette retenue, au lieu de me nuire, devait parler en ma faveur : c'est plutôt que certaines gens, que vous devinerez sans peine, ne veulent pas laisser revenir les ailes qu'ils m'ont coupées ; cependant, malgré leurs jalouses précautions, elles reviennent tous les jours. Tout ira bien pourvu que je vous aie avec moi ; mais j'appréhende que Varron, notre ami commun, ne vous retienne plus long-temps que je ne voudrais.

Voilà tout ce qui s'est passé à mon sujet ; il faut maintenant vous expliquer mes vues. J'ai accepté la lieutenance de Pompée, à condition que, si les consuls de l'année tenaient l'assemblée pour l'élection des censeurs, il me serait libre de demander cette charge, et que cette lieutenance ne serait pas incompatible avec une mission religieuse et libre. J'ai eu des raisons pour cela ; j'ai voulu être maître, ou de demander la charge de censeur, ou de m'absenter de Rome au commencement de l'été ; et je suis bien aise, en attendant, de soutenir par ma présence, le zèle et l'affection que nos citoyens viennent de me témoigner.

Ce sont là toutes les mesures que j'ai prises par rapport à ma position dans l'état 7. Mes affaires domestiques me donnent beaucoup plus de peine ; on rebâtit ma maison de Rome ; vous jugez bien jusqu'où ira cette dépense ; les réparations que je fais à celle de Formies ne

---

* Environ 102,250 fr. — ** Environ 51,125 fr.

ter dedecus; quorum studiis ego, et copiis, si esset per meos defensores licitum, facile essem omnia consecutus. Quo in genere nunc vehementer laboratur. Cetera, quæ me sollicitant μυστικώτερα sunt. Amamur a fratre et a filia. Te exspectamus.

EPISTOLA LXXXIX.
(ad Att., IV, 3.)
Scrib. Romæ, viii kal. decembr. A. V. C. 696.

CICERO ATTICO SAL.

Avere te certo scio, quum scire quid hic agatur, tum mea a me scire; non quod certiora sint ea quæ in oculis omnium geruntur, si a me scribantur, quam quum ab aliis aut scribuntur tibi, aut nuntiantur : verum ut perspicias ex meis litteris, quo animo ea feram, quæ geruntur, et qui sit hoc tempore aut mentis meæ sensus, aut omnino vitæ status.

Armatis hominibus ante diem tertium non. novembr. expulsi sunt fabri de area nostra, disturbata porticus Catuli, quæ ex S. C. consulum locatione reficiebatur, et ad tectum pæne pervenerat. Quinti fratris domus

m'embarrassent pas moins ; je ne puis ni la voir ni l'abandonner. J'ai mis en vente celle de Tusculum, mais je ne puis guère me passer d'une maison de campagne aux portes de la ville [8]. Mes amis se sont épuisés pour moi dans cette occasion, où je pris un parti qui me fut aussi peu utile qu'il était peu honnête ; et si ceux dont le crédit a le plus contribué à mon rappel l'avaient voulu, j'aurais, grâce à leur zèle et à leur générosité, obtenu tout ce que je pouvais prétendre : ce qui m'aurait épargné beaucoup de soins et d'embarras. Mes autres chagrins ont quelque chose de plus secret [9]. Je suis fort content de mon frère et de ma fille. Nous vous attendons avec impatience.

LETTRE LXXXIX.

Rome, 24 novembre 696.

CICÉRON A ATTICUS.

Je ne doute pas que vous ne souhaitiez avoir des nouvelles de tout ce qui se passe, et encore plus d'en avoir par moi-même de tout ce qui me regarde. Ce n'est pas que vous ne puissiez apprendre aussi sûrement par d'autres voies des affaires qui s'accomplissent sous les yeux de tout le monde ; mais vous serez bien aise de savoir ce que j'en pense, et dans quelles dispositions, dans quelle situation d'esprit, enfin dans quel état je me trouve.

Le 3 novembre, des gens armés vinrent chasser les ouvriers qui travaillaient à ma maison. Ils abattirent le portique de Catulus, que les consuls faisaient relever par l'ordre du sénat, et qui était presque achevé. S'étant

primo fracta conjectu lapidum ex area nostra, deinde inflammata jussu Clodii, inspectante urbe, conjectis ignibus, magna querela et gemitu, non dicam bonorum omnium, qui nescio an ulli sint, sed plane hominum omnium. Ille ruere : post hunc furorem nihil nisi cædem inimicorum cogitare; vicatim ambire; servis aperte spem libertatis ostendere.

Etenim antea, quum judicium nolebat, habebat ille quidem difficilem, manifestamque causam, sed tamen causam : id poterat inficiari ; poterat in alios derivare; poterat etiam aliquid jure factum defendere. Post has ruinas, incendia, rapinas, desertus a suis, vix jam Decimum designatorem, vix Gellium retinet : servorum consiliis utitur : videt, si omnes quos vult palam occiderit, nihilo suam causam difficiliorem, quam adhuc sit, in judicio futuram.

Itaque ante diem tertium idus novembr. quum Sacra via descenderem, insecutus est me cum suis. Clamor, lapides, fustes, gladii, hæc improvisa omnia. Discessimus in vestibulum Tettii Damionis; qui erant mecum, facile operas aditu prohibuerunt. Ipse occidi potuit. Sed ego diæta curari incipio, chirurgiæ tædet. Ille omnium vocibus quum se non ad judicium, sed ad supplicium præsens trudi videret, omnes Catilinas, Acidinos

ensuite postés dans la place où était ma maison, ils jetèrent des pierres contre celle de mon frère, et y mirent le feu. Une telle violence, commise en plein jour aux yeux de toute la ville, fit gémir, je ne dirai pas tous les gens de bien, car je n'ose assurer qu'il s'en trouve encore, mais tout le monde généralement. Clodius soutint ensuite par d'autres emportemens cette première fureur. Il n'y avait plus que le sang de ses ennemis qui pût l'assouvir. Il courait de quartier en quartier, et, pour grossir son parti, il promettait aux esclaves la liberté.

Avant cela, lorsqu'il cherchait à décliner le jugement dont on le menaçait [1], son affaire était à la vérité fort mauvaise, et ne demandait par une grande discussion. Mais, s'il n'avait point de raisons solides, il pouvait trouver quelque sorte d'excuse : il pouvait nier les faits, il pouvait les rejeter sur d'autres, il pouvait même soutenir qu'ils étaient justes, du moins en partie. Mais ces maisons pillées, abattues, brûlées, déposent maintenant contre lui. Ses amis, ses parens l'ont abandonné; il est trop heureux de retenir encore Gellius avec le crieur Decimus, et n'a plus pour conseil que des esclaves. Il voit bien qu'il peut dorénavant tuer en public tous ceux qu'il lui plaira, sans que son affaire en devienne plus mauvaise.

Sur cette assurance, comme je passais le 11 novembre par la voie Sacrée, il me poursuivit avec ses gens. Nous entendons tout d'un coup un grand bruit, nous voyons des pierres en l'air, des bâtons levés, des épées nues. Nous nous sauvâmes dans le vestibule de Tettius Damion ; les gens qui m'accompagnaient empêchèrent aisément ceux de Clodius de me forcer. Il ne tint qu'à moi de le faire tuer lui-même ; mais je commence à me guérir par le régime, et j'ai de l'éloignement pour les opéra-

postea reddidit : nam Milonis domum, eam quæ in Germalo, pridie idus novembr. expugnare et incendere ita conatus est, ut palam hora v cum scutis homines, eductis gladiis, alios cum accensis facibus adduxerit : ipse domum P. Sullæ pro castris sibi ad eam impugnationem sumpserat : tum ex Anniana Milonis domo Q. Flaccus eduxit viros acres; occidit homines ex omni latrocinio Clodiano notissimos : ipsum cupivit; sed ille in interiorem ædium.

Sulla in senatu postridie idus : domi Clodius : egregius Marcellinus : omnes acres. Metellus calumnia dicendi tempus exemit, adjuvante Oppio; etiam hercule familiari tuo; de cujus constantia, virtute, tuæ verissimæ litteræ. Sextius furere. Ille postea, si comitia sua non fierent, urbi minari. Proposita Marcellini sententia, quam ille de scripto ita dixerat, ut totam nostram causam areæ, incendiorum, periculi mei, judicio complecteretur, eaque omnia comitiis anteferret; proscripsit Sextius se per omnes dies comitiales de cœlo servaturum.

tions de la chirurgie. Ce séditieux, voyant que tout le peuple, également animé contre lui, demandait, non plus qu'on lui fît son procès, mais qu'on le menât au supplice, rappela toutes les horreurs des Catilina et des Acidinus [2]. Le 12 novembre, il se mit à la tête d'une troupe de gens armés de boucliers, qui vinrent l'épée à la main attaquer la maison que Milon a sur le mont Germalus [3]; d'autres tenaient des flambeaux pour y mettre le feu : il se posta dans la maison de Sylla [4] pour faire cette attaque. Flaccus sortit tout-à-coup de celle que Milon a eue de la succession d'Annius [5], avec des hommes hardis et vigoureux, qui repoussèrent cette troupe de brigands, et tuèrent les plus signalés. On chercha Clodius, et on ne l'aurait pas épargné; mais il se cacha dans l'endroit le plus reculé de la maison.

Sylla vint le 14 au sénat. Clodius n'osa se montrer; Marcellinus fit des merveilles, et tous les esprits parurent fort animés; Metellus, pour empêcher d'aller aux avis, prolongea son discours le plus long-temps qu'il put. Il fut secondé par Oppius, et même par votre bon ami [6] : ce qui prouve tout-à-fait, ce que vous m'en dites dans vos lettres, que c'est un homme plein de vertu, et sur lequel on peut compter. Clodius menace Rome de quelque malheur, si l'on ne procède à l'élection des édiles. Sextius est plus échauffé que jamais [7]. Lorsqu'on lut l'avis que Marcellinus avait minuté par écrit, et qui portait qu'on connaîtrait dans un même jugement des incendies et de toutes les violences qui avaient été commises contre mes ouvriers et contre ma personne, et qu'on jugerait cette affaire avant les élections, Sextius déclara que si cet avis ne passait pas, il observerait les auspices tous les jours d'assemblée.

Conciones turbulentæ Metelli, temerariæ Appii, furiosissimæ Publii. Hæc tamen summa; nisi Milo in Campum obnuntiasset, comitia futura ante diem xii kal. decembr. Milo media nocte cum magna manu in Campum venit. Clodius, quum haberet fugitivorum delectas copias, in Campum ire non est ausus. Milo permansit ad meridiem mirifica hominum lætitia, summa cum gloria. Contentio fratrum trium turpis, fracta vis, contemptus furor. Metellus tamen postulat, ut sibi postero die in foro obnuntietur : nihil esse quod in Campum nocte veniretur; se hora prima in comitio fore. Itaque ante diem xi kal. in comitium Milo de nocte venit. Metellus cum prima luce furtim in Campum itineribus prope deviis currebat : assequitur inter lucos hominem Milo ; obnuntiat : ille se recepit, magno et turpi Q. Flacci convicio.

Ante diem x kal. nundinæ. Concio biduo nulla. Ante diem viii kal. hæc ego scribebam hora noctis nona. Milo Campum jam tenebat. Marcellus candidatus ita stertebat, ut ego vicinus audirem. Clodii vestibulum vacuum sane mihi nuntiabatur, paucis pannosis, linea laterna. Meo consilio omnia illi fieri querebantur, ignari quantum in illo heroe esset animi, quantum etiam consilii : miranda virtus est, nova quædam divina mitto : sed hæc summa est. Comitia fore non arbitror : reum Publium, nisi ante occisus erit, fore a Milone puto :

Metellus fait au peuple des harangues séditieuses; celles d'Appius le sont encore d'avantage, et celles de Clodius se ressentent de toute sa fureur. Pour conclusion, enfin, l'assemblée devait se tenir le 19 novembre, à moins que Milon ne l'empêchât, en déclarant qu'il observerait les auspices. Il vint pour cela dès minuit dans le Champ-de-Mars, avec un bon nombre de gens armés. Clodius n'osa s'y montrer, quoiqu'il eût une troupe choisie d'esclaves fugitifs. Les vains efforts de Metellus et des deux Clodius ses cousins tournèrent à leur honte; leur audace désarmée n'inspira que du mépris. Metellus se contenta de dire qu'il n'était pas nécessaire de venir la nuit dans le Champ-de-Mars, qu'il serait le jour suivant dans la place de Rome à six heures du matin, et que là on pourrait faire ses déclarations. Milon y vint le lendemain 20 novembre avant le jour; peu après il aperçut Metellus qui courait au Champ-de-Mars par des rues détournées, il l'atteignit dans le lieu appelé *entre les bois,* et lui déclara qu'il observerait les auspices. Le consul fut obligé de se retirer, ce qui donna lieu à Q. Flaccus de l'insulter d'une manière sanglante.

Le 21, il y eut une foire, et le peuple ne s'assembla pas ce jour-là ni le suivant. Aujourd'hui 24, que j'écris cette lettre à trois heures du matin, Milon s'est déjà posté dans le Champ-de-Mars. Marcellus, mon voisin, l'un des prétendans, ronfle si fort que je l'entends de chez moi. On m'est venu dire qu'il n'y a dans le vestibule de Clodius que quelques malheureux déguenillés avec une méchante lanterne. Les gens de sa faction disent partout que Milon ne fait que ce que je lui fais faire. Ils devraient savoir que ce héros ne prend conseil que de lui-même, et qu'il est aussi capable d'entreprendre que

si se inter viam obtulerit, occisum iri ab ipso Milone video. Non dubitat facere; præ se fert; casum illum nostrum non extimescit. Nunquam enim cujusquam invidi, et perfidi consilio est usus : nec inerti nobili crediturus.

Nos animo duntaxat vigemus, etiam magis quam quum florebamus : re familiari comminuti sumus : Quinti fratris tamen liberalitati pro facultatibus nostris, ne omnino exhaustus esset, illo recusante, et subsidiis amicorum respondemus. Quid consilii de omni nostro statu capiamus, te absente nescimus; quare appropera.

EPISTOLA XC.

(ad Q. fratrem, II, 1.)

Scrib. Romæ, mense decembri 696.

M. CICERO QUINTO FRATRI SAL.

EPISTOLAM quam legisti, mane dederam; sed fecit humaniter Licinius, quod ad me, misso senatu, vesperi venit, ut si quid esset actum, ad te, si mihi vi-

d'exécuter. Sa valeur est inconcevable, il fait tous les jours des actions merveilleuses. Mais sans m'arrêter à ce détail, je vous dirai seulement qu'il n'y a pas d'apparence qu'on fasse l'élection des édiles ; que Clodius sera sans doute mis en justice par Milon, à moins qu'il ne soit tué auparavant, et qu'il pourra bien l'être par le même Milon, s'il se rencontre quelque part sur la route. C'est une affaire résolue, il se charge de l'exécution et n'en craint pas les suites. Mon exemple ne l'étonne point : ce qui le rassure, c'est qu'il n'eut jamais d'amis jaloux [8] et perfides, et qu'il n'a garde de se reposer, comme moi, sur un nonchalant protecteur.

Je ne manque pas de courage et de fermeté, j'en ai même encore plus qu'avant ma disgrâce, et je voudrais que mes biens ne fussent pas à proportion plus diminués. Je me suis servi de la bourse de mes amis pour payer à mon frère l'argent que je lui devais. Il ne voulait point absolument que j'empruntasse, mais j'ai eu peur qu'il ne s'incommodât trop pour moi. Je ne puis, sans vous, prendre de justes mesures sur tout ce qui me regarde ; venez donc au plus tôt me déterminer.

LETTRE XC.

Rome, décembre 696.

M. CICÉRON A QUINTUS SON FRÈRE.

J'AVAIS écrit, le matin, la lettre que vous avez reçue. Mais, après le sénat, Licinius est venu m'offrir fort obligeamment l'occasion de vous marquer ce qui s'y est

deretur, perscriberem. Senatus fuit frequentior quam putabamus esse posse mense decembri sub dies festos : consulares nos fuimus, et duo consules designati, P. Servilius, M. Lucullus, Lepidus, Volcatius, Glabrio, prætores. Sane frequentes fuimus; omnino ad ducentos. Commorat exspectationem Lupus. Egit causam agri campani, sane accurate. Auditus est magno silentio. Materiam rei non ignoras. Nihil ex nostris actionibus prætermisit. Fuerunt nonnulli aculei in C. Cæsarem, contumeliæ in Gellium, expostulationes cum absente Pompeio. Causa sero perorata, sententias se rogaturum negavit, ne quod onus simultatis nobis imponeret. Ex superiorum temporum conviciis et ex præsenti silentio, quid senatus sentiret se intelligere dixit. In illo cœpit dimittere. Tum Marcellinus, Noli, inquit, ex taciturnitate nostra, Lupe, quid aut probemus hoc tempore, aut improbemus judicare. Ego quod ad me attinet, idemque arbitror ceteros, idcirco taceo, quo non existimo, quum Pompeius absit, causam agri campani agi convenire. Tum ille se senatum negavit tenere. Racilius surrexit, et de judiciis referre cœpit. Marcellinum quidem primum rogavit.

Is quum graviter de Clodianis incendiis, trucidationibus, lapidationibus questus esset, sententiam dixit ut ipse judices per prætorem urbanum sortiretur; judi-

passé. L'assemblée était plus nombreuse que je ne m'y serais attendu au mois de décembre, immédiatement avant les fêtes[1]. Sans me compter non plus que les consuls désignés, il y avait en fait de consulaires, P. Servilius, M. Lucullus, Lepidus, Volcatius et Glabrio, et de plus les préteurs. Enfin, nous étions fort nombreux, et jusqu'à deux cents[2]. Lupus avait excité l'attente de tout le monde. Il a traité fort exactement l'affaire des terres de Campanie, et s'est fait écouter avec beaucoup d'attention. Vous n'ignorez pas le fond du sujet. Lupus n'a point oublié les moindres circonstances de mes actions. Il a lancé quelques traits contre César[3]; il s'est emporté en injures contre Gellius, il a fait quelques plaintes de Pompée, qui est absent. Cette cause ayant fini fort tard, il a déclaré qu'il ne recueillerait point les avis, pour éviter tous les sujets de division. Il croyait pouvoir juger, a-t-il ajouté, par la violence des discussions précédentes et par le silence présent, quel était le sentiment du sénat. Il a commencé là-dessus à congédier l'assemblée. Mais Marcellinus s'est levé pour lui dire : Il ne faut pas, Lupus, que vous preniez droit de notre silence pour juger, dans cette occasion, de ce que nous pensons et de ce que nous ne pensons pas. Pour moi (et je m'imagine la même chose de tous les autres), si je me tais, c'est que, dans l'absence de Pompée, je ne trouve pas qu'il soit convenable de traiter l'affaire de Campanie. Alors Lupus a déclaré qu'il ne retenait plus le sénat. Mais Racilius, s'étant levé aussitôt, a proposé l'affaire des jugemens. C'est à Marcellinus qu'il s'est d'abord adressé.

Ce consulaire, après avoir fait des plaintes fort graves au sujet des incendies, des meurtres et des pillages de Clodius, a dit sans détour que son avis était de charger le pré-

cum sortitione facta, comitia haberentur; qui judicia impedivisset, eum contra rempublicam esse facturum. Approbata valde sententia, C. Cato contradixit et Cassius, maxima acclamatione senatus, quum comitia judiciis anteferret. Philippus assensit Lentulo. Postea Racilius de privatis me primum sententiam rogavit. Multa feci verba de toto furore latrocinioque P. Clodii. Eum tanquam reum accusavi, multis et secundis admurmurationibus cuncti senatus. Orationem meam collaudavit satis multis verbis, non mehercule indiserte Vetus Antistius, isque judiciorum causam suscepit, antiquissimamque se habiturum dixit. Ibatur in eam sententiam. Tum Clodius rogatus diem dicendo eximere coepit. Furebat, a Racilio se contumaciter urbaneque vexatum. Deinde ejus operæ repente a Græcostasi et gradibus clamorem satis magnum sustulerunt, opinor in Q. Sextilium et amicos Milonis incitatæ. Eo metu injecto, repente magna querimonia omnium discessimus. Habes acta unius diei.

Reliqua, ut arbitror, in mensem januarium rejicientur. De tribunis plebis longe optimum Racilium habemus. Videtur etiam Antistius amicus nobis fore. Nam

teur de la ville, de tirer les juges au sort, et de tenir les comices lorsque les juges seraient tirés ; avec la clause que celui qui mettrait quelque empêchement aux fonctions des juges porterait atteinte au salut de la république. Cet avis ayant été reçu avec beaucoup d'approbation, C. Caton et Cassius le combattirent ; mais, quand ils préférèrent fixer les comices, de grandes clameurs se firent entendre dans le sénat. Philippus s'est déclaré pour le sentiment de Marcellinus. Parmi ceux qui n'ont point de charges [4], Racilius s'est adressé d'abord à moi, pour me demander mon avis. J'ai parlé longtemps sur toutes les fureurs et sur le brigandage continuel de Clodius. Je l'ai accusé comme un criminel public, et j'ai eu la satisfaction de me voir secondé par un murmure favorable de toute l'assemblée. Vetus Antistius [5], qui a pris la parole après moi, a fait un éloge assez long de mon discours, et même assez éloquent. Il a repris la cause des jugemens, en protestant qu'il l'avait fort à cœur. Il entraînait tout le monde dans son sentiment, lorsque Clodius, invité aussi à parler, nous a conduits jusqu'à la fin du jour. Il était furieux d'avoir été poussé si vigoureusement et avec tant d'esprit [6] par Racilius. A la fin, ses suppôts ont fait entendre tout d'un coup un assez grand bruit sur la place des Grecs [7] et sur les degrés ; c'était, si je ne me trompe, contre Q. Sextilius et les amis de Milon. Tout le monde s'en est plaint, mais la crainte nous a fait prendre aussitôt le parti de nous retirer. Voilà tout ce qui s'est passé dans un seul jour.

Je m'imagine que le reste sera rejeté au mois de janvier. Racilius est le mieux disposé de tous les tribuns. Il me semble qu'Antistius sera aussi de nos amis. Pour Plan-

Plancus totus noster est. Fac, si me amas, ut considerate diligenterque naviges de mense decembri.

EPISTOLA XCI.
(ad div., VII, 26.)
Scrib. in Tusculano A. V. C. 696, ut videtur, incertum tamen quo mense.

CICERO S. D. GALLO.

Quum decimum jam diem graviter ex intestinis laborarem; neque iis qui mea opera uti volebant, me probarem non valere, quia febrim non haberem, fugi in Tusculanum, quum quidem biduum ita jejunus fuissem, ut ne aquam quidem gustarem. Itaque confectus languore et fame, magis tuum officium desideravi quam abs te requiri putavi meum. Ego autem quum omnes morbos reformido, tum quod Epicurum tuum stoïci male accipiunt, quia dicat δυσουρικὰ καὶ δυσεντερικὰ πάθη sibi molesta esse : quorum alterum morbum edacitatis esse putant, alterum etiam turpioris intemperantiæ. Sane δυσεντερίαν pertimueram. Sed visa est mihi vel loci mutatio, vel animi etiam relaxatio, vel ipsa jam fortasse senescentis morbi remissio profuisse. Attamen, ne mirere unde hoc acciderit, quomodove commiserim : lex sumptuaria quæ videtur λιτότητα attulisse, ea mihi fraudi fuit. Nam dum volunt isti lauti terra nata, quæ lege excepta sunt, in honorem adducere, fungos, helvellas,

cius, il est tout à nous. Si vous avez un peu d'amitié pour moi, conduisez-vous avec beaucoup de circonspection et de prudence dans une navigation que vous entreprenez au mois de décembre.

LETTRE XCI.

Tusculum, 696 (sans date certaine).

CICÉRON A GALLUS [1].

Il y a huit jours que je suis attaqué d'une colique violente; et ne pouvant prouver à ceux qui ont besoin de moi que je me porte mal, parce que je n'ai pas la fièvre, j'ai pris le parti de fuir dans ma maison de Tusculum. Depuis deux jours j'avais déjà observé une diète si sévère, que je n'avais pas même pris de l'eau. Ainsi, accablé, comme je dois l'être, de langueur et de faim, je me crois plus en droit d'attendre quelque témoignage de votre souvenir, que vous de m'en demander du mien. En général je crains beaucoup toutes sortes de maladies, mais surtout celles que les stoïciens reprochent à votre Épicure [2], c'est-à-dire les douleurs d'entrailles et dans la vessie, parce qu'ils attribuent les unes à la gourmandise, et celle-ci à quelque intempérance encore plus honteuse. Franchement, je me croyais menacé de la dyssenterie; mais je me trouve bien d'avoir changé de séjour, et d'avoir donné un peu de relâche à mon esprit, si je n'en ai pas plutôt l'obligation à la longueur du mal, qui diminue toujours en vieillissant. Mais pour prévenir l'étonnement que vous auriez de la cause, ou vous épargner la peine de la chercher, je vous confesserai que je

herbas omnes ita condiunt, ut nihil possit esse suavius. In eas quum incidissem, in coena augurali apud Lentulum, tanta me διάρροια arripuit, ut hodie primum videatur coepisse consistere. Ita ego, qui me ostreis et muraenis facile abstinebam, a beta et a malva deceptus sum. Posthac igitur erimus cautiores. Tu tamen quum audisses ab Anicio (vidit enim me nauseantem) non modo mittendi causam justam habuisti, sed etiam visendi. Ego hic cogito commorari quoad me reficiam. Nam et vires et corpus amisi. Sed, si morbum depulero, facile, ut spero, illa revocabo. Vale.

EPISTOLA XCII.
(ad div., I, 1.)

Scrib. A. V. C. 697, 1 id. febr. (C. Cornelio Lentulo Marcellino, L. Marcio Philippo, coss.).

M. T. CICERO P. LENTULO PROCOS. S. D.

Ego omni officio, ac potius pietate erga te ceteris satisfacio omnibus, mihi ipsi nunquam satisfacio. Tanta enim magnitudo est tuorum erga me meritorum, ut, quoniam tu, nisi perfecta re, de me non conquiesti, ego, quia non idem in tua causa efficio, vitam mihi

dois m'en prendre à la loi somptuaire[3], qui semblait avoir introduit la frugalité. Les voluptueux voulant mettre en honneur les légumes, parce que la loi les excepte, ont inventé des assaisonnemens si délicats pour les mousserons et pour les autres espèces d'herbes, qu'on ne peut rien s'imaginer de plus délicieux. Je suis tombé sur un de ces mets, au festin augural de Lentulus; la diarrhée m'a pris avec tant de violence, qu'elle ne commence que d'aujourd'hui à me donner un peu de relâche. Ainsi, moi qui m'abstenais sans peine de manger des huîtres et des lamproies, je me suis laissé séduire par des cardons et des mauves : mais cet accident m'inspirera plus de précaution. Anicius m'a vu dans les convulsions du mal; il vous en a fait le récit : n'était-ce pas assez pour m'attirer quelqu'un de votre part, ou même votre visite? Je compte demeurer ici jusqu'au rétablissement de mes forces; car je les ai perdues, et je suis dans une langueur pitoyable. Mais lorsque je serai délivré du mal, je me flatte que tout le reste reviendra facilement. Adieu.

LETTRE XCII.

Le 13 février 697, sous le consulat de C. Cornelius Lentulus Marcellinus et L. Marcius Philippus.

M. T. CICÉRON A P. LENTULUS, PROCONSUL[1].

Quoique le public paraisse satisfait de l'ardeur, ou plutôt de la piété avec laquelle je cherche à m'acquitter de vos bienfaits par mes services, je ne suis jamais content de moi-même : vous vous êtes acquis des droits si puissans à ma reconnaissance, en ne cessant de me servir qu'après avoir heureusement terminé mes affaires,

esse acerbam putem. In causa hæc sunt. Ammonius, regis legatus, aperte pecunia nos oppugnat. Res agitur per eosdem creditores per quos, quum tu aderas, agebatur. Regis causa si qui sunt qui velint, qui pauci sunt, omnes rem ad Pompeium deferri volunt. Senatus religionis calumniam non religione, sed malevolentia, et illius regiæ largitionis invidia comprobat. Pompeium et hortari et orare, et jam liberius accusare, et monere, ut magnam infamiam fugiat, non desistimus. Sed plane nec precibus nostris, nec admonitionibus relinquit locum. Nam quum in sermone quotidiano, tum in senatu palam sic egit causam tuam, ut neque eloquentia majore quisquam, neque gravitate, nec studio, nec contentione agere potuerit, cum summa testificatione tuorum in se officiorum et amoris erga te sui. Marcellinum tibi esse iratum scis. Is, hac regia causa excepta, ceteris in rebus se acerrimum tui defensorem fore ostendit. Quod dat accipimus : quod instituit referre de religione, et sæpe jam retulit, ab eo deduci non potest.

Res ante idus sic acta est, nam hæc idibus mane scripsi. Hortensii et mea et Luculli sententia cedit religioni de exercitu (teneri enim res aliter non potest), sed ex illo senatusconsulto, quod te referente factum est, tibi decernit, ut regem reducas : quod commode facere possis : ut exercitum religio tollat, te auctorem

que le chagrin de n'en pouvoir faire autant pour vous répand de l'amertume dans ma vie. Voici l'état des vôtres. Ammonius, ministre du roi [2], nous attaque ouvertement à force d'argent. Ceux qui agissent sont les mêmes créanciers que vous avez vus agir avant votre départ. Les partisans du roi, qui sont néanmoins en petit nombre, demandent tous que le choix tombe sur Pompée. Le sénat approuve l'objection religieuse [3], moins par religion que par mauvaise volonté, et parce qu'il ne voit pas de bon œil les libéralités du roi. Nous ne nous lassons point d'exhorter, de prier Pompée; nous joignons même les reproches aux instances pour lui faire honte d'une telle infamie : mais nous pourrions nous dispenser de ce soin ; car, soit au sénat, soit dans ses entretiens ordinaires, il plaide votre cause avec plus d'éloquence, de gravité, de chaleur et d'affection que personne, en faisant beaucoup valoir les bons offices qu'il a reçus de vous, et l'amitié qu'il vous porte. Vous savez que Marcellinus est irrité contre vous; cependant il fait connaître qu'à l'exception de l'affaire du roi, son zèle dans tout le reste sera toujours fort ardent pour votre défense. Nous nous contentons de cette promesse. Comme il s'est chargé du rapport de ce qui appartient à la religion, et qu'il l'a déjà fait plusieurs fois, on ne peut lui faire abandonner ce qu'il a commencé.

Tout ce que je viens d'écrire s'est passé avant les ides; car je vous écris cette lettre le jour même des ides au matin. Hortensius, Lucullus et moi, nous sommes forcés de nous rendre au prétexte de la religion, dans ce qui regarde l'armée, sans quoi il faudrait perdre toute espérance : mais nous insistons sur le décret que le sénat a porté sur votre rapport, et par lequel vous avez été choisi pour

senatus retineat. Crassus tres legatos decernit, nec excludit Pompeium : censet enim etiam ex iis, qui cum imperio sint. Bibulus tres legatos, ex iis qui privati sunt. Huic assentiuntur reliqui consulares, præter Servilium, qui omnino reduci negat oportere : et Volcatium, qui, Lupo referente, Pompeio decernit; et Afranium, qui assentitur Volcatio : quæ res auget suspicionem Pompeii voluntatis; nam advertebatur Pompeii familiares assentire Volcatio. Laboratur vehementer. Inclinata res est. Libonis et Hypsæi non obscura concursatio et contentio, omniumque Pompeii familiarium studium, in eam opinionem rem adduxerunt, ut pæne is cupere videatur : cui, qui nolunt, iidem tibi, quod eum ornasti, non sunt amici. Nos in causa auctoritatem eo minorem habemus, quod tibi debemus. Gratiam autem nostram extinguit hominum suspicio, quod Pompeio se gratificari putant.

Ut in rebus, multo ante quam profectus es, ab ipso rege et ab intimis, ac domesticis Pompeii clam exulceratis, deinde palam a consularibus exagitatis, et in summam invidiam adductis, ita versamur. Nostram fidem omnes, amorem tui absentis præsentes tui co-

rétablir le roi. Nous faisons valoir votre situation, qui est favorable à cette entreprise; et, consentant qu'on supprime l'armée par respect pour la religion, nous demandons que le sénat continue de remettre l'affaire à votre conduite. Crassus propose de nommer trois députés, sans exclure Pompée de ce nombre, parce qu'il ne veut point que d'autres commandemens soient une raison d'exclusion. Bibulus en veut trois [4] qui ne soient point revêtus de magistratures. Son opinion est suivie par tout le reste des consulaires, à la réserve de Servilius [5], qui est absolument opposé au rétablissement, et de Volcatius qui, suivant la proposition de Lupus, embrassée aussi par Afranius, veut que Pompée soit choisi : ce qui rend les intentions de Pompée encore plus suspectes; car on a remarqué que ses amis étaient pour l'avis de Volcatius. On s'agite avec chaleur : la balance commence même à pencher. Les mouvemens assez clairs de Libon et d'Hypséus [6], leurs instances et les efforts de tous les autres amis de Pompée, ont conduit les choses au point que Pompée même ne paraît plus faire mystère de ses désirs. Ceux qui ne veulent pas de lui ne sont pas de vos amis non plus, parce que vous l'avez élevé [7] : pour moi, je puis d'autant moins en votre faveur, que je vous ai plus d'obligations. L'envie qu'on a de favoriser Pompée sert encore à nourrir des soupçons qui nuisent à mon crédit.

Enfin, ma situation est telle que vous devez l'imaginer dans des conjonctures qui étaient déjà fâcheuses long-temps avant votre départ, tant par les pratiques secrètes du roi et de ses confidens, que par celles des gens de Pompée ; elles n'ont fait ensuite que s'aigrir ouvertement par la conduite des consulaires, et sont de-

gnoscent. Si esset in iis fides, in quibus summa esse debebat, non laboraremus, Vale.

EPISTOLA XCIII.
(ad div., I, 2.)
Scrib. Romæ, a. d. xvi kal. febr. A. V. C. 697.

M. T. CICERO P. LENTULO PROCOS. S. D.

Idibus januariis in senatu nihil est confectum, propterea quod dies magna ex parte consumptus est altercatione Lentuli consulis et Caninii tribuni plebis. Eo die nos quoque multa verba fecimus : maximaque visi sumus senatum commemoratione tuæ voluntatis erga illum ordinem commovere. Itaque postridie placuit, ut breviter sententias diceremus. Videbatur enim reconciliata nobis voluntas senatus esse : quod quum dicendo, tum singulis appellandis, rogandisque perspexeram. Itaque quum sententia prima Bibuli pronuntiata esset, ut tres legati regem reducerent : secunda Hortensii, ut tu sine exercitu reduceres : tertia Volcatii, ut Pompeius reduceret : postulatum est ut Bibuli sententia divideretur. Quatenus de religione dicebat, cuique rei jam obsisti non poterat, Bibulo assensum est : de tribus legatis frequenter ierunt in alia omnia. Proxima erat Horten-

venues plus difficiles que jamais. Comptez que ma fidélité dans les services que je vous dois éclatera aux yeux de tout le monde, et que vos amis présens connaîtront combien je vous aime absent. Si nous avions trouvé de la bonne foi dans ceux de qui nous avions le droit d'en attendre, nous serions exempts aujourd'hui de beaucoup d'embarras. Adieu.

LETTRE XCIII.

Rome, 17 janvier 697.

M. T. CICÉRON A P. LENTULUS, PROCONSUL.

Il ne se fit rien au sénat le 13 janvier, parce que le démêlé du consul Lentulus et de Caninius, tribun du peuple, nous fit perdre une grande partie du jour. Je ne laissai pas de parler beaucoup aussi dans cette séance; et m'étant étendu sur votre attachement pour le sénat, je crus m'apercevoir qu'il en était ébranlé. Le lendemain, on prit le parti de demander à chacun son avis en peu de mots. Il paraissait assez que les inclinations étaient changées en notre faveur : j'avais fait cette remarque, non-seulement pendant mon discours, mais encore par les interpellations et les questions que j'adressais à chacun en particulier. Après qu'on eut exposé les trois opinions, c'est-à-dire, en premier lieu, celle de Bibulus, qui voulait trois députés pour le rétablissement; celle d'Hortensius, qui proposait de vous en charger sans armée; et celle de Volcatius, qui voulait qu'on choisît Pompée; on demanda que l'opinion de Bibulus fût considérée sous deux aspects : l'un, qui regardait la religion;

sii sententia, quum Lupus, tribunus plebis, quod ipse de Pompeio retulisset, intendere cœpit, ante se oportere discessionem facere quam consules. Cujus orationi vehementer ab omnibus reclamatum est; erat enim iniqua et nova. Consules neque concedebant, neque valde repugnabant, diem consumi volebant : id quod est factum. Perspiciebant enim in Hortensii sententiam multis partibus plures ituros; quanquam aperte Volcatio assentirentur. Multi rogabantur, atque idipsum consulibus invitis. Nam ii Bibuli sententiam valere cupiebant.

Hac controversia usque ad noctem ducta, senatus est dimissus. Et ego eo die casu apud Pompeium cœnavi : nactusque tempus hoc magis idoneum quam unquam antea, quod post tuum discessum is dies honestissimus nobis fuerat in senatu, ita sum cum illo locutus, ut mihi viderer animum hominis ab omni alia cogitatione ad tuam dignitatem tuendam traducere : quem ego ipsum quum audio, prorsus eum libero omni suspicione cupiditatis. Quum autem ejus familiares omnium ordinum video, perspicio id, quod jam omnibus est apertum, totam rem istam jam pridem a certis hominibus, non invito rege ipso, consiliariisque ejus, esse corruptam.

et comme elle ne souffrait pas d'objections de ce côté-là, tout le monde y donna son assentiment. A l'égard des trois députés, la plupart se déclarèrent pour tout autre parti. On allait traiter l'avis d'Hortensius, lorsque Lupus, tribun du peuple, prétendit qu'ayant fait l'ouverture qui regardait Pompée, il devait faire la division des voix [1] avant les consuls. Tout le monde se récria beaucoup contre cette prétention, qui était tout à la fois injuste et nouvelle. Si les consuls n'y consentirent point, ils ne la rejetaient pas non plus trop fortement, parce qu'ils ne cherchaient qu'à consumer le temps, comme ils y réussirent en effet. Ils voyaient fort bien que plusieurs personnes de différens partis embrasseraient le sentiment d'Hortensius, quoiqu'elles parussent de celui de Volcatius. Cependant on commençait à recueillir les voix, malgré les consuls mêmes, qui souhaitaient que celui de Bibulus prévalût.

Le débat ayant duré jusqu'à la nuit, on congédia l'assemblée. Le hasard me fit demeurer cette même nuit à souper chez Pompée. Je jugeai l'occasion d'autant plus favorable, que depuis votre départ il n'y avait point eu de jour où nous eussions fait au sénat une figure si honorable. Je m'expliquai si fortement avec Pompée, que je crus lui avoir fait abandonner toute autre vue, pour embrasser la défense de votre dignité. Il est certain que toutes les fois que je l'entends, je ne puis le soupçonner d'aucune vue d'intérêt propre. Mais lorsque je vois ses amis de toute espèce, je sens bien, ce qui n'est plus un secret pour personne, que, par le ministère de certaines gens, et de l'aveu sans doute du roi et de ses conseillers, la corruption a depuis longtemps beaucoup de part à toute cette affaire.

Hæc scripsi ad xvi kal. februar. ante lucem. Eo die senatus erat futurus. Nos in senatu, quemadmodum spero, dignitatem nostram, ut potest in tanta hominum perfidia, et iniquitate, retinebimus. Quod ad popularem rationem attinet, hoc videmur esse consecuti, ut ne quid agi cum populo aut salvis auspiciis, aut salvis legibus, aut denique sine vi possit. De his rebus, pridie quam hæc scripsi senatus auctoritas gravissima intercessit : cui quum Cato et Caninius intercessissent, tamen est perscripta. Eam ad te missam esse arbitror. De ceteris rebus, quidquid erit actum scribam ad te : utque quam rectissime agantur omnia mea cura, opera, diligentia, gratia, providebo. Vale.

EPISTOLA XCIV.
(ad div., I, 3.)

Scrib. Romæ circa xiv kal. febr. A. V. C. 697.

M. T. CICERO P. LENTULO PROCOS. S. D.

Aulo Trebonio, qui in tua provincia magna negotia, et ampla et expedita habet, multos annos utor valde familiariter. Is quum antea semper et suo splendore et nostra ceterorumque amicorum commendatione gratiosissimus in provincia fuit : tum hoc tempore propter tuum in me amorem, nostramque necessitudinem vehementer confidit his meis litteris se apud te gratiosum fore. Quæ ne spes eum fallat vehementer rogo te : commendoque tibi ejus omnia negotia, libertos, procura-

Je vous écris le 17 de janvier avant le jour. Le sénat doit s'assembler aujourd'hui ; j'espère y soutenir notre dignité, autant qu'il est possible, au milieu de tant d'injustice et de mauvaise foi. A l'égard des habitudes populaires, il semble qu'on soit parvenu à ne pouvoir plus traiter avec le peuple sans blesser les auspices ou les lois, ou sans que la violence s'en mêle. Hier, le sénat prit sérieusement connaissance de ces désordres, et les oppositions de Caton et de Caninius n'empêchèrent pas qu'il n'y pourvût par une résolution [2] : je suppose qu'on n'aura pas manqué de vous l'envoyer. J'aurai soin de vous écrire tout ce qui se passera, et de ne rien négliger pour obtenir que tout se passe bien. Adieu.

LETTRE XCIV.

Rome, vers le 19 janvier 697.

M. T. CICÉRON A P. LENTULUS, PROCONSUL.

Il y a plusieurs années que je vis dans une liaison fort étroite avec Aulus Trebonius [1], qui a des affaires considérables et d'une nature fort claire dans votre province. Quoiqu'il y ait toujours obtenu, jusqu'à présent, beaucoup de considération, autant par son propre caractère que par ma recommandation et celle de ses autres amis, il se flatte particulièrement qu'étant chargé de cette lettre, l'amitié que vous avez pour moi lui procurera de vous un accueil favorable. Je vous demande instamment qu'il ne soit point trompé dans cette espérance, et je vous

tores, familiam : imprimisque ut quae T. Ampius de ejus re decreverit ea comprobes, omnibusque rebus eum ita tractes, ut intelligat meam apud te commendationem non vulgarem fuisse. Vale.

EPISTOLA XCV.
(ad div., I, 4.)

Scrib. Romae, kal. febr. A. V. C. 697.

M. T. CICERO P. LENTULO PROCOS. S. D.

Ad xvi kal. febr. quum in senatu pulcherrime staremus, quod jam sententiam Bibuli de tribus legatis pridie ejus diei fregeramus, unumque certamen esset relictum sententia Volcatii, res ab adversariis nostris extracta est variis calumniis. Causam enim frequenti senatu, in magna varietate magnaque invidia eorum qui a te causam regiam alio transferebant, obtinebamus. Eo die acerbum habuimus Curionem : Bibulum multo justiorem, paene etiam amicum. Caninius et Cato negarunt se legem ullam ante comitia esse laturos. Senatus haberi ante kal. febr., per legem Pupiam, id quod scis, non potest : neque mense febr., nisi perfectis aut rejectis legationibus. Haec tamen opinio est populi romani a tuis invidis atque obtrectatoribus nomen inductum fictae religionis, non tam ut te impedirent, quam ut ne quis propter exercitus cupiditatem Alexandriam vellet ire. Dignitatis autem tuae nemo est quin existimet

recommande toutes ses affaires, ses affranchis, ses agens, en un mot tout ce qui lui appartient. Je vous prie surtout d'approuver ce que T. Ampius[2] a déjà réglé à l'avantage de ses affaires, et de le traiter enfin avec tant de bonté, qu'il s'aperçoive que je ne l'ai pas recommandé d'une manière ordinaire. Adieu.

LETTRE XCV.

Rome, 1er février 697.

M. T. CICÉRON A P. LENTULUS, PROCONSUL.

Le 17 janvier, dans la joie d'avoir détruit la veille l'opinion de Bibulus, et de n'avoir plus à combattre que celle de Volcatius, nous faisions fort bonne contenance au sénat; mais nos adversaires trouvèrent le moyen de prolonger les discussions par divers moyens[1]. Ce fut leur unique ressource, lorsqu'ils se furent aperçus que tous leurs efforts et leurs mouvemens pour vous nuire ne servaient qu'à les rendre odieux, et que nous étions prêts à l'emporter. Curion nous maltraita beaucoup dans cette séance. Bibulus marqua plus d'équité, et parut presque de nos amis. Caninius et Caton déclarèrent qu'ils ne porteraient aucune loi avant les comices. Vous savez que la loi Pupia[2] ne permet point que le sénat puisse s'assembler avant le mois de février, ni même dans tout le cours de ce mois, avant qu'on ait expédié ou rejeté les députations. Cependant le public est persuadé que le but de vos ennemis et de vos envieux, en suscitant l'obstacle prétendu de la religion, a moins été de vous nuire, que d'empêcher qui que ce fût d'aller à Alexan-

habitam esse rationem ab senatu. Nemo est enim qui nesciat, quo minus discessio fieret, per adversarios tuos esse factum, qui nunc, populi nomine, re autem vera sceleratissimo latrocinio, si qua conabuntur agere, satis mihi provisum est ut ne quid salvis auspiciis aut legibus, aut jam sine vi agere possint. Ego neque de meo studio, neque de nonnullorum injuria scribendum mihi esse arbitror; quid enim aut me ostentem, qui, si vitam pro tua dignitate profundam, nullam partem videar tuorum meritorum assecutus? aut de aliorum injuriis querar, quod sine summo dolore facere non possum? Ego tibi a vi, hac praesertim imbecillitate magistratuum, praestare nihil possum. Vi excepta, possum confirmare, te, et senatus et populi romani summo studio, amplitudinem tuam retenturum. Vale.

EPISTOLA XCVI.

(ad div., I, 5 pars prima.)

Scrib. Romae A. V. C. 697, initio mensis februarii.

M. T. CICERO P. LENTULO PROCOS. S. D.

TAMETSI mihi nihil fuit optatius quam ut primum abs te ipso, deinde a ceteris omnibus quam gratissimus erga te esse cognoscerer, tamen afficior summo dolore ejusmodi tempora post tuam profectionem consecuta

dric avec une armée : et l'on reconnaît généralement que le sénat a eu de justes égards pour votre dignité; car personne n'ignore que ce sont vos ennemis qui ont empêché la mise aux voix.[3] Mais s'ils entreprennent à présent quelque chose au nom du peuple pour déguiser leurs intentions, qui ne sont au fond qu'un vrai brigandage, on a pris soin suffisamment qu'ils ne puissent rien faire avec les auspices et de l'aveu des lois, ou sans recourir à la violence. Je ne crois pas devoir m'arrêter à vous faire valoir ici mon zèle, ni à vous apprendre ce que certaines personnes ont fait d'injurieux contre vous. Je n'aurais pas bonne grâce de vanter mes soins, moi qui ne serais pas quitte avec vous quand j'aurais employé ma vie pour votre service; et je ne pourrais vous entretenir, sans une extrême douleur, des mauvais procédés d'autrui. Je ne vous réponds de rien contre la violence, surtout dans un temps où nos magistrats marquent tant de faiblesse : mais, dans tout autre cas, je puis vous assurer que le sénat et le peuple romain concourront avec un zèle égal au maintien de votre dignité. Adieu.

LETTRE XCVI.

Rome, au commencement de février 697.

M. T. CICÉRON A P. LENTULUS, PROCONSUL.

QUOIQUE je ne souhaitasse rien avec plus d'ardeur que de vous prouver ma vive reconnaissance et de la faire éclater aux yeux du public, je suis néanmoins fort affligé que les conjonctures qui ont suivi votre départ vous

esse ut et meam et ceterorum erga te fidem et benivolentiam absens experirere. Te autem videre et sentire, eamdem fidem esse hominum in tua dignitate, quam ego in mea salute sum expertus, ex tuis litteris intellexi. Nos quum maxime consilio, studio, labore, gratia, de causa regia niteremur, subito exorta est nefaria Catonis promulgatio, quæ nostra studia impediret, et animos a minore cura ad summum timorem traduceret. Sed tamen in ejusmodi perturbatione rerum, quanquam omnia sunt metuenda, nihil magis quam perfidiam timemus. Et Catoni quidem, quoquo modo se res habeat, profecto resistimus. De alexandrina re causaque regia tantum habeo polliceri, me tibi absenti, tuisque præsentibus cumulate satisfacturum. Sed vereor ne aut eripiatur nobis, aut deseratur : quorum utrum minus velim, non facile possum existimare.

Sed si res coget, est quiddam tertium, quod neque Selicio, nec mihi displicebat : ut neque jacere regem pateremur, nec nobis repugnantibus ad eum deferri ad quem prope jam delata existimatur. A nobis agentur omnia diligenter; ut nec, si quid obtineri poterit, non contendamus; nec, si quid non obtinuerimus, repulsi esse videamur. Tuæ sapientiæ magnitudinisque animi est omnem amplitudinem et dignitatem tuam in virtute, atque in rebus gestis tuis, atque in tua gravi-

aient mis dans le cas d'éprouver pendant votre absence la fidélité de mon affection et de celle de tous vos autres amis. Vous voyez, vous sentez, à ce que je comprends par vos lettres, que les hommes sont aujourd'hui pour votre dignité ce qu'ils ont été pour mon salut. Lorsque notre prudence, notre zèle, tous nos efforts, tout notre crédit s'employaient pour cette affaire du roi, on a vu paraître tout d'un coup cette affreuse motion de C. Caton [1], qui a traversé nos espérances, et qui nous a fait passer d'une inquiétude médiocre à l'excès de la crainte. Dans un trouble de cette nature, tout est sans doute à redouter; mais rien ne me paraît si dangereux que la perfidie. De quelque manière que les choses puissent tourner, nous ne cessons pas de faire face à Caton; et, touchant l'affaire d'Alexandrie, je puis du moins vous promettre que vous, qui êtes absent, et vos amis, qui sont témoins ici de ma conduite, vous serez parfaitement satisfaits; mais je crains de deux choses l'une : ou que cette commission ne nous soit enlevée, ou même que l'entreprise ne soit abandonnée tout-à-fait; et j'aurais peine, en vérité, à décider ce qui me chagrinerait le plus.

Cependant, si nous y sommes forcés, il y a un troisième parti, pour lequel Selicius [2] et moi n'avons point d'éloignement : c'est de ne pas laisser le roi dans l'infortune, et de ne pas souffrir que la commission de le rétablir soit donnée malgré nous à celui qu'on croit déjà presque sûr de l'obtenir. Nous nous conduirons avec tant d'habileté, que nous ne resterons pas oisifs si nous pouvons obtenir quelque chose, et que, si nous n'obtenons rien, il ne paraîtra pas que nous ayons essuyé un refus. Il est de votre sagesse et de votre grandeur d'âme de

tate, positam existimare : si quid ex iis rebus quas tibi fortuna largita est, nonnullorum hominum perfidia detraxerit, id majori illis fraudi, quam tibi futurum. A me nullum tempus prætermittitur de tuis rebus et agendi et cogitandi; utorque ad omnia Q. Selicio : neque enim prudentiorem quemquam ex tuis, neque fide majore esse judico, neque amantiorem tui.

EPISTOLA XCVII.
(ad Q. fratrem, II, 2.)
Scrib. Romæ xiv. kal. febr. A. V. C. 697.

CICERO QUINTO FRATRI SAL.

Non occupatione qua eram sane impeditus, sed parvula lippitudine adductus sum, ut dictarem hanc epistolam, et non, ut ad te soleo, ipse scriberem. Et primum me tibi excuso, in eo ipso in quo te accuso. Me enim adhuc nemo rogavit numquid in Sardiniam vellem : te puto sæpe habere, etsi non semper, qui numquid Romam velis quærant.

Quod ad me de Lentuli et Sexti nomine scripsisti, locutus sum cum Cincio. Quoquo modo res se habet, non est facillima : sed habet profecto quiddam Sardinia appositum ad recordationem præteritæ memoriæ. Nam

prendre pour règle de votre dignité et de l'opinion que vous devez avoir de vous-même, votre vertu, vos belles actions et la gravité de votre caractère. Persuadez-vous bien que si la perfidie de certaines gens, vous fait perdre quelques-uns des avantages que vous devez à la fortune, la honte en retombera moins sur vous que sur eux. Comptez que je ne cesse ni de penser, ni d'agir pour vos intérêts. J'emploie dans toutes sortes d'occasions Q. Selicius, parce que, de tous vos amis, je n'en connais aucun qui ait plus de prudence, plus de fidélité, ou plus d'attachement pour vous.

LETTRE XCVII.

Rome, 19 janvier 697.

CICÉRON A QUINTUS SON FRÈRE.

Ce ne sont pas mes occupations, quoique je n'en manque pas à présent, qui m'obligent de dicter cette lettre, et qui m'empêchent de vous écrire, comme à l'ordinaire, de ma propre main. C'est une petite fluxion qui m'est tombée sur les yeux. Je commence par me justifier sur le point même dont je vous accuse. Personne ne m'a encore demandé si j'avais besoin de quelque chose en Sardaigne ; et je m'imagine au contraire que vous avez, sinon toujours, du moins assez souvent, des gens qui vous offrent leurs services pour Rome.

J'ai parlé à Cincius de ce que vous m'avez écrit de la part de Lentulus et de Sextus. En quelque état que soit cette affaire, elle n'est pas des plus aisées. Mais je m'aperçois que la Sardaigne a quelque chose de propre

ut ille Gracchus augur, posteaquam in istam provinciam venit, recordatus est, quid sibi in campo Martio comitia consulum habenti, contra auspicia accidisset, sic tu mihi videris in Sardinia de forma Minuciana et de nominibus Pomponianis in otio recogitasse.

Culleonis auctio facta est. Sed ego adhuc emi nihil. Tusculano emptor nemo fuit. Si conditio valde bona fuerit, fortasse non omittam.

De ædificatione tua Cyrum urgere non cesso. Spero eum in officio fore. Sed omnia sunt tardiora, propter furiosæ ædilitatis exspectationem. Nam comitia sine mora futura videntur. Edicta sunt ad xi kalendas febr. Te tamen sollicitum esse nolo. Omne genus a nobis cautionis adhibebitur.

De rege alexandrino factum est senatusconsultum, cum multitudine eum reduci periculosum reipublicæ videri. Reliqua quum esset in senatu contentio, Lentulusne an Pompeius reduceret; obtinere causam Lentulus videbatur. In ea re nos et officio erga Lentulum mirifice, et voluntati Pompeii præclare satisfecimus. Sed per obtrectatores Lentuli res calumnia extracta est. Consecuti sunt dies comitiales, per quos senatus haberi non poterat. Quid futurum sit latrocinio tribunorum, non divino : sed tamen suspicor, per vim rogationem Caninium perlaturum. In ea re Pompeius quid velit, non dispicio. Familiares ejus quid cupiant, omnes vi-

à rappeler le souvenir des choses passées. Gracchus, l'augure[1], se ressouvint dans cette province de ce qui lui était arrivé de contraire aux auspices, tandis qu'il tenait les comices consulaires au Champ-de-Mars. De même, il me semble que la Sardaigne vous a fait rappeler, dans votre loisir, le plan de Minucius et les comptes de Pomponius.

La vente de Culléon est finie. Mais je n'ai encore rien acheté. Il ne s'est présenté personne pour acquérir Tusculum [2]. Si les offres étaient avantageuses, peut-être ne laisserais-je pas échapper l'occasion.

Comme je ne cesse pas de presser Cyrus pour vos bâtimens, j'espère qu'il remplira ses promesses; mais tout est retardé par la crainte d'une furieuse édilité; car il paraît que les comices se tiendront incessamment. Elles sont indiquées pour le 22 janvier. Soyez néanmoins sans inquiétude. Nous ne négligerons ici aucune précaution.

A l'égard du roi d'Égypte, le sénat a déclaré, par un décret, qu'il paraît dangereux pour la république de le rétablir à main armée. Le reste de la discussion se réduisant à choisir pour la conduite de cette entreprise entre Pompée et Lentulus, c'est Lentulus qui a paru l'emporter. Je crois avoir fort bien accordé, dans cette occasion, ce que je dois à Lentulus avec le désir de Pompée. Cependant les ennemis de Lentulus ont trouvé le moyen de faire retarder la décision. Les comices étant arrivés immédiatement, le sénat n'a pu s'assembler dans cet intervalle. Je ne devine pas ce qu'on doit attendre du brigandage des tribuns; mais je soupçonne que Caninius l'emportera par la violence [3]. Les vues de Pompée ne me paraissent pas claires : mais celles de ses amis

dent. Creditores vero regis aperte pecunias suppeditant contra Lentulum. Sine dubio res a Lentulo remota videtur esse, cum magno meo dolore : quanquam multa fecit; quare, si fas esset, jure ei succensere possemus.

Tu, si ita expedisti, velim quamprimum bona et certa tempestate conscendas ad meque venias : innumerabiles enim res sunt, in quibus te quotidie in omni genere desiderem. Tui nostrique valent. xiv kal.

EPISTOLA XCVIII.
(ad Att., IV, 4 pars prima.)
Scrib. Romæ, iii kal. febr. A. V. C. 697.

CICERO ATTICO SAL.

Perjucundus mihi Cincius fuit ante diem tertium kal. febr. ante lucem. Dixit enim mihi, te esse in Italia, seseque ad te pueros mittere : quos sine meis litteris ire nolui, non quo haberem, quod tibi præsertim jam prope præsenti scriberem ; sed ut hoc ipsum significarem, mihi tuum adventum suavissimum, exspectatissimumque esse. Quare advola ad nos eo animo, ut nos ames, te amari scias. Cetera coram agemus. Hæc properantes scripsimus. Quo die venies, utique cum tuis apud me sis.

frappent les yeux de tout le monde. D'un autre côté, les créanciers du roi fournissent ouvertement de l'argent contre Lentulus, et ses espérances me paraissent reculées. J'en ressens un vif chagrin, quoiqu'il ait fait bien des choses qui nous mettraient en droit, si cela était possible, d'être peu fâchés contre lui.

Pour vous, si vos affaires le permettent, choisissez promptement un temps favorable pour vous embarquer, et ne tardez pas à nous rejoindre. Je sens tous les jours, dans mille occasions, le besoin que j'ai de votre présence. Votre famille et la mienne sont en bonne santé. Le 19 janvier.

LETTRE XCVIII.

Rome, 30 janvier 697.

CICÉRON A ATTICUS [1].

J'AI su fort bon gré à Cincius d'être venu exprès chez moi, le 30 janvier, pour m'apprendre que vous étiez en Italie, et qu'il vous envoyait quelqu'un de vos gens. Je n'ai pas voulu manquer cette occasion. Ce n'est pas que j'aie rien de pressé à vous écrire et que je ne puisse attendre aisément jusqu'à votre arrivée, qui est si prochaine; mais je n'ai cru ne pouvoir trop tôt vous témoigner la joie que j'aurai de vous revoir après une si longue absence. Venez donc au plus vite, et sachez que nous payons votre amitié de retour. Nous parlerons du reste quand vous y serez. J'ai écrit ces mots à la hâte. Ne manquez pas de descendre chez moi avec votre famille.

EPISTOLA XCIX.
(ad Q. fratrem, II, 3.)
Scrib. Romæ, id. febr. A. V. C. 697.

CICERO QUINTO FRATRI SAL.

Scripsi ad te antea superiora : nunc cognosce postea quæ sint acta. A kal. febr. legationes in idus febr. rejiciebantur. Eo die res confecta non est. Ad III nonas febr. Milo affuit. Ei Pompeius advocatus venit. Dixit Marcellus, a me rogatus. Honeste discessimus. Producta dies est in VIII idus febr. Interim rejectis legationibus in idus, referebatur de provinciis quæstorum et de ornandis prætoribus. Sed res, multis querelis de republica interponendis, nulla transacta est. Cato legem promulgavit de imperio Lentuli abrogando. Vestitum filius mutavit. Ad VIII idus februarii Milo affuit. Dixit Pompeius, sive voluit. Nam ut surrexit, operæ Clodianæ clamorem sustulerunt; idque ei perpetua oratione contigit, non modo ut acclamatione, sed ut convicio et maledictis impediretur. Qui ut peroravit (nam in eo sane fortis fuit), non est deterritus : dixit omnia, atque interdum etiam silentio, cum auctoritate semper egerat : sed ut peroravit, surrexit Clodius; et tantus clamor a nostris (placuerat enim referre gratiam), ut neque mente, neque lingua, neque ore consisteret. Ea res acta est, quum hora VI vix Pompeius perorasset, usque ad horam VIII; quum omnia maledicta, versus de-

LETTRE XCIX.

Rome, 13 février 697.

CICÉRON A QUINTUS SON FRÈRE.

Je vous ai marqué ce qui s'était passé auparavant : en voici les suites. L'affaire des légations, n'ayant point été terminée le 1er février, a été renvoyée au 13. Le 3, Milon s'est rendu à l'assemblée[1], et Pompée a paru pour lui servir d'avocat. Marcellus a parlé, sur mon invitation. Nous nous sommes séparés convenablement, et l'affaire a été rejetée au 6. Celle des légations étant remise au 13, on a traité les jours suivans des provinces des questeurs, et des honneurs dus aux préteurs ; mais quantité de plaintes, qui sont venues à la traverse sur l'état de la république, ont empêché qu'on pût rien terminer. Caton a porté une loi qui ôte le commandement à Lentulus. Cet outrage a fait changer d'habit au fils[2]. Enfin, le 6, Milon s'est rendu au sénat. Pompée a parlé en sa faveur, ou plutôt il en a eu l'intention ; car, aussitôt qu'il s'est levé, les suppôts de Clodius ont poussé des cris ; et pendant tout son discours, il a essuyé non-seulement un bruit continuel, mais des injures même et des outrages. Cependant il a marqué assurément beaucoup de fermeté : rien n'a pu le troubler. Il a prononcé toute sa harangue ; et, dans quelques momens où le bruit l'a forcé au silence, son air d'autorité ne l'a point abandonné. Après sa péroraison, Clodius s'est levé pour parler. Mais comme nous avions jugé à propos de lui rendre la pareille, nos gens ont fait tant de bruit à leur tour, que

nique obscenissimi in Clodium et Clodiam dicerentur. Ille furens et exsanguis interrogabat suos in clamore ipso, quis esset qui plebem fame necaret? Respondebant operæ, Pompeius. Quis Alexandriam ire cuperet? Respondebant, Pompeius. Quem ire vellent? Respondebant, Crassum. Is aderat, tum Miloni animo non amico. Hora fere ix quasi signo dato, Clodiani nostros consputare cœperunt. Exarsit dolor. Urgere illi, ut loco nos moverent. Factus est a nostris impetus, fuga operarum. Ejectus de rostris Clodius : ac nos quoque tum fugimus, ne quid in turba. Senatus vocatus in curiam : Pompeius domum. Neque ego tamen in senatum, ne aut de tantis rebus tacerem, aut in Pompeio defendendo (nam is carpebatur a Bibulo, Curione, Favonio, Servilio filio) animos bonorum virorum offenderem. Res in posterum delata est. Clodius in Quirinalia produxit diem.

Ad vi idus febr. senatus ad Apollinis fuit, ut Pompeius adesset. Acta res est graviter a Pompeio. Eo die nihil perfectum est. Ad v idus, ad Apollinis, senatusconsultum factum est, *ea quæ facta essent ad*

son esprit, sa langue et son visage ont paru également troublés. Il était à peine midi lorsque Pompée avait cessé de parler. La scène de Clodius a duré jusqu'à deux heures. Il n'y a point de reproches injurieux qu'il n'ait essuyés. On a même récité des vers très-obscènes sur lui et sur Clodia sa sœur[3]. Les yeux furieux et le visage pâle, il affectait, au milieu même du bruit, de demander à ses suppôts, quel était celui qui faisait mourir le peuple de faim? Ils répondaient, Pompée. Quel était celui qui souhaitait d'aller en Égypte? Pompée, répondaient-ils. Sur qui ils désiraient que pût tomber le choix du sénat. Ils répondaient, sur Crassus. Crassus était de l'assemblée, et n'était pas bien disposé pour Milon. Vers trois heures, les gens de Clodius, comme avertis par quelque signal, ont commencé à cracher sur les nôtres. L'indignation s'est échauffée. Nos ennemis sont devenus plus pressans pour nous faire quitter la place; mais nos gens, fondant brusquement sur eux, les ont forcés de prendre la fuite. Clodius a été chassé de la tribune; et j'ai pris aussi le parti de fuir, pour n'être pas exposé à quelque accident dans la foule. Le sénat s'est assemblé aussitôt. Pompée est retourné à sa maison. Je n'ai pas cru devoir me trouver au sénat, parce que je n'aurais pu me taire dans une occasion de cette importance, ou qu'en prenant la défense de Pompée, qui était attaqué par Bibulus, Curion, Favonius et Servilius le fils, j'aurais craint de déplaire aux gens de bien. L'affaire fut remise au lendemain; mais Clodius a remis son accusation aux Quirinales.

Le 8 février, le sénat s'assembla au temple d'Apollon, afin que Pompée pût s'y trouver. Il parla avec beaucoup de gravité, mais il n'y eut rien de conclu ce jour-là. Le 9, l'assemblée se tint dans le même temple, et dé-

VIII *idus febr. contra rempublicam esse facta.* Eo die Cato est vehementer in Pompeium invectus, et eum oratione perpetua tanquam reum aecusavit. De me multa, me invito, cum mea summa laude dixit. Quum illius in me perfidiam increparet, auditus est magno silentio malevolorum. Respondit ei vehementer Pompeius, Crassumque descripsit, dixitque aperte se munitiorem ad custodiendam vitam suam fore, quam Africanus fuisset, quem C. Carbo interemisset. Itaque magnæ mihi res jam moveri videbantur. Nam Pompeius hæc intelligit, nobiscumque communicat insidias vitæ suæ fieri; C. Catonem a Crasso sustentari; Clodio pecuniam suppeditari; utrumque et ab eo, et a Curione, Bibulo, ceterisque suis obtrectatoribus confirmari : vehementer esse providendum ne opprimatur, concionario illo populo a se prope alienato, nobilitate inimica, non æquo senatu, juventute improba. Itaque se comparat, homines ex agris accersit. Operas autem suas Clodius confirmat, manus ad Quirinalia paratur. In eo multo sumus superiores ipsius copiis. Sed magna manus Piceno et Gallia exspectatur, ut etiam Catonis rogationibus de Milone et Lentulo resistamus.

clara, par un décret, *que tout ce qui s'était passé le 6 était un attentat contre la république.* Le même jour, Caton s'emporta beaucoup contre Pompée, et ne cessa point, dans tout son discours, de le charger d'accusations. Il s'étendit beaucoup sur moi, et me combla de louanges, que j'aurais voulu qu'il eût supprimées. Lorsqu'il lui reprocha la perfidie dont il s'était rendu coupable à mon égard, ses ennemis parurent écouter avec beaucoup d'attention. Cependant il répondit avec force. Il fit le portrait de Crassus, et, sans ménager les termes, il protesta qu'il apporterait plus de soin à défendre sa vie que n'avait fait Scipion l'Africain, qui fut tué par C. Carbon. Ainsi, je ne doute pas qu'il ne se prépare des évènemens d'importance. Pompée en a la même opinion. Il s'ouvre à moi. Il me dit qu'on en veut à sa vie; que C. Caton est soutenu par Crassus; qu'on fournit de l'argent à Clodius; que l'un et l'autre trouvent de l'appui non-seulement dans Crassus, mais encore dans Curion, Bibulus et ses autres ennemis; qu'il est obligé de prendre de fortes mesures pour ne pas se laisser opprimer, lorsqu'il s'aperçoit que la partie tumultueuse du peuple est aliénée; qu'il est haï de la noblesse; que le sénat ne lui est pas favorable, et que la jeunesse romaine est capable de toutes sortes d'excès. Aussi fait-il des préparatifs, et rassemble-t-il beaucoup de monde des environs de Rome. De son côté, Clodius anime l'audace de ses suppôts : il les attroupe pour les fêtes Quirinales. Jusqu'à présent, néanmoins, nous l'emportons par le nombre. Cependant nous attendons du Picenum et de la Gaule un renfort considérable, qui puisse nous mettre en état de résister aussi aux demandes de Caton par rapport à Milon et à Lentulus.

Ad iv idus febr. Sextius ab indice Cn. Nerio Pupinia de ambitu et postulatus, et eodem die a quodam M. Tullio de vi. Is erat æger; domum, ut debuimus, ad eum statim venimus, eique nos totos tradidimus; idque fecimus præter hominum opinionem, qui nos ei jure succensere putabant, ut humanissimi gratissimique et ipsi et omnibus videremur. Itaque faciemus. Sed idem Nerius index edidit ad allegatos Cn. Lentulum Vacciam et C. Cornelium.

Eodem die senatusconsultum factum est, ut *sodalitates decuriatique discederent; lexque de iis ferretur, ut qui non discessissent, ea pœna, quæ est de vi, tenerentur.*

Ad iii idus febr. dixi pro Bestia de ambitu apud prætorem Cn. Domitium in Foro medio, maximo conventu: incidique in eum locum in dicendo, quum Sextius multis, in templo Castoris, vulneribus acceptis, subsidio Bestiæ servatus esset. Hic προφκονομησάμην quiddam εὐκαίρως de his quæ in Sextium apparabantur crimina, et eum ornavi veris laudibus, magno assensu omnium. Res homini fuit vehementer grata. Quæ tibi eo scribo, quod me de retinenda Sextii gratia litteris sæpe monuisti.

Pridie idus hæc scripsi ante lucem : eo die apud Pomponium in ejus nuptiis eram cœnaturus. Cetera sunt in rebus nostris hujusmodi (ut tu mihi fere dif-

Le 10 février, Sextius [5] fut accusé de brigue par Cn. Nerius, de la tribu Pupinia [6], et de violence le même jour par un certain M. Tullius. Il se trouvait malade. Je n'ai pas manqué, comme je le devais, de me rendre chez lui, et de m'offrir tout entier à son service. Personne ne s'y attendait, parce qu'on était persuadé que j'avais de justes raisons de me plaindre de lui. Mais j'ai voulu faire connaître, à lui-même et au public, que j'étais capable de pousser l'humanité et la reconnaissance au-delà des bornes ordinaires. Aussi serai-je fidèle à ma promesse. Le même Nerius a mis en jeu Cn. Lentulus Vaccia et C. Cornelius.

Le même jour, l'assemblée ordonna, par un décret, *que les confréries [7] et toutes les factions attroupées sortissent de Rome, et qu'on fît une loi par laquelle ceux qui ne seraient pas sortis fussent soumis à la punition qui regarde la violence.*

Le 11, je plaidai pour Bestia, contre une accusation de brigue, devant le préteur Cn. Domitius, en plein Forum et dans une assemblée très-nombreuse. Je rappelai dans mon discours le temps où Sextius, après avoir reçu plusieurs blessures dans le temple de Castor, fut redevable de son salut au secours de Bestia. Cette digression a produit un fort bon effet, par rapport aux accusations qui se préparaient contre Sextius. Je lui ai donné en même temps de justes louanges, avec l'applaudissement de tout le monde. Il y a paru très-sensible. Je vous rends compte de cet incident, parce que vous m'avez souvent exhorté par vos lettres à nous conserver l'amitié de Sextius.

Je vous écris le 12 avant le jour. Ce soir je dois assister chez Pomponius au festin qu'il donne pour sa noce. A l'égard du reste des affaires, je n'y vois de toutes parts

fidenti prædicabas) plena dignitatis et gratiæ : quæ quidem tua, mi frater, prudentia, patientia, virtute, pietate, suavitate, etiam tibi mihique sunt restituta. Domus tibi ad Lucum Pisonis Liciniana conducta est; sed ut spero paucis mensibus post kal. quint. in tuam commigrabis. Tuam, in Carinis Mundi, habitatores Lamiæ conduxerunt. A te, post illam olbiensem epistolam, nullas litteras accepi. Quid agas et ut te oblectes, scire cupio, maximeque te ipsum videre quamprimum. Cura, mi frater, ut valeas, et, quanquam est hiems, tamen Sardiniam istam esse cogites. xv kal. mart.

EPISTOLA C.
(ad div., 1, 5 pars altera)

Scrib. Romæ, A. V. C. 697, mense februario.

M. T. CICERO P. LENTULO PROCOS. S. D.

Hic quæ agantur, quæque acta sint, ea te et litteris multorum, et nuntiis cognoscere arbitror : quæ autem posita sunt in conjectura, quæque mihi videntur fore, ea puto tibi a me scribi oportere.

Posteaquam Pompeius est apud populum ad VIII idus febr., quum pro Milone diceret, clamore convicioque jactatus, in senatuque a Catone aspere et acerbe nimium, magno silentio, est accusatus : visus est mihi vehementer esse perturbatus. Itaque alexandrina causa,

que de la dignité et de l'agrément. Je n'osais tout-à-fait me le promettre, mais vous me l'avez prédit, et je reconnais, mon cher frère, que c'est à votre prudence, à votre vertu, à votre affection, à votre douceur que j'en ai l'obligation. On a loué pour vous la maison de Licinius, près des allées de Pison ; mais j'espère que dans peu de mois, c'est-à-dire après les calendes de juillet [8], vous entrerez dans la vôtre. Celle que vous avez sur la place des Carènes a été louée à des locataires de la famille Lamia [9]. Je n'ai reçu aucune lettre de vous depuis celle d'Olbie. Je désire bien savoir ce que vous faites et comment vous passez votre temps ; surtout je voudrais vous revoir au plus tôt. Prenez soin de votre santé, mon cher frère, et, quoique nous soyons en hiver, songez que le lieu où vous êtes est la Sardaigne. 15 février.

LETTRE C.

Rome, février 697.

M. T. CICÉRON A P. LENTULUS, PROCONSUL.

On ne manque point, sans doute, de vous informer par des messagers et par des lettres de ce qui se passe ici ; mais je crois devoir me réserver le soin de vous écrire ce qui n'existe encore qu'en conjecture, et qui me paraît devoir exister.

Lorsque Pompée, plaidant la cause de Milon dans l'assemblée du peuple, le 6 février, fut interrompu par des cris et des injures, et qu'il se vit accusé au sénat par Caton avec beaucoup de chaleur et de dureté, sans que personne rompît le silence en sa faveur, je m'aperçus

quæ nobis adhuc integra est (nihil enim tibi detraxit senatus, nisi id quod per eamdem religionem dare alteri non potest), videtur ab illo plane esse deposita. Nunc id speramus, idque molimur, ut quum rex intelligat, sese id, quod cogitabat, ut a Pompeio reducatur, assequi non posse, et, nisi per te sit restitutus, desertum se atque abjectum fore, proficiscatur ad te. Quod sine ulla dubitatione, si Pompeius paullum modo ostenderit sibi placere, faciet. Sed nosti hominis tarditatem et taciturnitatem. Nos tamen nihil, quod ad eam rem pertineat, prætermittemus. Ceteris injuriis, quæ propositæ sunt a Catone, facile, ut spero, resistemus. Amicum ex consularibus neminem tibi esse video, præter Hortensium, et Lucullum : ceteri sunt partim obscurius iniqui, partim non dissimulanter irati. Tu fac animo forti magnoque sis, speresque fore ut, fracto impetu levissimi hominis tuam pristinam dignitatem et gloriam consequare.

EPISTOLA CI.

(ad div., I, 6.)

Scrib. Romæ, A. V. C. 697, mense martio.

M. T. CICERO P. LENTULO PROCOS. S. D.

Quæ gerantur accipies ex Pollione, qui omnibus negotiis non interfuit solum, sed præfuit. Me in summo

qu'il était extrêmement consterné de ces deux outrages : depuis ce temps-là j'ai cru remarquer qu'il renonce entièrement à l'affaire d'Alexandrie, qui est toujours dans le même état par rapport à nous; car le sénat ne vous ôte jusqu'à présent que ce que les mêmes raisons ne lui permettent d'accorder à personne. Notre espérance et le but de notre travail est que le roi, ne comptant plus, comme il faisait, de pouvoir être rétabli par Pompée, et voyant que, s'il ne l'est par vous, il demeurera vraisemblablement malheureux et abandonné, prendra le parti de recourir à vous. Il le prendra, n'en doutez point, pour peu que Pompée fasse connaître qu'il le peut sans lui déplaire : mais vous connaissez l'homme et son humeur lente et taciturne. Nous n'oublierons rien de ce qui peut faire réussir cette affaire. Il nous sera aisé, comme je l'espère, de faire face à tous les autres procédés injurieux de Caton. Entre les consulaires, je ne vois que Hortensius et Lucullus qui vous soient affectionnés : des autres, la moitié vous traverse en secret, et le reste vous en veut ouvertement : mais il faut que votre courage et votre fermeté se soutiennent. Espérons qu'après avoir réprimé les violences du plus inconséquent des hommes, vous verrez votre gloire et votre dignité rétablies dans leur ancien éclat.

LETTRE CI.

Rome, mars 697.

M. T. CICÉRON A P. LENTULUS, PROCONSUL.

Vous apprendrez de Pollion ce qui se passe. Non-seulement il a eu part à toutes les affaires, mais il y a

dolore, quem in tuis rebus capio, maxime scilicet consolatur spes, quod valde suspicor fore, ut infringatur hominum improbitas et consiliis tuorum amicorum, et ipsa die; quæ debilitat cogitationes et inimicorum et proditorum. Facile secundo loco me consolatur recordatio meorum temporum, quorum imaginem video in rebus tuis. Nam etsi minore in re violatur tua dignitas, quam mea salus afflicta sit; tamen est tanta similitudo, ut sperem te mihi ignoscere, si ea non timuerim, quæ ne tu quidem unquam timenda duxisti. Sed præsta te eum qui mihi a teneris (ut Græci dicunt) unguiculis est cognitus. Illustrabit, mihi crede, tuam amplitudinem hominum injuria. A me omnia summa in te studia, officiaque exspecta. Non fallam opinionem tuam. Vale.

EPISTOLA CII.
(ad Q. fratrem, II, 4.)
Scrib. Romæ, A. V. C. 697, mense martio.

M. CICERO QUINTO FRATRI SAL.

SEXTIUS noster absolutus est ad III idus mart., et, quod vehementer interfuit reipublicæ nullam videri in ejusmodi causa dissensionem esse, omnibus sententiis absolutus est. Illud quod tibi curæ sæpe esse intellexeram, nec cui iniquo relinqueremus vituperandi locum, qui nos ingratos esse diceret, nisi illius perversitatem quibusdam in rebus quam humanissime ferremus, scito hoc nos in eo judicio consecutos esse, ut omnium gra-

présidé. Dans la douleur extrême que je ressens des vôtres, je me console par l'espérance que la sage conduite de vos amis, et le temps même, qui ne manque point d'affaiblir les desseins des ennemis et des traîtres, l'emporteront sur la malignité de vos persécuteurs. Je trouve encore un sujet de consolation dans le souvenir de mes propres disgrâces, dont je vois l'image dans les vôtres. Quoique le tort qu'on fait à votre dignité n'approche pas de celui qui menaçait alors mon salut, la ressemblance est néanmoins si grande, que vous devez me pardonner de ne m'être point abandonné à des frayeurs dont vous m'avez dit vous-même qu'on doit toujours se défendre. Soyez tel aujourd'hui que je vous ai connu dès vos premières années. Les injustices qu'on vous fait ne serviront, croyez-moi, qu'à relever votre gloire. Attendez de moi tout le zèle et tous les services possibles : ils répondront à l'opinion que vous en avez. Adieu.

LETTRE CII.

Rome, mars 697.

M. CICÉRON A QUINTUS SON FRÈRE.

Notre cher Sextius a été absous le 13 mars, et tout d'une voix, ce qui était fort important pour la république. Vous souhaitiez beaucoup, comme vous me l'avez souvent fait entendre, que je supportasse assez patiemment quelques mauvais procédés que je suis en droit de lui reprocher, pour ne pas donner lieu à nos ennemis de m'accuser d'ingratitude; apprenez que dans ce jugement je me suis acquis la réputation du plus reconnaissant de tous les hommes. Non-seulement j'ai satisfait

tissimi judicaremur. Nam in defendendo moroso homine cumulatissime satisfecimus, et, id quod ille maxime cupiebat, Vatinium, a quo palam oppugnabatur, arbitratu nostro concidimus, diis hominibusque plaudentibus. Quin etiam Paullus noster, quum testis productus esset in Sextium, confirmavit se nomen Vatinii delaturum, si Macer Licinius cunctaretur : et Macer a Sextii subselliis surrexit, ac se illi non defuturum affirmavit. Quid quæris? Homo petulans et audax Vatinius, valde perturbatus debilitatusque discessit.

Quintus filius tuus, puer optimus, eruditur egregie. Hoc nunc magis animadverto, quod Tyrannio docet apud me. Domus utriusque nostrum ædificatur strenue. Redemptori tuo dimidium pecuniæ curavi. Spero nos ante hiemem contubernales fore. De nostra Tullia tui mehercule amantissima, spero cum Crassipede nos confecisse. Dies erant duo, qui post latinas habentur religiosi; ceterum, qui confectum erat Latiar, erat exiturus.

EPISTOLA CIII.
(ad Q. fratrem, II, 5.)

Scrib. Romæ postridie non. apr. A. V. C. 697.

M. CICERO QUINTO FRATRI SAL.

DEDERAM ad te litteras antea, quibus erat scriptum, Tulliam nostram Crassipedi pridie non. apriles esse desponsatam; ceteraque de republica privataque perscri-

pleinement au devoir, en défendant un homme de si mauvaise humeur; mais, ce qu'il désirait ardemment, j'ai traité à mon gré, avec l'applaudissement des dieux et des hommes, Vatinius [1], qui l'attaquait ouvertement. Bien plus, notre ami Paullus, qui avait été produit pour témoin contre Sextius, déclara qu'il était résolu d'accuser Vatinius, si Macer Licinius paraissait balancer; et Macer, s'étant levé du banc [2] de Sextius, protesta qu'il ne lui manquerait pas au besoin. En un mot, Vatinius, malgré sa pétulance et son audace, sortit fort troublé et fort humilié.

On n'épargne rien pour l'instruction de votre cher Quintus, qui est un enfant d'excellent caractère. Je m'aperçois mieux de ses progrès, parce que Tyrannion l'instruit à présent chez moi. Votre maison et la mienne avancent beaucoup. J'ai fait payer à votre entrepreneur la moitié de la somme. Je me flatte qu'avant l'hiver nous serons réunis sous le même toit. Notre chère Tullia, qui certes vous aime très-tendrement, épouse Crassipès [3], et je crois l'affaire terminée. Voici, après les fêtes latines, deux jours qui passent pour religieux. Mais, au moment où j'écris, la fête du Latiar touche à sa fin.

LETTRE CIII.

Rome, 6 avril 697.

M. CICÉRON A QUINTUS SON FRÈRE.

Vous avez dû recevoir une de mes lettres, où je vous marquais que notre chère Tullia avait été fiancée à Crassipès [1] le 4 avril. Je vous y ai rendu compte aussi de

pseram. Postea sunt haec acta. Non. april. senatusconsulto Pompeio pecunia decreta in rem frumentariam ad
H.-S. cccc. Sed eodem die vehementer actum de agro
campano, clamore senatus prope concionali. Acriorem
causam inopia pecuniae faciebat et annonae caritas. Non
praetermittam ne illud quidem : M. Furium Flaccum,
equitem romanum, hominem nequam, Capitolini et
Mercuriales de collegio ejecerunt, praesentem, ad pedes
uniuscujusque jacentem.

EPISTOLA CIV.
(ad Q. fratrem, II, 6.)
Scrib. Romae, v id. apr. A. V. C. 697.

M. CICERO QUINTO FRATRI SAL.

Ad viii idus apriles sponsalia Crassipedi praebui.
Huic convivio puer optimus, Quintus tuus meusque,
quod perleviter commotus fuerat, defuit. Ad vii idus
apriles veni ad Quintum, eumque vidi plane integrum;
multumque is mecum sermonem habuit et perhumanum de discordiis mulierum nostrarum. Quid quaeris?
nihil festivius. Pomponia autem etiam de te questa est :
sed haec coram agemus.

A puero ut discessi, in aream tuam veni; res agebatur multis structoribus. Longilium redemptorem cohortatus sum; fidem mihi faciebat se velle nobis placere.
Domus erit egregia : magis enim cerni jam poterat,
quam quantum ex forma judicabamus. Itemque nostra

toutes les affaires publiques et particulières. Reprenons-en le fil. L'assemblée du sénat, par un décret du 5, assigna à Pompée la somme de quarante millions de sesterces pour la provision du blé*. Le même jour, les discussions furent très-vives sur l'affaire des terres de Campanie, et le tumulte du sénat ne le cédait guère à celui du forum. La disette d'argent et la cherté des vivres augmentaient encore cette chaleur. Je ne veux rien oublier, pas même l'aventure de M. Furius Flaccus, chevalier romain, mais grand fripon, que le collège Capitolin et le Mercurial[2] ont chassé de leurs corps, en sa présence même, et quoiqu'il demandât grâce aux genoux de tout le monde.

LETTRE CIV.

Rome, 9 avril 697.

M. CICÉRON A QUINTUS SON FRÈRE.

J'AI donné le souper nuptial à Crassipès le 6 avril. L'excellent Quintus, qui m'est aussi cher qu'à vous, ne fut pas de cette fête, parce qu'il se trouva légèrement indisposé. J'allai le voir le 7, et le trouvai parfaitement rétabli. Il me parla long-temps et fort plaisamment[1] des querelles de nos femmes. Que vous dirai-je? il n'y avait rien de plus drôle. Pomponia se plaint aussi de vous; mais je remets ce détail à votre retour.

En quittant votre fils, je me suis rendu sur votre terrain. Le travail est poussé par un grand nombre d'ouvriers. J'ai fortement exhorté Longilius, votre entrepreneur; il m'a protesté que nous serions contens de lui.

* 7,370,000 fr.

celeriter ædificabatur. Eo die cœnavi apud Crassipedem in hortis. Cœnatus, ad Pompeium lectica latus sum. Lucceium convenire non potueram, quod abfuerat. Videre autem volebam, quod eram postridie Roma exiturus, et quod ille in Sardiniam iter habebat. Hominem conveni, et ab eo petivi, ut quamprimum te nobis redderet. Statim dixit. Erat autem iturus, ut aiebat, ad iii idus apriles ut aut Salebrone aut Pisis conscenderet. Tu, mi frater, simul ac ille venerit, primam navigationem (dummodo idonea tempestas sit) ne omiseris. Ἀμφιλάφειαν autem illam, quam tu soles dicere, bono modo desidero; sic prorsus ut advenientem excipiam libenter, latentem etiam nunc non excitem. Tribus locis ædifico. Reliqua reconcinno; vivo paullo liberalius quam solebam. Opus erat, si te haberem paullisper fabris locum dare : sed et hæc, ut spero, brevi inter nos communicabimus.

Res autem romanæ sic sese habent. Consul est egregius Lentulus, non impediente collega : sic, inquam, bonus, ut meliorem non viderim. Dies comitiales exemit omnes; nam etiam latinæ instaurantur, nec tamen deerant supplicationes. Sic legibus perniciosissimis obsistitur, maxime Catonis : cui tamen egregie imposuit Milo noster. Nam ille vindex gladiatorum et bestiariorum emerat de Cosconio Pomponio et bestiarios, nec

La maison sera très-belle; car il est plus aisé à présent d'en juger, que sur le plan. La mienne n'avance pas avec moins de diligence. Je soupai le même jour dans les jardins de Crassipès. En sortant de table, je me fis porter en litière chez Pompée. Je n'avais pu voir Luccéius, parce qu'il était absent. Mais j'étais résolu néanmoins de le voir, parce que je devais le lendemain sortir de Rome, et qu'il partait pour la Sardaigne. J'allai chez lui, et je lui demandai en grâce de vous rendre promptement à nous. Il me le promit. Suivant ce qu'il me dit, il devait partir le 11 pour aller s'embarquer à Pise ou à Salebron[2]. Vous, cher frère, ne manquez pas de vous mettre en mer immédiatement après son arrivée. Prenez la première occasion, pourvu que le temps soit favorable[3]. Je désire avec assez de modération l'abondance dont vous me parlez[4]; c'est-à-dire que je la recevrai volontiers, si elle se présente, mais que, ne la voyant point encore paraître, je ne fais rien pour cela. Je bâtis sur trois points différents. Je fais des réparations dans les autres lieux. Je vis avec un peu moins d'économie que je ne faisais. Si je vous avais ici, je crois qu'il faudrait donner un peu d'exercice aux ouvriers[5]; mais j'espère que nous traiterons bientôt cette matière ensemble.

Voici l'état des affaires romaines. Lentulus est un excellent consul, et son collègue ne traverse point ses bonnes intentions; mais si bon, vous dis-je, que je n'en ai jamais vu de meilleur. Il nous a retranché tous les jours des comices. Il fait recommencer les fêtes latines; et cependant les supplications ne manquent point. C'est ainsi qu'il ne cesse pas de s'opposer à quantité de lois pernicieuses, surtout à celles de Caton, qui a trouvé, d'un autre côté, à qui parler dans notre cher Milon

sine his armatis uuquam in publico fuerat : hos alere non poterat, itaque vix tenebat. Sensit Milo. Dedit cuidam non familiari negotium, qui sine suspicione emeret eam familiam a Catone : quæ simul atque abducta est, Racilius, qui unus est hoc tempore tribunus plebis, rem patefecit, eosque homines sibi emptos esse dixit (sic enim placuerat) et tabulam proscripsit se familiam Catonianam venditurum. In eam tabulam magni risus consequebantur.

Hunc igitur Catonem Lentulus a legibus removit, et eos qui de Cæsare monstra promulgarunt, quibus intercederet nemo. Nam quod de Pompeio Caninius agit sane quam refrixit : neque enim res probatur : et Pompeius noster in amicitia P. Lentuli vituperatur, et mehercule non est idem. Nam apud illam perditissimam atque infimam fæcem populi, propter Milonem, suboffendit; et boni multa ab eo desiderant, multa reprehendunt. Marcellinus autem hoc uno mihi quidem non satisfacit, quod eum nimis aspere tractat; quanquam id senatu non invito facit : quo ego me libentius a Curia, et ab omni parte reipublicæ subtraho. In judiciis ii sumus qui fuimus. Domus celebratur, ita ut quum maxime. Unum accidit, imprudentia Milonis, incommode de S. Clodio, quem neque hoc tempore, neque ab imbecillis accusatoribus mihi placuit accusari : ei tres sen-

Ce vengeur des gladiateurs et des bestiaires avait acheté de Cosconius et de Pomponius plusieurs de ces derniers, et jamais il ne paraissait en public sans les avoir à sa suite avec leurs armes. Comme il n'était point en état de les nourrir, il avait peine à les retenir sous ses ordres. Milon, qui s'en aperçut, chargea quelqu'un d'acheter cette *famille* de Caton, et, pour ne faire naître aucune défiance, il chargea un étranger de cette commission. Aussitôt que la troupe eut été livrée, Racilius, qui est à présent seul tribun du peuple, rendit la chose publique, et, déclarant, comme on était convenu, que les bestiaires avaient été achetés pour lui, il fit afficher qu'il voulait revendre la famille de Caton. On a beaucoup ri de cette affiche.

Lentulus ôte enfin le pouvoir de faire des lois, et à Caton, et à ceux qui faisaient d'étranges motions au sujet de César, sans que personne s'y opposât. Ce que Caninius avait entrepris pour Pompée [6] tombe dans une extrême langueur. Cette affaire trouve peu d'approbateurs. Notre cher Pompée lui-même est blâmé par rapport à sa conduite avec Lentulus; et, pour m'expliquer de bonne foi, il n'est plus le même. Il s'est mis assez mal dans l'esprit de cette vile et misérable populace, à l'occasion de Milon, et les honnêtes gens trouvent tout à la fois bien des choses à blâmer et à désirer dans sa conduite. Marcellinus (et c'est l'unique plainte que j'aie à faire de lui) le traite trop durement. On s'aperçoit bien que ce n'est pas malgré le sénat, et cette raison me fait renoncer plus volontiers, non-seulement aux assemblées, mais à toutes les affaires publiques. Dans celles du barreau, je suis ce que j'étais. Ma maison est aussi fréquentée que dans le temps qu'elle l'était le plus. Il ne m'est

tentiæ teterrimo in consilio defuerunt. Itaque hominem populus revocat, et retrahatur necesse est. Non enim ferunt homines; et quia, quum apud suos diceret, pæne damnatus est, vident damnatum. Ea ipsa in re Pompeii offensio nobis obstitit. Senatorum enim urna copiose absolvit, equitum adæquavit, tribuni ærarii condemnarunt. Sed hoc incommodum consolantur quotidianæ damnationes inimicorum, in quibus, me perlubente, Servius allisus est, ceteri conciduntur. C. Cato concionatus est, comitia haberi non siturum, si sibi cum populo dies agendi essent exempti. Appius a Cæsare nondum redierat.

Tuas mirifice litteras exspecto, atque adhuc clausum mare fuisse scio, sed quosdam venisse tamen Olbia dicebant, qui te unice laudarent, plurimique in provincia fieri dicerent. Eosdem aiebant nuntiare te prima navigatione transmissurum. Id cupio; et quanquam te ipsum scilicet maxime, tamen etiam litteras tuas ante exspecto. Mi frater, vale.

arrivé qu'un contre-temps, par l'imprudence de Milon, dans l'affaire de S. Clodius. Je n'étais pas d'avis que l'accusation fût formée dans les circonstances présentes, ni par des adversaires si faibles. Néanmoins cela aurait fort mal tourné pour lui si trois voix seulement lui avaient manqué. Aussi est-il rappelé par le peuple, et je vois bien qu'on ne pourra pas empêcher son retour. On a manqué de bon sens dans cette affaire; et, parce qu'on l'a presque vu condamné d'avance par ses propres amis, on s'est imaginé que sa condamnation était inévitable. D'ailleurs, le mécontentement qu'on a de Pompée était un autre obstacle. Le plus grand nombre des suffrages de l'urne du sénat était pour l'absolution. Celle des chevaliers rétablit la balance; les tribuns du trésor condamnaient. Mais je suis consolé tous les jours de ce désagrément par la condamnation de mes ennemis. Je n'ai pas été fâché, par exemple, de voir Servius confondu. D'autres n'ont pas un meilleur sort. C. Caton a déclaré à la tribune qu'il s'opposerait à l'assemblée des comices[7], si on lui retranchait les jours où il peut parler au peuple. Appius n'est point encore revenu du voyage qu'il a fait vers César.

J'attends des lettres de vous avec toute l'impatience possible. Je sais que la navigation n'est point encore ouverte. Cependant on assure qu'il est arrivé d'Olbie plusieurs personnes qui vous comblent d'éloges, et qui rapportent que vous êtes fort estimé dans votre province. Ils ajoutent que vous vous proposez de partir par le premier vaisseau. Je le souhaite ardemment; mais, quoique ma plus forte impatience soit de vous voir, je me flatte auparavant de recevoir encore de vos lettres. Adieu, mon cher frère.

EPISTOLA CV.
(ad Att., IV, 4 pars altera.)
Scrib. in Antiati, vi id. apr. A. V. C. 697.

CICERO ATTICO SAL.

Perbelle feceris si ad nos veneris : offendes designationem Tyrannionis mirificam librorum meorum; quorum reliquiæ multo meliores sunt, quam putaram. Et velim mihi mittas de tuis librariolis duos aliquos, quibus Tyrannio utatur glutinatoribus, ad cetera administris, iisque imperes, ut sumant membranulam, ex qua indices fiant, quos, vos Græci, ut opinor, συλλάβους appellatis. Sed hæc, si tibi erit commodum : ipse vero utique fac venias, si potes in his locis adhærescere, et Piliam adducere : ita enim et æquum est, et cupit Tullia.

Medius fidius, næ tu emisti ludum præclarum : gladiatores audio pugnare mirifice; si locare voluisses, duobus his muneribus liberasses. Sed hæc posterius. Tu fac venias; et de librariis, si me amas, diligenter.

LETTRE CV.

Antium, 8 avril 697.

CICÉRON A ATTICUS.

Vous ne sauriez mieux faire que de me venir voir ici. Vous serez charmé du beau catalogue[1] que Tyrannion a fait de ma bibliothèque, dont les restes se sont trouvés beaucoup meilleurs que je ne pensais. Je vous prie, en attendant, de m'envoyer deux de vos ouvriers pour travailler sous Tyrannion à coller les livres, et à tout ce qui est de leur métier. Vous leur direz d'apporter de ce parchemin délié dont on se sert pour écrire les tables, que vous autres Grecs appelez, si je ne me trompe, συλλάβοι. Mais il ne faut pas que cela vous embarrasse le moins du monde. Si vous pouvez passer quelques jours en ces quartiers, je vous prie d'amener avec vous Pilia. Ma fille souhaite fort de la voir, et vous ne pouvez guère le lui refuser.

Les gladiateurs que vous avez achetés[2] m'ont paru fort beaux : on dit qu'ils sont très-bien exercés; et si vous les aviez voulu louer dans les deux dernières occasions[3], vous auriez retiré en deux fois ce qu'ils vous ont coûté. Je ne vous en dis pas maintenant davantage. Je vous prie encore une fois de me venir voir, et de vous souvenir des deux ouvriers que je vous demande.

EPISTOLA CVI.
(ad Att., IV, 5.)
Scrib. in Antiati, iv id. apr. A. V. C. 697.

CICERO ATTICO SAL.

Ain' tu? an me existimas ab ullo malle mea legi probarique, quam a te? cur igitur cuiquam misi prius? urgebar ab eo, ad quem misi, et non habebam exemplar. Quid? etiam (dudum enim circumrodo, quod devorandum est) subturpicula mihi videbatur esse παλινῳδίαx : sed valeant recta, vera, honesta consilia. Non est credibile, quæ sit perfidia in istis principibus, ut volunt esse, et ut essent, si quidquam haberet fidei : senseram, noram, inductus, relictus, projectus ab iis : tamen hoc erat in animo, ut cum iis in republica consentirem. Iidem erant qui fuerant. Vix aliquando te auctore ressipivi.

Dices, ea te monuisse, suasisse, quæ facerem; non etiam ut scriberem. Ego mehercule mihi necessitatem volui imponere hujus novæ conjunctionis; ne qua mihi liceret labi ad illos, qui etiam tum, quum misereri mei debent, non desinunt invidere. Sed tamen modici fui-

LETTRE CVI.

Antium, 10 avril 697.

CICÉRON A ATTICUS.

Quoi donc? croyez-vous qu'il y ait personne au monde à qui j'aime mieux faire voir mes ouvrages qu'à vous? Pourquoi? me direz-vous d'abord; n'ai-je pas vu le premier celui-ci[1]? C'est que je n'en avais qu'une copie, et je n'ai pu la refuser aux empressemens de la personne à qui je l'ai envoyée. De plus (car il n'y a plus moyen de reculer, il faut vous dire la véritable raison), je vous avouerai que j'ai eu quelque honte de changer si subitement de langage. Mais tous ces grands sentimens, ces maximes rigides, cette probité austère ne sont plus de saison. Vous ne sauriez croire combien l'on trouve peu de sûreté avec ces gens qui se disent les chefs du bon parti, et qui mériteraient en effet de l'être, s'il leur restait quelque droiture. Je les connaissais à mes dépens; je n'avais eu que trop de preuves de leur perfidie; je m'étais vu engagé par eux dans le péril, abandonné à mes ennemis, poussé dans le précipice. Malgré tout cela, j'étais résolu de me tenir attaché à leur parti : tout ce que j'ai pu faire ne les a point changés, et vous m'avez enfin ouvert les yeux.

Je vous ai marqué, me direz-vous, quelle conduite vous deviez tenir, mais je ne vous ai point conseillé de faire cet écrit. J'ai voulu par-là m'engager sans retour, et rompre pour jamais avec des gens qui me portent envie, dans le temps même où je devrais plutôt exciter leur

mus ὑποθέσει, ut scripsi. Erimus uberiores, si et ille libenter accipiet, et hi subringentur, qui villam me moleste ferunt habere, quæ Catuli fuerat, a Vettio me emisse non cogitant; qui domum negant oportuisse me ædificare, vendere aiunt oportuisse. Sed quid ad hoc? si quibus sententiis dixi, quod et ipsi probarent, lætati sunt tamen me contra Pompeii voluntatem dixisse? Finis; sed quoniam, qui nihil possunt, ii me nolunt amare, demus operam ut ab iis, qui possunt, diligamur. Dices : vellem jampridem. Scio te voluisse; et me asinum germanum fuisse; sed jam tempus est me ipsum a me amari, quando ab illis nullo modo possum.

Domum meam quod crebro invisis, est mihi valde gratum. Viaticum Crassipes præripit. Tu de via recta in hortos : videtur commodius; ad te postridie scilicet: quid enim tua? sed viderimus. Bibliothecam mihi tui pinxerunt constructione et sittybis. Eos velim laudes.

compassion. Mais, comme je vous l'ai déjà écrit, il n'y a rien dans ma lettre d'outré : je traiterai ce sujet avec plus d'étendue, si César en est content, et si cela mortifie, autant que je le souhaite, ces esprits jaloux, qui trouvent mauvais que j'aie acheté une maison de campagne qui vient de Catulus [2], et qui ne considèrent pas qu'elle a passé depuis par les mains de Vettius ; qui prétendent qu'au lieu de rebâtir ma maison de Rome, je devais en vendre la place. Mais voici bien un autre trait de leur malignité : lorsque j'ai été, dans le sénat, de quelque avis conforme au leur et contraire à celui de Pompée, ils en ont été ravis, précisément parce qu'ils espéraient que cela me mettrait mal avec lui. C'est trop souffrir ; puisqu'ils ne veulent point de nous, cherchons ailleurs une amitié plus solide et une protection plus puissante. Il fallait s'y prendre plus tôt, me direz-vous. Je l'aurais fait si j'avais suivi vos conseils, et je ne me serais pas laissé tromper si grossièrement. Mais il est temps enfin que je travaille pour moi, puisque ceux à qui j'avais sacrifié mes intérêts m'ont si mal servi.

Vous me faites beaucoup de plaisir d'avoir l'œil sur mes ouvriers. J'ai donné à Crassipès l'argent que j'avais destiné pour mon voyage. Venez me trouver dans ses jardins le jour que j'arriverai : cela vous est indifférent, et m'est beaucoup plus commode : le lendemain j'irai chez vous ; mais nous y penserons. Vos ouvriers ont accommodé mes livres et mes tablettes avec beaucoup de propreté : je suis bien aise qu'ils sachent par vous-même que j'en suis fort content.

EPISTOLA CVII.
(ad Q. fratrem, II, 7.)
Scrib. Antii, iii id. apr. A. V. C. 697.

M. CICERO QUINTO FRATRIS.

AD III id. april. ante lucem, hanc epistolam dictaveram scripseramque in itinere, ut eo die apud T. Titium in Anagnino manerem : postridie autem in Laterio cogitabam : inde quum in Arpinati quinque dies fuissem, ire in Pompeianum, rediens aspicere Cumanum, ut, quoniam in nonas maias Miloni dies prodita est, pridie nonas Romæ essem, teque, mi carissime et suavissime frater, ad eam diem, ut sperabam, viderem. Ædificationem Arcani ad tuum adventum sustentari placebat. Fac, mi frater, ut valeas, quamprimumque venias.

EPISTOLA CVIII.
(ad div., V, 12.)
Scrib. mense maio A. V. C. 697.

CICERO S. D. L. LUCCEIO Q. F.

CORAM me tecum eadem hæc agere sæpe conantem deterruit pudor quidam pæne subrusticus; quæ nunc expromam absens audacius. Epistola enim non erubescit. Ardeo cupiditate incredibili neque, ut ego arbitror, reprehendenda nomen ut nostrum scriptis illustretur et celebretur tuis. Quod etsi mihi sæpe ostendis te esse

LETTRE CVII.

Antium, 11 avril 697.

M. CICÉRON A QUINTUS SON FRÈRE.

J'ai dicté cette lettre le 11 avril avant le jour, étant sur le point de faire un voyage et de passer la journée chez T. Titius, dans sa maison d'Anagnia. Mon dessein est de passer le jour suivant à Laterium, de demeurer ensuite cinq jours à Arpinum, de me rendre de là à Pompeium, de jeter l'œil à mon retour sur ma maison de Cumes, et, puisque l'affaire de Milon est remise au 7 mai, d'être la veille à Rome, où je compte, mon très-cher frère, vous embrasser ce jour-là. J'ai fait suspendre jusqu'à votre arrivée l'ouvrage de votre maison d'Arcanum[1]. Portez-vous bien, mon frère, et revenez promptement.

LETTRE CVIII.

Mai 697.

CICÉRON A L. LUCCEIUS[1], FILS DE Q.

L'absence va me donner plus de hardiesse à vous expliquer ce qu'une sorte de timidité presque rustique ne m'a pas permis de vous dire de bouche, quoique j'en aie formé le dessein plusieurs fois. Les lettres, dit-on, ne rougissent point. Je me sens une passion extrême, et je ne crois pas qu'on puisse m'en faire un reproche, de voir mon nom illustré et célébré par vos écrits. Vous

facturum, tamen ignoscas velim huic festinationi meæ. Genus enim scriptorum tuorum, etsi erat semper a me vehementer exspectatum, tamen vicit opinionem meam; meque ita vel cepit, vel incendit, ut cuperem quam celerrime res nostras monumentis commendari tuis. Neque enim me solum commemoratio posteritatis ad spem quamdam immortalitatis rapit; sed etiam illa cupiditas, ut vel auctoritate testimonii tui, vel indicio benivolentiæ, vel suavitate ingenii, vivi perfruamur. Neque tamen, hæc quum scribebam, eram nescius quantis oneribus premerere susceptarum rerum et jam institutarum : sed quia videbam italici belli et civilis historiam jam a te pæne esse perfectam, dixeras autem mihi te reliquas res ordiri, deesse mihi nolui quin te admonerem ut cogitares, conjunctene malles cum reliquis rebus nostra contexere, an, ut multi Græci fecerunt, Callisthenes troïcum bellum, Timæus Pyrrhi, Polybius numantinum, qui omnes a perpetuis suis historiis ea quæ dixi bella separaverunt : tu quoque item civilem conjurationem ab hostilibus externisque bellis sejungeres. Equidem ad nostram laudem non multum video interesse : sed ad properationem meam quiddam interest, non te exspectare dum ad locum venias, ac statim causam illam totam et tempus arripere. Et simul si uno in argumento unaque in persona mens tua tota versabitur, cerno jam animo quanto uberiora atque ornatiora futura sint omnia. Neque tamen ignoro quam impudenter faciam, qui primum tibi tantum oneris

m'avez témoigné plus d'une fois que c'était votre dessein ; mais vous me ferez la grâce de pardonner à mon impatience. Avec quelque empressement que j'aie toujours attendu vos ouvrages, parce que j'en estime beaucoup le genre, ils ont surpassé l'opinion que j'en avais. J'en suis charmé, ou plutôt ils m'ont échauffé d'une ardeur si vive, qu'elle me fait désirer de vous voir commencer promptement l'histoire de mes actions. Et ce n'est pas seulement la pensée de l'avenir qui me fait concevoir une certaine espérance de l'immortalité ; mais je souhaiterais de jouir pendant ma vie de l'autorité de votre témoignage, ou, si vous voulez, d'une si bonne marque de votre amitié et d'un si doux fruit de vos talens. En vous faisant cette prière, je n'ignore pas que vous avez entrepris et commencé un grand nombre d'autres ouvrages. Mais voyant que vous avez presque achevé l'histoire de la guerre italique et civile [2], et que vous êtes prêt à traiter la suite, je croirais me manquer à moi-même, si je ne vous portais à examiner lequel vaut le mieux, ou de mêler ce qui me regarde avec le reste de votre narration, ou bien, à l'exemple des Grecs, qui ont tous traité à part les guerres particulières, Callisthène [3] celle de Troie, Timée celle de Pyrrhus, Polybe celle de Numance, de séparer la conjuration de Catilina des autres évènemens qui regardent nos guerres étrangères. J'y vois peu de différence par rapport à ma réputation ; mais, par rapport à mon empressement, il importe assez de ne point attendre que vous soyez au véritable lieu des affaires qui me touchent, et d'en commencer dès aujourd'hui l'histoire. D'ailleurs, je conçois qu'en vous attachant à une seule personne et à un seul sujet, vous aurez plus de facilité et d'abondance. Il y a peut-être de l'impudence

imponam (potest enim mihi denegare occupatio tua), deinde etiam ut ornes me postulem. Quid si illa tibi non tantopere videntur ornanda? Sed tamen, qui semel verecundiæ fines transierit, eum bene et naviter decet esse impudentem. Itaque te plane etiam atque etiam rogo, ut et ornes ea vehementius etiam quam fortasse sentis, et in eo leges historiæ negligas : gratiamque illam de qua suavissime quodam in proœmio scripsisti, a qua te affici non magis potuisse demonstras quam Herculem Xenophontium illum a voluptate, ea si me vehementius commendabit, ne aspernere; amorique nostro, plusculum etiam quam concedit veritas, largiare. Quod si te adducemus ut hoc suscipias, erit, ut mihi persuadeo, materies digna facultate et copia tua.

A principio enim conjurationis usque ad reditum nostrum videtur mihi modicum quoddam corpus confici posse : in quo et illa poteris uti civilium commutationum scientia, vel in explicandis causis rerum novarum, vel in remediis incommodorum, quum et reprehendes ea quæ vituperanda duces, et, quæ placebunt, exponendis rationibus comprobabis : et si liberius, ut consuesti, agendum putabis, multorum in nos perfidiam, insidias, proditionem notabis. Multam etiam casus nostri tibi varietatem in scribendo suppeditabunt, plenam cujusdam voluptatis, quæ vehementer animos hominum in legendo tenere possit. Nihil est enim aptius ad delectationem lectoris, quam temporum

à vous imposer un fardeau que vos occupations peuvent vous empêcher de recevoir; et peut-être n'y en a-t-il pas moins à vous demander des louanges. Qui m'assurera même que vous m'en jugiez tout-à-fait digne? Mais quand une fois on a passé les bornes de la pudeur, il n'est plus question d'être effronté à demi. Je vous demande donc en grâce de ne pas vous arrêter si exactement aux lois de l'histoire; et si vous sentiez quelque mouvement de cette faveur dont vous parlez agréablement dans une de vos préfaces, et par laquelle vous déclarez que vous ne vous êtes pas laissé plus ébranler que l'Hercule de Xénophon [4] ne le fut par la volupté, je vous prie de vous y livrer un peu en faveur de notre amitié, et de ne pas même vous arrêter trop scrupuleusement aux bornes de la vérité. Si je puis vous engager à commencer l'ouvrage, je suis persuadé que vous trouverez le sujet digne de votre abondance et de vos autres talens.

Depuis le commencement de la conspiration jusqu'à mon retour, il me semble qu'il y a là matière d'un volume raisonnable. Vous pourrez vous y faire honneur de la parfaite connaissance que vous avez de toutes nos révolutions civiles, lorsque, en expliquant les différentes causes des innovations et les remèdes qu'on pouvait apporter au désordre, vous relèverez les fautes qu'on a commises, et vous appuierez par de justes raisonnemens ce qui sera conforme à vos principes. Si vous croyez devoir parler librement, suivant votre usage, vous ferez sans doute remarquer les perfidies, les pièges, les trahisons dont j'ai eu le malheur d'être l'objet. Mes disgrâces ont une variété qui en mettra beaucoup dans votre ouvrage, et qui fera trouver une certaine douceur dans une lecture si intéressante. En effet, si quelque chose

varietates, fortunæque vicissitudines : quæ etsi nobis optabiles in experiendo non fuerunt, in legendo tamen erunt jucundæ. Habet enim præteriti doloris secura recordatio delectationem. Ceteris vero nulla perfunctis propria molestia, casus autem alienos sine ullo dolore intuentibus, etiam ipsa misericordia est jucunda. Quem enim nostrum ille moriens apud Mantineam Epaminondas non cum quadam miseratione delectat? Qui tum denique sibi avelli jubet spiculum, posteaquam ei percontanti dictum est clypeum esse salvum : ut etiam in vulneris dolore æquo animo cum laude moreretur. Cujus studium in legendo non erectum Themistoclis fuga redituque tenetur? Etenim ordo ipse annalium mediocriter nos retinet, quasi enumeratione fastorum. At viri sæpe excellentis ancipites variique casus habent admirationem, exspectationem, lætitiam, molestiam, spem, timorem. Si vero exitu notabili concluduntur, expletur animus jucundissima lectionis voluptate.

Quo mihi acciderit optatius, si in hac sententia fueris ne a continentibus tuis scriptis, in quibus perpetuam rerum gestarum historiam complecteris, secernes hanc quasi fabulam rerum eventorumque nostrorum. Habet enim varios actus multasque actiones et consiliorum et temporum. Ac non vereor ne assentatiuncula quadam aucupari tuam gratiam videar, quum hoc de-

est capable d'attacher un lecteur, c'est cette multiplicité de circonstances et ces vicissitudes de fortune, qu'il n'est point agréable d'éprouver soi-même, mais qu'on trouve de la douceur à lire ; car le souvenir d'une douleur passée, quand on le rappelle dans une situation tranquille, cause une véritable satisfaction; et la seule compassion est un sentiment fort doux pour ceux qui n'ont eu rien à souffrir, et qui considèrent les infortunes d'autrui sans y être eux-mêmes exposés. Qui pourrait se défendre d'une pitié délicieuse, à la vue d'Épaminondas mourant au champ de Mantinée, lorsque, après s'être fait assurer qu'on a sauvé son bouclier, il ordonne enfin qu'on arrache le trait dont il est percé, et que, dans la douleur de sa blessure, il expire avec autant de fermeté que de gloire? Qui ne sentirait pas son attention soutenue par le récit de la fuite et du retour de Thémistocle[5]? Le seul ordre des années ne fait trouver qu'un plaisir médiocre dans le dénombrement des fastes. Mais en suivant un grand homme dans les aventures et les dangers de sa vie, on ne manque guère de ressentir tour-à-tour les divers mouvemens de l'admiration, de l'attente, de la joie, de la tristesse, de l'espérance et de la crainte : et si la catastrophe est extraordinaire, rien ne paraît si agréable que cette lecture.

C'est ce qui me fait souhaiter ardemment que vous preniez le parti de séparer du corps de votre histoire ce que je puis appeler la *fable* de mes actions. Croyez-moi, elle aura plus d'un acte où la prudence et la fortune joueront bien des rôles différens. Au reste, lorsque je vous marque un désir si pressant d'être loué par votre plume, je ne crains pas qu'on m'accuse de vouloir vous gagner par une petite flatterie. Un homme tel que vous

monstrem, me a te potissimum ornari celebrarique velle. Neque enim tu is es qui, qui sis, nescias; et qui non eos magis, qui te non admirentur, invidos, quam eos, qui laudent, assentatores arbitrere. Neque autem ego sum ita demens, ut me sempiternæ gloriæ per eum commendari velim, qui non ipse quoque in me commendando propriam ingenii gloriam consequatur. Neque enim Alexander ille gratiæ causa ab Apelle potissimum pingi, et a Lysippo fingi volebat : sed quod illorum artem, quum ipsis, tum etiam sibi gloriæ fore putabat. Atque illi artifices corporis simulacra ignotis nota faciebant : quæ vel si nulla sint, nihilo sunt tamen obscuriores clari viri. Nec minus est Spartiates Agesilaus ille perhibendus, qui neque pictam neque fictam imaginem suam passus est esse, quam qui in eo genere laborarunt. Unus enim Xenophontis libellus in eo rege laudando facile omnes imagines omnium statuasque superavit. Atque hoc præstantius mihi fuerit et ad lætitiam animi et ad memoriæ dignitatem, si in tua scripta pervenero, quam si in ceterorum, quod non ingenium mihi solum suppeditatum fuerit tuum, sicut Timoleonti a Timæo, aut ab Herodoto Themistocli, sed etiam auctoritas clarissimi et spectatissimi viri, et in reipublicæ maximis gravissimisque causis cogniti, atque in primis probati : ut mihi non solum præconium, quod, quum in Sigæum venisset Alexander, ab Homero Achilli tributum esse dixit; sed etiam grave testimonium impertitum clari hominis magnique videatur. Placet enim Hector ille

ne peut ignorer son propre mérite, et doit plutôt traiter de jaloux ceux qui lui refusent de l'admiration, que ceux qui le louent, de flatteurs. Je ne suis pas non plus assez insensé pour confier le soin de ma gloire à quelqu'un qui n'aurait pas d'honneur à attendre pour lui-même de ce qu'il entreprendrait pour le mien. Ce ne fut point par faveur pour Apelles et pour Lysippe qu'Alexandre voulut [6] être peint de la main du premier, et sculpté par l'autre en statue ; mais parce qu'il espérait de recueillir autant de gloire qu'eux de leur habileté. Cependant le mérite de ces artistes ne consistait qu'à faire connaître la véritable figure du corps ; et les grands hommes n'en seraient pas moins célèbres quand ils seraient privés de cet avantage. Agésilas, qui ne souffrit point que la peinture ni la sculpture le représentassent, mérite-t-il moins d'éloges que ceux qui ont employé le secours de ces deux arts ? Le petit ouvrage de Xénophon, qui contient ses louanges, a plus contribué seul à sa gloire que toutes les statues et les peintures du monde. Mais ce qui me fait espérer de votre plume beaucoup plus de satisfaction que de celle d'un autre, et plus de dignité pour ma mémoire, c'est que je ne profiterai pas seulement de votre esprit, comme Timoléon de celui de Timée, et Thémistocle de celui d'Hérodote, mais encore de votre autorité, qui est celle d'un homme célèbre et respectable, dont le nom s'est fait connaître, et dont le mérite est éprouvé dans les plus importantes affaires de la république. Ainsi, avec un éloge tel qu'Achille le reçut d'Homère, comme Alexandre en félicita sa mémoire lorsqu'il vint à Sigée, j'aurais en ma faveur le témoignage d'un homme illustre et grand lui-même. J'aime cet Hector de Névius, qui ne se réjouit pas seulement des louanges qu'il recevait,

mihi Nævianus, qui non tantum laudari se lætatur, sed addit etiam, a laudato viro.

Quod si a te non impetro, hoc est si quæ te res impedierit (neque enim fas esse arbitror quidquam me rogantem a te non impetrare), cogar fortasse facere quod nonnulli sæpe reprehendunt : scribam ipse de me : multorum tamen exemplo et clarorum virorum. Sed, quod te non fugit, hæc sunt in hoc genere vitia, et verecundius ipsi de sese scribant necesse est, si quid est laudandum, et prætereant, si quid reprehendendum est. Accedit etiam ut minor sit fides, minor auctoritas; multi denique reprehendant, et dicant, verecundiores esse præcones ludorum gymnicorum, qui quum ceteris coronas imposuerint victoribus, eorumque nomina magna voce pronuntiarint, quum ipsi ante ludorum missionem corona donentur, alium præconem adhibeant, ne sua voce ipsi se victores esse prædicent. Hæc nos vitare cupimus, et, si recipis causam nostram, vitabimus, idque ut facias rogamus. Ac, ne forte mirere, cur, quum mihi sæpe ostenderis te accuratissime nostrorum temporum consilia atque eventus litteris mandaturum, a te id nunc tanto opere et tam multis verbis petamus : illa nos cupiditas incendit, de qua initio scripsi, festinationis, quod alacres animo sumus; ut et ceteri viventibus nobis ex litteris tuis nos cognoscant, et nosmetipsi vivi gloriola nostra perfruamur.

mais encore de les recevoir d'un homme qui en avait lui-même reçu.

Si je n'obtiens pas de vous cette grâce, ou plutôt si quelque obstacle s'y opposait, car je ne vous crois point capable de refuser quelque chose à ma prière, peut-être serai-je forcé de prendre un parti qui n'est point approuvé de tout le monde : je serai moi-même l'écrivain de mon histoire, et cette entreprise sera justifiée par l'exemple de plusieurs grands hommes. Cependant vous savez qu'elle est sujette à deux inconvéniens : la modestie demande beaucoup de réserve sur les louanges, quand on écrit ses propres actions, et l'amour-propre porte l'écrivain à passer sur ce qui peut l'exposer à quelque reproche, sans compter que la vérité perd alors une partie de son poids. Enfin, l'on ne manque point de censeurs et de gens qui vous accusent d'être moins modestes que les hérauts des jeux publics, qui, après avoir couronné les vainqueurs et publié leurs noms à haute voix, se servent de la voix d'autrui pour faire publier leur propre victoire lorsqu'ils ont eux-mêmes l'honneur de la remporter. Voilà ce que je souhaite d'éviter et ce que j'éviterai effectivement, si vous vous chargez de l'entreprise que je vous propose. C'est ce que je vous prie de m'accorder. Si vous étiez surpris que, m'ayant promis tant de fois d'écrire avec soin l'histoire de mon temps, je ne laisse pas de vous en presser si ardemment et de m'étendre beaucoup là-dessus, je répondrais que c'est l'impatience dont je vous ai parlé qui m'échauffe. Je suis naturellement empressé dans mes désirs; je souhaite que mon histoire paraisse écrite de votre main pendant ma vie, afin que je puisse jouir avant ma mort du peu de gloire que je me flatte d'avoir acquis.

His de rebus quid acturus sis, si tibi non est molestum, rescribas mihi velim. Si enim suscipis causam, conficiam commentarios rerum omnium. Sin autem differs me in tempus aliud, coram tecum loquar. Tu interea non cessabis, et ea quæ habes instituta perpolies, nosque diliges. Vale.

EPISTOLA CIX.
(ad Att., IV, 6.)

Scrib. in villa, incertum qua, A. V. C. 697.

CICERO ATTICO SAL.

De Lentulo scilicet sic fero, ut debeo : virum bonum et magnum hominem, et in summa magnitudine animi multa humanitate temperatum perdidimus; nosque malo solatio, sed nonnullo tamen, consolamur, quod ipsius vicem minime dolemus, non ut Saufeius et vestri; immo mehercule quia sic amabat patriam, ut mihi aliquo deorum beneficio videatur ex ejus incendio esse ereptus. Nam quid fœdius nostra vita, præcipue mea? nam tu quidem, etsi es natura πολιτικὸς, tamen nullam habes propriam servitutem : communi frueris nomine. Ego vero qui, si loquor de republica quod oportet, insanus; si quod opus est, servus existimor; si taceo, oppressus et captus : quo dolore esse debeo? quo sum

Faites-moi le plaisir, si vous le pouvez sans vous gêner, de m'écrire quelle sera votre résolution. Si vous consentez à ce que je vous demande, j'aurai soin de préparer les mémoires qui vous seront nécessaires; ou, si vous me remettez à quelque autre temps, j'attendrai l'occasion de vous entretenir de bouche. Ne vous relâchez point dans l'intervalle. Revoyez avec soin ce que vous avez commencé, et conservez-moi votre amitié. Adieu.

LETTRE CIX.

Écrite à l'une de ses maisons de campagne, en 697.

CICÉRON A ATTICUS.

J'AI ressenti dans toute son étendue la perte que nous venons de faire en la personne de Lentulus [1]. Sa mort nous enlève un homme plein de vertu, qui joignait à beaucoup de noblesse et d'élévation d'esprit des manières faciles et engageantes. Il nous reste une consolation, qui, quoique prise de nos malheurs, ne laisse pas d'être solide; c'est que, dans la conjoncture présente, son sort n'est point à plaindre : et je ne l'entends point comme Saufeius [2] et tous vos épicuriens; je veux dire qu'il semble que les dieux, connaissant l'amour qu'il avait pour sa patrie, aient voulu lui épargner la douleur d'en voir la ruine et l'embrasement. Nous sommes donc bien plus malheureux que lui. En effet, quelles indignités n'avons-nous pas tous les jours à essuyer? je parle surtout de moi. Pour vous, quoique vous ayez tout ce qu'il faut pour entrer dans le gouvernement, vous n'avez pris aucun engagement par-

scilicet, hoc etiam acriore, quod ne dolere quidem possum, ut non ingratus videar.

Quid si cessare libeat, et in otii portum confugere ? nequidquam : immo etiam in bellum et in castra. Ergo erimus ὀπαδοὶ qui ταγοὶ, esse noluimus ? sic faciendum est : tibi enim ipsi, cui utinam semper paruissem, sic video placere. Reliqui est, Σπάρταν, ἔλαβες ταύταν κόσμει : non mehercule possim; et Philoxeno ignosco, qui reduci in carcerem maluit. Verumtamen idipsum mecum in his locis commentor, ut ista improbem ; idque tu, quum una erimus, confirmabis. A te litteras crebro ad me scribi video; sed omnes uno tempore accepi. Quæ res etiam auxit dolorem meum : casu enim trinas ante legeram, quibus meliuscule Lentulo esse scriptum erat : ecce quartæ fulmen. Sed ille, ut scripsi, non miser; nos vero servi.

Quod me admones, ut scribam illa Hortensiana, in alia incidi : mon immemor istius mandati tui; sed mehercule incipiendo refugi; ne, qui videar stulte illius amici temperiem non tulisse, rursus stulte injuriam illius faciam illustrem, si quid scripsero; et simul ne βαθύτης

ticulier, et le joug que vous portez vous est commun avec tous les citoyens. Mais moi, dont le zèle pour le bien de l'état est regardé comme une folie, les moindres ménagemens comme une honteuse servitude, et le silence même comme une lâcheté et une trahison, que n'ai-je pas à souffrir? Je souffre d'autant plus que je n'ose me plaindre, de peur de passer pour un ingrat.

Encore si je pouvais me retirer, et chercher hors du tumulte des affaires un port et un asile; mais je n'en suis pas le maître : il faut, au contraire, m'embarquer tout de nouveau, et passer dans les camps. Je serai donc subalterne, moi qui n'ai pas voulu autrefois commander en chef; je m'y résous, puisque je suivrai en cela vos conseils; et plût aux dieux que je les eusse toujours suivis! Il est aisé de dire qu'il faut s'accommoder au temps; mais j'aurai bien de la peine à prendre cela sur moi, et je pardonne à Philoxène[3] d'avoir mieux aimé retourner en prison que de trahir ses sentimens. Je travaille ici néanmoins à me faire d'autres maximes, et vous achèverez de me changer quand nous serons ensemble. Vous m'écrivez fort souvent, mais je reçois plusieurs de vos lettres à la fois; ce qui a été cause que la mort de Lentulus m'a frappé encore davantage; car j'en ai lu d'abord trois, où vous me marquiez qu'il se portait un peu mieux, et la quatrième a été pour moi un coup de foudre. Mais, je le répète encore, son sort n'est point à plaindre, et le nôtre est l'esclavage[4].

Quant à cet ouvrage que vous voulez que j'adresse à Hortensius, si je n'y ai point travaillé jusqu'ici, ce n'est pas que j'eusse oublié de le faire; mais je vous avoue que j'ai été rebuté dès l'abord. Je me suis dit que c'était bien assez d'avoir supporté avec une patience excessive

mea, quæ in agendo apparuit, in scribendo si oculatior; et aliquid satisfactio levatis habere videatur. Sed viderimus. Tu modo quam sæpissime ad me aliquid.

Epistolam, Lucceio nunc quam misi, qua meas res ut scribat rogo, fac ut ab eo sumas : valde bella est : eumque, ut approperet, adhorteris : et, quod mihi se ita facturum rescripsit, agas gratias. Domum nostram, quoad poteris, invisas. Vestorio aliquid significes : valde enim est in me liberalis.

EPISTOLA CX.
(ad Att., IV, 7.)
Scrib. in villa Arpinati, mense maio A. V. C. 697.

CICERO ATTICO SAL.

Nihil εὐκαιρότερον epistola tua, quæ me sollicitum de Quinto nostro, puero optimo, valde levavit. Venerat horis duabus ante Cherippus; mera monstra nuntiarat. De Apollonio quod scribis, cui illi dii irati, homini græco, qui conturbare quidem putat sibi licere : quod equitibus romanis. Nam Terentius suo jure. De Metello, οὐχ ὁσίη φθιμένοισιν. Sed tamen multis annis

toutes les mauvaises manières d'un homme qui se disait mon ami, sans aller encore mal-à-propos lui donner des louanges qui ne serviraient qu'à mettre au jour son injustice; que ma sensibilité n'avait que trop paru dans ma conduite, et qu'il ne fallait pas en donner de nouvelles preuves par cet écrit; qu'on pourrait le prendre pour une espèce de satisfaction dont on conclurait, ou que j'ai été injuste, ou que je suis inconstant. Mais j'y penserai encore. Donnez-moi souvent de vos nouvelles.

Demandez à Lucceius une copie de la lettre dans laquelle je le prie d'écrire l'histoire de mon consulat; je crois que vous la trouverez fort belle. Il m'a fait réponse qu'il travaillerait pour moi; tâchez d'obtenir de lui qu'il le fasse au plus tôt. Je vous prie d'aller faire un tour à ma maison le plus souvent que vous pourrez, et d'assurer Vestorius[5] que je suis très-sensible à toutes ses honnêtetés.

LETTRE CX.

De sa terre d'Arpinum, en mai 697.

CICÉRON A ATTICUS.

Votre lettre est venue tout à propos pour me remettre de l'alarme que Cherippus m'avait donnée deux heures auparavant, sur la maladie de notre Quintus; à l'entendre tout était perdu. Quant à ce que vous me mandez d'Apollonius, que les dieux puissent confondre ce Grec, qui croit pouvoir impunément, comme les chevaliers romains, se moquer de ses créanciers[1]! Encore pour Terentius, il n'y a rien à dire; c'est un privilège

civis nemo erat mortuus, qui.... Tui quidem tibi nummi meo periculo sint : quid enim vereris, quemcumque hæredem fecit? nisi Publium fecit? verum fecit non improbum, quanquam fuit ipse. Quare in hoc thecam nummariam non retexeris : in aliis eris cautior.

Mea mandata de domo curabis : præsidia locabis : Milonem admonebis. Arpinatium fremitus est incredibilis de Laterio. Quid quæris? equidem dolui : ὁ δὲ οὐκ ἐμπάζετο μύθων. Quid superest? Etiam puerum Ciceronem curabis, et amabis, ut facis.

EPISTOLA CXI.
(ad Att., IV, 8 pars prima.)
Scrib. Antii, mense maio A. V. C. 697.

CICERO ATTICO SAL.

Multa me in epistola tua delectarunt, sed nihil magis, quam patina tyrotarichi. Nam de rausdusculo, quod scribis, μήπω μέγαν εἴπῃς πρὶν τελευτήσαντ᾽ ἴδῃς.

Ædificati tibi in agris nihil reperio : in oppido est

acquis à ces messieurs. Quant à Metellus[2], il n'est point mort depuis longtemps de citoyen qui....; mais il faut laisser les morts en repos. Au reste, je vous réponds de la somme qu'il vous doit. Qu'avez-vous à craindre? S'il a fait un testament, Clodius sera sans doute son héritier, et il n'y a rien en cela qui ne soit d'un honnête homme, quoiqu'il ne le fût guère. Cette somme a bien l'air de ne point devoir rentrer dans vos coffres : une autre fois vous placerez mieux votre argent.

Vous penserez à ce qui regarde ma maison : il faudra louer des gens de main pour défendre mes ouvriers, et avertir Milon de se tenir prêt en cas d'alarmes. Nos compatriotes les Arpinates murmurent fort des agrandissemens que fait mon frère à sa maison de Laterium[3]. Que voulez-vous que je vous dise? cela ne laisse pas de me chagriner : pour lui, il se moque du qu'en dira-t-on. Je n'ai rien autre chose à vous mander. Ayez toujours bien soin de notre petit Cicéron.

LETTRE CXI.

Antium, en mai 697.

CICÉRON A ATTICUS.

J'ai trouvé dans votre lettre plusieurs traits fort agréables, mais surtout ce que vous dites de mes poissons au fromage[1]. Quant à ce que vous ajoutez sur mon petit trésor, avez-vous donc oublié qu'il faut attendre, pour déclarer un homme heureux, que la mort ait fixé sa fortune?

Je ne trouve point autour d'ici de maison toute bâtie,

quiddam, de quo est dubium sitne venale; ac proximum quidem nostris aedibus : hoc scito , Antium esse Romae, ut Corcyrae Buthrotum illum tuum : nihil quietius, nihil altius, nihil amoenius : εἴη μισητὸς φίλος οἶκος. Postea vero quam Tyrannio mihi libros disposuit, mens addita videtur meis aedibus : qua quidem in re mirifica opera Dionysii et Menophili tui fuit. Nihil venustius quam illa tua pegmata : postquam mihi sittybis libros illustrarunt. Valde velim scribas ad me de gladiatoribus; sed ita, bene si rem gerunt : non quaero, male si se gessere.

EPISTOLA CXII.

(ad div., V, 3.)

Scrib. in Hispania, A. V. C. 697.

Q. METELLUS NEPOS M. T. CICERONI S. D.

Hominis importunissimi contumeliae, quibus, crebris concionibus, me onerat, tuis erga me officiis leniuntur : et, ut sunt leves ab ejusmodi homine, a me despiciuntur; libenterque, commutata persona, te mihi fratris loco esse duco. De illo ne meminisse quidem volo, tametsi bis eum invitum servavi. De meis rebus, ne vobis multitudine litterarum molestior essem, ad Lollium perscripsi, de rationibus provinciae quid vellem fieri, ut id vos doceret et commonefaceret. Si po-

comme vous la voulez; il y en a une dans Antium même qui vous conviendrait assez, et qui est fort près de la mienne; mais il n'est pas sûr qu'elle soit à vendre. Vous pouvez compter que ce lieu est, par rapport à Rome, ce que Buthrote est par rapport à l'île de Corcyre. Rien n'est plus tranquille, plus frais, plus agréable : on en concevrait aisément de l'aversion pour sa maison. Depuis que Tyrannion a arrangé ma bibliothèque, ma demeure paraît douée d'intelligence. Denys et Ménophile lui ont été d'un secours merveilleux. Rien n'est plus élégant que leurs rayons et les lettres dont ils ont orné mes livres. Dites-moi quelque chose de vos gladiateurs, si toutefois ils s'acquittent bien de leur devoir : s'ils se conduisent mal, je n'en veux rien savoir.

LETTRE CXII.

Écrite d'Espagne en 697.

Q. METELLUS NEPOS A CICÉRON.

Vos bons offices me consolent des outrages que j'essuie tous les jours[1] par les harangues du plus odieux de tous les hommes. Je les compte pour rien, je les méprise de la part d'un tel ennemi, tandis que la reconnaissance me porte à vous regarder comme un frère. Je l'ai sauvé deux fois malgré lui; mais je ne veux pas même en conserver le souvenir. La crainte de vous être importun, par un trop grand nombre de lettres, m'a fait écrire le détail de mes affaires à Lollius, avec ordre de vous communiquer mes intentions par rapport aux

teris, velim pristinam tuam erga me voluntatem conserves. Vale.

EPISTOLA CXIII.
(ad div., I, 7.)

Scrib. Romæ, mense circiter maio A. V. C. 697.

M. T. CICERO P. LENTULO PROCOS.

Legi tuas litteras quibus ad me scribis, gratum tibi esse, quod crebro certior per me fias omnibus rebus, et meam erga te benivolentiam facile perspicias, quorum alterum mihi, ut te plurimum diligam, facere necesse est, si volo is esse quem tu me esse voluisti : alterum facio libenter, ut, quoniam intervallo locorum et temporum disjuncti sumus, per litteras tecum quam sæpissime colloquar. Quod si rarius fiet quam tu exspectabis, id erit causæ, quod non ejus generis meæ litteræ sunt, ut eas audeam temere committere. Quoties mihi certorum hominum potestas erit, quibus recte dem, non prætermittam.

Quod scire vis qua quisque in te fide sit et voluntate, difficile dictu est de singulis. Unum illud audeo, quod antea tibi sæpe significavi, nunc quoque re perspecta et cognita scribere : vehementer quosdam homines et eos maxime, qui te et maxime debuerunt et plurimum juvare potuerunt, invidisse dignitati tuæ, simillimamque, in re dissimili : tui temporis nunc, et nostri quondam, fuisse rationem; ut quos tu reipublicæ

comptes de la province². Je vous prie, si rien ne s'y oppose dans votre cœur, de conserver pour moi votre ancienne affection. Adieu.

LETTRE CXIII.

Rome, vers le mois de mai 697 ¹.

M. T. CICÉRON A P. LENTULUS, PROCONSUL.

Vous m'écrivez que vous êtes charmé d'apprendre souvent par mes lettres tout ce qui se passe ici, et de reconnaître facilement la sincérité de mon affection; mais dois-je ne pas vous aimer beaucoup, si je veux répondre à l'idée que vous avez eue de moi? Et séparés, comme nous sommes, par les temps et les lieux, ne doit-il pas m'être fort agréable de m'entretenir souvent avec vous par écrit? S'il arrivait que mes lettres fussent moins fréquentes que vous ne vous y attendez, il faudrait vous en prendre au sujet, qui ne me permet pas de les risquer témérairement. Toutes les fois qu'il se présentera des occasions sûres, je ne les laisserai point échapper.

Vous me faites une question d'un détail difficile, lorsque vous voulez savoir quel fonds vous pouvez faire sur la fidélité et l'affection de chacun en particulier. Je n'ose vous marquer là-dessus que ce que je vous ai mandé plusieurs fois; mes observations m'en rendent plus sûr que jamais. Certaines gens, et ceux en particulier qui pouvaient vous rendre le plus de services, et qui y étaient le plus obligés, n'ont vu votre dignité qu'avec des yeux d'envie; de sorte qu'il y a beaucoup de ressemblance,

causa læseras, palam te oppugnarent; quorum auctoritatem, dignitatem, voluntatemque defenderas, non tam memores essent virtutis tuæ quam laudis inimici. Quo quidem tempore, ut perscripsi ad te antea, cognovi Hortensium percupidum tui, studiosum Lucullum; ex magistratibus autem L. Racilium et fide et animo in te singulari. Nam nostra propugnatio ac defensio dignitatis tuæ, propter magnitudinem beneficii tui, fortasse plerisque officii majorem auctoritatem habere videatur quam sententiæ. Præterea quidem de consularibus nemini possum aut studii erga te, aut officii, aut amici animi esse testis.

Etenim Pompeium, qui mecum sæpissime, non solum a me provocatus, sed etiam sua sponte de te communicare solet, scis temporibus illis non sæpe in senatu fuisse. Cui quidem litteræ tuæ, quas proxime miseras, quod facile intellexerim, perjucundæ fuerunt. Mihi quidem humanitas tua, vel summa potius sapientia, non jucunda solum, sed etiam admirabilis visa est. Virum enim excellentem et tibi tua præstanti in eum liberalitate devinctum, nonnihil suspicantem, propter aliquorum opinionem suæ cupiditatis, te ab se abalienatum, illa epistola retinuisti. Qui mihi quum semper tuæ laudi favere visus est, etiam ipso suspiciosissimo tempore Ca-

quoique la nature des incidens soit différente, entre le temps de ma disgrâce et celui de la vôtre. Ceux que le seul intérêt de la république ne vous avait pas permis de ménager vous attaquent ouvertement; et ceux dont vous avez défendu la dignité et les intentions se souviennent moins de vos bienfaits pour s'exciter à la reconnaissance, que de votre gloire pour l'obscurcir par jalousie. Cependant j'ai reconnu, comme je vous l'ai déjà marqué, qu'Hortensius est fort zélé pour vous, et que Lucullus ne manque pas non plus d'affection. Entre les magistrats, vous pouvez regarder L. Racilius comme un homme qui vous est particulièrement attaché; car je ne dois point parler de moi, qui, après l'important service que vous m'avez rendu, dois craindre qu'en prenant la défense de vos intérêts, mon zèle ne passe plutôt pour l'effet de ma reconnaissance que pour le véritable fruit de mon opinion. Je ne vois point d'autre consulaire au zèle, aux services ou à l'affection duquel je puisse rendre témoignage.

Pompée m'a parlé très-souvent de vous, et lorsque je lui en ai fait naître l'occasion, et de son propre mouvement; mais vous savez que dans ces derniers temps il ne s'est guère trouvé au sénat[2]. D'ailleurs, j'ai remarqué aisément que votre dernière lettre lui a fait beaucoup de plaisir. Pour moi, non-seulement j'en ai ressenti beaucoup de vous voir cette bonté de caractère, ou plutôt cette haute sagesse, mais je vous ai trouvé digne d'admiration. Vous vous êtes conservé par cette lettre l'amitié d'un excellent homme, qui vous était attaché à la vérité par la reconnaissance qu'il doit à vos services, mais qui vous soupçonnait un peu de l'être moins à lui, depuis l'opinion que certaines gens avaient conçue de ses in-

niniano; tum vero, lectis tuis litteris, perspectus est a me toto animo de te, ac de tuis ornamentis, et commodis cogitare. Quare ea quæ scribam sic habeto, me, cum illo re sæpe communicata, de illius ad te sententia atque auctoritate scribere.

Quoniam senatusconsultum nullum exstet, quo reductio regis alexandrini tibi adempta sit : eaque, quæ de ea scripta est, auctoritas, cui scis intercessum esse, ut ne quis omnino regem reduceret, tantam vim habet, ut magis iratorum hominum studium, quam constantis senatus consilium esse videatur : te perspicere posse, qui Ciliciam Cyprumque teneas, quid efficere et quid consequi possis : et si res facultatem habitura videatur, ut Alexandriam atque Ægyptum tenere possis, esse et tuæ, et nostri imperii dignitatis, Ptolemaide, aut aliquo propinquo loco rege collocato, te cum classe atque exercitu proficisci Alexandriam; ut, quum eam pace præsidiisque firmaris, Ptolemæus redeat in regnum : ita fore ut per te restituatur, quemadmodum senatus initio censuit, et sine multitudine reducatur, quemadmodum homines religiosi Sibyllæ placere dixerunt. Sed hæc sententia sic et illi et nobis probabatur, ut ex eventu homines de tuo consilio existimaturos videremus : si cecidisset, ut volumus et optamus, omnes te sapienter et fortiter : sin aliquod esset offensum; eosdem illos et cupide et temere fecisse dicturos. Quare quid assequi pos-

tentions. Je lui dois ce témoignage, qu'il m'a toujours paru bien disposé pour vos intérêts, pendant l'affaire même de Caninius[3], où la défiance était très-naturelle; et que, depuis qu'il a reçu votre lettre, j'ai reconnu qu'il s'occupe sans réserve de vous, de votre gloire et de votre utilité. Soyez donc persuadé que ce que je vais ajouter sur votre situation, je ne vous l'écris qu'après en avoir souvent conféré avec lui.

Puisqu'il n'existe aucun décret du sénat qui vous ôte la commission d'Égypte, et que l'ordre par lequel on a déclaré (mais, comme vous savez, avec opposition) que personne ne serait chargé de cette entreprise, doit passer pour un emportement de quelques personnes irritées, plutôt que pour le véritable jugement du sénat, et n'a point, par conséquent, d'autre force : nous pensions, lui et moi, que c'est à vous, qui commandez dans la Cilicie et dans l'île de Chypre[4], à voir de quoi vous êtes capable et ce que vous pouvez vous promettre; et que, si les circonstances vous permettent de vous rendre le plus fort en Égypte et dans Alexandrie, il est de votre dignité et de celle de l'empire romain, après avoir placé le roi à Ptolémaïde ou dans quelque autre lieu voisin, de vous rendre à Alexandrie avec une flotte et une armée, d'y rétablir la paix, de l'assurer par des garnisons, et de faire rentrer ensuite Ptolémée dans ses états. Ainsi, le premier décret du sénat, qui vous chargeait de cette entreprise, vous trouverez le moyen de le concilier avec la déclaration que les gens religieux attribuent à la Sibylle, et qui veut que le roi soit rétabli sans armée. Cependant, lorsque je vous donne cet avis pour le sentiment de Pompée et pour le mien, il nous paraît aussi que le public jugera de votre entreprise par

sis, non tam facile est nobis, quam tibi, cujus prope in conspectu Ægyptus est, judicare.

Nos quidem hoc sentimus : si exploratum tibi sit, posse te illius regni potiri, non esse cunctandum : si dubium, non esse conandum. Illud tibi affirmo, si rem istam ex sententia gesseris, fore ut absens a multis, quum redieris ab omnibus collauderis : offensionem esse periculosam, propter interpositam senatus auctoritatem religionemque, video. Sed ego te, ut ad certam laudem adhortor, sic a dimicatione deterreo, redeoque ad illud quod initio scripsi, totius facti tui judicium non tam ex consilio tuo, quam ex eventu, homines esse facturos.

Quod si hæc ratio rei gerendæ periculosa tibi esse videbitur, placebat illud, ut, si rex amicis tuis, qui per provinciam atque imperii tui provincias ei credidissent, fidem suam præstitisset, et auxiliis eum tuis et copiis adjuvares; eam esse naturam et regionem provinciæ tuæ, ut illius reditum vel adjuvando confirmares, vel negligendo impedires. In hac ratione quid res, quid causa, quid tempus ferat, tu facillime optimeque perspicies : quid nobis placuisset, ex me potissimum putavi te scire oportere.

Quod mihi de nostro statu, de Milonis familiaritate,

le succès; c'est-à-dire que, si elle réussit, comme nous le souhaitons, tout le monde louera votre prudence et votre courage; mais que, si vous manquez en quelque chose, on vous accusera de cupidité et d'imprudence. Il nous est bien moins facile de juger de la possibilité d'une telle expédition, qu'à vous, qui avez l'Égypte presque à portée de vue.

En un mot, voici notre sentiment : s'il vous paraît certain que vous puissiez vous rendre maître de l'Égypte, vous ne devez pas perdre un moment; si l'entreprise est douteuse, il faut y renoncer. Réussissez-vous ; vous serez loué de quantité de personnes dans votre absence et de tout le monde à votre retour : mais je vois du danger dans la moindre disgrâce, à cause de l'ordre du sénat et du prétexte de la religion. Ainsi, je vous exhorte à recueillir une gloire certaine; mais je vous détourne au contraire d'une entreprise douteuse, et que le public, je le répète, ne jugera que par le succès.

Si vous croyez qu'il y ait trop à risquer, voici un autre parti pour lequel nous n'aurions point d'éloignement. Que le roi donne des sûretés à ceux de vos amis qui lui ont fait des avances dans les pays de votre gouvernement; l'aidant alors de votre secours et de celui de vos troupes, il nous semble que la situation et la nature de votre province vous rendraient presque sûr de faire réussir son entreprise avec la moindre assistance, ou de la faire manquer en négligeant de le secourir. Vous prendrez là-dessus vos résolutions, suivant la nature des circonstances; mais j'ai cru devoir vous communiquer ce que nous en avons pensé.

A l'égard des félicitations que vous me faites sur ma

de levitate et imbecillitate Clodii gratularis, minime miramur, te tuis, ut egregium artificem, præclaris operibus lætari : quanquam est incredibilis hominum perversitas (graviori enim verbo uti non libet), qui nos, quos favendo in communi causa retinere potuerunt, invidendo abalienarunt : quorum malevolentissimis obtrectationibus nos scito de vetere illa nostra diuturnaque sententia prope jam esse depulsos, non nos quidem ut nostræ dignitatis simus obliti, sed ut habeamus rationem aliquando etiam salutis. Poterat utrumque præclare, si esset fides, si gravitas in hominibus consularibus. Sed tanta est in plerisque levitas, ut eos non tam constantia in republica nostra delectet, quam splendor offendat. Quod eo liberius ad te scribo, qui non solum temporibus his, quæ per te sum adeptus, sed etiam olim nascenti prope nostræ laudi, dignitatique favisti : simul quod video, non, ut antea putabam, novitati esse invisum meæ; in te enim, homine omnium nobilissimo, similia invidorum vitia perspexi, quem tametsi illi esse in principibus facile sunt passi, evolare altius certe noluerunt. Gaudeo tuam dissimilem fuisse fortunam; multum enim interest utrum laus imminuatur, an salus deseratur. Me meæ tamen ne nimis pœniteret, tua virtute perfectum est. Curasti enim ut plus additum ad memoriam nominis nostri, quam demptum de fortuna videretur. Te vero emoneo, quum beneficiis tuis, tum amore incitatus meo, ut omnem gloriam, ad quam a pueritia inflammatus fuisti, omni cura atque industria consequare;

situation, sur l'amitié de Milon, sur la légèreté et l'imbécillité de Clodius, je ne suis pas étonné qu'en excellent artiste vous vous réjouissiez de la bonté de l'ouvrage. Cependant je trouve une perversité incroyable, pour ne rien dire de plus, dans ceux qui nous ont aliénés par leurs jalousies, lorsqu'ils pouvaient se conserver notre amitié en nous favorisant dans une cause commune. Je ne vous le cacherai point, leurs mauvais procédés ont presque eu la force de me faire abandonner ces anciens principes auxquels je suis attaché depuis si long-temps, et si cela ne va point jusqu'à me faire oublier le soin de ma dignité, je commence du moins à songer aussi que je dois quelque chose à ma sûreté. Ces deux intérêts pouvaient être également à couvert, s'il y avait de la bonne foi et de la gravité dans nos consulaires ; mais la plupart sont si peu capables de penser juste, qu'ils sont moins satisfaits de notre constance à servir la république, que choqués de la gloire qu'ils nous en voient recueillir. Je vous fais d'autant plus volontiers cette ouverture, que, non-seulement dans les temps où j'ai tout reçu de vous, mais dès les premiers pas que j'ai faits dans la carrière de l'honneur et de la dignité, vous m'avez été favorable[5]. D'ailleurs, je vois que ce qui m'a exposé à l'envie n'était pas, comme je l'ai cru jusqu'à présent, ma qualité d'homme nouveau, puisqu'un homme d'une aussi noble origine que vous n'a pu éviter les mêmes traits. Vos ennemis vous ont souffert dans un certain degré de distinction, mais ils n'ont pu vous voir prendre un vol plus élevé. Je me réjouis néanmoins que votre fortune n'ait pas ressemblé tout-à-fait à la mienne ; car il y a bien de la différence entre perdre quelque chose de sa gloire, ou voir attaquer son salut. Après tout, votre

magnitudinemque animi tui, quam ego semper sum admiratus semperque amavi, ne unquam inflectas cujusquam injuria. Magna est hominum opinio de te, magna commendatio liberalitatis, magna memoria consulatus tui. Hæc profecto vides quanto expressiora, quantoque illustriora futura sint, quum aliquantum, ex provincia atque ex imperio, laudis accesserit. Quanquam te ita gerere volo quæ per exercitum atque imperium gerenda sunt, ut hæc multo ante meditere, huc te pares, hæc cogites, ad hæc te exerceas, sentiasque id, quod quia semper sperasti, non dubito quin adeptus intelligas, te facillime posse obtinere summum atque altissimum gradum civitatis. Quæ quidem mea cohortatio, ne tibi inanis, aut sine causa suscepta videatur, illa me ratio movit, ut te ex nostris eventis communibus admonendum putarem, ut considerares in omni reliqua vita quibus crederes, quos caveres.

Quod scribis te velle scire qui sit reipublicæ status, summa dissensio est, sed contentio dispar. Nam qui plus opibus, armis, potentia valent, profecisse tantum mihi videntur stultitia et inconstantia adversariorum,

vertu m'a mis en état de ne pas regretter les dangers que j'ai courus : l'honneur dont je suis redevable à vos services l'emporte beaucoup sur celui que la fortune m'avait ôté. C'est dans le souvenir de vos bienfaits, et dans le sentiment d'une vive amitié, que je vous exhorte à conquérir par toutes sortes d'efforts et de soins la gloire pour laquelle vous avez brûlé dès votre enfance, et que je vous presse de ne laisser vaincre par les outrages de personne cette grandeur d'âme qui m'a toujours inspiré pour vous autant d'admiration que de tendresse. L'opinion que le public a de vous n'est pas médiocre : il lui reste une grande impression de votre caractère, et un souvenir fort glorieux de votre consulat. Jugez combien cette idée se confirmerait et se fortifierait, si les circonstances vous faisaient trouver l'occasion d'acquérir une nouvelle gloire dans votre gouvernement. Cependant je veux toujours que, si vous entreprenez quelque chose, vous ne le fassiez qu'après l'avoir long-temps médité, après vous y être préparé, après vous y être exercé ; et que vous soyez persuadé, comme vous devez le comprendre, étant parvenu au point où vous avez toujours aspiré, que vous pouvez obtenir sans peine le premier rang de Rome. Ne regardez pas cette exhortation comme inutile ou faite au hasard. J'ai voulu que nos disgrâces communes devinssent un avertissement qui vous fasse considérer, pendant tout le reste de votre vie, à qui vous devez prendre confiance, et de qui vous devez vous défier.

Puisque vous voulez savoir quel est l'état des affaires publiques, la division est extrême; mais il n'y a point d'égalité entre les partis. Ceux qui l'emportent par les richesses, les armes et la puissance, ont tiré tant d'avan-

ut etiam auctoritate jam plus valeant. Itaque perpaucis adversantibus, omnia, quæ ne per populum quidem sine seditione se assequi posse arbitrabantur, per senatum consecuti sunt : nam et stipendium Cæsari decretum est, et decem legati; et, ne lege Sempronia succederetur, facile perfectum est. Quod ad te brevius scribo, quia me status hic reipublicæ non delectat, scribo tamen ut te admoneam quod ipse, litteris optimis a pueritia deditus, experiendo tamen magis, quam discendo cognovi : tu rebus tuis integris discas, neque salutis nostræ rationem habendam nobis esse sine dignitate, neque dignitatis sine salute.

Quod mihi de filia et de Crassipede gratularis, agnosco humanitatem tuam; speroque et opto nobis hanc conjunctionem voluptati fore.

Lentulum nostrum, eximia spe summæ virtutis adolescentem, quum ceteris artibus, quibus studuisti semper ipse, tum imprimis imitatione tui, fac erudias : nulla enim erit hac præstantior disciplina; quem nos, et quia tuus, et quia te dignus est filius, et quia nos diligit, semperque dilexit, in primis amamus carumque habemus.

tage de la folie et de l'inconstance de leurs adversaires, qu'ils sont parvenus à l'emporter encore en autorité. Aussi n'ont-ils eu à surmonter que l'opposition d'un fort petit nombre de voix, pour obtenir du sénat ce qu'ils ne s'étaient pas flattés d'obtenir du peuple, même sans le secours de quelque sédition. Ils ont fait décerner de fortes sommes à César [6] avec dix lieutenans; et rien ne leur a été si facile que d'empêcher la succession établie par la loi Sempronia [7]. Je ne m'étendrai pas beaucoup sur l'état de la république, parce qu'il ne me satisfait guère; mais j'en touche néanmoins quelque chose, pour amener une réflexion que je dois à l'expérience plutôt qu'aux lumières que j'ai tirées des meilleures études depuis mon enfance. Je veux que vous sachiez, tandis que vous n'avez point encore souffert d'atteintes, que le soin de notre salut ne doit point aller sans celui de notre dignité, ni celui-ci sans l'autre.

Je reconnais votre bonté dans vos félicitations sur le mariage de ma fille avec Crassipès. Je souhaite que cette alliance tourne à notre satisfaction, et je l'espère également.

Notre cher Lentulus est un jeune homme dont on ne peut former de trop hautes espérances. Instruisez-le dans tous les arts que vous avez toujours cultivés vous-même; mais apprenez-lui surtout à vous imiter, car il n'y a point de méthode dont il puisse tirer plus d'utilité. Il est votre fils, et est digne de l'être. Il m'aime et il m'a toujours aimé; voilà trois raisons qui me le font trouver bien aimable, et qui me le rendent bien cher.

EPISTOLA CXIV.
(ad div., XIII, 6 pars prima.)
Scrib. Romæ A. V. C. 697, incertum quo mense.

M. T. CICERO Q. VALERIO Q. F. ORCÆ PROC. S. P. D.

Si vales, bene est, valeo. — Credo te memoria tenere, me et coram P. Cuspio tecum locutum esse, quum te prosequerer paludatum, et item postea pluribus verbis tecum egisse, ut, quoscumque tibi ejus necessarios commendarem, haberes eos in numero meorum necessariorum. Id tu pro tua summa erga me benivolentia, perpetuaque observantia, mihi liberalissime atque humanissime recepisti. Cuspius, homo in omnes suos officiosissimus, mirifice quosdam homines ex ista provincia tuetur et diligit, propterea quod fuit in Africa bis, quum maximis societatis negotiis præesset. Itaque hoc ejus officium, quod adhibet erga illos, ego mea facultate, et gratia soleo quantum possum adjuvare. Quare Cuspianorum omnium commendationis causam hac tibi epistola exponendam putavi. Reliquis epistolis tantum faciam, ut notam apponam eam, quæ mihi tecum convenit, et simul significem de numero esse Cuspii amicorum. Sed hanc commendationem, quam his litteris consignare volui, scito esse omnium gravissimam. Nam P. Cuspius singulari studio contendit a me, ut tibi quam diligentissime L. Julium commendarem. Ejus ego studio vix videor mihi satisfacere posse, si utar verbis iis, quibus, quum diligentissime quod agi-

LETTRE CXIV.

Rome, 697, mois incertain.

CICÉRON A Q. VALERIUS ORCA, FILS DE Q., PROCONS.

Je souhaite que votre santé soit aussi bonne que la mienne. — Vous n'aurez point oublié qu'en personne, sous les yeux même de P. Cuspius, lorsque je vous conduisais à votre départ[1], et, dans la suite, par mes lettres, je vous ai prié de regarder tous ses amis comme les miens, lorsque je leur accorderais auprès de vous ma recommandation. L'amitié et la considération que vous avez toujours eues pour moi vous portèrent généreusement à me le promettre. Cuspius, qui est toujours plein de zèle pour ses amis, s'intéresse beaucoup à quelques personnes de votre province, pour lesquels il a pris une vive affection dans ses deux voyages en Afrique, lorsqu'il avait la conduite des plus grandes affaires au nom de sa compagnie[2]. Je l'aide de mes soins et de mon crédit à leur rendre service autant qu'il m'est possible. Mon intention, dans cette lettre, est de vous apprendre en général la raison qui me porte à vous recommander tous les amis de Cuspius. Dans la suite je me contenterai de la marquer comme j'en suis convenu avec vous, et de vous faire connaître que celui dont je vous parlerai sera de ce nombre. Cependant je commence, dès aujourd'hui, par une recommandation des plus fortes. P. Cuspius me prie, avec des instances extraordinaires, de vous recommander très-vivement L. Julius. Je crains de ne pouvoir répondre à l'ardeur de ses sentimens par les termes qu'on emploie pour ce qu'on désire le plus. Il me demande quelque tour nouveau, et,

mus, uti solemus. Nova quaedam postulat, et putat me ejus generis artificium quoddam tenere. Et ego pollicitus sum, me ex intima nostra arte deprompturum mirificum genus commendationis. Id quando assequi non possum, tu re velim efficias, ut ille genere mearum litterarum incredibili quiddam perfectum arbitretur. Id facies, si omne genus liberalitatis, quod et ab humanitate et potestate tua proficisci poterit, non modo re, sed etiam verbis, vultu denique exprompseris : quae quantum in provincia valeant, vellem expertus esses. Sed tamen suspicor ipsum hominem, quem tibi commendo, perdignum esse tua amicitia, non solum quia mihi Cuspius dicit, credo (tametsi id satis esse debebat), sed quia novi ejus judicium in hominibus et amicis deligendis. Harum litterarum vis quanta fuerit, propediem judicabo : tibique, ut confido, gratias agam. Ego, quae te velle, quaeque ad te pertinere arbitrabor, omnia studiose diligenterque curabo. Cura ut valeas.

EPISTOLA CXV.
(ad div., XIII, 6 pars altera.)
Scrib. Romae, A. V. C. 697.

M. T. CICERO Q. VALERIO Q. F. ORCAE PROC. S. P. D.

P. CORNELIUS, qui tibi has litteras dedit, est mihi a P. Cuspio commendatus; cujus causa quanto opere cuperem deberemque, profecto ex me facile cognosti.

s'il faut l'en croire, j'ai des secrets tout particuliers dans cet art. J'ai promis d'en tirer, pour lui, un genre merveilleux de recommandation. Mais, comme je ne m'en trouve pas capable, je vous prie de lui faire juger, par les effets, que j'ai employé réellement des moyens tout-à-fait incroyables. C'est ce que vous pouvez faire, en lui marquant non-seulement par vos services, mais encore par vos discours et par votre air, toutes les bontés qu'il peut attendre de votre politesse et de votre pouvoir. Vous ne sauriez croire combien ces distinctions produisent d'effet dans les provinces. Au fond, je suis porté à croire que la personne que je vous recommande est très-digne de votre amitié; et ce qui me le persuade n'est pas seulement ce que dit Cuspius, quoique cette raison doive suffire; mais, le connaissant comme je le connais, je sais quelle est sa pénétration dans le discernement des hommes et dans le choix de ses amis. L'avenir m'apprendra bientôt ce qu'aura produit ma lettre, et je me flatte que je n'aurai que des grâces à vous rendre. De mon côté je prendrai soin, avec autant de diligence que d'affection, de tout ce qui pourra vous faire plaisir et vous intéresser. Ne négligez pas votre santé.

LETTRE CXV [1].

Rome, 697.

CICÉRON A Q. VALERIUS ORCA, FILS DE Q., PROCONS.

P. Cornelius, qui vous remet cette lettre, m'est recommandé par P. Cuspius, et je vous ai assez fait connaître combien je souhaite et je dois souhaiter que vous

Vehementer te rogo ut cures ut ex hac commendatione mihi Cuspius quam maximas, quam primum, quam saepissime gratias agat. Vale.

EPISTOLA CXVI.
(ad Q. fratrem, II, 8.)
Scrib. A. V. C. 697.

M. CICERO QUINTO FRATRI SAL.

O LITTERAS mihi tuas jucundissimas, exspectatas ac primo quidem cum desiderio, tum vero etiam cum timore. Atque has scito litteras me solas accepisse post illas, quas tuus nauta attulit Olbia datas. Sed cetera, ut scribis, praesenti sermoni reserventur. Hoc tamen non queo differre : idibus maiis senatus frequens divinus fuit in supplicatione Gabinio deneganda. Adjurat Procilius hoc nemini accidisse. Foris valde plauditur. Mihi quum sua sponte jucundum, tum jucundius, quod me absente (est enim εἰλικρινές judicium), sine oppugnatione, sine gratia nostra. Eram Antii. Quod idibus et postridie fuerat dictum, de agro campano actum iri, non est actum. In hac causa mihi aqua haeret. Sed plura quam constitueram; coram enim. Vale, mi optime et optatissime frater, et advola. Idem te nostri rogant pueri; illud scilicet, coenabis quum veneris.

lui rendiez service. Je vous prie donc instamment de vous conduire de sorte que Cuspius ait à me faire de grands et de fréquens remercîmens. Adieu.

LETTRE CXVI.

Année 697, fin de juin.

CICÉRON A QUINTUS SON FRÈRE.

L'AGRÉABLE lettre que je reçois! Mais qu'elle s'est fait attendre long-temps! C'était d'abord avec tous les désirs de l'impatience; ensuite c'était même avec crainte. Apprenez que c'est la seule qui m'ait été rendue depuis celle que j'ai reçue d'Olbie par votre matelot. Mais remettons le reste, comme vous me le dites, au moment où nous devons nous revoir. Voici néanmoins ce que je ne puis différer à vous apprendre. L'assemblée du 15 mai, qui était nombreuse, fut véritablement divine, d'avoir refusé à Gabinius[1] la supplique qu'il demandait. Procilius jure que cela n'est jamais arrivé à personne[2]. On applaudit de toutes parts. Pour moi, si je suis charmé de la chose même, je le suis encore plus de ce qu'elle est arrivée en mon absence, par un jugement unanime, sans que mes sollicitations et mon crédit y aient eu la moindre part. J'étais à Antium. Ce qu'on avait annoncé touchant l'affaire de Campanie pour le 15 et pour le jour suivant est demeuré sans effet. Je suis très-incertain sur cette affaire[3]. Mais je vais plus loin que je ne me le proposais. C'est pour notre premier entretien. Adieu, mon excellent frère, mon frère tant désiré. Volez, s'il est possible. Nos enfans vous demandent la même grâce ; c'est-à-dire qu'à votre arrivée vous souperez, n'est-ce pas?

EPISTOLA CXVII.
(ad Att., IV, 8 pars altera.)
Scrib. in Antiati, circa autumnum 697.

CICERO ATTICO SAL.

APENAS vix discesserat, quum epistola. Quid ais? putasne fore, ut legem non ferat? Dic, oro te, clarius : vix enim mihi exaudisse videor. Verum statim fac ut sciam, si modo tibi est commodum. Ludis quidem quoniam dies est additus, eo etiam melius hic eum diem cum Dionysio conteremus. De Trebonio prorsus tibi assentior. De Domitio,

Σύκῳ, μὰ τὴν Δήμητρα, σύκον οὐδὲ ἓν
Οὕτω ὁμοῖον γέγονεν,

quam est ista περίστασις nostræ : vel quod ab iisdem, vel quod præter opinionem, vel quod viri boni nusquam. Unum dissimile, quod huic merito. Nam de ipso casu nescio, an illud melius. Quid enim hoc miserius, quam eum, qui tot annos, quot habet, designatus consul fuerit, fieri consulem non posse? præsertim quum aut solus, aut certe non plus quam cum altero petat. Si vero id est, quod nescio an sit, ut non minus longas jam in codicillorum fastis futurorum consulum paginulas habeat, quam factorum, quid illo miserius? nisi respublica, in qua ne speratur quidem melius quidquam?

LETTRE CXVII.

Antium, 697, vers l'automne.

CICÉRON A ATTICUS.

Apenas était à peine parti, quand je reçus votre lettre. Qu'en pensez-vous? croyez-vous qu'on ne portera pas cette loi devant le peuple? Exprimez-vous clairement, je vous prie, car je crois ne vous avoir pas bien compris. Mais faites-moi savoir cela sur-le-champ, si cela ne vous gêne pas. Puisque l'on a ajouté un jour aux fêtes, je les passerai d'autant mieux ici avec Denys. Je suis de votre avis sur Trebonius [1]. Quant à Domitius [2],

« Non, par Cérès, jamais figue ne ressembla plus à une autre figue, »

que ce qui lui arrive ne ressemble à ma destinée. Mêmes ennemis, mêmes surprises, même absence de gens de bien. La seule différence, c'est que Domitius s'est attiré son sort. Du reste, c'est encore une question que de savoir s'il s'en est mieux tiré. Qu'y a-t-il, en effet, de plus triste que de voir qu'un homme, qui est consul désigné depuis tout autant d'années qu'il en a [3], ne puisse arriver au consulat, surtout quand il le demande seul, ou qu'il n'a tout au plus qu'un compétiteur? Mais s'il est vrai, ce que j'ignore, que pour l'avenir nos maîtres aient sur leurs tablettes autant de noms de consuls à faire, que dans le passé ils ont eu de consuls faits [4], qu'y aura-t-il de plus misérable que lui, si ce n'est la république, qui ne peut plus même espérer quelque chose de mieux?

De Natta ex tuis primum scivi litteris : oderam hominem. De poemate quod quæris; quid, si cupiat effugere? quid? sinas? De Fabio Lusco quod eram exorsus, homo peramans semper nostri fuit, nec mi unquam odio. Satis enim modestus et peracutus, ac bonæ frugi. Eum quia non videbam, abesse putabam. Audivi ex Gavio hoc Firmano, Romæ esse hominem, et fuisse assiduum. Percussit animum. Dices, tantulane causa? Permulta ad me detulerat non dubia de Firmanis fratribus. Quid sit, quod se a me removit, ignoro.

De eo quod me mones, ut et πολιτικῶς me geram et τὴν ἔσω γραμμὴν-teneam; ita faciam. Sed opus est majore prudentia; quam a te, ut soleo, petam. Tu velim e Fabio, si quem habes aditum, odorere, et istum convivam tuum degustes; et ad me de his rebus, et de omnibus quotidie scribas. Ubi nihil erit, quod scribas, id ipsum scribito. Cura ut valeas.

Ce n'est que par votre lettre que j'ai su ce qui concerne Natta[5]; cet homme ne m'a jamais plu. Quant au poëme[6] que vous me demandez, quoi? s'il voulait se montrer, le permettriez-vous? Pour reprendre la suite de votre lettre, Fabius Luscus[7] m'a toujours témoigné beaucoup d'amitié, et je n'ai jamais eu d'éloignement pour lui : son esprit m'a paru assez délicat, ses manières très-modestes, et sa conduite fort réglée. Comme je ne l'ai point vu depuis long-temps, je croyais qu'il n'était plus à Rome. Mais j'ai appris par Gavius le Firmien qu'il y était actuellement, et qu'il y avait toujours été. Cette nouvelle m'a frappé. Cela n'en vaut pas la peine, me direz-vous; mais j'ai mes raisons : je découvrais sûrement par son moyen plusieurs choses qui regardaient ces deux frères de Firmum. Je ne vois pas ce qui a pu l'éloigner de moi.

Je suis bien résolu, comme vous me le conseillez, à me conduire politiquement, à garder un juste milieu entre un zèle inconsidéré pour la république et un lâche dévoûment pour les puissances. Mais cela demande une politique plus fine que la mienne : j'aurai recours à vos conseils, dont je me suis fort bien trouvé. Tâchez de faire parler Fabius, si vous avez quelque ami de sa connaissance : sondez aussi cet homme avec qui vous mangez souvent[8], et écrivez-moi tous les jours sur ces affaires, et sur toutes celles qui se présenteront. Quand il n'y aura pas de nouvelles, dites-moi qu'il n'y en a point. Ayez soin de votre santé.

EPISTOLA CXVIII.
(ad Att., IV, 10.)
Scrib. in Cumano, x kal. maias A. V. C. 698.

CICERO ATTICO SAL.

Puteolis magnus est rumor Ptolemæum esse in regno : si quid habes certius, velim scire. Ego hic pascor bibliotheca Fausti : fortasse tu putabas, his rebus Puteolanis et Lucrinensibus : ne ista quidem desunt; sed mehercule a ceteris oblectationibus ut deseror et voluptatibus propter rempublicam, sic litteris sustentor et recreor; maloque in illa tua sedecula, quam habes sub imagine Aristotelis, sedere, quam in istorum sella curuli; tecumque apud te ambulare, quam cum eo, quocum video esse ambulandum. Sed de illa ambulatione fors viderit, aut si quis est qui curet deus.

Nostram ambulationem, et Laconicum, eaque quæ Cyrea sunt, velim, quod poteris, invisas; et urgeas Philotimum ut properet, ut possim tibi aliquid in eo genere respondere.

Pompeius in Cumanum Parilibus venit : misit ad me statim qui salutem nuntiaret. Ad eum postridie mane vadebam, quum hæc scripsi.

LETTRE CXVIII.

De sa terre de Cumes, 22 avril 698.

CICÉRON A ATTICUS.

Le bruit court à Pouzzoles que Ptolémée est rétabli dans son royaume[1] : si vous en savez quelque chose de certain, je vous prie de me le mander. Je fais ici toutes mes délices de la bibliothèque de Faustus[2]. Vous croyiez peut-être que sur une côte si abondante, et dans le voisinage du lac Lucrinum[3], je ne pensais qu'à faire bonne chère. Nous la faisons en effet très-bonne; mais, depuis que la république est dans un état si déplorable, les amusemens et les plaisirs de la vie n'ont rien de piquant pour moi, et je ne trouve de ressource que dans mes livres. J'aime mieux être assis dans votre bibliothèque, sur ce petit banc qui est au dessous de l'image d'Aristote, que dans leurs chaises curules, et me promener avec vous, que de marcher avec celui que je vois bien qu'il faudra suivre. Mais remettons-nous-en au sort ou aux dieux, si en effet il en est un qui se mêle des choses d'ici-bas.

Je vous prie d'aller, le plus souvent que vous pourrez, voir travailler à la galerie, aux bains[4] et autres ouvrages dont l'architecte Cyrus a donné le dessin. Faites en sorte que Philotime presse les ouvriers, afin que je puisse à mon tour vous recevoir chez moi.

Pompée est arrivé à sa maison de Cumes, le 21 avril, et il m'a envoyé aussitôt faire ses complimens. Je vais aujourd'hui le voir, et j'ai écrit cette lettre de grand matin avant de partir.

EPISTOLA CXIX.
(ad Att., IV, 9.)

Scrib. Neapoli, iv kal. maias A. V. C. 698.

CICERO ATTICO SAL.

Sane velim scire num censum impediant tribuni diebus vitiandis (est enim hic rumor); totaque de censura quid agant, quid cogitent. Nos hic cum Pompeio fuimus : multa mecum de republica, sane sibi displicens, ut loquebatur (sic est enim in hoc homine dicendum), Syriam spernens, Hispaniam jactans : hic quoque, ut loquebatur, et opinor (usquequaque de hoc quum dicemus, sit hoc quasi καὶ τόδε Φωκυλίδου), tibi etiam gratias agebat, quod signa componenda suscepisses : in nos vero suavissime hercule effusus. Venit etiam ad me in Cumanum a se. Nihil minus velle mihi visus est quam Messallam consulatum petere : de quo ipso, si quid scis, velim scire.

Quod Lucceio scribis te nostram gloriam commendaturum, et aedificium nostrum quod crebro invisis, gratum. Quintus frater ad me scripsit, se, quoniam Ciceronem suavissimum tecum haberes, ad te nonis maiis

LETTRE CXIX.

Naples, 28 avril 698.

CICÉRON A ATTICUS.

Je voudrais bien savoir s'il est vrai que les tribuns observent tous les jours les auspices pour empêcher le dénombrement du peuple, et quelles sont en général leurs démarches et leurs vues par rapport aux censeurs. J'ai passé quelques jours avec Pompée, et nous avons eu plusieurs conférences sur les affaires de la république. J'ai remarqué dans tous ses discours un air de dégoût ; le gouvernement de Syrie n'est pas à sa convenance ; celui d'Espagne ne le tente que médiocrement, du moins à ce qu'il dit (cette restriction est nécessaire lorsqu'on est sur le chapitre du personnage). Le même Pompée, à ce que je crois et à ce qu'il dit (voilà la formule dont il faut nous servir en parlant de lui, comme Phocylide[1] en avait une pour faire reconnaître ses vers), le même Pompée, dis-je, vous est fort obligé de ce que vous avez bien voulu prendre la peine de faire placer ses statues[2]. Il m'a fait aussi de fort grandes caresses, et m'est venu voir à ma maison de Cumes. Il m'a paru qu'il serait très-fâché que Messalla[3] fût, comme on le dit, du nombre des prétendans au consulat : si vous savez ce qui en est, je vous prie de me le mander.

Quant à ce que vous me marquez, que vous recommanderez à Lucceius les intérêts de ma gloire, et que vous allez souvent voir travailler à ma maison, je vous suis bien obligé de votre zèle et de votre assiduité. Mon

venturum. Ego me de Cumano movi ante diem v kal. maias : eo die Neapoli apud Pætum, ante diem IV kal. maias iens in Pompeianum, bene mane hæc scripsi.

EPISTOLA CXX.
(ad Q. fratrem, II, 9.)
Scrib. Romæ, circiter id. febr. A. V. C. 698.

M. CICERO QUINTO FRATRI SAL.

PLACITURUM tibi esse librum meum suspicabar : tam valde placuisse quam scribis, valde gaudeo. Quod me admones de nostra Urania, suadesque ut meminerim Jovis orationem, quæ est in extremo illo libro : ego vero memini, et illa omnia mihi magis scripsi quam ceteris.

Sed tamen postridie quam tu es profectus, multa nocte cum Vibullio veni ad Pompeium. Quumque ego egissem de istis operibus, atque inscriptionibus, perbenigne mihi respondit. Magnam spem attulit; cum Crasso se dixit loqui velle, mihique, ut idem facerem, suasit. Crassum consulem ex senatu domum reduxi; suscepit rem : dixitque esse quod Clodius hoc tempore cuperet per se et per Pompeium consequi : putare se, si ego eum non impedirem, posse me adipisci sine contentione quod vellem : totum ei negotium permisi, meque in ejus potestate dixi fore. Interfuit huic sermoni P. Crassus adolescens, nostri, ut scis, studiosissimus.

frère m'écrit que, maintenant que vous avez auprès de vous [4] notre cher neveu, il compte aller vous voir le 7 mai. Je partis de Cumes hier 28 avril : j'ai couché à Naples chez Pétus [5], et j'ai écrit cette lettre le lendemain de grand matin, en allant à ma maison de Pompéi.

LETTRE CXX.

Rome, vers le 13 février 698.

M. CICÉRON A QUINTUS SON FRÈRE.

Je me doutais que mon livre ne vous déplairait pas. Mais je me réjouis beaucoup qu'il vous ait plu autant que vous me le marquez. Vous me renvoyez à mon Uranie, et vous me rappelez le discours que je prête à Jupiter, vers la fin de ce livre. Comptez que je ne l'ai point oublié, et que c'est pour moi-même plus que pour autrui que j'ai écrit tout cela.

Cependant, le lendemain de votre départ je me rendis chez Pompée avec Vibullius, au milieu de la nuit. Je lui parlai de ces ouvrages et de ces inscriptions [1]. Il me répondit avec beaucoup de bonté, et me donna de grandes espérances. Son dessein, dit-il, est d'en conférer avec Crassus. Il m'a conseillé de faire la même chose. Pour m'en procurer l'occasion, j'ai reconduit le consul Crassus à la sortie du sénat. Crassus se charge de l'entreprise. Il m'a dit que Clodius souhaitait quelque chose à quoi il voulait arriver par ses soins et ceux de Pompée; et, si je n'y mettais point d'obstacle, il était persuadé que je pouvais réussir sans effort. Je lui ai abandonné toute cette affaire, et je lui ai dit que je m'abandonnais

Illud autem quod cupit Clodius est legatio aliqua, si minus per senatum, per populum, libera, aut Byzantium, aut ad Brogitarum, aut utrumque. Plena res nummorum. Quod ego non nimium laboro, etiamsi minus assequor quod volo. Pompeius tamen cum Crasso locutus est. Videntur negotium suscepisse. Si perficiunt, optime; sin minus, ad nostrum Jovem revertamur.

Ad III idus februarias S. C. est factum de ambitu in Afranii sententiam, quam ego dixeram quum tu adesses, sed magno cum gemitu senatus. Consules non sunt persecuti eorum sententias, qui, Afranio quum essent assensi, addiderunt ut praetores ita crearentur, ut dies LX privati essent. Eo die Catonem plane repudiarunt. Quid multa? tenent omnia; idque omnes intelligere volunt.

EPISTOLA CXXI.
(ad Q. fratrem, II, 10.)

Scrib. in Puteolanis vel Cumano, mense apr. vel maio A. V. C. 698.

M. CICERO QUINTO FRATRI SAL.

Tu metuis ne me interpelles? Primo, si in isto essem, tu scis quid sit interpellare. An te Ateius? Mehercule mihi docere videbaris istius generis humanitatem; qua

moi-même à lui. Le jeune P. Crassus[2], qui a, comme vous le savez, beaucoup d'attachement pour moi, était présent à cet entretien. Ce que Clodius désire, c'est une légation libre, ou à Byzance, ou vers Brogitarus[3] ou tout à la fois pour l'un et l'autre. S'il ne l'obtient pas du sénat, il se contentera de l'obtenir du peuple. L'affaire est très-lucrative. Je ne m'en embarrasse pas beaucoup, quand je n'obtiendrais pas même ce que je me propose. Cependant Pompée a parlé à Crassus, et je crois qu'ils se réunissent en ma faveur. Si l'affaire réussit, tant mieux; sinon, nous en reviendrons à notre Jupiter.

Le 11 février, on a porté sur la brigue, et suivant l'avis d'Afranius[4], un décret que j'avais aussi proposé lorsque vous étiez ici, mais qui ne produisit alors que des gémissemens du sénat. Ceux qui ont embrassé l'opinion d'Afranius voulaient que les préteurs, après leur création, fussent tenus de demeurer soixante jours[5] dans la condition privée; mais les consuls ont rejeté cette partie de leur suffrage. Le même jour, ils ont entièrement repoussé Caton. Que vous dirai-je? ils sont les maîtres, et ils veulent que tout le monde s'en aperçoive.

LETTRE CXXI.

De sa terre de Pouzzoles ou de Cumes, en avril ou en mai 698.

M. CICÉRON A QUINTUS SON FRÈRE.

Quoi! vous craignez de m'interrompre? Premièrement, s'il en était question, vous savez ce que c'est qu'interrompre. Est-ce qu'Ateius[1] vous a été importun?

quidem ego nihil utor abs te. Tu vero, ut me et appelles et interpelles, et obloquare et colloquare velim. Quid enim mihi suavius? Non mehercule quisquam μουσοπατακτός libentius sua recentia poemata legit, quam ego te audio quacumque de re publica, privata, rustica, urbana. Sed mea factum est insulsa verecundia, ut te proficiscens non tollerem. Opposuisti semel, ἀναντίλεκτον causam, Ciceronis nostri valetudinem, conticui : iterum Cicerones; quievi. Nunc mihi jucunditatis plena epistola hoc aspersit molestiæ, quod videris, ne mihi molestus esses, veritus esse, atque etiam nunc vereri. Litigarem tecum, si fas esset : sed mehercule istuc si unquam suspicatus ero, nihil dicam aliud, nisi verebor ne quando ego tibi, quum sum una, molestus sim.

Video te ingemuisse. Sic fit, εἰ δ' ἐν αἴᾳ ἔζησας, nunquam enim dicam, ἕα πάσας. Marium autem nostrum in lecticam, mehercule, conjecissem, non illam regis Ptolemæi Anicianam. Memini enim, quum hominem portarem ad Baias Neapoli octophoro Aniciano, machærophoris centum sequentibus, miros risus nos edere; quum ille ignarus sui comitatus repente aperuit lecticam, et pæne ille timore, ego risu corrui. Hunc, ut dico, certe sus-

Assurément votre exemple serait capable de m'inspirer cette sorte de politesse. Je ne l'exerce pas néanmoins à l'égard de tout le monde. Quant à vous, je vous demande en grâce de me troubler, de m'interrompre, de me parler et de m'entretenir. Que pouvez-vous faire qui me cause plus de plaisir? L'amour-propre d'un poète ne lui fait pas lire ses nouveaux ouvrages avec plus de satisfaction, que je n'en ressens à vous entendre parler sur les affaires publiques et privées, sur ce qui se passe à la ville et à la campagne. Mais une certaine retenue, qui m'est naturelle, m'a empêché de vous enlever à mon départ. Vous m'avez allégué une fois la maladie de notre cher Cicéron; cette raison était sans réplique : je me suis tu. Une autre fois nos deux jeunes gens étaient indisposés[2] : je suis demeuré tranquille. Aujourd'hui, malgré tout ce que je trouve d'aimable dans votre lettre, j'ai le chagrin d'y voir que vous avez appréhendé de m'être incommode, et que cette crainte dure encore. Je vous querellerais volontiers, si je le pouvais; mais je vous assure que si vous me donnez jamais occasion de vous soupçonner de la même crainte, ma seule réponse sera que je craindrai de vous être incommode aussi, lorsque je me trouverai avec vous.

Vous n'en seriez pas content, je le prévois. Mais, pour en venir à notre ami Marius, je l'aurais jeté dans une litière. Ce n'aurait pas été néanmoins dans la litière Anicienne du roi Ptolomée; car je me souviens que, le conduisant de Naples à Baïes dans une litière d'Anicius à huit porteurs[3], avec cent hommes armés à notre suite, il nous divertit merveilleusement, lorsque, ayant ouvert notre voiture sans savoir quel était son cortège, il pensa tomber de frayeur à cette vue, et moi tomber

tulissem, ut aliquando subtilitatem veteris urbanitatis, et humanissimi sermonis attingerem : sed hominem infirmum in villam apertam, ac ne rudem quidem, etiam nunc, invitare nolui. Hoc vero mihi peculiare fuerit, hic etiam isto frui. Nam illorum praediorum scito mihi vicinum Marium lumen esse. Apud Anicium videbimus ut paratum sit. Nos enim ita philologi sumus, ut vel cum fabris habitare possimus. Habemus hanc philosophiam, non ab Hymetto, sed ab Area Syria. Marius et valetudine est et natura imbecillior. De interpellatione tantum sumam a vobis temporis ad scribendum, quantum dabitis : utinam nihil detis, ut potius vestra injuria, quam ignavia mea cessem. De republica nimium te laborare doleo, et meliorem civem esse quam Philoctetem, qui, accepta injuria, illa spectacula quaerebat quae tibi acerba esse video. Amabo te, advola : consolabor te, et omnem abstergebo dolorem; et adduc, si me amas, Marium, sed approperate. Hortus domi est.

EPISTOLA CXXII.

(Ad Att., IV, 11.)

Scrib. in Cumano, 11 kal. maias A. V. C. 698.

CICERO ATTICO SAL.

Delectarunt me epistolae tuae : quas accepi uno tempore duas ante diem 11 kalend. Perge reliqua : gestio

de rire. J'aurais, dis-je, enlevé Marius, pour goûter une fois l'agrément de ses plaisanteries de l'ancien goût, et de ses charmans propos. Mais, infirme comme il est, je n'ai pas voulu l'inviter en cette occasion à m'accompagner dans une maison qui est toute ouverte, et qui n'a pris encore aucune forme. Le principal agrément de ces terres, c'est le voisinage de Marius. Je ferai en sorte que chez Anicius tout soit prêt pour sa réception. Nous verrons quels préparatifs on y a faits pour me recevoir. Pour moi, je suis si studieux, que le bruit des ouvriers ne me troublerait pas. Cette philosophie me vient, non d'Hymettus, mais de mon atelier de construction [4]. Marius est d'une santé et d'un tempérament très-faibles. Je profiterai, pour vous écrire, du temps que vos *interruptions* me laisseront de reste; et je souhaite qu'elles ne m'en laissent point, afin que mon silence vienne de vos importunités plutôt que de ma paresse. Je suis fâché que vous preniez les affaires publiques trop à cœur [5], et que vous soyez meilleur citoyen que Philoctète, qui, après avoir été outragé, recherchait les spectacles dont je vois que vous ressentez du chagrin. Hâtez-vous de venir; je vous consolerai, et je vous promets de guérir toutes vos douleurs. Amenez Marius avec vous, et dépêchez-vous d'arriver.

LETTRE CXXII.

Cumes, 29 avril 698.

CICÉRON A ATTICUS.

J'AI reçu, le dernier du mois passé, deux de vos lettres, où j'ai trouvé des nouvelles fort curieuses : écrivez-

scire ista omnia. Etiam illud, cujusmodi sit, velim perspicias (potes a Demetrio) : dixit mihi Pompeius, Crassum a se in Albano exspectari ante diem iv kal. : is quum venisset, Romam esse statim venturos, ut rationes cum publicanis putarent. Quæsivi gladiatioribusne? respondit, ante quam inducerentur. Id cujusmodi sit, aut quum Romam is venerit, ad me mittas velim. Nos hic voramus litteras cum homine mirifico (ita mehercule sentio) Dionysio, qui te omnesque vos salutat. Οὐδὲν γλυκύτερον ἢ πάντ' εἰδέναι. Quare ut homini curioso ita perscribe ad me quid primus dies, quid secundus, quid censores, quid Appius, quid illa populi Apuleia. Denique etiam quid a te fiat, ad me velim scribas : non enim (ut vere loquamur) tam rebus novis, quam tuis litteris delector.

Ego mecum, præter Dionysium, duxi neminem : nec metuo tamen ne nihil sermo desit; abs te, opere delector. Tu Lucceio nostrum librum dabis. Demetrii Magnetis tibi mitto; statim ut sit, qui a te mihi epistolam referat.

moi la suite de cette affaire; j'ai fort envie d'en apprendre toutes les particularités. Je voudrais bien encore être éclairci sur un point que vous pourrez savoir par Demetrius [1]; voici ce que c'est : Pompée m'a dit qu'il avait donné rendez-vous à Crassus, dans sa maison d'Albe, pour le 28 de ce mois, et que de là ils iraient ensemble à Rome, faire rendre compte à ceux qui tiennent les fermes de la république. Je lui ai demandé s'il donnerait la liberté à ses gladiateurs. Il m'a répondu qu'ils seraient tous affranchis avant que de combattre. Si vous pouvez savoir, ou dès maintenant, ou lorsqu'il sera de retour à Rome, ce qui en est, je vous prie de me le mander. Je suis ici enfoncé dans les livres avec Dionysius, qui est en vérité un homme merveilleux. Il vous fait ses complimens et à tous nos amis. Il n'est rien de si agréable que de pouvoir contenter sa curiosité; et la mienne, comme vous savez, n'est pas petite. Mandez-moi donc fort en détail ce qui s'est passé le premier et le second jour du mois, ce que les censeurs ont obtenu, comment va la brigue d'Appius [2], et ce que fait son frère, cette furie de l'état, ce nouvel Apuleius [3]. Parlez-moi aussi de vous-même; car je puis vous assurer, sans compliment, que je tiens moins aux nouvelles qu'à vos lettres.

Je n'ai mené avec moi que Dionysius; je ne crains pas néanmoins que notre conversation languisse [4] : nous parlerons souvent de vous, et rien ne peut me faire plus de plaisir. Donnez, je vous prie, mes mémoires à Lucceius. Je vous envoie le traité de Demetrius Magnès [5], afin que vous puissiez me répondre par le porteur.

EPISTOLA CXXIII.
(ad Att., IV, 12.)

Scrib. in Tusculano, ut videtur, vel in Antiati exeunte maio, A. V. C. 698.

CICERO ATTICO SAL.

Egnatius Romæ est; sed ego cum eo de re Halimeti vehementer Antii egi; graviter se acturum cum Aquilio confirmavit : videbis ergo hominem, si voles. Macroni vix videor præsto esse. Idibus enim auctionem Larini video, et biduum præterea : id tu, quoniam Macronem tanti facis, ignoscas mi velim. Sed, si me diligis, postridie kalend. cœna apud me cum Pilia : prorsus id facies. Kalend. cogito in hortis Crassipedis, quasi in diversorio, cœnare. Facio fraudem S. C. Inde domum cœnatus, ut sim mane præsto Miloni. Ibi te igitur videbo, et promovebo. Domus te nostra tota salutat.

EPISTOLA CXXIV.
(ad div., VII, 23.)

Scrib. Romæ, anno incerto quidem, sed fortasse tamen A. V. C. 698, post reditum ex Arpinati.

CICERO S. D. FABIO GALLO.

Tantum quod ex Arpinati veneram, quum mihi a te litteræ redditæ sunt : ab eodemque accepi Aviani litteras, in quibus hoc inerat liberalissimum, nomina se facturum, quum venisset, qua ego vellem die. Fac,

LETTRE CXXIII.

A Tusculum ou à Antium, vers la fin de mai 698.

CICÉRON A ATTICUS.

Egnatius est à Rome; mais je l'ai vu à Antium, et je lui ai parlé fortement pour Halimetus[1] : il m'a promis d'agir puissamment sur Aquilius. Voyez-le donc, si vous voulez. Je doute que je puisse servir Macron : nous avons, aux ides, à Larinum, une vente qui durera deux jours de plus. Vous qui tenez tant à Macron, pardonnez-le-moi. Mais, si vous avez de l'affection pour moi, venez avec Pilia souper chez moi le 2 du mois prochain. J'arriverai le 1er; mais pour manquer le sénat[2], je veux m'arrêter dans les jardins de mon gendre Crassipès, comme un voyageur à une auberge. De là j'irai souper chez moi, afin d'être le lendemain à la disposition de Milon. Nous nous y verrons; et je vous ferai bien venir[3]. Tous les miens vous saluent.

LETTRE CXXIV.

Rome, année incertaine; peut-être cependant en 698, après son retour d'Arpinum.

CICÉRON A FABIUS GALLUS.

Je ne faisais qu'arriver d'Arpinum, lorsqu'on m'a remis votre lettre. J'en ai reçu par le même courrier une d'Avianus, où il me marquait fort honnêtement que nous ferions nos comptes à son arrivée, et que je serais

quæso, qui ego sum, esse te. Estne aut tui pudoris, aut nostri primum rogare de die : deinde plus annua postulare? Sed essent, mi Galle, omnia facilia, si et ea mercatus esses, quæ ego desiderabam, et ad eam summam quam volueram. Attamen ista ipsa, quæ te emisse scribis, non solum recta mihi erunt, sed etiam grata. Plane enim intelligo te non modo studio, sed etiam amore usum, quæ te delectarint hominem, ut ego semper judicavi, in omni judicio elegantissimum, quæque me digna putaris, coemisse. Sed velim maneat Damasippus in sententia. Prorsus enim ex istis emptionibus nullam desidero. Tu autem ignarus instituti mei, quanti ego genus omnino signorum omnium non æstimo, tanti ista quatuor aut quinque sumpsisti. Bacchas istas cum Musis Metelli comparas. Quid simile? Primum ipsas ego Musas nunquam tanti putassem : atque id fecissem Musis omnibus approbantibus. Sed tamen erat aptum bibliothecæ, studiisque nostris congruens. Bacchis vero ubi est apud me locus? At pulchellæ sunt. Novi optime et sæpe vidi. Nominatim tibi signa mihi nota mandassem, si probassem. Ea enim signa ego emere soleo, quæ ad similitudinem gymnasiorum exornent mihi in palæstra locum. Martis vero signum quo mihi pacis auctori? Gaudeo nullum Saturni signum fuisse. Hæc enim duo signa putarem mihi æs alienum attulisses. Mercurii mallem aliquod fuisset. Felicius, puto, cum Aviano transigere possemus. Quod tibi destinaras Trapezophoron, si te delectat, habebis. Sin autem sententiam mutasti,

le maître du terme. Mettez-vous à ma place, seriez-vous plus capable que moi, premièrement de demander un terme; en second lieu, de le demander au-delà de l'année? Mais je ne serais point dans cet embarras, mon cher Gallus, si vous aviez achevé ce que je souhaitais, et si vous n'y aviez mis que la somme que je vous avais marquée : ce qui ne m'empêchera pas néanmoins de ratifier votre marché, et de vous en avoir de la reconnaissance. Je suis persuadé que vous avez choisi avec tout le zèle de l'amitié ce qui vous a paru le plus agréable; et, vous ayant toujours connu beaucoup de goût, je ne doute point que tout ce que vous avez acheté, vous ne l'ayez jugé digne de moi. Mais je ne serais pas fâché que Damasippus [1] fût toujours dans la même disposition; car, au reste, je n'ai point de passion pour toutes ces emplettes. Ignorant mes vues, vous avez donné pour ces quatre ou cinq pièces plus que je n'estime généralement toutes les statues du monde. Vous comparez ces prêtresses de Bacchus avec les Muses de Metellus. Quelle comparaison! D'abord, je ne donnerais pas ce prix pour les Muses mêmes, et je m'imagine que celles du Parnasse ne m'en blâmeraient pas. Direz-vous que des bacchantes conviennent à ma bibliothèque et à mes études? mais à quel titre? Elles sont fort belles, ajouterez-vous. Je sais ce qu'elles sont et je les ai vues plus d'une fois; si elles m'avaient plu, je n'aurais pas manqué de vous les demander, puisque je les connaissais. Mon usage est d'acheter des statues qui puissent donner, au lieu où je les destine, l'air des gymnases de Grèce. Que fera la statue de Mars chez moi, qui ne propose que la paix? Je me réjouis qu'il n'y en ait point une de Saturne; car je m'imaginerais que ces deux pièces m'auraient apporté des dettes.

ego habebo scilicet. Ista quidem summa næ ego multo libentius emerim diversorium Tarracinæ, ne semper hospiti molestus sim. Omnino liberti mei video esse culpam, cui plane res certas mandaram : itemque Junii, quem puto tibi notum esse, Aviani familiarem.

Exhedria quædam mihi nova sunt instituta in porticula Tusculani. Ea volebam tabellis ornare. Etenim, si quid generis istiusmodi me delectat, pictura delectat. Sed tamen, si ista mihi sunt habenda, certiorem velim me facias, ubi sint, quando arcessantur, quo genere vecturæ : si enim Damasippus in sententia non manebit, aliquem pseudo-Damasippum vel cum jactura reperiemus.

Quod ad me de domo scribis iterum, jam id ego proficiscens mandabam meæ Tulliæ. Ea enim ipsa hora acceperam tuas litteras : egeram etiam cum tuo Nicia, quod is utitur, ut scis, familiariter Cassio. Ut redii autem, priusquam tuas legi has proximas litteras, quæsivi de mea Tullia quid egisset. Per Liciniam se egisse dicebat. Sed opinor Cassium uti non ita multum sorore. Eam porro negare se audere, quum vir abesset (est enim profectus in Hispaniam Dexius) illo et absente et insciente migrare. Est mihi gratissimum tanti a te æstimatam consuetudinem vitæ victusque nostri : primum ut

Il serait à souhaiter que ce fût plutôt quelque Mercure ; j'en aurais peut-être plus de facilité à régler le marché avec Avianus. Vous aurez le Trapézophore que vous aviez destiné pour vous, s'il vous fait plaisir ; ou je le garderai, si vous avez changé de sentiment. Je vous avoue que j'aurais cru cette somme mieux employée à m'acheter une maison de passage à Terracine, pour n'être pas toujours incommode à mon hôte. C'est uniquement la faute de mon affranchi, à qui j'avais marqué positivement mes volontés, et celle aussi de Junius, que je crois que vous connaissez, et qui est ami d'Avianus.

J'ai construit quelques exhèdres[2] d'un goût nouveau, pour mon portique de Tusculum, et je voulais les orner de tableaux. Il n'y a rien, dans ce genre, qui me plaise tant que les peintures. Cependant, s'il faut prendre ce que vous avez acheté pour moi, ayez la bonté de me marquer où tout cela est, quand et par quelle voiture je pourrai le faire transporter. Si Damasippus a changé de sentiment, je trouverai quelque autre occasion de m'en défaire, même avec perte.

A l'égard de la maison sur laquelle vous m'écrivez pour la seconde fois, j'avais déjà chargé Tullia de mes ordres à mon départ, car j'ai reçu votre première lettre au moment où je partais. J'en avais parlé aussi à votre Nicias[3], qui est, comme vous le savez, fort lié avec Cassius. A mon retour, et sans avoir encore lu votre seconde lettre, j'ai demandé à Tullia ce qu'elle avait fait ; elle m'a dit qu'elle avait employé l'entremise de Licinia ; mais je doute si Cassius voit beaucoup sa sœur : d'ailleurs, Licinia a répondu que dans l'absence de Dexius, son mari, qui est parti pour l'Espagne, elle n'ose quitter, sans qu'il en soit informé. Il est bien flatteur pour moi de vous

eam domum sumeres, ut non modo prope me, sed plane
mecum habitare posses : deinde ut migare tantopere
festines. Sed ne vivam, si tibi concedo ut hujus rei tu
cupidior sis, quam ego sum. Itaque omnia experiar. Video enim quid mea intersit, quid utriusque nostrum. Si
quid egero, faciam ut scias. Tu et ad omnia rescribes,
et quando te exspectem, facies me, si tibi videtur, certiorem. Vale.

EPISTOLA CXXV.
(ad div., I, 8.)
Scrib. Romæ, A. V. C. 698.

M. T. CICERO P. LENTULO PROCOS. S. D.

De omnibus rebus quæ ad te pertinent, quid actum,
quid constitutum sit, quid Pompeius susceperit, optime
e M. Plætorio cognosces : qui non solum interfuit his
rebus, sed etiam præfuit; neque ullum officium erga te
hominis amantissimi, prudentissimi, diligentissimi prætermisit.

Ex eodem, de toto statu rerum communium cognosces; quæ quales sint, non facile est scribere. Sunt quidem certe in amicorum nostrorum potestate, atque ita,
ut nullam mutationem unquam hac hominum ætate habituras res esse videatur. Ego quidem, ut debeo, et ut
tute mihi præcepisti, et ut me pietas utilitasque cogit,

voir faire tant de cas de mon amitié et de mon commerce ; que vous ayez pris une maison où vous pourrez non-seulement vivre près de moi, mais demeurer véritablement avec moi ; enfin, que vous marquiez tant d'empressement pour y venir. Mais que je meure, si mon impatience cède à la vôtre : aussi n'épargnerai-je rien pour hâter ce moment; je sens combien j'y suis intéressé, ou, si vous voulez, l'intérêt que nous y avons tous deux. Je vous ferai savoir tout ce que j'aurai fait. Ne manquez pas de me répondre, et marquez-moi, si vous le jugez à propos, quel jour je dois vous attendre. Adieu.

LETTRE CXXV.

Rome, 698.

M. T. CICÉRON A P. LENTULUS, PROCONSUL.

Vous apprendrez par M. Plétorius[1] tout ce qui s'est passé par rapport à vous, et ce que Pompée vient d'entreprendre. Je lui laisse le soin de vous en informer, parce que, non-seulement il a eu part à toutes ces affaires, mais qu'il y a présidé, et qu'en tout il a fait éclater avec beaucoup de prudence le zèle et l'amitié qu'il a pour vous.

Il vous dira aussi l'état des affaires publiques : ce ne serait pas une petite entreprise de vous les expliquer par écrit. Elles dépendent du moins de nos amis, et, suivant les apparences, on ne doit pas penser qu'elles changent de notre vivant. J'ai suivi mon devoir, vos conseils, et ce que mon intérêt ne demandait pas moins que la reconnaissance; c'est-à-dire que j'entre dans toutes les vues de

me ad ejus rationes adjungo, quem tu in meis rationibus tibi esse adjungendum putasti. Sed te non præterit quam sit difficile sensum in republica, præsertim rectum et confirmatum, deponere. Verumtamen ipse me conformo ad ejus voluntatem, a quo honeste dissentire non possum; neque id facio, ut forsitan quibusdam videor, simulatione. Tantum enim animi inductio, et mehercule amor erga Pompeium apud me valet, ut, quæ illi utilia sunt et quæ ille vult, ea mihi omnia jam et recta et vera videantur. Neque (ut ego arbitror) errarent, ne adversarii quidem ejus, si quum pares esse non possent, pugnare desisterent. Me quidem etiam illa res consolatur, quod ego is sum, cui vel maxime concedant omnes, ut vel ea defendam quæ Pompeius velit, vel taceam, vel etiam, id quod mihi maxime lubet, ad nostra me studia referam litterarum : quod profecto faciam, si mihi per ejusdem amicitia licebit. Quæ enim proposita fuerant nobis, quum et honoribus amplissimis et laboribus maximis perfuncti essemus; dignitas in sententiis dicendis, libertas in republica capessenda; ea sublata tota : sed nec mihi magis quam omnibus. Nam aut assentiendum est nulla cum gravitate paucis, aut frustra dissentiendum. Hæc ego ad te ob eam causam maxime scribo, ut jam de tua quoque ratione meditere. Commutata tota ratio est senatus, judiciorum, rei totius publicæ. Otium nobis exoptandum est; quod ii, qui potiuntur rerum, præstaturi videntur, si quidam homines patientius eorum potentiam ferre potuerint. Dignitatem quidem il-

celui auquel vous avez cru que je devais me conformer
pour le mettre dans vos intérêts. Mais vous n'ignorez pas
combien il est difficile, dans les affaires publiques, de
renoncer à son propre sentiment, surtout quand on le
croit juste et bien établi. Je ne laisse pas, dis-je, de me
conformer à la volonté d'un homme avec lequel je ne
puis honnêtement être divisé d'opinion ; et ce n'est point
par un déguisement politique, comme certaines gens
peuvent se l'imaginer; car l'inclination de mon cœur, et,
j'ajoute même avec vérité, ma tendresse pour Pompée,
ont sur moi tant de force, qu'elles me font trouver de la
vérité et de la justice dans tout ce qui lui est utile et
dans tout ce qu'il désire. Je suis persuadé que ses adversaires même prendraient le meilleur parti, en cessant de
combattre un ennemi plus puissant qu'eux. Pour moi, je
me console de bien des choses, quand je considère que
personne ne peut trouver mauvais que je soutienne les
vues de Pompée, ou que je garde le silence, ou que je
retourne à mes études, ce qui serait pour moi le parti le
plus agréable, et celui que je prendrai assurément, si
l'amitié de Pompée me le permet; car cette dignité dans
mes suffrages, cette liberté dans le gouvernement des
affaires publiques, que j'avais droit de me promettre
après avoir essuyé tant de travaux et passé par tant
d'honneurs, me sont entièrement ravies. A la vérité,
c'est un mal dont je ne me ressens pas seul : on est réduit, ou à suivre l'avis d'un petit nombre de personnes,
sans aucun reste de dignité, ou à perdre sa peine, si l'on
entreprend de s'y opposer. Je vous fais cette peinture,
pour vous donner le temps de méditer sur la conduite
que vous tiendrez vous-même. L'ordre du sénat, celui
des jugemens et des affaires publiques, tout est changé.

lam consularem fortis et constantis senatoris, nihil est quod cogitemus. Amissa est culpa eorum qui a senatu et ordinem conjunctissimum et hominem clarissimum abalienarunt.

Sed ut ad ea, quæ conjunctiora rebus tuis sunt, revertar; Pompeium tibi valde amicum esse cognovi. Eo tu consule, quantum ego perspicio, omnia quæ voles obtinebis; quibus in rebus me sibi ille affixum habebit : neque a me ulla res, quæ ad te pertineat, negligetur. Neque enim verebor ne sim ei molestus; cui jucundum erit etiam propter id ipsum, quod me esse gratum videbit. Tu velim tibi ita persuadeas, nullam rem esse minimam, quæ ad te pertineat, quæ mihi carior non sit quam meæ res omnes. Idque quum sentiam, sedulitate mihimet ipse satisfacere possum; re quidem ipsa ideo mihi non satisfacio, quod nullam partem tuorum meritorum, non modo referenda, sed ne cogitanda quidem gratia, consequi possum.

Rem te valde bene gessisse rumor erat. Exspectabantur litteræ tuæ : de quibus jam eramus cum Pompeio locuti : quæ si erunt allatæ, nostrum studium exstabit in conveniendis magistratibus et senatoribus. Cetera, quæ ad te pertinebunt, quum etiam plus contenderimus quam possumus, minus tamen faciemus quam debemus.

Il ne nous reste à souhaiter que le repos ; et je ne doute pas qu'on n'eût pu l'obtenir de ceux qui gouvernent, si certaines gens avaient pu supporter plus patiemment leur autorité. Pour cette dignité consulaire qui convient à des sénateurs vertueux et constans, il n'y faut plus penser ; elle est perdue par la faute de ceux qui ont détaché du sénat un ordre qui lui était très-dévoué [2], et un homme d'un mérite distingué [3].

Mais revenons à ce qui vous touche de plus près. J'ai reconnu que Pompée est un de vos grands amis. Autant que j'en puis juger, vous obtiendrez tout ce que vous voudrez pendant son consulat : je ne le quitterai point alors un moment, je l'intéresserai à vos affaires, et je ne négligerai rien de ce qui vous touche. Je n'aurai point à craindre de l'importuner : il sera charmé, au contraire, de me voir sensible à la reconnaissance. Je vous prie d'être bien persuadé que vos moindres intérêts me sont plus précieux que tous les miens ensemble. Ce sentiment est si vif au fond de mon cœur, que tous mes soins n'y peuvent jamais répondre ; et la raison qui m'empêche ainsi d'être satisfait de moi, c'est que, non-seulement par des effets, mais par la pensée même, il est impossible que je m'acquitte de la moindre partie de vos bienfaits.

Le bruit se répand que votre entreprise a fort bien réussi. On attend vos lettres : si l'on en reçoit, notre zèle ne s'endormira pas pour visiter les magistrats et les sénateurs. En général, sur tout ce qui regarde vos affaires, lorsque mes efforts auront surpassé mon pouvoir, j'aurai fait encore moins que je ne dois.

EPISTOLA CXXVI.
(ad div., VII, 1.)
Scrib. Romæ, A. V. C. 698.

M. CICERO S. D. M. MARIO.

Si te dolor aliquis corporis, aut infirmitas valetudinis tuæ tenuit, quo minus ad ludos venires, fortunæ magis tribuo, quam sapientiæ tuæ. Sin hæc, quæ ceteri mirantur, contemnenda dixisti, et quum, per valetudinem posses, venire tamen noluisti, utrumque lætor : et sine dolore corporis te fuisse, et animo valuisse, quum ea, quæ sine causa mirantur alii, neglexeris : modo ut tibi constiterit fructus otii tui ; quo quidem tibi perfrui mirifice licuit, quum esses in ista amœnitate pæne solus relictus. Neque tamen dubito quin tu in illo cubiculo tuo, ex quo tibi Stabianum perforasti et patefecisti Sejanum, per eos dies matutina tempora lectiunculis consumpseris : quum illi interea, qui te istic reliquerunt, spectarent communes mimos semisomni. Reliquas vero partes diei tu consumebas his delectationibus, quas tibi ipse ad arbitrium tuum compararas : nobis autem erant ea perpetienda, quæ scilicet Sp. Mœcius probavisset. Omnino, si quæris, ludi apparatissimi, sed non tui stomachi. Conjecturam enim facio de meo. Nam primum honoris causa in scenam redierant ii, quos ego honoris causa de scena decessisse arbitrabar. Deliciæ vero tuæ noster Æsopus ejusmodi fuit, ut ei desinere per omnes homines lice-

LETTRE CXXVI.

Rome, 698.

CICÉRON A MARIUS.

Si c'est quelque douleur corporelle ou quelque autre faiblesse de santé qui ne vous a pas permis d'assister aux jeux publics[1], j'en félicite le hasard plus que votre sagesse : mais si vous avez cru devoir mépriser ce que les autres admirent, et que, sans être retenu par votre santé, vous n'ayez point eu la volonté d'y venir, je suis bien aise que l'esprit se soit aussi bien porté que le corps, puisque vous avez négligé ce qui fait la vaine admiration des autres. Il faut néanmoins, pour mériter tout-à-fait mon compliment, que vous ayez tiré quelque fruit d'un loisir dont vous avez pu profiter à merveille, étant resté presque seul dans un lieu si agréable. Je ne doute pas que, dans ce cabinet, d'où vous vous êtes ouvert une vue au travers de la forêt de Stabie, et d'où vous découvrez Séjane[2], vous n'ayez employé, pendant tous ces jours-ci, le temps du matin à quelques petites lectures, tandis que ceux qui vous ont quitté bâillaient à des farces. Les autres parties du jour, vous les avez données à des amusemens de votre goût, et, pendant ce temps-là, nous avons essuyé tout ce qu'il a plu à Sp. Mécius[3] d'honorer de son approbation. Les jeux, si vous me le demandez, étaient fort recherchés; mais ils n'étaient nullement de votre goût, car je juge du vôtre par le mien. Premièrement, on a vu reparaître sur la scène ceux à qui je croyais qu'on avait accordé leur

ret. Is jurare quum coepisset, vox eum defecit illo loco, *Si sciens fallo.* Quid tibi ego alia narrem? nosti enim reliquos ludos. Quid? ne id quidem leporis habuerunt, quod solent mediocres ludi. Apparatus enim spectatio tollebat omnem hilaritatem : quo quidem apparatu non dubito quin animo æquissimo carueris. Quid enim delectationis habent sexcenti muli in Clytemnestra? aut in Equo Trojano craterarum tria millia? aut armatura varia peditatus et equitatus in aliqua pugna? Quæ popularem admirationem? habuerunt, delectationem tibi nullam attulissent. Quod si tu per eos dies operam dedisti Protogeni tuo, dummodo is tibi quidvis potius quam orationes meas legerit, næ tu haud paullo plus quam quisquam nostrum delectationis habuisti. Non enim te puto græcos aut oscos ludos desiderasse : præsertim quum oscos ludos, vel in senatu nostro spectare possis; Græcos ita non ames, ut ne ad villam quidem tuam via Græca ire soleas. Nam quid ego te athletas putem desiderare, qui gladiatores contempseris? In quibus ipse Pompeius confitetur se et operam et oleum perdidisse.

Reliquæ sunt venationes binæ, per dies quinque, magnificæ, nemo negat. Sed quæ potest homini esse polito delectatio, quum aut homo imbecillus a valentissima bestia laniatur, aut præclara bestia venabulo transverberatur? Quæ tamen, si videnda sunt, sæpe vidisti : neque nos, qui hæc spectavimus, quidquam novi

congé par honneur. Notre Ésope [4], votre favori, s'en est tiré si mal, que personne ne s'opposera, je vous assure, à sa retraite. En commençant le serment, la voix lui a manqué dans cet endroit : *Si sciens fallo.* Que vous dirai-je de plus? vous connaissez le reste des jeux. En vérité, ils n'avaient pas même l'agrément ordinaire des jeux médiocres. La vue de l'appareil en ôtait toute la gaîté, et je suis persuadé que vous ne regrettez pas ce spectacle. Quel plaisir pouvait-on trouver, dans *Clytemnestre*, à voir passer une multitude de mulets [5]? ou, dans la représentation du *Cheval de Troie*, à voir trois mille boucliers? ou, dans un combat de rien, toutes les armes diverses de la cavalerie et de l'infanterie? Ces objets peuvent exciter l'admiration populaire; mais ils ne vous auraient pas fort amusé. Si vous avez prêté, pendant ce temps-là, l'oreille à votre Protogène, et qu'il vous ait lu tout autre chose que mes oraisons, je suis sûr que vous avez eu plus de plaisir qu'aucun de nous. Il n'y a pas d'apparence que vous ayez beaucoup regretté les jeux grecs et les jeux osques [6], puisque vous pouvez voir ceux-ci au sénat même, et que vous aimez si peu les Grecs, que vous évitez ordinairement de prendre la voie Grecque pour aller à votre maison de campagne. Je ne croirai pas non plus que vous regrettiez les athlètes, vous qui avez méprisé les gladiateurs : d'ailleurs, Pompée confesse lui-même qu'il y a perdu son huile et sa peine.

Le reste de la fête consistait en deux chasses pendant cinq jours, et tout le monde convient qu'elles étaient magnifiques. Mais quel plaisir un homme de bon goût peut-il trouver à voir déchirer par une bête féroce un esclave plus faible qu'elle, ou percer un bel animal d'un coup d'épieu? Si ce spectacle mérite de la curiosité, vous

vidimus. Extremus elephantorum dies fuit, in quo admiratio magna vulgi atque turbæ, delectatio nulla exstitit. Quin etiam misericordia quædam consecuta est atque opinio ejusmodi, esse quamdam illi belluæ cum genere humano societatem.

His ego tamen diebus, ludis scenicis, ne forte videar tibi non modo beatus, sed liber omnino fuisse, dirupi me pæne in judicio Galli Caninii familiaris tui. Quod si tam facilem populum haberem quam Æsopus habuit, libenter mehercule artem desinerem, tecumque et cum similibus nostri viverem. Nam me quum antea tædebat, quum et ætas et ambitio me hortabantur, et licebat denique quem nolebam non defendere; tum vero hoc tempore vita nulla est. Neque enim fructum ullum laboris ex his exspecto : et cogor nonnunquam homines non optime de me meritos, rogatu eorum qui bene meriti sunt, defendere. Itaque quæro causas omnes aliquando vivendi arbitratu meo, teque et istam rationem otii tui et laudo vehementer, et probo : quodque nos minus intervisis, hoc fero animo æquiore, quod, si Romæ esses, tamen neque nos lepore tuo, neque te (si quis est in me) meo frui liceret, propter molestissimas occupationes meas : quibus si me relaxaro (nam ut plane exsolvam, non postulo), te ipsum, qui multos annos nihil aliud commentaris, docebo profecto, quid sit humaniter vivere.

l'avez eu assez souvent, et vous savez qu'il n'était pas plus nouveau pour nous. Le dernier jour était celui des éléphans : la populace a marqué beaucoup d'admiration ; mais personne n'y a trouvé de plaisir : j'ai vu même assez généralement prévaloir une sorte de pitié, fondée sur l'opinion 7 qu'il y a quelque société entre la race humaine et cet animal.

Au reste, de peur que vous ne me croyiez heureux, ou même tout-à-fait libre, apprenez que, dans ces jours de joie, pendant les jeux scéniques, je me suis tué à défendre votre ami Gallus Caninius. Si je pouvais espérer que le public eût autant d'indulgence pour moi que pour Ésope, je vous assure que j'abandonnerais volontiers la profession pour vivre avec vous et ceux qui vous ressemblent. Elle m'a fatigué dans le temps même que j'étais excité par la jeunesse et l'ambition, et que j'avais la liberté de refuser les causes que je ne voulais pas défendre. Jugez si, dans le temps où nous sommes, elle ne doit pas m'être insupportable. Quel fruit puis-je espérer de mon travail? et ne suis-je pas quelquefois forcé, par les instances de ceux à qui j'ai des obligations, de défendre certaines gens à qui je n'en ai guère? Aussi vous dirai-je que je cherche toutes sortes de prétextes pour me procurer enfin la liberté de vivre à mon gré, et que je n'approuve et ne loue rien tant que le parti que vous avez pris et l'honnête oisiveté dont vous jouissez. Si je ne vous vois pas aussi souvent que je le souhaiterais, je suis d'autant moins sensible à cette privation, que, si vous étiez à Rome, mes fâcheuses occupations ne me permettraient pas de jouir des agrémens de votre commerce, et vous ôteraient la même douceur, si vous croyez qu'il y en ait quelqu'une dans le mien : mais, si je me

Tu modo istam imbecillitatem valetudinis tuæ sustenta et tuere, ut facis, ut nostras villas obire et mecum simul lecticula concursare possis. Hæc ad te pluribus verbis scripsi quam soleo, non otii abundantia, sed amoris erga te, quod me quadam epistola subinvitaras, si memoria tenes, ut ad te aliquid ejusmodi scriberem, quominus te prætermisisse ludos pœniteret. Quod si assecutus sum, gaudeo : si minus, hoc me tamen consolor, quod posthac ad ludos venies, nosque vises, neque in epistolis relinques meis spem aliquam delectationis tuæ. Vale.

EPISTOLA CXXVII.
(ad div., XIII, 74.)
Scrib. Romæ, A. V. C. 698.

M. T. CICERO Q. PHILIPPO, PROCOS. S. D.

Etsi non dubito, pro tua in me observantia, proque nostra necessitudine; quin commendationem meam memoria teneas : tamen etiam atque etiam tibi L. Oppium, familiarem meum præsentem, et L. Egnatii familiarissimi mei absentis negotia commendo. Tanta mihi cum eo necessitudo est, familiaritasque, ut, si mea res esset,

dégage un peu de cette chaîne (car je ne demande pas qu'elle soit rompue tout-à-fait), comptez que je vous apprendrai ce que c'est que de mener une vie agréable; oui, à vous-même, qui n'avez pas d'autre occupation depuis plusieurs années.

Ayez soin seulement de votre faible santé, et rendez-la, comme vous faites, capable de se soutenir, afin que nous puissions visiter nos maisons de campagne, et faire ensemble bien des courses en litière. Je ne suis pas accoutumé à vous écrire de si longues lettres; mais attribuez-le plutôt à un excès d'amitié qu'à un excès de loisir. Vous m'avez invité, si vous vous en souvenez, dans une certaine lettre, à vous écrire quelque chose qui pût vous empêcher de regretter les jeux : si j'y ai réussi, je m'en applaudis beaucoup; sinon, je m'en consolerai, parce que ce sera pour vous une raison de venir aux jeux et de nous rendre quelques visites, et que ce ne sera point alors à mes lettres seules que vous vous en rapporterez du soin de vous amuser. Adieu.

LETTRE CXXVII.

Rome, 698.

M. T. CICÉRON A Q. PHILIPPE, PROCONSUL.

Quoique vos égards pour moi et notre ancienne amitié ne me laissent point douter que ma recommandation ne soit présente à votre mémoire, je vous recommande encore L. Oppius, mon ami, qui est avec vous, et les intérêts de L. Egnatius, que j'aime beaucoup, et qui est absent. Je suis lié avec Egnatius par une amitié si

non magis laborarem. Quapropter gratissimum mihi feceris, si curaris ut is intelligat me a te tantum amari quantum ipse existimo. Hoc mihi gratius facere nihil potes. Idque ut facias, te vehementer rogo.

EPISTOLA CXXVIII.
(ad div., XIII, 40.)
Scrib. Romæ, A. V. C. 698.

M. T. CICERO Q. ANCHARIO, Q. F., PROCOS. S. P. D.

L. ET C. Aurelios, L. filios, quibus et ipsis et patre eorum, viro optimo, familiarissime utor, commendo tibi majorem in modum, adolescentes omnibus optimis artibus ornatos, meos pernecessarios, tua amicitia dignissimos. Si ulla mea apud te commendatio valuit, quod scio multas plurimum valuisse, hæc ut valeat rogo. Quod si eos honorifice liberaliterque tractaris, et tibi gratissimos optimosque adolescentes adjunxeris, et mihi gratissimum feceris. Vale.

EPISTOLA CXXIX.
(ad Att., IV, 13.)
Scrib. in Tusculano, exeunte novembri 698.

CICERO ATTICO SAL.

Nos in Tusculanum venisse a. d. xvii kal. decembr. video te scire. Ibi Dionysius nobis præsto fuit. Romæ

étroite et si familière, que je ne prendrais pas mes propres affaires plus à cœur. Vous m'obligerez donc très-sensiblement, si vous lui faites connaître que vous m'aimez autant que je me le figure moi-même. En un mot, vous ne sauriez me faire plus de plaisir, et je vous le demande instamment.

LETTRE CXXVIII.

Rome, 698.

M. T. CICÉRON A Q. ANCHARIUS [1], FILS DE Q., PROCONSUL.

Je vous recommande avec beaucoup d'affection deux jeunes gens fort bien élevés, qui sont liés avec moi d'une étroite amitié, et que vous trouverez très-dignes de la vôtre. Ce sont Lucius et Caïus Aurelius, tous deux fils de Lucius. Je vis familièrement avec eux comme avec leur père, qui est un excellent homme. Vous avez eu beaucoup d'égards pour un grand nombre de mes recommandations; mais je vous en demande particulièrement pour celle-ci. Les bontés que vous aurez pour eux vous assureront l'amitié de deux frères fort reconnaissans et fort aimables, et vous donneront de nouveaux droits à ma gratitude. Adieu.

LETTRE CXXIX.

A Tusculum, fin de novembre 698.

CICÉRON A ATTICUS.

Vous saviez déjà, à ce que je vois, que je suis arrivé à Tusculum le 16 novembre. Dionysius est venu m'y

a. d. xviii kalend. volumus esse : quid dico, volumus? immo vero cogimur. Milonis nuptiæ; comitiorum nonnulla opinio est. Ego, ut sit rata, abfuisse me in altercationibus, quas in senatu factas audio, fero non moleste. Nam aut defendissem, quod non placeret; aut defuissem, cui non oporteret. Sed mehercule velim res istas, et præsentem statum reipublicæ, et quo animo consules ferant hunc σκυλμόν, rescribas ad me, quantum potes. Valde sum ὀξύπεινος, et, si quæris, omnia mihi sunt suspecta.

Crassum quidem nostrum minore dignitate aiunt profectum paludatum, quam olim æqualem ejus L. Paullum, iterum consulem. O hominem nequam! De libris oratoriis factum est a me diligenter. Diu multumque in manibus fuerunt, describas licet. Illud etiam te rogo, τὴν παροῦσαν κατάστασιν τυπωδῶς, ne istuc hospes veniam.

EPISTOLA CXXX.

(ad Q. fratrem, II, 11.)

Scrib., ut videtur, mense jan. A. V. C. 699 (L. Domitio Ahenobarbo, Appio Claudio Pulchro coss.).

CICERO QUINTO FRATRI SAL.

Epistolam hanc convicio efflagitarunt codicilli tui. Nam res quidem ipsa et is dies, quo tu es profectus, nihil

trouver. Je me propose, ou plutôt je ne puis me dispenser d'être à Rome le 15 du mois prochain : les noces de Milon sont fixées pour ce temps-là, et peut-être que l'élection des consuls n'ira pas plus loin[1]. Je suis ravi d'avoir été absent[2] pendant toutes les contestations qui sont arrivées dans le sénat; car, ou je me serais rendu odieux en appuyant les propositions de Pompée, ou j'aurais manqué à ce que je lui dois en les condamnant. Je vous prie de m'écrire, avec toute l'exactitude possible, les détails de cette affaire et de toutes celles qui regardent la république, et de me marquer surtout quelle a été la contenance des consuls lorsqu'ils se sont vus menés si rudement. J'attends ces nouvelles avec impatience, et je vous avoue que j'en crains fort les suites.

Au reste, on dit que Crassus, notre ami[3], n'a pas reçu, en partant pour l'armée, tant d'honneurs qu'en reçut autrefois Paul-Émile, consul pour la seconde fois, quoiqu'il soit à peu près de même âge. L'indigne personnage! J'ai fort travaillé mes livres *de l'Orateur*[4], et je les ai revus avec soin; vous pouvez les faire copier. Je vous prie encore une fois de m'envoyer un plan exact de l'état présent des affaires, afin que je ne sois pas entièrement neuf en arrivant à Rome.

LETTRE CXXX.

Janvier 699, sous le consulat de L. Domitius Ahenobarbus et d'Appius Claudius Pulcher.

CICÉRON A QUINTUS SON FRÈRE[1].

Je donne cette lettre aux injures que vous me dites dans votre billet; car, assurément, la chose même et les

mihi ad scribendum argumenti sane dabat. Sed quemadmodum, coram quum sumus, sermo nobis deesse non solet, sic epistolæ nostræ debent interdum hallucinari.

Tenediorum igitur libertas securi tenedia præcisa est; quum eos, præter me, et Bibulum, et Calidium et Favonium, nemo defenderet.

De te a Magnetibus ab Sipylo mentio est honorifica facta, quum te unum dicerent postulationi L. Sextii Pansæ restitisse.

Reliquis diebus si quid erat quod te scire opus sit, aut etiam si nihil erit, tamen scribam quotidie aliquid. Pridie idus neque tibi neque Pomponio deero. Lucretii poemata, ut scribis, ita sunt non multis luminibus ingenii : multæ tamen artis. Sed quum veneris, virum te putabo, si Sallustii Empedoclea legeris; hominem non putabo.

EPISTOLA CXXXI.
(ad div., V, 8.)
Scrib. Romæ, mense febr. A. V. C. 699.

M. T. CICERO M. LICINIO CRASSO S. D.

Quantum meum studium exstiterit dignitatis tuæ vel tuendæ, vel etiam augendæ, non dubito quin ad te omnes scripserint. Non enim fuit aut mediocre, aut obscurum,

évènemens du jour de votre départ ne me fournissent pas beaucoup de matière. Mais, comme il n'arrive guère que les paroles nous manquent pour nos entretiens lorsque nous sommes ensemble, il nous est permis de divaguer quelquefois dans nos lettres.

La liberté des Ténédiens a donc été tranchée avec la hache ténédienne[2]. Que pouvaient-ils espérer, lorsque, à l'exception de Bibulus, Calidius, Favonius et moi, personne n'a pris leur défense?

Les Magnésiens de Sipylus[3] ont parlé de vous d'une manière fort honorable; ils ont dit que vous étiez le seul qui eussiez résisté aux prétentions de L. Sextius Pansa.

S'il arrive quelque chose, pendant les autres jours, dont vous ayez besoin d'être informé, ou quand même il n'arriverait rien, je ne laisserai point passer de jour sans vous écrire. Mon zèle sera tel qu'il doit être, la veille des ides, pour votre service et pour celui de Pomponius. Il n'y a pas, comme vous dites, beaucoup de génie dans le poëme de Lucrèce[4]; mais il y a néanmoins beaucoup d'art. Quand vous reviendrez, je vous proclamerai un esprit fort, si vous êtes capable de lire *l'Empédocle* de Salluste, mais je ne vous regarderai plus comme un homme.

LETTRE CXXXI.

Rome, février 699.

M. T. CICÉRON A M. LICINIUS CRASSUS.

JE ne doute point que tous vos amis ne vous aient informé avec combien de zèle je me suis employé au soutien et même à l'augmentation de votre dignité.

aut ejusmodi, quod silentio posset præteriri. Nam et cum consulibus et cum multis consularibus tanta contentione decertavi, quanta nunquam antea ulla in causa; suscepique mihi perpetuam propugnationem pro omnibus ornamentis tuis; veterique nostræ necessitudini jamdiu debitum, sed multa varietate temporum interruptum, officium cumulate reddidi. Neque, mehercule, unquam mihi tui aut colendi, aut ornandi voluntas defuit : sed quædam petes hominum, laude aliena dolentium, et te nonnunquam a me alienarunt, et me aliquando immutarunt tibi. Sed exstitit tempus optatum mihi magis quam speratum, ut, florentissimis tuis rebus, mea perspici posset et memoria nostræ voluntatis, et amicitiæ fides. Sum enim consecutus, non modo ut domus tua tota, sed ut cuncta civitas me tibi amicissimum esse cognosceret. Itaque et præstantissima omnium fœminarum, uxor tua, et eximia pietate, virtute, gratia, tui Crassi, meis consiliis, monitis, studiis actionibusque nituntur : et senatus populusque romanus intelligit tibi absenti nihil esse tam promptum, aut tam paratum, quam, in omnibus rebus quæ ad te pertineant, operam, curam, diligentiam, auctoritatem meam.

Quæ sint acta, quæque agantur, domesticorum tibi litteris declarari puto. De me sic existimes, ac tibi persuadeas vehementer velim, non me repentina aliqua vo-

Je ne vous parle pas d'un service obscur ou médiocre, ou de nature à demeurer enseveli dans le silence. Je suis entré en lice avec tous les consuls [1] et quantité de consulaires, et je ne me souviens pas d'avoir jamais marqué plus de chaleur dans aucune cause. Je me suis engagé dans un combat perpétuel pour la défense de vos prérogatives ; enfin, je me suis parfaitement acquitté de ce que je devais depuis long-temps à notre ancienne liaison, quoiqu'elle ait été interrompue par la variété des circonstances. Au fond, jamais l'envie de vous servir ou de contribuer à votre gloire ne s'est refroidie dans mon cœur ; mais la malignité de certaines gens, qui s'affligent de l'honneur d'autrui, vous a quelquefois inspiré de l'éloignement pour moi, et m'a fait changer aussi de conduite avec vous. Enfin, par un évènement conforme à mes désirs plutôt qu'à mes espérances, j'ai trouvé l'occasion, dans un temps où vos affaires sont très-florissantes, de faire éclater mes véritables inclinations et la fidélité que je dois à notre amitié. Ce n'est pas à votre maison seulement, c'est à toute la ville, que j'ai fait heureusement connaître combien je vous suis attaché. Aussi, votre femme, l'honneur de son sexe, et vos deux fils [2], dont je ne puis trop louer la vertu, le mérite et la tendresse pour leur père, se reposent-ils avec confiance sur mes conseils, sur mon zèle et sur mes services, tandis que le sénat et le peuple romain s'aperçoivent que, dans tout ce qui appartient à vos intérêts pendant votre absence, vous n'avez rien qui vous soit plus à vous que mes soins, mon travail, ma diligence et tout mon crédit.

On vous écrit sans doute, de votre maison, ce qui s'est passé et ce qui se passe actuellement. Je souhaiterais, pour ce qui me regarde, que, loin d'attribuer au

luntate aut fortuito ad tuam amplitudinem meis officiis amplectendam incidisse, sed, ut primum Forum attigerim, spectasse semper ut tibi possem quam maxime esse conjunctus. Quo quidem ex tempore memoria teneo neque meam tibi observantiam, neque mihi tuam summam benivolentiam ac liberalitatem defuisse. Si quæ interciderunt, non tam re quam suspicione violata, ea, quum fuerint et falsa et inania, sunt evulsa ex omni memoria vitaque nostra. Is enim tu vir es, et eum me esse cupio, ut, quoniam in eadem reipublicæ tempora incidimus, conjunctionem amicitiamque nostram utrique nostrum laudi sperem fore. Quamobrem tu, quantum tuo judicio tribuendum esse nobis putes, statues ipse; et, ut spero, statues ex nostra dignitate. Ego vero tibi profiteor atque polliceor eximium et singulare meum studium in omni genere officii quod ad honestatem et gloriam tuam spectet. In quo etiamsi multi mecum contendent, tamen, quum reliquis omnibus, tum Crassis tuis, judicibus, omnes facile superabo : quos quidem ego ambo unice diligo, sed in Marco benivolentia impar. Hoc magis sum Publio deditus, quod me, quanquam a pueritia sua semper, tamen hoc tempore maxime, sicut alterum parentem, et observat et diligit.

hasard ou à quelque mouvement imprévu la chaleur que j'ai marquée pour votre service, vous fussiez absolument persuadé que, dès le premier instant de mon entrée au Forum, je me suis toujours proposé de vivre avec vous dans la plus étroite liaison. Et je me rappelle fort bien que, depuis ce temps-là, je ne me suis jamais relâché dans les soins que je vous ai rendus, comme votre amitié et votre bonté pour moi ne se sont jamais refroidies. S'il s'est élevé par intervalles quelques vapeurs qui aient moins blessé le fond de nos sentimens que les apparences, elles étaient mal fondées, frivoles : il n'en est rien resté dans notre mémoire ni dans notre commerce. Vous êtes d'un caractère, et je souhaite qu'on puisse dire la même chose du mien, qui doit me faire espérer que, étant tombés tous deux dans les mêmes temps de la république, notre liaison et notre amitié nous seront également glorieuses. Voyez donc à quoi vous croyez que l'opinion que vous avez de moi doive vous engager, et, dans cette délibération, j'espère que vous prendrez ma dignité pour règle. Pour moi, je vous promets et je veux faire hautement profession de m'employer avec un zèle distingué et par toutes sortes de services au soutien de votre honneur et de votre réputation. Je trouverai sans doute des rivaux qui me le disputeront; mais je me flatte de l'emporter sur eux, au jugement de tout le monde et même de vos deux fils. Je dois vous dire que je les aime tous deux fort tendrement. Marcus néanmoins ne me rend pas mon affection au même degré que Publius [3]. Publius a toujours eu de l'attachement pour moi depuis son enfance; mais, particulièrement dans ces conjonctures, il m'honore et me chérit comme un second père.

Has litteras velim existimes fœderis habituras esse vim, non epistolæ; meque ea, quæ tibi promitto ac recipio, sanctissime esse observaturum diligentissimeque esse facturum. Quæ a me suscepta defensio est, te absente, dignitatis tuæ, in ea jam ego non solum amicitiæ nostræ, sed etiam constantiæ meæ causa permanebo. Quamobrem satis esse hoc tempore arbitratus sum hoc ad te scribere : me, si quid ipse intelligerem aut ad voluntatem, aut ad commodum, aut ad amplitudinem tuam pertinere, mea sponte id esse facturum : sin autem quippiam aut a te essem admonitus, aut a tuis, effecturum ut intelligeres, nihil neque te scripsisse, neque quemquam tuorum frustra ad me detulisse. Quamobrem velim ita et ipse ad me scribas de omnibus minimis, maximis, mediocribusque rebus ut ad hominem amicissimum : et tuis præcipias ut opera, consilio, auctoritate, gratia mea sic utantur in omnibus, publicis, privatis, forensibus, domesticis tuis, amicorum, hospitum, clientum tuorum negotiis, ut, quoad ejus fieri possit, præsentiæ tuæ desiderium meo labore minuatur. Vale.

Soyez persuadé que tout ce que je viens d'écrire aura la force d'un traité plutôt que d'une lettre, et que toutes mes promesses seront observées avec une religieuse exactitude. Je ne me croirai pas seulement obligé par l'amitié à soutenir ce que j'ai fait, dans votre absence, en faveur de votre dignité; j'y serai intéressé pour l'honneur de ma constance. Ainsi je me borne à vous répéter à présent, que je me porterai de moi-même à tout ce qui me paraîtra conforme à vos inclinations, ou convenable à vos intérêts et à votre grandeur; et, si je reçois de vous ou des vôtres quelque avis qui vous concerne, je vous ferai connaître que jamais vos ordres ni leurs recommandations n'auront été sans effet. Je vous prie donc de me communiquer toutes vos affaires comme à l'homme du monde qui vous aime le plus, sans mettre aucune distinction entre les grandes, les médiocres et les petites. Donnez ordre, à ceux qui vous appartiennent, d'employer sans ménagement mon conseil, mon autorité, mon crédit, pour tout ce qui vous intéresse, de quelque nature qu'il puisse être, et de ne pas en user avec plus de réserve pour les affaires de vos amis, de vos hôtes et de vos cliens. Enfin je veux, autant qu'il est possible, adoucir par mes soins le regret que cause votre absence. Adieu.

EPISTOLA CXXXII.
(ad Q. fratrem, II, 12.)
Scrib. Romæ, id. febr. A. V. C. 699.

CICERO QUINTO FRATRI SAL.

GAUDEO tibi jucundas esse meas litteras : nec tamen habuissem scribendi nunc quidem ullum argumentum, nisi tuas accepissem. Nam pridie idus quum Appius senatum infrequentem coegisset, tantum fuit frigus, ut populi convicio coactus sit nos dimittere. De Comageno rege quod rem totam discusseram, mirifice mihi et per se et per Pomponium blanditur Appius. Videt enim hoc genere dicendi si utar in ceteris; februarium sterilem futurum; eumque lusi jocose satis; neque solum illud extorsi oppidulum, quod erat positum in Euphrate : sed præterea togam sum ejus prætextam, quam erat adeptus Cæsare consule, magno hominum risu cavillatus. « Quod non vult, inquam, renovare honores eosdem, quo minus togam prætextam quotannis interpolet, decernendum nihil censeo. Vos autem, homines nobiles, qui Busrenum prætextatum non ferebatis, Comagenum feretis? » Genus vides et locum jocandi. Multa dixi in ignobilem regem, quibus totus est explosus : quo genere commotus, ut dixi, Appius, totum me amplexatur. Nihil est enim facilius, quam reliqua discutere. Sed non faciam ut illum offendam, ne imploret fidem Jovis Hospi-

LETTRE CXXXII.

Rome, 13 février 699.

CICÉRON A QUINTUS SON FRÈRE.

Je suis charmé que mes lettres vous aient fait plaisir. Cependant la matière m'aurait manqué pour vous écrire, si je n'avais reçu les vôtres; car l'assemblée qu'Appius convoqua la veille des ides fut peu nombreuse, et il y faisait si froid, que les murmures du peuple le forcèrent de nous congédier. La manière dont j'ai discuté toute l'affaire du roi de Comagène[1] m'attire des caresses admirables d'Appius, soit par lui-même, soit par Pomponius. Il prévoit que, si je prends le même ton pour les autres, le mois de février sera fort stérile. Non-seulement j'ai fait perdre à ce prince la petite ville qu'il avait sur le bord de l'Euphrate, mais j'ai fait beaucoup rire tout le monde par mes railleries sur cette robe prétexte qu'il obtint sous le consulat de César. « Il veut, ai-je dit, qu'on lui renouvelle le même honneur; mais je ne crois pas qu'il soit à propos de rien statuer sur cette interpolation annuelle de la robe prétexte. Vous, nobles Romains, qui n'avez pu souffrir de la voir porter à celui de Busrène[2], comment l'accorderez-vous au roi de Comagène?» Vous voyez le genre et le sujet de mes plaisanteries. J'ai ajouté quantité de choses sur ce roi sans noblesse. Enfin, toutes ses prétentions ont été rejetées. Appius, dis-je, fort embarrassé de ce genre de raillerie, me prévient par toutes sortes de caresses. Rien ne me serait si facile que de prendre le même ton sur tout le

talis; Graios omnes convocet, per quos mecum in gratiam rediit.

Theopompo satisfaciemus. De Cæsare fugerat me ad te scribere. Video enim quas tu litteras exspectaris: sed ille scripsit ad Balbum, fasciculum illum epistolarum, in quo fuerat et mea et Balbi, totum sibi aqua madidum redditum esse; ut ne illud quidem sciat, meam fuisse aliquam epistolam. Sed ex Balbi epistola pauca verba intellexerat, ad quæ rescripsit his verbis : « De Cicerone te video quiddam scripsisse, quod ego non intellexi : quantum autem conjectura consequebar, id erat ejusmodi, ut magis optandum, quam sperandum putarem. » Itaque postea misi ad Cæsarem eodem illo exemplo litteras. Jocum autem illius de sua egestate ne sis aspernatus. Ad quem ego rescripsi nihil esse quod posthac arcæ nostræ fiducia conturbaret : lusique in eo genere et familiariter et cum dignitate. Amor autem ejus erga nos perfertur omnium nuntiis singularis. Et litteræ quidem ad id, quod exspectas, fere cum tuo reditu jungentur. Reliqua singulorum dierum scribemus ad te, si modo tabellarios tu præbebis : quanquam ejusmodi frigus impendebat, ut summum periculum esset, ne Appio ædes suæ urerentur. Vale.

reste; mais je me garderai bien d'offenser Appius, de peur qu'il n'atteste Jupiter Hospitalier, ou qu'il n'appelle au secours tous les Grecs qui l'ont réconcilié avec moi.

J'aurai soin de satisfaire Théopompe. C'est par oubli que je ne vous ai rien écrit de César. Je comprends quelles sont les lettres que vous attendiez. Mais César marque à Balbus que le paquet qui contenait la lettre de Balbus et la mienne lui a été rendu si trempé, qu'il n'a pu même reconnaître s'il y avait une lettre de moi. Cependant, ayant déchiffré quelques mots de celle de Balbus, il y répond dans ces termes : « Je vois que vous m'avez écrit, touchant Cicéron, quelque chose que je n'ai pu comprendre; mais, autant que j'en puis juger, c'est une de ces choses qu'on désire plus qu'on ne les espère. » Je n'ai pas manqué d'envoyer ensuite à César une copie de la même lettre. Vous n'avez pas dû trouver mal ce qu'il dit en badinant de sa pauvreté. Je lui ai répondu que, pouvant compter désormais sur ma bourse, il devait être sans inquiétude, et j'ai badiné dans ce sens avec une familiarité noble. Toutes les nouvelles qui viennent de ce côté-là vantent beaucoup l'amitié qu'il a pour nous. Les lettres qui regardent ce que vous attendez n'arriveront guère avant votre retour. Je vous écrirai ce qui continuera de se passer chaque jour, pourvu que vous ne me laissiez pas manquer de messagers. Mais nous sommes menacés d'un si grand froid, que le feu est à craindre pour la maison d'Appius [3]. Adieu.

EPISTOLA CXXXIII.
(ad div., VII, 5.)
Scrib. Romæ, mense febr. aut martio A. V. C. 699.

CICERO CÆSARI IMP. S. D.

Vide, quam mihi persuaserim te me esse alterum, non modo in his rebus quæ ad me ipsum, sed etiam in iis quæ ad meos pertinent. C. Trebatium cogitaram quocumque exirem mecum ducere, ut eum meis omnibus studiis, beneficiis quam ornatissimum domum reducerem. Sed postea quam et Pompeii commoratio diuturnior erat, quam putaram, et mea quædam tibi non ignota dubitatio, aut impedire profectionem meam videbatur, aut certe tardare, vide, quid mihi sumpserim : cœpi velle, ea Trebatium exspectare a te, quæ sperasset a me. Neque mehercule minus ei prolixe de tua voluntate promisi, quam eram solitus de mea polliceri. Casus vero mirificus quidam intervenit, quasi vel testis opinionis meæ, vel sponsor humanitatis tuæ. Nam quum, de hoc ipso Trebatio, cum Balbo nostro loquerer accuratius domi meæ, litteræ mihi dantur a te, quibus in extremis scriptum erat : «M. Rufum, quem mihi commendas, vel regem Galliæ faciam, vel hunc Leptæ delega; si vis, ad me alium mitte, quem ornem. » Sustulimus manus et ego et Balbus : tanta fuit opportunitas, ut illud nescio quod non fortuitum, sed divinum videretur. Mitto igitur ad te Trebatium, atque ita mitto, ut initio, mea sponte,

LETTRE CXXXIII.

Rome, février ou mars 699.

CICÉRON A CÉSAR, EMPEREUR.

Voyez si je vous regarde comme un autre moi-même, non-seulement dans les choses qui ont rapport à moi, mais lorsqu'il est question de l'intérêt de mes amis. J'avais résolu, de quelque côté que je pusse aller, de mener avec moi C. Trebatius[1], dans l'espérance qu'il ne reviendrait point à Rome sans s'être avantageusement ressenti du désir que j'ai de lui procurer toutes sortes de biens : mais le séjour de Pompée à Rome, qui a duré plus long-temps que je ne m'y étais attendu, et ma propre irrésolution, que vous connaissez fort bien, me faisant rompre, ou du moins retarder mon voyage, voyez ce que j'ai pris sur moi-même, et combien je dois compter sur votre amitié. Je me suis mis dans l'esprit que Trebatius recevrait de vous ce que je lui avais fait espérer de moi, et je l'ai assuré qu'il trouverait dans votre cœur tout ce que j'étais accoutumé à lui promettre du mien. Il est arrivé là-dessus un incident assez étrange, et qui, en rendant témoignage à votre bonté, justifie merveilleusement l'opinion que j'en avais. Tandis que je m'entretenais avec Balbus, votre ami et le mien, des vues que j'avais pour Trebatius, on m'a remis votre lettre, dans laquelle les dernières lignes disaient : « A l'égard de M. Rufus[2], que vous me recommandez, je le ferai roi de la Gaule, ou, si vous voulez, vous le ferez lieutenant de Lepta[3]. Envoyez-m'en donc quelque autre à qui je puisse rendre

post autem invitatu tuo mittendum duxerim. Hunc, mi Caesar, sic velim omni tua comitate complectare, ut omnia, quae per me possis adduci ut in meos conferre velis, in unum hunc conferas : de quo tibi homine haec spondeo, non illo vetere verbo meo, quod, quum ad te de Milone scripsissem, jure lusisti : sed more romano, quo modo homines non inepti loquuntur; probiorem hominem, meliorem virum, pudentiorem esse neminem. Accedit etiam, quod familiam ducit, in jure civili; singularis memoria, summa scientia.

Huic ego neque tribunatum, neque praefecturam, neque ullius beneficii certum nomen peto : benivolentiam tuam et liberalitatem peto : neque impedio, quo minus, si tibi ita placuerit, etiam hisce eum ornes gloriolae insignibus. Totum denique hominem tibi ita trado de manu (ut aiunt) in manum tuam istam, et victoria et fide praestantem. Sumus enim putidiusculi, quanquam per te vix licet : verum, ut video, licebit. Cura ut valeas; et me, ut amas, ama.

service à votre considération. » Balbus et moi nous avons levé les mains : l'occasion nous a paru si heureuse et si singulière, que, ne pouvant l'attribuer au seul hasard, nous y avons trouvé quelque chose de divin. Je vous envoie donc Trebatius ; et ce n'est plus seulement pour suivre mon dessein, c'est pour me rendre à votre propre invitation. Protégez-le, mon cher César, avec votre bonté ordinaire, et réunissez en sa faveur tout ce que vous seriez porté à faire pour mes amis à ma sollicitation. Je vous réponds de lui, non dans ce style que vous avez eu raison de railler quand je vous ai parlé de Milon, mais dans le vrai langage romain, qui est celui des honnêtes gens. Vous pouvez le recevoir, sur ma parole, comme le plus honnête, le meilleur et le plus modeste de tous les hommes; pour les talens, c'est le premier de nos jurisconsultes, et je lui connais une mémoire, une science admirables.

Ce n'est point le commandement d'une légion, ni un gouvernement, ni d'autres emplois relevés, que je vous demande pour lui : accordez-lui votre amitié, sans exclure néanmoins ce que vous pourrez faire pour sa fortune et pour sa gloire quand vous le jugerez à propos. Enfin je vous le remets, comme on dit, de ma main dans cette main que distinguent la victoire et la fidélité. Mes instances vont peut-être jusqu'à l'importunité, mais je prévois que vous me le pardonnerez. Prenez soin de votre santé, et ne cessez pas de m'aimer comme vous faites.

EPISTOLA CXXXIV.
(ad Q. fratrem, II, 13.)
Scrib. Romæ, postridie idus febr. A. V. C. 699.

CICERO QUINTO FRATRI SAL.

Risi nivem atram : teque hilari animo esse et prompto ad jocandum, valde me juvat. De Pompeio assentior tibi, vel tu potius mihi; nam, ut scis, jam pridem istum canto Cæsarem. Mihi crede in sinu est, neque ego discingor. Cognosce nunc idus : Decimus erat Cœlio dies. Domitius ad numerum judices non habuit. Vereor ne homo teter et ferus Pola Servius ad accusationem veniat. Nam noster Cœlius valde oppugnatur a gente Clodia. Certi nihil est adhuc, sed veremur.

Eodem igitur die Tyriis est senatus datus frequens, frequentes contra syriaci publicani. Vehementer vexatus Gabinius, exagitati tamen a Domitio publicani, quod eum essent cum equis prosecuti. L. noster Lamia paullo ferocius, quum Domitius dixisset : « Vestra culpa hæc acciderunt, equites romani; dissolute enim judicatis. Nos judicamus; vos laudatis, » inquit. Actum est eo die nihil, nox diremit.

Comitialibus diebus, qui Quirinalia sequuntur, Appius interpretatur non impediri se lege Puppia, quo minus habeat senatum; et quod Gabinia sanctum sit,

LETTRE CXXXIV.

Rome, 14 février 699.

CICÉRON A QUINTUS SON FRÈRE.

Votre neige noire m'a fait rire, et je suis ravi de vous voir cette humeur gaie qui vous porte à badiner. Je pense comme vous touchant Pompée, ou plutôt c'est vous qui pensez comme moi; car vous savez que depuis long-temps je chante ce César. Croyez-moi, je le porte dans mon sein, et je l'y conserverai chèrement. Voici ce qui s'est passé aux ides. La cause de Célius était au dixième jour[1]. Domitius n'eut point un nombre de juges suffisant. Je crains que Pola Servius[2], qui est d'une humeur sombre et dure, n'en vienne à l'accusation; car toute la race Clodienne attaque vivement notre ami Célius. Rien ne paraît encore, mais je n'en suis pas moins inquiet.

On accorda le même jour une audience aux Tyriens. Le sénat était nombreux; les publicains de Syrie se présentèrent aussi en grand nombre. Gabinius fut vivement poussé. Cependant Domitius maltraita beaucoup les publicains pour l'avoir conduit à cheval. Lorsqu'il eut cessé de parler, L. Lamia prit la parole encore plus durement : « Chevaliers romains, dit-il, c'est votre faute; vous avez trop d'indulgence dans vos jugemens. Nous jugeons; mais vous ne faites que louer. » Il n'y eut rien de conclu ce jour-là, et la nuit sépara l'assemblée.

Appius prétend que la loi Puppia n'empêche pas qu'il ne puisse assembler le sénat pendant les jours destinés aux comices[3] qui suivent les fêtes Quirinales,

etiam cogi ex kalend. febr. usque ad kalend. mart. legatis senatum quotidie dari. Ita putantur detrudi comitia in mensem martium. Sed tamen his comitialibus tribuni plebis de Gabinio se acturos esse dicunt. Omnia colligo, ut novi scribam aliquid ad te. Sed, ut vides, res me ipsa deficit.

Itaque ad Callisthenem et ad Philistum redeo, in quibus te video volutatum Callisthenis quidem vulgare et notum negotium, quemadmodum Græci aliquot locuti sunt. Siculus ille capitalis, creber, acutus, brevis, pæne pusillus Thucydides : sed utros ejus habueris libros (duo enim sunt corpora), an utrosque, nescio. Me magis de Dionysio delectat : ipse est enim veterator magnus et perfamiliaris Philisto. Sed quod adscribis, aggrederisne ad historiam? Me auctore potes. Et quoniam tabellarios subministras, hodierni diei res gestas Lupercalibus habebis. Oblecta te cum Cicerone nostro quam bellissime.

EPISTOLA CXXXV.
(ad div., VII, 6.)

Scrib. Romæ, mense martio A. V. C. 699.

CICERO TREBATIO S. D.

In omnibus meis epistolis, quas ad Cæsarem aut ad Balbum mitto, legitima quædam est accessio commen-

et que, la loi Gabinia ayant établi qu'il peut être assemblé depuis les calendes de février jusqu'à celles de mars, il y aura tous les jours audience pour les députés. Il paraît qu'on cherche ainsi à reculer les comices jusqu'au mois de mars. Cependant les tribuns protestent que la cause de Gabinius sera plaidée pendant ceux qui doivent se tenir immédiatement. Je recueille tout ce qui se présente, pour vous écrire quelque chose de nouveau. Mais vous voyez que la matière me manque.

Revenons donc à Callisthène[4] et à Philistus, dans lesquels je vois que vous êtes comme absorbé. Callisthène, au jugement de quelques Grecs, n'a rien écrit que de commun et de trivial; au lieu que ce Sicilien était un homme de tête, fécond, pénétrant, concis dans son style, et presque un petit Thucydide. Mais je ne sais lequel de ses deux ouvrages vous avez (car il y en a deux), ou si vous avez l'un et l'autre. Je prends plus de plaisir à celui qui regarde Denys, qui y joue le rôle d'un rusé politique, et qui était ami très-intime de l'auteur. Dois-je conclure que vous entreprenez d'écrire l'histoire? Vous le pouvez sur ma parole. Puisque vous êtes exact à me fournir des messagers, vous aurez aux Lupercales[5] le récit de ce qui s'est fait aujourd'hui. Amusez-vous bien avec notre jeune Cicéron.

LETTRE CXXXV.

Rome, mars 699.

CICÉRON A TREBATIUS[1].

Je n'écris jamais à César et à Balbus sans joindre, comme je le dois, quelque chose à ma première recom-

dationis tuæ, nec ea vulgaris, sed cum aliquo insigni indicio meæ erga te benivolentiæ. Tu modo ineptias istas et desideria urbis et urbanitatis depone : et quo consilio profectus es, id assiduitate et virtute consequere. Hoc tibi tam ignoscemus nos amici, quam ignoverunt Medeæ, quæ Corinthum, arcem altam, habebant matronæ opulentæ optimates; quibus illa manibus gypsatissimis persuasit, ne sibi vitio illæ verterent, quod abesset a patria; nam

> Multi suam rem bene gessere, et publicam, patria procul.
> Multi, qui domi ætatem agerent, propterea sunt improbati.

Quo in numero tu certe fuisses, nisi te extrusissemus. Sed plura scribemus alias. Tu, qui ceteris cavere didicisti, in Britannia ne ab essedariis decipiaris caveto; et quando Medeam agere cœpi, illud semper memento, qui ipse sibi sapiens prodesse non quit, nequidquam sapit. Cura ut valeas.

EPISTOLA CXXXVI.
(ad div., VII, 7.)
Scrib. Romæ, mense aprili A. V. C. 699.

CICERO TREBATIO S. D.

Ego te commendare non desisto : sed quid proficiam, ex te scire cupio. Spem maximam habeo in Balbo : ad quem de te diligentissime et sæpissime scribo. Illud soleo mirari, non me toties accipere tuas litteras, quoties

mandation; et, ne m'arrêtant point aux termes ordinaires, j'ai toujours soin de signaler mon amitié par quelque marque éclatante. Mais je voudrais que vous vous défissiez de ces petitesses, et que vous cessassiez de regretter la ville et l'urbanité. Il faut que votre assiduité et votre vertu vous fassent arriver au terme pour lequel vous êtes parti. Vos amis vous le pardonneront, comme les dames de Corinthe le pardonnèrent à Médée, qui trouva le moyen de leur persuader qu'elles ne devaient pas lui faire un crime d'être absente de sa patrie :

« Car une infinité de gens ont bien fait loin de leur pays leurs affaires et celle de la patrie; beaucoup d'autres ont été blâmés, pour n'en être pas sortis [2]. »

Vous seriez de ce nombre, si nous ne vous avions forcé de quitter Rome. Mais je vous en dirai davantage une autre fois. Surtout gardez-vous bien des chariots bretons, vous qui avez appris à garder les autres, et, puisque j'ai commencé ici à faire le rôle de Médée, n'oubliez jamais cette leçon : « C'est être sage inutilement, que de ne pas l'être utilement pour soi-même. » Je vous recommande le soin de votre santé.

LETTRE CXXXVI.

Rome, avril 699.

CICÉRON A TREBATIUS.

Je ne cesse de vous recommander; mais c'est de vous-même que je veux apprendre quel est l'effet de mes recommandations. J'espère beaucoup de Balbus, à qui j'écris très-souvent et de la manière la plus pressante. Ce

a Quinto mihi fratre afferantur. In Britannia nihil esse audio neque auri neque argenti. Id si ita est, essedum aliquod suadeo capias, et ad nos quamprimum recurras. Sin autem, sine Britannia, tamen assequi quod volumus possumus, perfice ut sis in familiaribus Caesaris. Multum te in eo frater adjuvabit meus, multum Balbus : sed, mihi crede, tuus pudor et labor plurimum. Imperatorem liberalissimum, aetatem opportunissimam, commendationem certe singularem habes, ut tibi unum timendum sit, ne ipse tibi defuisse videare.

EPISTOLA CXXXVII.
(ad Att., IV, 14.)

Scrib. in villa Cumana, mense maio A. V. C. 699.

CICERO ATTICO SAL.

Vestorius noster me per litteras fecit certiorem, te Roma a. d. vi idus maii putare profectum esse, tardius quam dixerat, quod minus valuisses : si jam melius vales, vehementer gaudeo. Velim domum ad tuos scribas, ut mihi tui libri pateant, non secus ac si ipse adesses, quum ceteri, tum Varronis. Est enim mihi utendum quibusdam rebus ex iis libris ad eos, quos in manibus habeo : quos, ut spero, tibi valde probabo.

Tu velim, si quid forte novi habes, maxime a Quinto fratre, deinde a C. Caesare, et si quid forte de comitiis,

qui m'étonne, c'est de ne pas recevoir de vos lettres aussi souvent que j'en reçois de mon frère. J'apprends que la Bretagne est sans or et sans argent : si cela est vrai, je suis d'avis que vous preniez une voiture pour revenir promptement à Rome. Cependant, si nous pouvons arriver à notre but sans la Bretagne, tâchez de vous insinuer dans la familiarité de César. Mon frère et Balbus vous en faciliteront les moyens ; mais votre modestie et votre application y contribueront encore plus. Tout vous favorise, la générosité extrême de votre général, votre âge le plus propre à l'avancement, mes pressantes recommandations. Je ne crains rien, sinon que vous vous manquiez à vous-même.

LETTRE CXXXVII.

De sa terre de Cumes, mai 699.

CICÉRON A ATTICUS.

Vestorius, notre ami commun, m'a mandé que vous n'étiez pas parti de Rome le jour qu'il m'avait dit; que vous aviez eu une légère indisposition qui avait retardé votre voyage jusqu'au 10 mai. Si votre santé est maintenant rétablie, j'en ai beaucoup de joie. Je vous prie d'écrire chez vous qu'on me laisse maître de votre bibliothèque pendant votre absence. J'ai besoin particulièrement des ouvrages de Varron[1], dont je veux tirer quelques matériaux pour ceux auxquels je travaille, et qui, à ce que j'espère, seront fort de votre goût.

Si vous avez des nouvelles de C. César, et surtout de mon frère, je vous prie de m'en faire part. Marquez-moi

de republica (soles enim tu hæc festive odorari), scribas ad me. Si nil habebis, tamen scribas aliquid : nunquam enim mihi tua epistola aut intempestiva, aut loquax visa est. Maxime autem rogo, rebus tuis, totoque itinere ex sententia confecto, nos quamprimum revisas. Dionysium jube salvere. Cura ut valeas.

EPISTOLA CXXXVIII.
(ad Q. fratrem, II, 14.)
Scrib. in Cumano vel Pompeiano, mense maio A. V. C. 699.

M. CICERO QUINTO FRATRI SAL.

Duas adhuc a te accepi epistolas, alteram in ipso discessu nostro, alteram Arimino datam. Plures, quas scribis te dedisse, non acceperam. Ego me in Cumano et Pompeiano, præterquam quod sine te, ceterum satis commode oblectabam. Et eram in iisdem locis usque ad kalend. jun. futurus. Scribebam illa quæ dixeram πολιτικά, spissum sane opus et operosum. Sed si ex sententia successerit; bene erit opera posita : sin minus, in illud ipsum mare dejiciemus, quod scribentes spectamus. Aggrediemur alia, quoniam quiescere non possumus. Tua mandata persequar diligenter, et adjungendis hominibus et quibusdam non alienandis. Maximæ mihi vero curæ erit, ut Ciceronem tuum no-

aussi ce que vous pensez des élections, et en général de
ce qui regarde le gouvernement : vos lumières vont là-
dessus plus loin que celles des autres, et vous pénétrez
mieux que personne dans l'avenir. Mais quand vous n'auriez rien à m'apprendre, ne laissez pas de m'écrire. Je
n'ai rien trouvé d'inutile dans vos lettres, et je ne saurais en recevoir trop souvent. Je vous souhaite un bon
voyage, et je vous recommande sur toutes choses, de
venir nous rejoindre sitôt que vos affaires seront ter-
minées. Mes complimens à Dionysius. Ayez soin de votre
santé.

LETTRE CXXXVIII.

De sa terre de Cumes ou de Pompéies, mai 699.

M. CICÉRON A QUINTUS SON FRÈRE.

Je n'ai encore reçu que deux de vos lettres : celle qui
suivit immédiatement notre départ[1], et celle qui est datée
d'Ariminum. Si vous m'en avez écrit un plus grand nombre, comme vous me le marquez, elles ne sont pas venues jusqu'à moi. Je m'amuse assez agréablement dans
mes maisons de Cumes et de Pompéies : il ne me manque que d'y être avec vous. Je compte y demeurer jusqu'au 1er juin, occupé à composer ma *République*,
comme je vous l'ai dit. Cet ouvrage deviendra considérable, et me coûte du travail. S'il répond à mes vues,
j'aurai fort bien employé ma peine. Sinon, je le jetterai
dans la mer, que j'ai sous les yeux en le composant, et
je travaillerai sur quelque autre sujet; car je ne puis
être oisif. Je me conformerai soigneusement à vos conseils, soit pour nous faire de nouveaux amis, soit pour

strumque videam scilicet quotidie; sed inspiciam, quid discat, quam sæpissime; et nisi ille contemnat, etiam magistrum me ei profitebor : cujus ei nonnullam consuetudinem nactus sum, in hoc horum dierum otio, Cicerone nostro minore producendo. Tu, quemadmodum scribis, quod, etiam si non scriberes, facere te diligentissime tamen sciebam, facies scilicet ut mea mandata digeras, persequare, conficias. Ego, quum Romam venero, nullum prætermittam Cæsaris tabellarium, cui litteras ad te non dem.

His diebus (ignosces) cui darem fuit nemo, ante hunc M. Orfium equitem romanum, nostrum et pernecessarium, et quod est ex municipio Atellano, quod scis in fide esse nostra. Itaque eum tibi commendo in majorem modum, hominem domi splendidum, gratiosum etiam extra domum : quem fac ut tua liberalitate tibi obliges. Est tribunus militum in exercitu nostro. Gratum hominem observantemque cognosces. Trebatium ut valde ames, vehementer te rogo. Vale.

n'en point aliéner d'autres. Je serai encore plus exact, non-seulement sans doute à voir chaque jour votre cher Cicéron, qui m'est aussi cher qu'à vous, mais à remarquer souvent quel fruit il tire de ses études ; et, s'il ne trouve pas mes leçons méprisables, je lui servirai même de maître. Je me suis fait une habitude de ces choses-là, en profitant du loisir où j'ai vécu pour instruire mon fils. Je me flatte comme vous me l'écrivez, et je ne me flatterais pas moins, quand vous ne me l'écririez pas, que vous vous souviendrez de ce que je vous recommande, et que vous l'exécuterez fidèlement. Lorsque je serai de retour à Rome, je ne laisserai partir aucun messager de César sans vous écrire.

Depuis quelques jours (et vous voudrez bien me le pardonner) il ne s'est pas présenté d'occasion que j'aie dû préférer à celle de M. Orfius, chevalier romain, mon ami très-intime, et de plus citoyen d'Atella, ville, comme vous le savez, qui s'est mise sous ma protection [2]. Ainsi je vous le recommande fort instamment. C'est un homme qui se fait honneur de sa générosité dans sa maison, et qui ne s'est pas fait moins d'amis au dehors par ses manières gracieuses. N'épargnez rien pour gagner son amitié par vos politesses. Il est tribun militaire dans notre armée [3]. Vous trouverez de sa part beaucoup de reconnaissance et d'égards. Je vous prie instamment de témoigner beaucoup d'amitié à Trebatius. Adieu.

EPISTOLA CXXXIX.
(ad div., VII, 8.)
Scrib. mense maio, A. V. C. 699.

CICERO TREBATIO S. D.

Scripsit ad me Cæsar perhumaniter, nondum te sibi satis esse familiarem propter occupationes suas, sed certo fore : cui quidem ego rescripsi, quam mihi gratum esset futurum, si quam plurimum in te studii, officii, liberalitatis suæ contulisset. Sed ex tuis litteris cognovi præproperam festinationem tuam, et simul sum admiratus, cur quædam tribunatus commoda, dempto præsertim labore militiæ, contempseris. Querar cum Vacerra et Manilio; nam Cornelio nihil audeo dicere, cujus tu periculo stultus es, quum te ab eo sapere didicisse profiteris. Quin tu urges istam occasionem et facultatem, qua melior nunquam reperietur? Quod scribis de illo Præciano jureconsulto, ego te ei non desino commendare. Scribit enim ipse mihi te sibi gratias agere debere. De eo quid sit, cura ut sciam. Ego vestras litteras britannicas exspecto. Vale.

LETTRE CXXXIX.

Mai 699.

CICÉRON A TREBATIUS.

César m'a marqué, avec toute la bonté possible, que ses grandes occupations l'empêchaient encore de vous voir familièrement, mais qu'il vous mettrait certainement sur ce pied-là. Je lui ai fait connaître, par ma réponse, qu'il m'obligerait extrêmement de vous accorder beaucoup de part à son amitié, à ses égards et à ses bienfaits. Mais j'apprends par vos lettres que votre impatience est toujours la même, et je m'étonne que vous ayez méprisé les avantages du tribunat, surtout lorsqu'on en retranchait les fatigues du service militaire. J'en ferai des plaintes à Vacerra et à Manilius[1]; car je n'oserais en parler à Cornelius, à qui votre folie ne fait pas trop d'honneur, puisque c'est de lui que vous faites profession d'avoir appris la sagesse. Que ne tirez-vous parti d'une occasion qui ne se trouvera jamais plus favorable? Je ne cesse pas de vous recommander, comme vous le désirez, à ce Précianus le jurisconsulte. Il m'écrit lui-même que vous lui devez des remercîmens : faites-moi savoir de quoi il est question. Je compte que vous m'écrirez de la Bretagne. Adieu.

EPISTOLA CXL.
(ad Q. fratrem, II, 15 pars prima.)

Scrib. Romæ, mense junio A. V. C. 699.

M. CICERO QUINTO FRATRI SAL.

Ad iv non. jun., quo die Romam veni, accepi tuas litteras datas Placentiæ; deinde alteras postridie datas Laude nouis, cum Cæsaris litteris, refertis omni officio, diligentia, suavitate. Sunt ista quidem magna, vel potius maxima. Habent enim vim magnam ad gloriam et ad summam dignitatem. Sed, mihi crede, quem nosti, quod in istis rebus ego plurimi æstimo, id jam habeo, te scilicet primum tam inservientem communi dignitati, deinde Cæsaris tantum in me amorem, quem omnibus his honoribus, quos me a se exspectare vult, antepono. Litteræ vero ejus una datæ cum tuis, quarum initium est, quam suavis ei tuus adventus fuerit, et recordatio veteris amoris, deinde se effecturum, ut ego in medio dolore ac desiderio tui, te, quum a me abesses, potissimum secum esse lætarer, incredibiliter delectarunt.

Quare facis tu quidem fraterne quod me hortaris, sed mehercule currentem nunc quidem, ut omnia mea studia in istum unum conferam. Ego vero ardenti quidem studio; ac fortasse efficiam, quod sæpe viatoribus, quum

LETTRE CXL.

Rome, juin 699.

M. CICÉRON A QUINTUS SON FRÈRE.

Étant arrivé à Rome le 2 juin, j'y ai trouvé deux de vos lettres, datées de Plaisance; le lendemain, j'en ai reçu une de Laudes, datée des nones[1], avec celle de César, où tout respire l'amitié, le zèle et la politesse. J'y attache sans doute un grand et même un très-grand prix. Rien n'a plus de poids pour la gloire et pour le comble de la dignité. Mais, croyez-moi, vous qui me connaissez, je possède déjà la partie de tous ces avantages dont je fais le plus de cas : j'entends d'abord le plaisir de vous voir contribuer de si bonne grâce à notre dignité commune; en second lieu, celui de trouver pour moi une amitié si tendre dans César, car je la préfère à tous les honneurs qu'il veut que j'attende de lui. J'avoue que ses lettres, de la même date que la vôtre, m'ont causé une satisfaction incroyable : elles commencent par m'exprimer combien votre arrivée et le renouvellement de notre ancienne affection l'ont rempli de joie. Il ajoute que, dans le chagrin que je dois ressentir de votre absence, il s'efforcera de me faire regarder votre séjour près de lui comme ce qui pourrait m'arriver de plus agréable.

C'est me donner un conseil vraiment fraternel, que de m'exhorter, comme vous faites, à rassembler toutes les forces de mon zèle pour le servir uniquement; et comptez que je m'y portais déjà de toute mon inclination. L'ardeur

properant, evenit ; ut si serius, quam voluerunt, forte surrexerint, properando, etiam citius, quam si de nocte vigilassent, perveniant quo velint : sic ego, quoniam in isto homine colendo tam indormivi diu, te mehercule sæpe excitante, cursu corrigam tarditatem, quum equis, tum vero (quoniam scribis poema ab eo nostrum probari) quadrigis poeticis. Modo mihi date Britanniam, quam pingam coloribus tuis, penicillo meo. Sed quid ago? Quod mihi tempus, Romæ præsertim, ut iste me rogat, manenti, vacuum ostenditur? Sed videro. Fortasse enim, ut fit, vincet tuus amor omnes difficultates.

Trebatium quod ad se miserim, persalse et humaniter etiam gratias mihi agit : negat enim, in tanta multitudine eorum, qui una essent, quemquam fuisse qui vadimonium concipere posset. M. Curtio tribunatum ab eo petivi : nam Domitius se derideri putasset, si esset a me rogatus. Hoc enim est ejus quotidianum, se ne tribunum militarem quidem facere. Etiam in senatu lusit Appium collegam propterea isse ad Cæsarem, ut aliquem tribunatum auferret, sed in alterum annum. Id et Curtius ita volebat. Tu quemadmodum me censes oportere esse et in republica et in nostris inimicitiis, ita et esse, et forte, auricula infima scito molliorem.

de mes sentimens produira peut-être ce qu'on voit arriver aux voyageurs qui sont pressés d'avancer : s'ils se sont levés plus tard qu'ils ne se l'étaient proposé, ils marchent plus vite que s'ils avaient veillé la nuit, et ne laissent pas d'arriver au terme. Ainsi après m'être longtemps endormi, malgré les efforts que vous avez faits souvent pour me réveiller, je réparerai ma lenteur en courant de toutes mes forces, non-seulement, comme l'on dit, avec des chevaux, mais encore avec le char poétique, puisque vous m'assurez que César a goûté mon poëme. Donnez-moi seulement la Bretagne à peindre, et vous verrez de quoi mon pinceau sera capable avec vos couleurs. Mais quelle témérité de m'engager ! Quel loisir puis-je me promettre si je demeure à Rome, surtout aux conditions qu'il m'impose ? Nous verrons néanmoins ; car ma tendresse pour vous, comme il il arrive souvent, me fera peut-être surmonter toutes les difficultés.

5. Il me remercie aussi avec beaucoup de politesse et d'agrément, de lui avoir envoyé Trebatius. Entre tant de gens, dit-il, qui sont autour de lui, il n'y en avait pas un qui sût dresser un contrat. Je lui ai demandé un office de tribun pour M. Curtius ; car Domitius aurait pris ma demande pour une raillerie, si je m'étais adressé à lui. Il répète tous les jours qu'il ne se mêle pas même de faire un tribun militaire. Il a fait des plaisanteries au sénat sur Appius, son collègue, qui s'est rendu, dit-il, auprès de César pour en obtenir quelque tribunat, mais dans la vue seulement de l'exercer l'année prochaine. D'ailleurs, Curtius l'a souhaité absolument ; et puis apprenez qu'en fait d'affaires publiques et d'inimitié, je suis et serai plus maniable que le bout de l'oreille [2].

Res romanæ sic se habebant. Erat nonnulla spes comitiorum, sed incerta : erat aliqua suspicio dictaturæ, ne ea quidem certa. Summum otium forense, sed senescentis magis civitatis, quam acquiescentis. Sententia autem nostra in senatu ejusmodi, magis ut alii nobis assentiantur, quam nosmet ipsi :

Τοιαῦτ' ὁ τλήμων πόλεμος ἐργάζεται.

EPISTOLA CXLI.
(ad Q. fratrem, II, 15 pars altera.)
Scrib. Romæ, mense quintili A. V. C. 699.

M. CICERO QUINTO FRATRI SAL.

..... Calamo et atramento temperato, charta etiam dentata, res ageretur. Scribis enim te meas litteras superiores vix legere potuisse : in quo nihil eorum, mi frater, fuit, quæ putas; neque enim occupatus eram, neque perturbatus, nec iratus alicui : sed hoc facio semper, ut quicumque calamus in manus meas venerit, eo sic utar tanquam bono. Verum attende nunc, mi optime et suavissime frater, ad ea dum rescribo quæ tu in hac eadem brevi epistola πραγματικῶς valde scripsisti. Petis, ut ad te nihil occultans, nihil dissimulans, nihil tibi indulgens, genuine fraterneque rescribam; id est utrum huc advoles ut dixeris, an ad expediendum te, si causa sit, commorere. Si, mi Quinte, parva aliqua res esset, in qua sciscitarere quid vellem, tamen quum tibi permissurus essem ut faceres quod velles, ego ipse

Passons aux affaires de Rome. On a quelque espérance de voir les comices, mais cette espérance est fort incertaine. On soupçonne une dictature, mais avec aussi peu de certitude. Le forum est absolument oisif, ce que j'attribue moins au repos de l'état qu'à sa vieillesse. Au sénat, je m'explique d'une manière qui rend les autres plus contens de moi que je ne le suis moi-même :

Et voilà ce que fait l'impitoyable guerre.

LETTRE CLXI.

Rome, juillet 699.

M. CICÉRON A QUINTUS SON FRÈRE.

..... Je vois bien qu'il me faut apporter plus de choix à mes plumes et à mon encre, et qu'il faudra lisser mon papier[1]; car vous m'écrivez que vous avez eu beaucoup de peine à lire ma dernière lettre. Ce n'est pas néanmoins par aucune des raisons que vous vous imaginez : je n'étais ni occupé, ni troublé, ni dans un moment de colère. Mais mon usage est de me servir de la première plume qui se présente, comme si elle était bonne. Je vous demande ici de l'attention, mon très-aimable et très-excellent frère, pour la réponse que je vais faire à ce que vous m'écrivez d'un ton sérieux, dans cette même lettre que j'accuse d'être un peu courte. Vous voulez que, sans déguisement, sans dissimulation, sans indulgence, je vous écrive de bonne foi et fraternellement ce que je pense ; c'est-à-dire, si vous devez vous dégager du lieu où vous êtes pour accourir au premier signe que vous recevrez de moi, ou si vous devez y demeurer. Je réponds,

quid vellem ostenderem. In hac vero re hoc profecto quæris, cujusmodi illum annum, qui sequitur, exspectem. Plane aut tranquillum nobis, aut certe munitissimum; quod quotidie domus, quod Forum, quod theatri significationes declarant : nec laboramus, quod mira consensio copiarum nostrarum, quod Cæsaris, quod Pompeii gratiam tenemus.

Hæc me, ut confidam, faciunt. Sin aliquis erumpet hominis amentis furor, omnia sunt ad eum frangendum expedita. Hæc ita sentio, judico, ad te explorate scribo. Dubitare, te non assentatorie, sed fraterne veto. Quare suavitatis equidem nostræ fruendæ causa, cuperem te ad id tempus venire quod dixeras : sed illud malo tamen quod putas ; etenim magni æstimo ἀμφιλάφειαν illam tuam et explicationem debitorum tuorum. Illud quidem sic habeto, nihil nobis expeditis, si valebimus, fore fortunatius. Parva sunt quæ desunt, nostris quidem moribus, et ea sunt ad explicandum expeditissima, modo valeamus. Ambitus redit immanis, nunquam fuit par. Idus quint. fœnus fuit bessibus ex triente coitione Memmii, quam cum Domitio fecit, Scaurum ut vinceret. Messalla flaccet. Non dico ὑπερβολικῶς, vel H.-S. centies constituunt in prærogativa pronuntiare. Res ardet invidia. Tribunitii candidati compromiserunt (H.-S. quingenis in singulos apud M. Catonem depositis) petere ejus arbitratu, ut, qui contra fecisset, ab eo conde-

cher Quintus, que si le point sur lequel vous me consultez était de peu d'importance, en vous laissant la liberté de suivre vos propres vues, je ne vous marquerais pas moins quelles sont les miennes. Mais le fond de votre question se réduit à savoir ce que j'espère de l'année prochaine. Sachez donc que je compte être tranquille, ou si bien défendu, que je serai sans crainte. C'est ce que m'annoncent l'état de ma maison, le crédit que j'ai au Forum, l'accueil que je reçois au théâtre. Je ne m'inquiète pas même; car j'ai la confiance de nos forces[2], et je suis également bien avec César et Pompée.

Tels sont les fondemens de ma confiance. Si quelque insensé entreprenait de faire éclater sa fureur, tous mes préparatifs sont faits pour la réprimer. Voilà mon avis et mon jugement. Je vous l'écris avec réflexion. C'est fraternellement et sans aucune flatterie que je vous défends d'en douter. Si je ne consultais donc que l'agrément de notre vie, je souhaiterais de vous voir ici dans le temps que vous m'avez marqué; mais quoique votre sentiment me soit le plus agréable, je préfère néanmoins le parti opposé, et je préfère à moi-même votre avantage et l'attente de ce que vous aurez mérité par vos services. Comptez que rien n'approchera de notre bonheur, lorsque nous serons délivrés de ces embarras[3]. Ce qui nous manque est peu de chose, du moins à l'estimer par nos principes; et, pourvu que nous jouissions d'une bonne santé, les difficultés seront très-faciles à lever. La brigue recommence sans aucune mesure; elle n'a jamais été si forte. Aux ides de juillet, l'intérêt de l'argent était monté au double, par le complot de Memmius avec Domitius, pour supplanter Scaurus. Messalla mollit. Je vous assure, sans exagération, qu'ils ont résolu de promettre

mnaretur. Quæ quidem comitia si gratuita fuerint, ut putantur, plus unus Cato potuerit quam omnes leges omnesque judices.

EPISTOLA CXLII.
(ad Att., IV, 15.)

Scrib. Romæ, iv kal. quint. A. V. C. 699.

CICERO ATTICO SAL.

De Eutychide gratum; qui vetere prænomine, novo nomine T. erit Cæcilius; ut ex me, et ex te junctus Dionysius M. Pomponius. Valde mehercule mihi gratum, si Eutychides tuam erga me benivolentiam cognoscet, et suam illam in meo dolore συμπάθειαν neque tum mihi obscuram, neque post ingratam fuisse.

Iter asiaticum tuum puto tibi suscipiendum fuisse. Nunquam enim tu sine justissima causa tam longe a tot tuis et hominibus carissimis et rebus suavissimis abesse voluisses. Sed humanitatem tuam, amoremque in tuos, reditus celeritas declarabit. Sed vereor ne lepore te suo detineat diutius rhetor Clodius, et homo pereruditus, ut

jusqu'à dix millions de sesterces à la première centurie. La jalousie met beaucoup de chaleur dans tous les mouvemens. Les aspirans au tribunat se sont engagés par une somme de chacun cinq cent mille sesterces, qu'ils ont déposée entre les mains de Caton, à le faire l'arbitre de leurs demandes, en se soumettant à sa condamnation s'ils y manquent. Si ces comices s'achèvent sans corruption, comme on l'espère, l'autorité du seul Caton aura produit plus d'effet que toutes les lois et tous les juges.

LETTRE CXLII.

Rome, 28 juin 699.

CICÉRON A ATTICUS.

Je vous suis fort obligé d'avoir affranchi Eutychide, pour qui vous avez fait, de votre ancien nom propre et de votre nouveau nom de famille, celui de T. Cécilius, de même que, de nos deux noms, nous avons fait pour Dionysius celui de Marcus Pomponius. Je serai bien aise qu'Eutychide sache que c'est à ma considération que vous lui accordez cette grâce; que je n'ai pas ignoré combien il avait pris de part à nos malheurs, et que j'ai toujours pensé depuis à lui faire plaisir.

Il faut que vous ayez en Asie des affaires très-importantes; car, sans une nécessité indispensable, vous ne vous seriez jamais tant éloigné de tout ce qui fait et votre attachement et vos plaisirs : mais nous jugerons de votre amitié et de votre tendresse par la promptitude de votre retour. J'appréhende beaucoup que vous ne puissiez quitter le rhéteur Clodius, cet homme si poli; et Pituanius [1],

aiunt, et nunc quidem deditus græcis litteris Pituanius. Sed si vis homo esse, recipe te ad nos, ad quod tempus confirmasti. Cum illis tamen, quum salvi venerint, Romæ vivere licebit.

Avere te scribis accipere aliquid a me litterarum; dedi, ac multis quidem de rebus ἡμερόλεγδον perscripta omnia; sed, ut conjicio, quoniam mihi non videris in Epiro diu fuisse, redditas tibi non arbitror : genus autem mearum, ad te quidem, litterarum ejusmodi fere est, ut non libeat, cuiquam dare, nisi de quo exploratum sit, tibi eum redditurum.

Nunc romanas res accipe : a. d. III non. quint. Sufenas et Cato absoluti : Procilius condemnatus. Ex quo intellectum est, τρισαρειοπαγίτας ambitum, comitia, interregnum, majestatem, totam denique rempublicam flocci non facere. Debemus patremfamilias domi suæ occidi nolle; neque tamen id ipsum abunde. Nam absolverunt XXII, condemnarunt XXVIII. Publius sane, diserto epilogo criminans, mentes judicum moverat. Hortalus in ea causa fuit, cujusmodi solet. Nos verbum nullum : verita est enim pusilla, quæ nunc laborat, ne animum in Publio offenderer.

His rebus actis, Reatini me ad sua Τέμπη duxerunt,

ce docte personnage qui s'est avisé sur le tard de lire les auteurs grecs. Il n'est pas juste néanmoins que les charmes de leur conversation vous empêchent d'être homme de parole. Revenez dans le temps que vous nous avez marqué. Quand ces beaux esprits seront à Rome, nous vous permettrons de les voir tant qu'il vous plaira.

Vous me dites, dans votre dernière lettre, que vous souhaitez fort d'en recevoir des miennes. Je vous en ai écrit une très-longue, qui contenait un journal exact de ce qui s'est passé depuis votre départ : mais, comme je m'imagine que vous n'avez pas été longtemps en Épire, vous pourriez bien ne l'avoir pas reçue. Si je ne vous ai pas écrit depuis, c'est que mes lettres, pour vous du moins, sont d'une importance à ne les confier qu'à des mains sûres et fidèles.

Voici donc les nouvelles de Rome. Le 5 juillet, Sufenas et Caton furent renvoyés absous, et Procilius fut condamné : ce qui a fait voir que ces triples aréopagites [2] comptaient pour rien les élections troublées, les brigues, les interrègnes, enfin tous les crimes d'état et tous les malheurs de la république. Nous ne devons pas souffrir qu'un père de famille soit tué dans sa demeure [3] ; encore les sentimens sont-ils partagés : car Procilius a été absous par vingt-deux juges, et n'a été condamné que par vingt-huit. La péroraison de Clodius, l'un des accusateurs, était fort habile, et fit beaucoup d'impression sur les esprits. Hortensius [4] parla avec son éloquence ordinaire. Pour moi, je ne parlai point. J'ai eu cette complaisance pour ma fille qui est malade, et qui appréhendait qu'il ne m'échappât quelque trait capable d'irriter Clodius.

Le même jour, ceux de Réate [5] m'emmenèrent dans

ut agerem causam contra Interamnates apud consulem et decem legatos; quod lacus Velinus, a M. Curio emissus, interciso monte, in Narem defluit : ex quo est illa siccata, et humida tamen modice Rosea. Vixi cum Axio : quin etiam me ad Septem Aquas duxit.

- - - - - - - - - - - - - -

Redii Romam Fonteii causa a. d. vii idus quintiles. Veni in spectaculum : primum, magno et æquabili plausu (sed hoc ne curaris, ego ineptus qui scripserim); deinde, Antiphonti operam. Is erat ante manumissus, quam productus. Ne diutius pendeas, palmam tulit : sed nihil tam pusillum, nihil tam sine voce, nihil tam verum. Hæc tu tecum habeto. In Andromacha tamen major fuit Astya : nam in ceteris parem habuit neminem. Quæris nunc de Arbuscula ; valde placuit. Ludi magnifici et grati. Venatio in aliud tempus dilata.

Sequere nunc me in Campum. Ardet ambitus : σῆμα δέ τοι ἐρέω, fœnus ex triente idib. quint. factum erat bessibus. Dices, istuc quidem non moleste fero. O-virum! o civem! Memmium Cæsaris omnes opes confirmant. Cum eo Domitium consules junxerunt, qua pactione, epistolæ committere non audeo. Pompeius fremit, queritur ; Scauro studet : sed utrum fronte, an mente, dubitatur. Ἐξοχή in nullo est ; pecunia omnium digni-

leur charmant pays, pour plaider pour eux, contre ceux d'Intéramne, devant un consul et dix commissaires. Ils se plaignent que, depuis qu'on a coupé une montagne pour élargir l'embouchure que M'. Curius avait faite au lac de Velinus, qui se décharge dans le Nar, la plaine nommée Rosea a perdu presque toute l'humidité qui la rendait si fertile. J'ai passé quelques jours chez Axius, et il m'a mené à sa maison des Sept-Fontaines.

Je suis revenu à Rome le 9 juillet, pour l'affaire de Fonteius. J'allai ensuite au théâtre[6], où je reçus de tout le peuple de grands applaudissemens; mais ce n'est pas là ce dont il s'agit, et c'est une faiblesse à moi de vous en parler. Pour venir au fait, j'ai vu jouer Antiphon dans plusieurs rôles. Il était affranchi, même avant que de paraître[7] : en un mot, il a remporté le prix. Je dois dire cependant que jamais je n'ai rien entendu de plus délicat, de voix plus éteinte, ni de genre plus naturel. Il est vrai que, dans l'*Andromaque*, Astya[8] se montra supérieur : dans toutes les autres pièces, Antiphon n'eut pas d'égal. Pour Arbuscula[9], dont vous me demandez des nouvelles, elle a charmé tout le monde. Les jeux ont été magnifiques, et ont fort bien réussi; on a remis la chasse à un autre temps.

Suivez-moi maintenant dans le Champ-de-Mars; vous y trouverez les brigues plus échauffées que jamais : en voici une bonne preuve. L'argent est monté tout d'un coup[10], le 15 juillet, du denier 24 au denier 12. Je n'en suis pas fâché, me direz-vous. Les beaux sentimens pour un homme comme vous, pour un bon citoyen! La faction de César porte Memmius, qui demande de concert avec Domitius : ce sont les consuls qui les ont unis ensemble, je n'ose vous dire dans une lettre à quelle

tatem exæquat. Messalla languet; non quo aut animus desit, aut amici : sed coitio consulum et Pompeius obsunt. Ea comitia puto fore ut ducantur. Tribunitii candidati jurarunt se arbitrio Catonis petituros : apud eum H.-S. quingena deposuerunt; ut qui a Catone damnatus esset, id perderet, et competitoribus tribueretur.

Hæc ego pridie scribebam, quam comitia fore putabantur. Sed ad te v kal. sext. si facta erunt, et tabellarius non erit profectus, tota comitia perscribam : quæ si, ut putantur, gratuita fuerint; plus unus Cato potuerit, quam omnes quidem judices. Messius defendebatur a nobis, e legatione revocatus : nam eum Cæsari legarat Appius. Servilius edixit ut adesset : tribus habet Pomptinam, Velinam, Mæciam : pugnatur acriter; agitur tamen satis. Deinde me expedio ad Drusum, inde ad Scaurum : parantur orationibus indices gloriosi. Fortasse accedent etiam consules designati, in quibus si Scaurus non fuerit, in hoc judicio valde laborabit.

Ex Quinti fratris litteris suspicor jam eum esse in

condition. Cela ne plaît point à Pompée [11], et il en fait beaucoup de bruit : il s'est déclaré pour Scaurus; mais on ne sait s'il s'intéresse pour lui autant qu'il le veut faire croire. Les prétendans n'ont aucune supériorité les uns sur les autres; l'argent remplace le mérite et le crédit. Messalla commence à se décourager, quoiqu'il ne manque ni d'argent ni d'amis : mais l'intelligence de deux de ses compétiteurs, ménagée par les consuls et l'opposition de Pompée, sont pour lui de très-grands obstacles. Je crois que les élections seront remises plus d'une fois. Les prétendans à la charge de tribun ont fait entre eux un compromis, et ont pris Caton pour arbitre; ils ont consigné entre ses mains chacun cinq cent mille sesterces, et sont convenus que cette somme serait perdue pour ceux que Caton déclarerait coupables de brigue, et qu'on la partagerait entre leurs compétiteurs.

C'est demain que doivent se faire les élections : je vous en écrirai le détail, pourvu qu'elles ne soient pas différées, et que l'exprès qu'on vous envoie ne soit point parti le 28 juillet. Si la brigue en est bannie, comme on a lieu de le croire, Caton seul aura été plus redoutable que tous les tribunaux de la justice. Je me suis chargé de la cause de Messius [12], qu'Appius avait fait lieutenant de César, et qui a été rappelé pour comparaître devant Servilius [13]. Les tribus Pomptina, Velina et Mécia lui sont favorables. On le pousse vivement : j'espère néanmoins qu'il aura le dessus. Je plaiderai ensuite pour Drusus et pour Scaurus [14]. La liste de mes plaidoyers va être remplie de noms illustres, et peut-être de ceux des consuls désignés : si Scaurus ne l'est pas, il aura beaucoup de peine à se tirer d'affaire.

Je juge par les lettres de mon frère qu'il est déjà

Britannia. Suspenso animo exspecto quid agat. Illud quidem sumus adepti, quod multis et magnis indiciis possumus judicare, nos Cæsari et carissimos et jucundissimos esse.

Dionysium velim salvere jubeas, et eum roges et hortere, ut quamprimum veniat, ut possit Ciceronem meum, atque etiam me ipsum, erudire.

EPISTOLA CXLIII.
(ad div., VII, 9.)
Scrib. Romæ, initio mensis sextilis A. V. C. 699.

CICERO TREBATIO.

JAMDIU ignoro quid agas. Nihil enim scribis; neque ego ad te his duobus mensibus scripseram. Quia cum Quinto fratre meo non eras, quo mitterem, aut cui darem, nesciebam. Cupio scire quid agas, et ubi scis hiematurus. Equidem velim cum Cæsare : sed ad eum, propter ejus occupationes, nihil sum ausus scribere. Ad Balbum tamen scripsi. Tu deesse tibi noli. Serius potius ad nos, dum plenior. Quod huc properes, nihil est, præsertim Vacerra mortuo. Sed tibi consilium non deest. Quid constitueris, cupio scire.

Cn. Octavius an Cn. Cornelius quidem est, tuus familiaris, summo genere natus, terræ filius, is me quia scit tuum familiarem esse, crebro ad coenam invitat. Ad-

passé dans l'île de Bretagne. J'attends de ses nouvelles avec impatience. J'ai eu lieu de m'assurer plusieurs fois, par des marques très-certaines, que César a beaucoup d'amitié et de considération pour moi.

Saluez de ma part Dionysius, et tâchez d'obtenir de lui qu'il vienne au plus tôt donner des leçons à mon fils et à moi-même.

LETTRE CXLIII.

Rome, commencement d'août 699.

CICÉRON A TREBATIUS.

J'IGNORE depuis long-temps ce que vous faites. Vous ne m'écrivez point, et, de mon côté, j'ai laissé passer aussi deux mois sans vous écrire, parce que, sachant que vous n'étiez point avec mon frère, j'étais embarrassé à qui je devais donner mes lettres, et où je devais vous les adresser. Je voudrais savoir ce qui vous occupe, et où vous vous proposez de passer l'hiver : je souhaite que vous le passiez avec César; mais je n'ai osé lui écrire au milieu de tant de travaux[1]. Je n'ai pas laissé d'écrire à Balbus. Je vous recommande encore de ne pas vous manquer à vous-même. Revenez plus tard à Rome, pourvu que vous y reveniez plus riche. Je ne vois aucune raison de vous hâter, surtout depuis la mort de Vacerra[2]. Mais vous ne manquez pas de conseil. Je suis impatient d'apprendre à quoi vous vous serez déterminé.

Un de vos amis, je crois que c'est Cn. Octavius ou Cn. Cornelius qu'il se nomme, mais homme de la plus grande naissance, un vrai fils de la terre, m'invite sou-

huc non potuit perducere, sed mihi tamen gratum est. Vale.

EPISTOLA CXLIV.
(ad Q. fratrem, II, 16.)

Scrib. Romæ, mense sextili A. V. C. 699.

M. CICERO QUINTO FRATRI SAL.

Quum a me litteras librarii manu acceperis, ne paullum otii me habuisse judicato; quum autem mea, nullum. Sic enim habeto, nunquam me a causis et judiciis districtiorem fuisse, atque id anni tempore gravissimo et caloribus maximis. Sed hæc, quoniam tu ita præscribis, ferenda sunt. Neque committendum ut aut spei, aut cogitationi vestræ ego videar defuisse; præsertim quum, tametsi id difficilius fuerit, tamen ex hoc labore magnam gratiam, magnamque dignitatem sim collecturus. Itaque, ut tibi placet, damus operam, ne cujus animum offendamus, atque ut etiam ab iis ipsis, qui nos cum Cæsare tam conjunctos dolent, diligamur; ab æquis vero, aut etiam a propensis, in hanc partem vehementer et colamur et amemur.

De ambitu quum atrocissime ageretur in senatu, multos dies, quod ita erant progressi candidati consula-

vent à souper, parce qu'il est informé que je suis lié fort étroitement avec vous. Je ne me suis point encore rendu à ses invitations; mais elles ne laissent pas de me faire plaisir. Adieu.

LETTRE CXLIV.

Rome, août 699.

M. CICÉRON A QUINTUS SON FRÈRE.

Lorsque vous voyez mes lettres écrites de la main d'un secrétaire, n'en concluez pas que je sois fort occupé; mais, lorsqu'elles sont de ma propre main, jugez hardiment que je n'ai pas de temps de reste. A présent, par exemple, je suis plus accablé que jamais de causes et de jugemens. La saison est néanmoins fort incommode, et nous avons ici à supporter des chaleurs excessives. Mais ce sont des peines qu'il faut endurer courageusement, puisque vous m'en faites une loi. Je ne veux pas qu'on me reproche d'avoir mal répondu à vos espérances et à vos idées, surtout lorsque, malgré les difficultés, je vois beaucoup de crédit et de dignité à recueillir de mon travail. Ainsi, pour entrer dans vos vues, je m'efforce non-seulement de n'offenser personne, mais encore de gagner l'affection de ceux mêmes qui s'affligent de nous voir si étroitement liés avec César [1]; et surtout de me faire extrêmement aimer et respecter des personnes qui pensent favorablement de nous, ou de celles même qui ne font que pencher en notre faveur.

Je me suis absenté du sénat pendant plusieurs jours, tandis qu'on y agitait fort vivement l'affaire de la brigue,

res, ut non esset ferendum, in senatu non fui. Statui ad nullam medicinam reipublicæ sine magno præsidio accedere.

Quo die hæc scripsi, Drusus erat de prævaricatione a tribunis ærarii absolutus, in summa quatuor sententiis, quum senatores et equites damnassent. Ego eodem die, post meridiem, Vatinium aderam defensurus : ea res facilis est. Comitia in mensem septembris rejecta sunt. Scauri judicium statim exercebitur, cui nos non deerimus. Συνδείπνους Σοφοκλέους, quanquam a te actam fabellam video esse festive, nullo modo probavi.

Venio nunc ad id, quod nescio an primum esse debuerit. O jucundas mihi tuas de Britannia litteras! Timebam Oceanum, timebam litus insulæ. Reliqua non equidem contemno; sed plus habent spei quam timoris, magisque sum sollicitus exspectatione ea quam metu. Te vero ὑπόθεσιν scribendi egregiam habere video. Quos tu situs, quas naturas rerum et locorum, quos mores, quas gentes, quas pugnas, quem vero ipsum imperatorum habes! Ego te libenter, ut rogas, quibus rebus vis adjuvabo, et tibi versus quos rogas, γλαῦκ' εἰς Ἀθήνας, mittam.

Sed, heus tu, celari videor a te, quomodonam, mi frater, de nostris versibus Cæsar? Nam primum librum se legisse scripsit ad me ante; et prima sic, ut neget se ne græca quidem meliora legisse. Reliqua, ad quemdam

à l'occasion des candidats pour la dignité consulaire, dont les excès devenaient insupportables. Ma résolution est de ne prendre aucune part à la guérison de la république, sans être bien soutenu.

Le jour même où je vous écris, Drusus, qui était accusé de prévarication, a été absous par les tribuns de l'épargne, à la pluralité de quatre voix, après avoir été condamné par les sénateurs et les chevaliers. Je dois plaider cet après-midi pour la défense de Vatinius : c'est une entreprise aisée. Les comices sont rejetés au mois de septembre. Scaurus sera jugé immédiatement, et mon assistance ne lui manquera point. Je n'ai pas goûté *les Convives sophocléens*[2], quoiqu'il me paraisse que cette pièce peut avoir eu de l'agrément dans vos représentations.

Venons à ce qui devait peut-être occuper la première place dans ma lettre. Que j'ai lu avec plaisir ce que vous m'écrivez de la Bretagne! Je redoutais la mer; je craignais le rivage de cette île. Le reste n'est pas à mépriser; mais j'y trouve néanmoins plus de sujet d'espérance que d'alarme, et c'est l'attente qui m'inquiète plus que la crainte. Au reste, je vois que vous avez une fort belle matière pour composer. Quelles situations! quels caractères de lieux et d'évènemens! quelles mœurs! quelles nations! quelles batailles! enfin, quel général! Je vous promets volontiers tous les secours que vous désirez, et je vous enverrai les vers que vous me demandez, quoique ce soit envoyer des chouettes à Athènes.

Mais il me semble que vous me cachez ce que César a pensé de mes vers. Il m'a écrit déjà qu'il avait lu le premier livre, et que le commencement lui a paru si bon, qu'il n'a rien lu de meilleur parmi les Grecs. Le

locum, ῥαθυμότερα : hoc enim utitur verbo. Dic mihi verum : num aut res eum, aut χαρακτήρ non delectat? Nihil est quod vereare. Ego enim ne pilo quidem minus me amabo. Hac de re φιλαλήθως, et, ut soles, scribe fraterne.

EPISTOLA CXLV.
(ad div., VII, 10.)
Scrib. Romæ, mense sextili A. V. C. 699.

CICERO S. D. TREBATIO.

Legi tuas litteras, ex quibus intellexi te Cæsari nostro valde jureconsultum videri. Est quod gaudeas, te in ista loca venisse, ubi aliquid sapere viderere. Quod si in Britanniam quoque profectus esses, profecto nemo in illa tanta insula peritior te fuisset. Verumtamen (rideamus licet : sum enim a te invitatus) subinvideo tibi, ultro te etiam arcessitum ab eo, ad quem ceteri non propter superbiam ejus, sed propter occupationem adspirare non possunt. Sed tu in ista epistola nihil mihi scripsisti de tuis rebus : quæ mehercule mihi non minori curæ sunt quam meæ. Valde metuo ne frigeas in hibernis. Quamobrem camino luculento utendum censeo. Idem Mucio et Manilio placebat, præsertim qui sagis non abundares : quanquam vos nunc istic satis calere audio; quo quidem nuntio valde me hercule de te timueram. Sed tu in re militari multo es cautior quam in advocationibus; qui neque in Oceano natare volueris, studiosissimus homo natandi; neque spectare esse-

reste, jusqu'à un certain endroit, lui a paru plus négligé :
c'est le terme qu'il emploie. Dites vrai : est-ce le sujet?
est-ce la manière qui lui déplaît? Ne craignez rien : je
n'en perdrai rien de l'estime de moi-même. Parlez-moi en
ami de la vérité et en frère.

LETTRE CXLV.

Rome, août 699.

CICÉRON A TREBATIUS.

J'AI compris, par vos lettres, que vous passiez aux
yeux de César pour un grand jurisconsulte. Vous devez
vous applaudir d'être dans un pays où vous paraissez
savoir quelque chose. Je suis sûr que, si vous étiez passé
en Bretagne, vous n'auriez trouvé personne non plus,
dans une si grande île, qui fût plus savant que vous.
Mais, puisqu'il m'est permis de rire, et que vous m'y in-
vitez vous-même, je ne vois pas sans un peu de jalousie
que vous ayez été appelé volontairement par un homme
dont l'accès n'est permis à personne, non à raison de
sa fierté, mais à cause de ses grandes occupations.
Pourquoi, s'il vous plaît, ne me dites-vous pas un mot
de vos affaires dans la même lettre? doutez-vous qu'elles
ne m'intéressent autant que les miennes? J'appréhende
que vous ne geliez dans vos quartiers d'hiver, et je
suis d'avis que vous ne ménagiez pas le feu. Mucius et
Manilius[1] pensent là-dessus comme moi, d'autant plus
que vous n'êtes pas trop bien en manteaux : cependant
j'apprends, d'un autre côté, qu'il fait assez chaud où
vous êtes, et cette nouvelle m'a fort alarmé pour vous.

darios, quem antea ne andabatam quidem defraudare poteramus.

Sed jam satis jocati sumus. Ego de te ad Cæsarem quam diligenter scripserim, tute scis; quam sæpe, ego. Sed mehercule jam intermiseram, ne viderer liberalissimi hominis meique amantissimi voluntati erga me diffidere. Sed tamen his litteris, quas proxime dedi, putavi esse hominem commonendum. Id feci. Quid profecerim, facias me velim certiorem : et simul de toto statu tuo, consiliisque omnibus. Scire enim cupio quid agas, quid exspectes, quam longum istum tuum discessum a nobis futurum putes. Sic enim tibi persuadeas velim, unum mihi esse solatium quare facilius possim pati te esse sine nobis, si tibi esse id emolumento sciam. Sin autem id non est, nihil duobus nobis est stultius : me, qui te non Romam attraham; te, qui non huc advoles. Una mehercule nostra vel severa vel jocosa congressio pluris erit, quam non modo hostes, sed etiam fratres nostri Ædui. Quare, omnibus de rebus fac ut quam primum sciam :

Aut consolando, aut consilio, aut re juvero.

Mais on sait que vous avez encore plus de prudence à la guerre que dans la défense de vos causes. Vous n'avez pas voulu nager dans l'Océan, quoique vous soyez passionné pour cet exercice; ni voir les chariots de Bretagne, vous qui ne pouviez vous passer ici de la vue même d'un andabate².

Trêve de badinage. Vous savez avec quelles instances j'ai écrit à César; et moi, je sais combien de fois je l'ai fait : cependant j'avais cru devoir garder quelque temps le silence, pour ne pas faire croire que je me défie des sentimens d'un homme si généreux et qui a tant d'amitié pour moi. Il m'a paru que je devais recommencer mes sollicitations dans ma dernière lettre, et j'ai suivi cette idée. Apprenez-moi ce qu'elle a produit, et ne manquez pas de m'instruire en même temps de vos projets et de votre situation. Je veux savoir ce que vous faites, ce que vous attendez, et combien pourra durer cette absence qui vous sépare de nous; car vous devez être persuadé qu'elle ne m'est supportable que par l'espérance de la voir tourner à votre avantage. Si elle ne devait pas vous être utile, nous serions bien insensés tous deux : moi, de ne pas vous attirer à Rome, et vous de n'y point revenir au plus tôt. Un seul de nos entretiens sérieux ou badins vaudra mieux, je vous assure, non-seulement que nos ennemis, mais que nos frères les Éduens. Ne différez donc pas à m'informer de tout.

« Je vous soutiendrai de mes consolations, de mes conseils, ou de mes actions. »

EPISTOLA CXLVI.

(ad Q. fratrem, III, 1.)

Scrib. partim in Arpinati, partim Romæ, mense septembri A. V. C. 699.

CICERO QUINTO FRATRI SAL.

Ego ex magnis caloribus (non enim meminimus majores) in Arpinati summa cum amœnitate fluminis me refeci ludorum diebus, Philotimo tribulibus commendatis.

In Arcano, a. d. IV idus septembr. fui. Ibi Messidium cum Philoxeno, aquamque quam ii ducebant, non longe a villa, belle sane fluentem vidi, præsertim maxima siccitate; uberioremque aliquanto sese collecturos esse dicebant. Apud Herum recte erat. In Manliano offendi Diphilum Diphilo tardiorem. Sed tamen nihil ei restabat præter balnearia et ambulationem et aviarium. Villa mihi valde placuit, propterea quod summam dignitatem pavimentata porticus habebat : quod mihi nunc denique apparuit, posteaquam et ipsa tota patet, et columnæ politæ sunt. Totum in eo est, quod mihi erit curæ, tectorium ut concinnum sit. Pavimenta recte fieri videbantur. Cameras quasdam non probavi mutarique jussi. Quo loco, in porticu, te scribere aiunt ut atriolum fiat; mihi, ut est, magis placebat : neque enim satis loci videbatur esse atriolo; neque fere solet nisi in his ædificiis fieri, in quibus est atrium majus : nec habere poterat adjuncta

LETTRE CXLVI.

Écrite en partie à Arpinum, en partie à Rome, septembre 699.

CICÉRON A QUINTUS SON FRÈRE.

Pendant toute la durée des jeux publics[1], après avoir recommandé les gens de ma tribu à Philotimus, je me suis retiré dans ma maison d'Arpinum, où la fraîcheur charmante de la rivière m'a un peu remis de l'excessive chaleur; car je ne me souviens pas de l'avoir jamais vue plus grande.

Le 10 septembre, je me suis rendu à Arcanum. J'y ai trouvé Messidius et Philoxène, et j'ai vu l'eau qu'ils amenaient d'un lieu non éloigné. Elle coulait assez bien, pour un temps si sec; et leur espérance, disaient-ils, était d'en amasser un peu plus encore. Tout était en fort bon état chez Herus. Dans le Manlianum, j'ai trouvé à Diphilus encore plus de lenteur qu'à l'ordinaire[2] : cependant il ne lui reste à finir que les bains, la terrasse et la volière. Cette maison m'a beaucoup plu. Le parquet du portique m'a paru fort noble. J'en ai mieux jugé cette fois-ci, parce qu'on le voit à présent tout-à-fait à découvert, et que les colonnes sont entièrement finies. Tout dépend à présent d'en rendre le toit agréable, et je me charge de cette partie. Je suis fort content des parquets. J'ai donné ordre qu'on changeât quelques chambres qui ne sont pas de mon goût. J'ai jugé à propos que l'endroit du portique dont vous vouliez que l'on fît une petite antichambre, demeurât tel qu'il est, parce qu'il m'a semblé qu'il n'y avait point assez d'espace. Cela ne

cubicula et ejusmodi membra. Nunc hæc vel honestate testudinis, valde boni æstivi locum obtinebit. Tu tamen si aliter sentis, rescribe quamprimum. In balneariis assa in alterum apodyterii angulum promovi, propterea quod ita erant posita, ut eorum vaporarium esset subjectum cubili. Subgrande cubiculum autem et hibernum altum valde probavi, quod et ampla erant; et loca posita ambulationis uno latere, eo quod est proximum balneariis. Columnas neque rectas neque e regione Diphilus collocarat : eas scilicet demolietur; aliquando perpendiculo et linea discet uti. Omnino spero paucis mensibus opus Diphili perfectum fore : curat enim diligentissime Cæsius, qui tum mecum fuit.

Ex eo loco recta Vitularia via profecti sumus in Fufidianum fundum, quem tibi, proximis nuntiis Arpini, de Fufidio H.-S. cccIɔɔɔ emeramus. Ego locum æstate umbrosiorem vidi nunquam; permultis locis aquam profluentem, et eam uberem. Quid quæris? Jugera L. prati Cæsius irrigaturum facile te arbitrabatur. Equidem hoc quod melius intelligo, affirmo, mirifica suavitate te villam habiturum, piscina, et salientibus additis, palæstra et silva viridicata. Fundum audio te hunc Bovillianum velle retinere : de eo quid videatur, ipse constitues. Calvus aiebat aqua dempta et ejus aquæ jure constituto,

se fait que dans les édifices où le vestibule est plus grand, sans compter qu'il faudrait renoncer aux chambres voisines et à d'autres pièces. Dans l'état où sont les choses, la forme de la voûte en fera un lieu frais en été³. Cependant, si vous êtes d'un autre avis, hâtez-vous de nous envoyer vos ordres. Dans les bains j'ai fait avancer le fourneau vers l'un des deux angles de l'*apodytère*, parce que, de la manière dont il était placé, le tuyau qui sert de passage au feu se trouvait au dessous de l'endroit qui sert à la transpiration. Mais j'ai fort approuvé la disposition de la grande chambre du bas, et de celle du haut pour l'hiver. Elles ont la grandeur qui convient, et pourront servir de promenade de ce côté-là, qui est proche des bains. Diphilus n'avait pas placé les colonnes assez droit, ni vis-à-vis l'une de l'autre. Il aura la peine de les changer. On parviendra peut-être à lui apprendre l'usage de l'équerre et du fil à plomb. Je compte qu'il aura fini entièrement dans peu de mois. Césius, qui m'accompagnait, le presse avec beaucoup de soin.

De là je me suis rendu directement, par la voie Vitulaire, à la terre de Fufidius, que j'ai achetée pour vous, comme je vous l'ai marqué dernièrement d'Arpinum, pour la somme de cent mille sesterces⁴. Je n'ai jamais vu de lieu qui eût plus d'ombre en été. On y trouve, de plusieurs côtés, des eaux courantes, avec assez d'abondance. Que vous dirai-je? Césius est persuadé que vous en avez suffisamment pour arroser cinquante arpens de prairies. Mais je puis du moins vous assurer, parce que je m'y connais mieux, que vous aurez une maison d'un agrément extraordinaire, lorsque vous y aurez joint un étang, des jets d'eau, un lieu d'exercices et quelques bos-

ea servitute fundo illi imposita, tamen nos pretium servare posse, si vendere vellemus. Messidium mecum habui. Is se ternis nummis in pedem tecum transegisse dicebat : sese autem mensum pedibus aiebat passuum IV millia. Mihi plus visum est. Sed præstabo sumptum nusquam melius posse poni. Chilonem arcessieram Venafro : sed eo ipso die quatuor ejus conservos et discipulos Venafri cuniculus oppresserat.

Idus septembr. in Laterio fui. Viam perspexi, quæ mihi ita placuit, ut opus publicum videretur esse. Præter CL passus sum enim ipse mensus ab eo ponticulo, qui est ad Furinæ, Satricum versus. Eo loco pulvis, non glarea injecta est : et mutabitur; et ea viæ pars valde acclivis est : sed intellexi aliter duci non potuisse, præsertim, quum tu neque per Locustæ, neque per Varronis velles ducere. Varro ante suum fundum prope munierat. Locusta non attigerat; quem ego Romæ aggrediar, et, ut arbitror, commovebo; et simul M. Taurum, quem tibi audio promisisse, qui nunc Romæ erat, de aqua per fundum ejus ducenda rogabo. Nicephorum villicum tuum sane probavi, quæsivique ex eo ecquid ei de illa ædificatiuncula Laterii, de qua mecum locutus es, mandavisses. Tum is mihi respondit se ipsum ejus operis H.-S. XVI conductorem fuisse, sed te postea multa addidisse

quets de verdure. On m'a dit que vous vouliez conserver la terre Bovillienne. C'est à vous à prendre là-dessus votre parti. Calvus assuré qu'après en avoir ôté l'eau et nous être assuré le droit d'en disposer, cette servitude n'empêcherait pas que nous n'en pussions tirer ce qu'elle nous a coûté, si l'envie nous prenait de la vendre. J'avais Messidius avec moi dans cette visite. Il m'a dit qu'il était convenu avec vous à trois sesterces le pied, et qu'ayant mesuré le terrain, il l'avait trouvé de quatorze cents pas[5]. Je suis trompé s'il n'y en a pas davantage. Mais je vous garantis qu'il n'y a pas de dépense qui puisse être mieux employée. J'avais fait appeler Chilon de Vénafre; mais le même jour, quatre esclaves, de ses pareils ou de ses élèves, furent ensevelis sous les ruines d'un caveau.

Le 13 septembre, je me rendis à Laterium. J'observai le chemin, et je le trouvai si bien, que je l'aurais pris pour un ouvrage public. Je mesurai moi-même plus de cent cinquante pas, depuis le petit pont qui est vers Satricum, près du temple de Furina[6]. Ce qu'on y a mis est moins du gravier que de la poussière; mais cela sera changé : d'ailleurs, cette partie du chemin a beaucoup de pente. J'ai compris néanmoins qu'il avait été impossible de faire autrement, surtout lorsque vous n'aviez pas voulu que le chemin fût conduit par le terrain de Locusta et de Varron. Varron avait déjà fait exécuter le sien[7] presque au niveau. Locusta n'avait point encore commencé; mais je lui en parlerai à Rome, et je me flatte d'obtenir quelque chose de lui. Je parlerai en même temps à Taurus, qui est actuellement à Rome, et je le prierai d'accorder le passage à l'eau sur sa terre, comme j'apprends qu'il vous l'a promis. Je suis fort content de Nicephorus, votre fermier. Je lui ai demandé quels or-

ad opus, nihil ad pretium : itaque id se omisisse. Mihi hercule valde placet te illa, ut constituebas, addere : quanquam ea villa, quæ nunc est, tanquam philosophia videtur esse, quæ objurget ceterarum villarum insaniam. Verumtamen illud additum delectabit.... Topiarium laudavi; ita omnia convestivit hedera, qua basim villæ, qua intercolumnia ambulationis, ut denique illi palliati topiariam facere videantur, et hederam vendere. Jam jam ἀποδυτηρίῳ nihil alsius, nihil muscosius.

Habes fere de rebus rusticis. Urbanam expolitionem urget ille quidem et Philotimus et Cincius; sed etiam ipse crebro interviso, quod est facile factu. Quamobrem ea te cura liberatum volo. De Cicerone quod me semper rogas, ignosco equidem tibi : sed tu quoque mihi velim ignoscas; non enim concedo tibi plus ut illum ames, quam ipse amo. Atque utinam his diebus in Arpinati, quod et ipse cupierat, et ego non minus, mecum fuisset. Quod ad Pomponiam; si tibi videtur, scribas velim, quum aliquo exibimus, eat nobiscum, puerumque ducat. Clamores efficiam, si eum mecum habuero otiosum : nam Romæ respirandi non est locus. Id me scis antea

dres il avait reçus de vous sur ce petit bâtiment de Laterium, dont vous m'aviez parlé. Il m'a répondu qu'il avait été lui-même l'entrepreneur de cet ouvrage, pour la somme de seize mille sesterces; mais que vous y aviez fait ensuite quantité d'augmentations, sans augmenter le prix; ce qui l'avait forcé d'abandonner l'entreprise. J'approuve beaucoup les additions que vous vous êtes proposées. Quoiqu'à présent cette maison ressemble à la philosophie, c'est-à-dire qu'elle ne soit propre qu'à relever la folie des autres, je ne doute pas qu'avec ces additions elle ne devienne assez agréable. J'ai loué votre jardinier du soin avec lequel il a tout revêtu de lierre, et la terrasse du corps de logis, et les arcades qui sont entre les colonnes de l'allée : enfin, l'on s'imaginerait que tous ces personnages à manteau [8] s'emploient eux-mêmes à la décoration des treillages, et ne sont là que pour vendre du lierre. Bientôt rien ne sera si frais et si mousseux que l'*apodytère*.

Voilà le compte que j'avais à vous rendre de nos affaires champêtres. Philotimus et Cincius [9] pressent assez les édifices de la ville ; mais j'y vais souvent moi-même, et ce soin me coûte peu. Soyez donc là-dessus sans inquiétude. Vous me demandez sans cesse des nouvelles de votre Cicéron, et je vous le pardonne; mais pardonnez-moi aussi lorsque je vous assure qu'il ne vous est pas plus cher qu'à moi. Et plût au ciel, comme nous le souhaitions tous deux également, qu'il eût été avec moi pendant tout le temps que j'ai passé à Arpinum! Écrivez à Pomponia, si vous le jugez à propos, que dans les petits voyages que j'ai à faire elle peut m'accompagner et prendre votre fils avec elle. Je ferai du bruit, s'il est alors oisif près de moi. Mais à Rome je n'ai pas le temps

gratis tibi esse pollicitum. Quid nunc putas, tanta mihi abs te mercede proposita?

Venio nunc ad tuas litteras, quas pluribus epistolis accepi, dum sum in Arpinati. Nam mihi uno die tres sunt redditæ, et quidem, ut videbantur, eodem abs te datæ tempore : una pluribus verbis, in qua primum erat quod antiquior dies in tuis fuisset ascripta litteris quam in Cæsaris. Id facit Oppius nonnunquam necessario, ut, quum tabellarios constituerit mittere, litterasque a nobis acceperit, aliqua re nova impediatur, et necessario serius, quam constituerat, mittat : neque nos, datis jam epistolis, diem commutari curemus. Scribis de Cæsaris summo in nos amore : hunc et tu fovebis, et nos quibuscumque poterimus rebus augebimus.

De Pompeio et facio diligenter, et faciam quod mones. Quod tibi mea permissio mansionis tuæ grata est, id ego, summo meo dolore et desiderio, tamen ex parte gaudeo. In Hippodamis et nonnullis aliis arcessendis quid cogites, non intelligo. Nemo istorum est quin abs te munus fundi suburbani instar exspectet. Trebatium vero meum, quod isto admisceas, nihil est. Ego illum ad Cæsarem misi, qui mihi jam satisfecit. Si ipsi minus, præstare nihil debeo : teque item ab eo vindico et libero. Quod scribis te a Cæsare quotidie plus diligi, immortaliter gaudeo. Balbum vero, qui est istius rei, quemadmodum scribis, adjutor, in oculis fero. Trebonium

de respirer. Vous savez que je vous ai promis gratuitement tous mes soins. Que ne ferai-je point, avec l'espoir d'une récompense telle que vous me la proposez?

Je passe à ce que vous m'avez écrit dans différentes lettres, pendant le séjour que j'ai fait à Arpinum; car j'en ai reçu trois dans un seul jour, et j'ai cru reconnaître qu'elles avaient été écrites dans le même temps. L'une, qui était assez longue, m'avertissait d'abord que la date était plus ancienne dans la dernière que vous avez reçue de moi, que dans celle que j'adressais à César. Il faut vous en expliquer la raison; la voici : Oppius, après avoir résolu de faire partir un courrier, auquel je donne aussitôt mes lettres, est souvent forcé de le retarder par quelque affaire imprévue, et je ne pense point alors à changer mes dates. Vous me peignez vivement l'extrême affection que César a pour nous. Je me flatte que vous prendrez soin de l'entretenir, et je n'épargnerai rien pour l'augmenter.

A l'égard de Pompée, j'exécute soigneusement ce que vous me conseillez, et mon zèle ne se relâchera point. La permission que je vous donne de demeurer vous a fait, dites-vous, beaucoup de plaisir : je ne vous l'ai accordée qu'avec beaucoup de peine et de regret; mais dans un autre sens je m'en réjouis. Je ne comprends pas votre pensée, lorsque vous parlez d'appeler Hippodamus et quelques autres[10]. Il n'y a pas un seul de tous ces gens-là qui n'attende de vous au moins la valeur d'une terre près de Rome. Pour mon ami Trebatius, je ne vois pas de nécessité à l'employer où vous êtes. Je l'ai envoyé à César, qui m'a déjà satisfait par sa réponse. S'il ne l'a point encore satisfait lui-même, je n'en suis pas garant, et je ne vous demande rien pour lui. Ma

meum a te amari, teque ab illo, pergaudeo. De tribunatu quod scribis, ego vero nominatim petivi Curtio, et mihi ipse Caesar nominatim Curtio paratum esse perscripsit, meamque in rogando verecundiam objurgavit. Si cui praeterea petiero (id quod etiam Oppio dixi ut ad illum scriberet), facile patiar mihi negari, quoniam illi qui molesti sunt, sibi negari a me non facile patiuntur. Ego Curtium (id quod ipsi dixi) non modo rogatione, sed etiam testimonio tuo diligo, quod litteris tuis studium illius in salutem nostram facile perspexi. De britannicis rebus cognovi ex tuis litteris, nihil esse nec quod metuamus, nec quod gaudeamus. De publicis negotiis, quae vis ad te Tironem scribere, negligentius ad te ante scribebam, quod omnia, minima, maxima, ad Caesarem mitti sciebam.

Rescripsi epistolae maximae. Audi nunc de minuscula: in qua primum est de Clodii ad Caesarem litteris; in quo Caesaris consilium probo, quod tibi amantissime petenti veniam non dedit, uti ullum ad illam furiam verbum rescriberet. Alterum est de Calventii Marii oratione. Quod scribis, miror tibi placere me ad eam rescribere; praesertim quum illam nemo lecturus sit, si ego nihil rescripsero, meam in illum pueri omnes tan-

Ma joie est extrême, d'apprendre de vous que César vous aime de plus en plus; et Balbus, qui aide, comme vous me le marquez, à la faveur où vous êtes, m'est en vérité bien cher. Je me réjouis beaucoup aussi de l'amitié que vous avez pour Trebonius [11], et de celle qu'il a pour vous. A l'égard du tribunat, j'ai demandé nommément Curtius, et César m'écrit qu'il est disposé à le demander aussi nommément. Il me reproche même d'avoir mis trop de modestie dans mes paroles. Si je demande encore pour quelque autre, comme j'ai prié Oppius de lui marquer, je ne témoignerai pas trop de chagrin de me voir refusé; mais il est des gens qui s'offenseraient que je n'intervinsse pas pour eux. J'aime Curtius (et je le lui ai dit à lui-même), non-seulement parce qu'il m'a prié de m'intéresser pour lui, mais sur le témoignage que vous me rendez de ses sentimens, et parce que vous m'assurez dans toutes vos lettres qu'il est plein de zèle pour nos intérêts. Ce que vous m'écrivez des affaires de Bretagne ne m'inspire ni crainte ni joie. Vous voulez que Tiron vous rende compte de ce qui se passe ici : j'avoue que je me suis un peu négligé sur ce point, parce que je savais que, bagatelles et choses d'importance, on marque tout à César.

Je crois avoir répondu à tous les articles de votre grande lettre, et je passe à la petite. A ce que vous me dites d'abord de la lettre de Clodius à César, je réponds que César a eu raison de refuser de faire la moindre réponse à cette furie, quoique vous l'en ayez pressé, dites-vous, fort affectueusement. Vous me parlez ensuite du discours de Calventius Marius [12]. Mais j'admire que vous m'exhortiez à lui répondre! Cette oraison ne sera lue de personne, si je la laisse sans réponse; et, si j'y réponds,

quam dictata perdiscant. Libros meos quos exspectas inchoavi, sed conficere non possum his diebus. Orationes efflagitatas pro Scauro et pro Plancio absolvi. Poema ad Caesarem quod composueram, incidi. Tibi, quod rogas, quoniam ipsi fontes jam sitiunt, si quid habebo spatii, scribam.

Venio ad tertiam. Balbum quod ais mature Romam bene comitatum esse venturum, mecumque assidue usque ad idus maias futurum, id mihi pergratum perque jucundum erit. Quod me in eadem epistola, sicut saepe antea, cohortaris ad ambitionem et ad laborem, faciam equidem : sed quando vivemus?

Quarta epistola mihi reddita est idibus sept., quam a. d. IV idus sext. ex Britannia dederas. In ea nihil sane erat novi, praeter Erigonam; quam si ab Oppio accepero, scribam ad te quid sentiam. Nec dubito quin mihi placitura sit. Et quod praeterii de eo, quem scripsisti de Milonis plausu scripsisse ad Caesarem; ego vero facile patior ita Caesarem existimare, illum quam maximum fuisse plausum; et prorsus ita fuit : et tamen ille plausus, qui illi datur, quodammodo nobis videtur dari.

Reddita etiam mihi est pervetus epistola, sed sero allata, in qua de aede Telluris et de porticu Catuli me admones. Fit utrumque diligenter. Ad Telluris quidem etiam tuam statuam locavi. Idem de hortis me quod

vous verrez que les enfans apprendront la mienne par cœur comme les leçons de leurs maîtres. Les ouvrages que vous attendez de moi sont commencés, mais le temps où nous sommes ne me permet pas de les achever. J'ai fini les oraisons qu'on me demande pour Scaurus et pour Plancius. J'ai interrompu le poëme que j'avais commencé en l'honneur de César. Lorsqu'il me restera de l'espace, je vous marquerai ce que vous me demandez, puisque les nouvelles vous manquent à la source.

Passons à votre troisième lettre. J'aurai une joie extrême de voir arriver à Rome, aussitôt que vous me le marquez, Balbus, bien accompagné, dites-vous, et disposé à me voir assidûment pendant le séjour qu'il y doit faire jusqu'aux ides de mai. A l'égard de l'ambition et du travail, auxquels vous m'exhortez dans la même lettre, je suivrai assurément votre conseil ; mais quand me sera-t-il donc permis de vivre?

J'ai reçu votre quatrième lettre le 13 septembre. Sa date est de Bretagne, le 12 août. Elle ne contenait rien de nouveau, excepté votre pièce d'*Érigone*[13], que vous m'y annoncez. Si je la reçois d'Oppius, je vous marquerai ce que j'en pense, et je suis déjà persuadé qu'elle me plaira beaucoup. Si je ne vous ai pas parlé de la personne qui a informé César des applaudissemens qu'on a donnés à Milon, c'est que je ne suis pas fâché de l'idée que César s'en forme. Ils ont été très-grands sans doute; mais, s'il est vrai qu'ils s'adressent à Milon, il semble néanmoins qu'ils se rapportent à moi.

Enfin, l'on m'a remis une ancienne lettre de vous, qui a été retardée dans la route; vous m'y parlez du temple de la Terre et du portique de Catulus. Je n'ai négligé ni l'un ni l'autre. J'ai même fait placer votre statue

admones, nec fui unquam valde cupidus, et nunc domus suppeditat mihi hortorum amœnitatem. Romam quum venissem a. d. xiii kalend. octobr. absolutum offendi in ædibus tuis tectum : quod supra conclavia non placuerat tibi esse multorum fastigiorum, id non honeste vergit in tectum inferioris porticus. Cicero noster, dum ego absum, non cessavit apud rhetorem. De ejus eruditione quod labores nihil est, quoniam ingenium ejus nosti; studium ego videor : cetera ejus suscipio, ut me putem præstare debere.

Gabinium tres adhuc factiones postulant : L. Lentulus, flaminis filius, qui jam de majestate postulavit; Titius Nero, cum bonis subscriptoribus; C. Memmius, tribunus plebis. Cum L. Capitone ad Urbem accessit a. d. xii kal. octobr. Nihil turpius nec desertius. Sed his judiciis non audeo confidere; quod Cato non valebat, adhuc de pecuniis repetundis non erat postulatus. Pompeius a me valde contendit de reditu in gratiam, sed adhuc nihil profecit : nec si ullam partem libertatis tenebo, proficiet. Tuas litteras vehementer exspecto. Quod scribis te audiisse in candidatorum consularium coitione me interfuisse, id falsum est. Ejusmodi enim pactiones in ea coitione factæ, quas postea Memmius patefecit, ut nemo bonus interesse debuerit : et simul mihi committendum non fuit, ut his coitionibus interessem, quibus Messalla excluderetur; cui quidem vehementer satisfacio rebus omnibus ut arbitror, etiam Memmio. Domitio ipsi multa jam feci quæ

au temple de la Terre. Vous me parlez aussi de jardins; mais je ne les ai jamais aimés avec beaucoup de passion, et celui de ma maison me suffit actuellement. Le 19 septembre, en arrivant à Rome, j'ai trouvé le toit de votre maison achevé. Vous n'avez pas voulu qu'il eût beaucoup d'élévation au dessus des appartemens; celui du portique inférieur en a moins de grâce. Notre cher Cicéron n'a pas cessé, dans mon absence, de prendre des leçons de rhétorique. Vous connaissez son esprit. N'ayez pas d'inquiétude pour son instruction, car j'ai l'œil ouvert sur ses études. Je prends soin de tout ce qui le regarde, comme je m'y crois obligé.

Gabinius en est encore aux mains avec trois factions différentes [14] : celle de L. Lentulus, fils du flamine, qui l'a déjà accusé de lèse-majesté; celle de Titius Néron, qui s'est pourvu de bons soutiens; celle de C. Memmius, tribun du peuple. Gabinius est arrivé à Rome, le 20 septembre, avec L. Capiton. Je ne connais rien de si méprisable et de si abandonné que lui : mais je n'ose prendre beaucoup de confiance en tous ces jugemens. L'accusation de péculat est encore suspendue, parce que Caton se trouve malade. Pompée n'épargne rien pour se réconcilier avec moi. Il n'est pas encore fort avancé, et, tant qu'il me restera un peu de liberté, il ne réussira pas mieux. J'attends vos lettres avec beaucoup d'impatience. On vous a trompé lorsqu'on vous a marqué que je m'étais trouvé à l'assemblée des candidats consulaires. Il s'y est fait des conventions qui ont été révélées depuis par Memmius, et qui ne permettaient pas à un honnête homme d'y assister. D'ailleurs, je me serais bien gardé d'être présent à des assemblées dont Messalla était exclu. Je m'efforce en tout de le satisfaire, lui et Mem-

voluit, quæque a me petivit. Scaurum beneficio defensionis valde obligavi. Adhuc erat valde incertum et quando comitia, et qui consules futuri essent.

Quum hanc jam epistolam complicarem, tabellarii a vobis venerunt a. d. xi kalend. septembr. vicesimo die. O me sollicitum! Quantum ego dolui in Cæsaris suavissimis litteris! Sed quo erant suaviores, eo majorem dolorem illius ille casus afferebat. Sed ad tuas venio litteras. Primum tuam remansionem etiam atque etiam probo, præsertim quum, ut scribis, cum Cæsare communicaris. Oppium miror quidquam cum Publilio; mihi enim non placuerat. Quod interiore epistola scribis, me id. septembr. Pompeio legatum iri, id ego non audivi, scripsique ad Cæsarem Vibullium Cæsaris mandata de mea mansione, ad Pompeium pertulisse; nec Oppium: quo consilio? quanquam Oppium ego tenui, quod priores partes Vibullii erant; cum eo enim coram Cæsar egerat, ad Oppium scripserat. Ego vero nullas δευτέρας φροντίδας habere possum in Cæsaris rebus. Ille mihi secundum te et liberos nostros ita est, ut sit pæne par: videor id judicio facere; jam enim debeo. Sed tamen amore sum incensus.

Quum scripsissem hæc infima, quæ sunt mea manu,

mius, et je me flatte d'y réussir. J'ai fait pour Domitius lui-même quantité de choses qu'il a souhaitées et qu'il n'a pas craint de me demander. Scaurus paraît très-sensible au soin que j'ai pris de le défendre. On est encore très-incertain quand se tiendront les comices, et qui nous aurons pour consuls.

Au moment où je ferme cette lettre, il m'arrive un messager de vous, le 21 septembre, et le vingtième jour de sa course. Dans quelle inquiétude ne m'a-t-il pas jeté! Que les excellentes lettres de César m'ont causé de douleur! Plus je les trouve bonnes, plus son malheur m'afflige et m'attendrit [15]. Mais je passe à votre propre lettre. Premièrement, j'approuve beaucoup la résolution où vous êtes de demeurer, surtout depuis que vous vous êtes ouvert là-dessus à César. Je suis étonné qu'Oppius ait quelque chose à démêler avec Publilius [16], et j'aurais souhaité qu'il eût pu l'éviter. A l'égard de ce que vous me marquez vers la fin de votre lettre [17], que je suivrai Pompée aux ides de septembre, je n'en ai point entendu parler, et j'ai écrit à César que les instructions par lesquelles il me retient à Rome avaient été communiquées à Pompée par Vibullius et non par Oppius. Pourquoi? me direz-vous. C'est que, tout attaché que je suis à Oppius, je crois devoir quelque préférence à Vibullius. César avait traité l'affaire en sa présence, il s'était borné à écrire à Oppius. Je ne tomberai jamais dans le cas de devoir des excuses à César [18] pour les choses qui l'intéressent. Après vous et nos enfans il m'est si cher, que j'y mets à peine une différence. Il semble que la raison seule suffise pour cela, car je m'en fais à présent un devoir; mais la tendresse n'y a pas moins de part.

J'avais écrit au bas de cette page tout ce que vous y

venit ad nos Cicero tuus ad cœnam, quum Pomponia foras cœnaret. Dedit mihi epistolam legendam tuam, quam paullo ante acceperat, Aristophaneo modo, valde mehercule et suavem et gravem, qua sum admodum delectatus. Dedit etiam alteram illam mihi, qua jubes eum mihi esse affixum tanquam magistro. Quam illum epistolæ illæ delectarunt! Quam me!-Nihil puero illo suavius, nihil nostri amantius. Hæc inter cœnam Tironi dictavi, ne mirere alia manu esse. Annali litteræ tuæ pergratæ fuerunt, quod et curares de se diligenter, et tamen consilio severissimo juvares. P. Servilius pater, ex litteris quas sibi a Cæsare missas esse dicebat, significat valde te sibi gratum fecisse, quod de sua voluntate erga Cæsarem humanissime diligentissimeque locutus esses.

Quum Romam ex Arpinati revertissem, dictum mihi est Hippodamum ad te profectum esse. Non possum scribere me miratum esse illum tam inhumaniter fecisse, ut sine meis litteris ad te proficisceretur : illud scribo mihi molestum fuisse. Jam enim diu cogitaveram, ex eo quod tu ad me scripseras, ut, si quid esset quod ad te diligentius perferri vellem, illi darem : quod mehercule hisce litteris, quas vulgo ad te mitto, nihil fere scribo, quod si in alicujus manus inciderit, moleste ferendum sit. Minutio me, et Salvio, et Labeoni reservabam. Labeo aut tarde proficiscetur, aut hic manebit. Hippo-

trouverez de ma main, lorsque votre fils est venu me demander à souper, parce que Pomponia est engagée d'un autre côté. Il m'a fait voir la lettre qu'il a reçue de vous depuis peu : elle est dans le goût d'Aristophane [19], tendre et grave en vérité. Je l'ai lue avec beaucoup de plaisir. Il m'a montré aussi celle où vous lui ordonnez de s'attacher à moi comme à son maître. Que ces deux lettres lui ont causé de joie! Qu'elles m'en ont inspiré à moi-même! Comptez que rien n'est plus aimable que cet enfant, et qu'on ne peut avoir plus d'affection qu'il en a pour moi. Ne vous étonnez pas que ceci soit d'une autre main que la mienne; je me sers de celle de Tiron pendant mon souper. Vous avez fait beaucoup de plaisir à Annalis [20] de lui écrire. Il est charmé qu'aux témoignages de l'intérêt que vous prenez à ce qui le touche, vous ayez joint des conseils fort graves. P. Servilius le père ayant appris par des lettres, qu'il dit avoir reçues de César, que vous avez parlé des sentimens qu'il a pour lui dans des termes très-favorables, m'a témoigné qu'il croit vous devoir beaucoup de reconnaissance.

A mon retour d'Arpinum, j'ai appris qu'Hippodamus était parti pour se rendre auprès de vous. Je ne vous dirai pas que je ne lui aurais pas cru assez d'incivilité pour disparaître sans s'être chargé de mes lettres; mais je vous avoue que ce procédé m'a causé du chagrin. Je m'étais proposé depuis long-temps de me servir de cette occasion pour vous envoyer certaines réponses, que je voulais faire un peu plus librement : dans mes lettres ordinaires, en effet, je ne hasarde presque jamais rien qui puisse blesser personne, si elles tombaient en d'autres mains que les vôtres. J'avais compté, pour le même service, sur Salvius et sur Labéon. Mais La-

damus ne numquid vellem quidem rogavit. T. Pinarius amabiles ad me de te litteras mittit; se maxime litteris, sermonibus, cœnis denique tuis delectari. Is homo semper me delectavit : fraterque ejus mecum est multum; quare, ut instituisti, complectere adolescentem.

Quod multos dies epistolam in manibus habui propter commorationem tabellariorum, ideo multa conjecta sunt, aliud alio tempore velut hoc. T. Anicius mihi sæpe jam dixit, sese tibi, suburbanum si quod invenisset, non dubitaturum esse emere. In ejus sermone ego utrumque soleo admirari; et te de suburbano emendo quum ad illum scribas, non modo ad me non scribere, sed etiam aliam in sententiam scribere; et quum ad illum scribas, nihil te recordari de epistolis illis, quas in Tusculano ejus tu mihi ostendisti, nihil de præceptis Epicharmi : γνᾶθι πῶς ἄλλῳ κέχρηται, totum denique vultum, animum, sermonem ejus; quemadmodum conjicio, quasi.... sed hæc tu videris. De suburbano cura ut sciam quid velis; et simul, ne quid ille turbet, vide. Quid præterea? quid? Etiam. Gabinius a. d. IV kalend. octobr. noctu in Urbem introivit; et hodie hora octava quum edicto C. Alfii de majestate eum adesse oporteret, concursu magno et odio universi populi pæne afflictus est. Nihil illo turpius. Proximus tamen est Piso. Itaque mirificum ἐμβόλιον cogito in secundum librorum meorum includere, dicentem Apollinem in concilio deorum, qualis reditus duorum imperatorum futurus

béon partira fort tard ou demeurera ici tout-à-fait. Hippodamus ne m'a pas même demandé si je n'avais rien à désirer de lui. Les aimables lettres que je reçois, à votre sujet, de T. Pinarius[21]! Il se loue extrêmement de vos lettres, de vos entretiens et de vos soupers. Je l'ai toujours aimé, et je vois beaucoup son frère. Continuez donc de traiter ce jeune homme avec amitié.

Les retards des courriers ayant fait demeurer longtemps cette lettre entre mes mains, j'y ai joint quantité de choses en divers temps. Tel est ce que je vais ajouter encore. T. Anicius m'a dit souvent que s'il trouvait quelque maison dans les faubourgs il ne balancerait pas à l'acheter pour vous. J'admire deux choses dans ce discours : l'une, que lui écrivant pour faire acheter une maison, non-seulement vous ne m'en parliez pas dans vos lettres, mais que vous me marquiez des sentimens tout opposés; l'autre, que lui écrivant, vous ne vous souveniez point de ces lettres que vous m'avez fait voir de lui dans sa maison de Tusculum, ni du précepte d'Épicharme : *voyez comme il en a traité d'autres;* enfin, que vous puissiez oublier sa physionomie, ses propos et ses sentimens. Je ne sais ce que j'en dois penser. Au reste, c'est votre affaire. Mais faites-moi savoir du moins quelles sont vos vues sur cette maison dans les faubourgs, et prenez garde qu'Anicius ne vous jette dans quelque embarras. Que vous dirai-je de plus? Oui, il me reste encore quelque chose à vous dire. Gabinius est entré à Rome pendant la nuit, le 28 septembre. Aujourd'hui, ayant été obligé, par l'ordre de C. Alfius, de paraître à deux heures pour répondre à l'accusation de lèse-majesté, il a failli être accablé par la foule et par la haine du peuple. Je ne connais rien de plus infâme que cet homme.

esset, quorum alter exercitum perdidisset, alter vendidisset. Ex Britannia Cæsar ad me kalend. septembr. dedit litteras quas ego accepi a. d. iv kalend. octobr. satis commodas de britannicis rebus : quibus, ne admirer quod a te nullas acceperim, scribit se sine te fuisse quum ad mare accesserit. Ad eas ego ei litteras nihil rescripsi, ne gratulandi quidem causa, propter ejus luctum. Te oro etiam atque etiam, mi frater, ut valeas.

EPISTOLA CXLVII.
(ad div., VII, 16.)
Scrib. Romæ, exeunte septembr. A. V. C. 699.

M. CICERO S. D. TREBATIO.

In *Equo trojano* scis esse in extremo : « Sero sapiunt. » Tu tamen, mi vetule, non sero. Primas illas rabiosulas sat fatuas dedisti : deinde quod in Britannia non nimis φιλοθέωρον te præbuisti, plane non reprehendo. Nunc vero in hibernis intectus mihi videris : itaque te commovere non curas. « Usquequaque sapere oportet, » id erit telum acerrimum. Ego si foris cœnitarem, Cn. Octavio, familiari tuo, non defuissem. Cui tamen dixi, quum me aliquoties invitaret : « Oro te, quis tu es? » Sed mehercule, extra jocum, homo bellus est.

Cependant Pison en approche beaucoup. Aussi je mérite de faire entrer un trait admirable dans mon second livre. Je représenterai Apollon demandant, dans le conseil des dieux, quel sera le retour de deux généraux dont l'un a perdu son armée, et l'autre vendu la sienne[22]. La dernière lettre que j'ai reçue de César est du 1er septembre : je l'ai reçue le 28. Ce qu'il me marque de la Bretagne est assez favorable ; et, pour m'ôter la surprise où je pourrais être de n'avoir rien reçu de vous, il m'écrit qu'il ne vous avait pas avec lui lorsqu'il s'est approché de la mer. Je n'ai pas fait de réponse à cette lettre, pas même pour le féliciter, à cause de son deuil. Je vous recommande instamment, mon cher frère, le soin de votre santé.

LETTRE CXLVII.

Rome, fin de septembre 699.

M. CICÉRON A TREBATIUS.

Vous savez qu'à la fin du *Cheval de Troie* il est dit : « La sagesse leur vient tard[1]. » Mais vous, mon vieil adolescent, vous n'encourrez pas ce reproche. Vos premières lettres, il est vrai, étaient assez ridicules. Quant à la Bretagne, je ne vous blâme pas de ne vous être pas trop empressé de la voir. Je me figure que maintenant vous êtes en quartier d'hiver : vous ne vous souciez guère de vous remuer. « Livrez-vous donc tout entier à la sagesse[2] : » c'est la plus acérée des armes. Si je soupais en ville, je n'aurais pas manqué à votre ami Cn. Octavius[3]. Cependant, comme il m'accablait d'invitations, je lui dis : *Apprenez-*

Vellem eum tecum abduxisses. Quid agatis, et ecquid in Italiam venturi sitis hac hieme, fac plane sciam. Balbus mihi confirmavit te divitem futurum. Id utrum romano more locutus sit, bene nummatum te futurum, an, quomodo stoici dicunt, omnes esse divites qui coelo et terra frui possint; postea videro. Qui istinc veniunt superbiam tuam accusant, quod negant te percunctantibus respondere. Sed tamen est quod gaudeas; constat enim inter omnes, neminem te uno Samarobrivæ juris peritionem esse.

EPISTOLA CXLVIII.
(ad div., I, 9.)
Scrib. Romæ, mense septembr. A. V. C. 699.

M. T. CICERO P. LENTULO PROCOS. IMPERATORI S. D.

PERJUCUNDÆ mihi fuerunt litteræ tuæ, quibus intellexi te perpicere meam in te pietatem. Quid enim dicam benivolentiam, quum illud ipsum gravissimum et sanctissimum nomen *pietatis* levius mihi meritis erga me tuis esse videatur? Quod autem tibi grata mea erga te studia scribis esse, facis tu quidem abundantia quadam amoris, ut etiam grata sint ea quæ prætermitti sine nefario scelere non possunt. Tibi autem multo notior atque illustrior meus in te animus esset, si hoc tempore omni, quo disjuncti fuimus, et una et Romæ fuissemus. Nam

moi, je vous prie, qui vous êtes. Sans plaisanterie, il fait bien l'important. Que ne l'avez-vous emmené avec vous? Que faites-vous? Viendrez-vous en Italie cet hiver [4]? je voudrais en être bien informé. Balbus m'a confirmé que vous deviendriez riche. La suite m'apprendra s'il l'a dit à la manière des Romains, ce qui signifierait que vous aurez beaucoup d'argent, ou bien dans le sens des stoïciens, qui prétendent qu'on est riche quand on peut jouir de la terre et du ciel. Ceux qui arrivent de l'armée se plaignent de votre fierté, et vous accusent de ne pas répondre aux questions qu'on vous fait. Cependant vous avez sujet d'être content, car tout le monde s'accorde à dire qu'il n'y a point à Samarobrive [5] de plus profond jurisconsulte que vous.

LETTRE CXLVIII.

Rome, septembre 699.

M. T. CICÉRON A P. LENTULUS, PROCONS., IMPERATOR.

J'AI éprouvé une vive joie de votre lettre, en y remarquant que vous êtes persuadé de ma *piété* : car pourquoi dirais-je de mon amitié, lorsque le terme saint et respectable de *piété* ne me paraît pas répondre encore à vos bienfaits? La bonté que vous avez, de paraître satisfait de mes soins, vient d'une certaine abondance de tendresse, qui vous rend sensible à des services dont je ne pourrais me dispenser sans crime. Mais vous connaîtriez bien mieux mon cœur, et j'aurais fait éclater mes sentimens par d'autres marques, si nous avions été ensemble, et dans Rome, pendant tout le temps que nous

in eo ipso quod te ostendis esse facturum, quodque et in primis potes, et ego a te vehementer exspecto, in sententiis senatoriis et in omni actione atque administratione reipublicæ floruissemus : de qua ostendam equidem paullo post qui sit meus sensus et status; et rescribam tibi ad ea quæ quæris. Sed certe et ego te auctore amicissimo ac sapientissimo, et tu me consiliario fortasse non imperitissimo, fideli quidem et benivolo certe usus esses. Quanquam tua quidem causa te esse imperatorem, provinciamque bene gestis rebus cum exercitu victore obtinere, ut debeo, lætor : sed certe, qui tibi ex me fructus debentur, eos uberiores et præstantiores præsens capere potuisses. In eis vero ulciscendis, quos tibi partim inimicos esse intelligis propter tuam propugnationem salutis meæ, partim invidere propter illius actionis amplitudinem et gloriam, mirificum me tibi comitem præbuissem; quanquam ille perennis inimicus amicorum suorum, qui tuis maximis beneficiis ornatus, in te potissimum fractam illam et debilitatam vim suam contulit, nostram vicem ultus est, ipse sese. Ea est enim conatus, quibus patefactis, nullam sibi in posterum, non modo dignitatis, sed ne libertatis quidem partem reliquit.

Te autem etsi mallem in meis rebus expertum quam etiam in tuis, tamen in molestia gaudeo eam fidem cognosse hominum, non ita magna mercede, quam ego

avons passé loin l'un de l'autre. Il ne faut pas douter que, suivant le dessein que vous avez pour l'avenir et dont j'attends impatiemment le succès, parce que personne n'est plus capable que vous de le faire réussir, nous ne nous fussions distingués dans nos délibérations au sénat et dans tout ce qui appartient à l'administration. Je m'expliquerai bientôt ici sur la situation des affaires publiques, et je répondrai à toutes vos questions : mais il est certain que j'aurais eu dans vous un guide, sur la sagesse et l'affection duquel j'aurais dû compter, et que vous aurez trouvé dans moi un conseiller qui n'est peut-être pas tout-à-fait sans habileté, et qui, du moins, n'aurait manqué ni de fidélité ni de zèle. Je me réjouis, comme je le dois, de vous voir revêtu du titre d'*imperator*[1], et tranquille dans votre province, après avoir heureusement conduit les affaires à la tête d'une armée victorieuse : mais si vous étiez à Rome, les fruits que vous avez droit d'attendre de moi seraient et plus considérables et plus efficaces. J'aurais fait gloire de me joindre à vous, pour nous venger de ceux qui n'ont point d'autre sujet de vous haïr que le zèle que vous avez marqué pour ma défense, et que l'envie qu'ils portent à la grandeur et à l'éclat d'une si belle action ; quoique d'ailleurs cet ennemi éternel de ses propres amis[2], qui, tout couvert de vos bienfaits, a tourné contre vous un reste de force languissante, ait pris soin de nous venger contre lui-même, en formant des entreprises qui ont été découvertes, et qui lui ont fait perdre pour toute sa vie, non-seulement toute ombre de dignité, mais jusqu'à la liberté.

Quoique je souhaitasse beaucoup que vous eussiez plutôt fait ces expériences dans mes disgrâces que dans les vôtres, cependant je ne suis pas fâché, au milieu de

maximo dolore cognoram. De qua ratione tota jam videtur mihi exponendi tempus dari, ut tibi rescribam ad ea quæ quæris.

Certiorem te per litteras scribis esse factum, me cum Cæsare et cum Appio esse in gratia; teque id non reprehendere adscribis : Vatinium autem scire te velle ostendis quibus rebus adductus defenderim et laudarim. Quæ tibi ut planius exponam, altius paullo rationem consiliorum meorum repetam necesse est.

Ego me, Lentule, initio rerum atque actionum tuarum, non solum meis, sed etiam reipublicæ restitutum putabam; et quoniam tibi incredibilem quemdam amorem, et omnia in te ipsum summa ac singularia studia deberem, reipublicæ quæ te, in me restituendo, multum adjuvisset, eum certe me animum merito ipsius debere arbitrabar, quam antea tantummodo communi officio civium, non aliquo erga me singulari beneficio debitum præstitissem. Hac me mente fuisse, et senatus ex me, te consule, audivit, et tu in nostris sermonibus collocutionibusque ipse vidisti. Etsi, jam primis temporibus illis, multis rebus meus offendebatur animus; quum, te agente de reliqua nostra dignitate, aut occulta nonnullorum odia, aut obscura in me studia cernebam : nam neque de monumentis meis ab iis adjutus es, a quibus debuisti, neque de vi nefaria, qua cum fratre eram domo expulsus, neque hercule in iis ipsis rebus, quæ, quanquam erant mihi propter rei familiaris naufragia

ma peine, que vous ayez eu l'occasion de connaître le fond qu'on doit faire sur les hommes. D'ailleurs, cette connaissance ne vous a pas coûté si cher qu'à moi. Mais c'est ici le lieu de vous expliquer toute la suite de ces affaires, et de répondre à vos questions.

Vous m'écrivez qu'on vous apprend par diverses lettres que je me suis réconcilié avec César et Appius, et vous ajoutez que vous ne me condamnez pas; mais vous paraissez curieux de savoir ce qui m'a pu porter à défendre et à louer Vatinius[3]. Je ne puis vous répondre là-dessus sans reprendre de plus loin le système de mes vues et de ma conduite.

J'avais cru, mon cher Lentulus, dans les premiers temps de mon retour, que j'étais rendu par vos soins non-seulement à ma famille, mais encore à la république; et que, si je vous devais un attachement extrême avec les plus grandes marques de zèle, je devais aussi les mêmes sentimens à la république, qui vous avait ardemment secondé pour mon rétablissement, et qui s'était acquis sur moi, par ce bienfait, des droits plus particuliers que sur le commun des citoyens. J'ai pris soin, pendant que vous étiez consul, d'expliquer au sénat de quelle manière je pensais là-dessus, et vous l'avez reconnu vous-même dans nos entretiens particuliers. Cependant j'avais, dès ce temps-là, bien des sujets de plainte. Lorsque vous parlâtes de ce qui restait à faire pour le rétablissement de ma dignité, je m'aperçus que plusieurs personnes me portaient encore une haine secrète, et qu'il ne m'était pas même aisé de découvrir sur qui je pouvais compter. Pour ce qui regardait mes monumens[4], vous ne fûtes pas secondé par ceux de qui vous deviez l'être. Je ne vis pas non plus dans les mêmes personnes le zèle

necessariæ, tamen a me minimi putabantur in meis damnis, ex auctoritate senatus resarciendis, eam voluntatem, quam exspectaram, præstiterunt.

Quæ quum viderem, neque enim erant obscura, non tamen tam acerba mihi hæc accidebant, quam erant illa grata, quæ fecerant. Itaque quanquam et Pompeio plurimum, te quidem ipso prædicatore ac teste, debebam, et eum non solum beneficio, sed amore etiam et perpetuo quodam judicio meo diligebam : tamen, non reputans quid ille vellet, in omnibus meis sententiis de republica pristinis permanebam.

Ego, sedente Cn. Pompeio, quum, ut laudaret P. Sextium, introiisset in Urbem, dixissetque testis Vatinius, me, fortuna et felicitate C. Cæsaris commotum, illi amicum esse cœpisse, dixi me M. Bibuli fortunam, quam ille afflictam putaret, omnium triumphis victoriisque anteferre : dixique eodem teste, alio loco, eosdem esse qui Bibulum exire domo prohibuissent, et qui me coegissent. Tota vero interrogatio mea nihil habuit, nisi reprehensionem illius tribunatus. In quo omnia dicta sunt libertate animoque maximo, de vi, de auspiciis, de donatione regnorum. Neque vero hac in causa modo, sed constanter sæpe in senatu; quin etiam, Marcellino et Philippo consulibus, nonis april. mihi est senatus

que j'en avais attendu, soit à l'occasion de la violence qui me força de quitter ma maison avec mon frère, soit pour me faire restituer, par l'autorité du sénat, quantité de choses que je regardais à la vérité comme la moindre partie de mes pertes, quoique, dans le naufrage de tous mes biens, elles me fussent devenues fort nécessaires.

Cette conduite était trop claire pour ne pas frapper mes yeux; mais le chagrin que j'en ressentais était moins vif que la joie de ce qui s'était fait pour mon retour. Ainsi, quoique je fusse extrêmement redevable à Pompée, comme vous le répétiez et l'attestiez; quoique je me sentisse porté à l'aimer, non-seulement par reconnaissance, mais par les sentimens d'une sincère inclination et d'une estime constante, je persistai dans mes anciens principes sur les affaires publiques, sans m'inquiéter de ses projets.

Un jour qu'étant entré dans la ville pour louer P. Sextius il assistait au sénat, et que Vatinius, qui y était en qualité de témoin, me reprocha de n'avoir point eu d'autre motif pour rechercher l'amitié de C. César que sa fortune et ses succès, je répondis que la condition de M. Bibulus, toute malheureuse qu'elle paraissait à Vatinius, me semblait préférable à tous les triomphes et à toutes les victoires des autres. Dans un autre lieu j'ai dit encore à Vatinius, que ceux qui avaient empêché Bibulus de sortir de sa maison étaient les mêmes qui m'avaient forcé de quitter la mienne. Toute ma harangue[5] ne fut qu'une censure de son tribunat, et je m'expliquai sur les articles de la violence, des auspices et de la distribution des royaumes, avec autant de liberté que de courage. On m'a vu tenir constamment au sénat la même con-

assensus, ut de agro campano, frequenti senatu, idibus maiis referretur. Non potui magis in arcem illius causæ invadere, aut magis oblivisci temporum meorum, meminisse actionum? Hac a me sententia dicta, magnus animorum factus est motus; quum eorum quorum oportuit, tum illorum etiam quorum nunquam putaram. Nam hoc senatusconsulto in meam sententiam facto, Pompeius, quum mihi nihil ostendisset se esse offensum, in Sardiniam et in Africam profectus est, eoque itinere Lucam ad Cæsarem venit. Ibi multa de mea sententia questus est Cæsar; quippe qui etiam Ravennæ Crassum ante vidisset, ab eoque in me esset incensus. Sane moleste Pompeium id ferre constabat; quod ego quum audissem ex aliis, maxime ex meo fratre cognovi; quem quum in Sardinia Pompeius, paucis post diebus quam ex Luca discesserat, convenisset : Te, inquit, ipsum cupio; nihil opportunius potuit accidere : nisi cum Marco fratre diligenter egeris, dependendum tibi est, quod mihi pro illo spopondisti. Quid multa? questus est graviter. Sua merita commemoravit : quid egisset sæpissime de actis Cæsaris cum ipso meo fratre, quidque sibi is de me recepisset, in memoriam redegit : seque, quæ de mea salute egisset, voluntate Cæsaris egisse, ipsum meum fratrem testatus est, cujus causam dignitatemque mihi ut commendaret, rogavit, ut eam ne oppugnarem, si nollem aut non possem tueri. Hæc quum ad me frater pertulisset, et quum tamen Pompeius ad me cum mandatis Vibullium misisset, ut integrum mihi

duite que dans cette cause ; et sous le consulat de Marcellinus et de Philippus, le 5 avril, ce fut mon opinion qui fut suivie dans une assemblée fort nombreuse, pour fixer l'affaire de Campanie[6] au 15 mai. Pouvais-je agir avec plus de vigueur, et me souvenir moins de mes disgrâces, pour ne rappeler que la mémoire de mes actions? Lorsqu'on m'eut entendu prononcer mon avis, il s'éleva beaucoup de mouvemens dans les esprits, non-seulement parmi ceux de qui je devais m'y attendre, mais parmi d'autres même que je n'avais pas soupçonnés. Pompée, après avoir vu prévaloir mon opinion, partit pour la Sardaigne et pour l'Afrique, sans m'avoir marqué le moindre mécontentement. Ce fut dans ce voyage qu'il passa par Lucques[7] pour y voir César, qui lui fit de grandes plaintes contre l'opinion pour laquelle je m'étais déclaré. César, ayant déjà vu Crassus à Ravenne, en était revenu fort échauffé contre moi. Il est certain que Pompée même n'était pas content : diverses personnes m'en avaient informé, et je l'appris encore plus particulièrement de mon frère, que Pompée vit en Sardaigne, peu de temps après avoir quitté Lucques. C'est vous, lui dit Pompée, que je désirais rencontrer ; il ne pouvait rien arriver de plus favorable. Si vous ne vous hâtez de faire entendre raison à Marcus votre frère, je vous rendrai garant de ce que vous m'avez promis en son nom. En un mot, il se plaignit beaucoup ; il rappela les obligations que j'ai à son amitié ; il fit souvenir mon frère de ses conventions touchant les actes de César, et des engagemens qu'il avait pris avec lui ; il le prit à témoin que tout ce qu'il avait fait pour mon salut avait été du consentement de César, dont il le pressa de me recommander les intérêts et la dignité, en ajoutant que,

de causa campana ad suum reditum reservarem; collegi ipse me, et cum ipsa quasi republica sum collocutus : ut mihi tam multa pro se perpesso atque perfuncto concederet, ut officium meum, memoremque in bene meritos animum, fidemque fratris mei præstarem; eumque, quem bonum civem semper habuisset, bonum virum esse pateretur.

In illis autem meis actionibus sententiisque omnibus, quæ Pompeium videbantur offendere, certorum hominum, quos jam debes suspicari, sermones afferebantur ad me : qui quum illa sentirent in republica quæ ego agebam, semperque sensissent, me tamen non satisfacere Pompeio, Cæsaremque inimicissimum mihi futurum, gaudere se aiebant. Erat hoc mihi dolendum : sed multo illud magis, quod inimicum meum (meum autem? immo vero legum, judiciorum, otii, patriæ, bonorum omnium) sic amplexabantur, sic in manibus habebant, sic fovebant, sic me præsente osculabantur; non illi quidem ut mihi stomachum facerent, quem ego funditus perdidi, sed certe ut facere se arbitrarentur. Hic ego, quantum humano consilio efficere potui, circumspectis rebus meis omnibus, rationibusque subductis, summam feci cogitationum mearum omnium; quam tibi, si potero, breviter exponam.

Ego, si ab improbis et perditis civibus rempublicam

si je manquais de pouvoir ou d'inclination pour le défendre, je devais du moins m'abstenir de l'attaquer. Mon frère m'ayant informé de toutes ces circonstances, et Pompée m'ayant même dépêché auparavant Vibullius pour me prier de ne pas pousser l'affaire de Campanie jusqu'à son retour, je me recueillis alors dans moi-même, et, me figurant que je parlais à la république, je la suppliai de permettre, après tant de peines et de travaux que j'avais essuyés pour elle, que je remplisse les devoirs d'une juste reconnaissance, et que je dégageasse la parole de mon frère; enfin, que je pusse agir en honnête homme après avoir agi constamment en bon citoyen.

Pendant ce temps-là l'on ne manquait pas de me rapporter les discours de certaines gens, dont vous devinez les noms, sur toutes les démarches et les avis dans lesquels il paraissait que je pouvais choquer Pompée. Quoiqu'ils fussent de même opinion que moi, et qu'ils n'eussent jamais cessé d'en être, ils ne faisaient pas difficulté de dire qu'ils se réjouissaient de me voir déplaire à Pompée, et m'attirer la haine de César. J'en étais sans doute affligé; mais je l'étais bien plus de les voir embrasser, en ma présence, mon ennemi, ou plutôt l'ennemi des lois, des jugemens, de la tranquillité publique, de la patrie et de tous les gens de bien; de le voir flatté, caressé : non que ces affectations pussent me causer des dégoûts auxquels je ne suis plus sensible; mais elles se faisaient du moins dans cette vue. Quel parti pris-je? après avoir jeté les yeux autour de moi, et tout calculé, autant que la prudence humaine en est capable, je rassemblai toutes mes idées dans l'ordre où je vais tâcher de les représenter en peu de mots.

Je résolus, en premier lieu, s'il arrivait que la répu-

teneri viderem, sicut et meis temporibus scimus, et nonnullis aliis accidisse accepimus, non modo præmiis, quæ apud me minimum valent, sed ne periculis quidem compulsus ullis, quibus tamen moventur etiam fortissimi viri, ad eorum causam me adjungerem, ne si summa quidem eorum in me merita constarent. Quum autem in republica Cn. Pompeius princeps esset, vir is qui hanc potentiam et gloriam maximis in rempublicam meritis præstantissimisque rebus gestis esset consecutus, cujusque ego dignitatis ab adolescentia fautor, in prætura autem et in consulatu adjutor etiam exstitissem; quumque idem auctoritate et sententia per se, consiliis et studiis, tecum me adjuvisset, meumque inimicum unum in civitate haberet inimicum; non putavi famam inconstantiæ mihi pertimescendam, si quibusdam in sententiis paullum me immutassem, meamque voluntatem ad summi viri de meque optime meriti dignitatem aggregassem. In hac sententia complectendus erat mihi Cæsar, ut vides, in conjuncta et causa et dignitate. Hic multum valuit quum vetus amicitia, quam tu non ignoras mihi et Q. fratri cum Cæsare fuisse, tum humanitas ejus ac liberalitas, brevi tempore et litteris et officiis perspecta nobis et cognita.

Vehementer etiam res ipsa publica me movit, quæ mihi videbatur contentionem, præsertim maximis rebus a Cæsare gestis, cum illis viris nolle fieri; et, ne fieret,

blique fût gouvernée par de mauvais citoyens, comme on sait qu'elle l'était au temps de mes disgrâces, et comme on l'a vu dans quelques autres temps, de ne me laisser jamais engager ni par l'espoir des récompenses, qui n'ont aucune sorte d'ascendant sur moi, ni par la crainte du danger, qui ébranle quelquefois les plus grands courages, à me rendre leur partisan, quand j'aurais été comblé de leurs bienfaits. Mais voyant à la tête des affaires Cn. Pompée, c'est-à-dire un homme qui a mérité, par les services qu'il a rendus à la république, et par les plus belles actions, le degré de puissance et d'honneur où il est parvenu; un homme dont j'ai été le partisan depuis ma première jeunesse, et dont j'ai servi même à soutenir la dignité pendant ma préture et mon consulat[8]; un homme enfin, qui, de concert avec vous, m'a aidé de son autorité, de ses avis, de son zèle, et qui n'avait point dans la ville d'autre ennemi que le mien; je n'ai pas cru qu'on pût m'accuser d'inconstance si je paraissais un peu différent de moi-même dans quelques-uns de mes sentimens au sénat, et si je me déterminais à soutenir la dignité d'un si grand personnage, à qui j'ai les plus grandes obligations. Je ne pouvais, comme vous le voyez bien, entrer dans cette disposition, sans y comprendre les intérêts et la dignité de César. J'y étais porté d'ailleurs, non-seulement par l'ancienne liaison que nous avons eue avec lui, mon frère et moi, mais encore par ses politesses et ses attentions, dont il n'a point tardé à nous donner des témoignages réels par ses lettres et ses services.

Je trouvais un autre motif dans l'intérêt même de la république, qui ne voulait point qu'on disputât rien à des hommes d'un tel poids, surtout depuis que César

vehementer recusare. Gravissime autem me in hac mente impulit et Pompeii fides, quam de me Caesari dederat : et fratris mei, quam Pompeio. Erant praeterea haec animadvertenda in civitate, quae sunt apud Platonem nostrum scripta divinitus; quales in republica principes essent, tales reliquos solere esse cives. Tenebam memoria, nobis consulibus, ea fundamenta jacta ex kalendis januariis confirmandi senatus, ut neminem mirari oporteret, nonis decembribus tantum vel animi fuisse in illo ordine, vel auctoritatis. Idemque memineram, nobis privatis, usque ad Caesarem et Bibulum consules, quum sententiae nostrae magnum in senatu pondus haberent, unum fere sensum fuisse bonorum omnium.

Postea quum tu Hispaniam Citeriorem cum imperio obtineres, neque respublica consules haberet, sed mercatores provinciarum, et seditionum servos ac ministros, jecit quidam casus caput meum, quasi certaminis causa, in mediam contentionem dissensionemque civilem. Quo in discrimine quum mirificus senatus, incredibilis Italiae totius, singularis omnium bonorum consensus in me tuendo exstitisset, non dicam quid acciderit (multorum est enim, et varia culpa), tantum dicam brevi, non mihi exercitum sed duces defuisse. In quo, ut jam sit in iis culpa, qui me non defenderunt, non minor est in iis qui reliquerunt; et, si accusandi sunt, si qui pertimuerunt, magis etiam reprehendendi, si qui se timere simularunt.

s'était distingué par tant d'actions glorieuses. Ne devais-je pas être déterminé par l'engagement que Pompée avait pris pour moi avec César, et de celui de mon frère avec Pompée? J'y joignais une remarque qui se trouve divinement expliquée dans Platon : c'est qu'ordinairement les citoyens d'une république sont tels que ceux qui les gouvernent. Je me souvenais que, sous mon consulat, après les fondemens de force et de constance qui avaient été jetés au sénat depuis les calendes de janvier, personne n'avait dû s'étonner du courage et de la fermeté que cet ordre avait fait paraître aux nones de décembre. Je me rappelais encore qu'étant redevenu particulier jusqu'au consulat de César et de Bibulus, et mes avis ayant continué, dans cet intervalle, d'avoir beaucoup de poids au sénat, on y avait vu un accord admirable entre les gens de bien.

Ensuite, lorsque vous fûtes parti pour le gouvernement de l'Espagne Citérieure, et que la république se trouva gouvernée, non par des consuls, mais par des marchands de provinces et par des chefs ou des partisans de séditions, un évènement peu prévu me jeta au milieu du tumulte et des dissensions civiles, pour servir comme d'objet aux combattans. Dans cette occasion, où l'accord du sénat en ma faveur parut merveilleux, celui de toute l'Italie, incroyable, et celui de tous les gens de bien, sans exemple; je ne rappellerai point tout ce qui se passa, car il se commit bien des fautes, et l'on peut en accuser bien des gens; mais je puis dire, en deux mots, que je manquais moins d'armée que de chefs. Il est aussi difficile de justifier ceux qui m'abandonnèrent, que ceux qui ne me défendirent point ; et si ceux qui se laissèrent abattre par la crainte méritent des reproches, ceux qui le feignirent en méritent encore plus.

Illud quidem certe nostrum consilium jure laudandum est qui meos cives et a me conservatos et me servare cupientes, spoliatos ducibus, servis armatis objici noluerim, declararique maluerim, quanta vis esse potuisset in consensu bonorum, si iis pro me stante pugnare licuisset, quum afflictum excitare potuissent. Quorum quidem animum tu non perspexisti solum quum de me ageres, sed etiam confirmasti atque tenuisti. Qua in causa (non modo non negabo, sed etiam semper et meminero et praedicabo libenter) usus es quibusdam nobilissimis hominibus, fortioribus in me restituendo, quam fuerant iidem in retinendo : qua in sententia si constare voluissent, suam auctoritatem simul cum salute mea recuperassent. Recreatis enim bonis viris consulatu tuo, et constantissimis atque optimis actionibus tuis excitatis, Cn. Pompeio praesertim ad causam adjuncto, quum etiam Caesar, rebus maximis gestis, singularibus ornatus et novis honoribus ac judiciis senatus, ad auctoritatem ejus ordinis adjungeretur; nulli improbo civi locus ad rempublicam violandam esse potuisset.

Sed attende, quaeso, quae sunt consecuta. Primum ille fur muliebrium religionum, qui non pluris fecerat Bonam Deam quam tres sorores, impunitatem est illorum sententiis assecutus, qui (quum tribunus plebis poenas a seditioso cive per bonos viros judicio persequi vellet)

On me doit du moins de justes louanges, pour avoir refusé d'exposer sans chefs, à des esclaves armés 9, mes concitoyens que j'avais conservés, et qui souhaitaient ma conservation ; on me les doit pour avoir beaucoup mieux aimé qu'on reconnût ce que j'aurais pu attendre du secours des honnêtes gens réunis, s'il leur eût été permis de combattre pour moi avant ma chute, puisqu'ils eurent ensuite le pouvoir de me relever. Vous eûtes non-seulement l'occasion de pénétrer les dispositions de bien des gens, tandis que vous agissiez en ma faveur, mais encore la bonté de les fortifier et de les soutenir. Et, dans ces conjonctures (car, loin de le désavouer, je m'en souviendrai sans cesse et je le publierai toujours volontiers), vous eûtes affaire à quelques personnes de la première distinction, qui marquèrent plus de vigueur pour mon rétablissement, qu'elles n'en avaient marqué pour empêcher ma disgrâce ; et si elles eussent été plus fermes dans ce sentiment, elles auraient rétabli tout à la fois mon salut et leur autorité. Les honnêtes gens commencèrent à respirer sous votre consulat ; l'éclat et la constance de vos belles actions leur rendaient le courage ; Cn. Pompée surtout embrassait notre cause ; et César, tout couvert de la gloire de ses actions, comblé d'honneurs extraordinaires, se joignait à nous pour soutenir l'autorité du sénat : il ne restait plus à aucun mauvais citoyen de voie pour nuire à la république.

Mais considérez, je vous prie, ce qui vint à la suite. En premier lieu, ce perturbateur des mystères religieux des femmes, qui n'avait pas plus respecté la Bonne-Déesse que ses trois sœurs, obtint l'impunité par les votes 10 de ces mêmes personnes sur qui nous fondions nos espéran-

exemplum præclarissimum in posterum vindicandæ seditionis de republica sustulerunt : iidemque postea non meum monumentum (non enim illæ manubiæ meæ, sed operis locatio mea fuerat), monumentum vero senatus, hostili nomine et cruentis inustum litteris esse passi sunt. Qui me homines quod salvum esse voluerunt, est mihi gratissimum : sed vellem non solum salutis meæ, quemadmodum medici, sed etiam, ut aliptæ, virium et coloris rationem habere voluissent. Nunc, ut Apelles Veneris caput et summa pectoris politissima arte perfecit, reliquam partem corporis inchoatam reliquit : sic quidam homines in capite meo solum elaborarunt; reliquum corpus, imperfectum ac rude reliquerunt.

In quo ego spem fefelli non modo invidorum, sed etiam inimicorum meorum; qui de uno acerrimo et fortissimo viro, meoque judicio, omnium magnitudine animi et constantia præstantissimo, Q. Metello, Lucii filio, quondam falsam opinionem acceperant, quem post reditum dictitant fracto animo et demisso fuisse. (Est vero probandum, qui et summa voluntate cesserit, et egregia animi alacritate abfuerit, neque sane redire curarit, eum ob id ipsum fractum fuisse : in quo quum omnes homines, tum M. illum Scaurum, singularem virum, constantia et gravitate superasset.) Sed, quod de

ces, et qui, lorsqu'un tribun du peuple sollicitait la punition d'un mauvais citoyen par des voies régulières, privèrent ainsi la république d'un exemple de châtiment capable à l'avenir d'arrêter les séditions. Ensuite, ne souffrirent-ils pas qu'un monument, qui était moins le mien que celui du sénat, puisqu'il n'était pas composé du butin que j'eusse remporté à la guerre, mais de l'argent public qui n'avait fait que passer par mes mains pour les ouvriers, fût souillé du nom de mon ennemi et d'une inscription ignominieuse? Ainsi, je leur dois sans doute de la reconnaissance, pour avoir contribué à mon salut; mais je souhaiterais que, ne se bornant point au soin de ma vie, comme les médecins, ils eussent marqué aussi, comme les *aliptes*, de l'attention pour mon teint et pour mes forces. Il m'est arrivé précisément ce qu'on rapporte de la statue de Vénus, dont Apelles n'acheva parfaitement que la tête et une partie de la poitrine en laissant le reste du corps imparfait. Certaines gens n'ont travaillé de même qu'à ce qui regardait ma tête, et le reste de mon corps est demeuré informe et négligé.

Cependant je n'ai pas laissé de tromper l'espérance et de mes envieux et de mes ennemis. Ils me comparaient déjà à Q. Metellus[11], fils de Lucius, à qui ils reprochent d'avoir manqué de courage et de fermeté après son retour; fausse opinion néanmoins, car je le regarde, au contraire, comme l'homme du monde le plus ferme et le plus distingué par sa grandeur d'âme et sa constance. Il faudrait prouver que ce fut une marque d'abattement et de faiblesse de s'être retiré avec joie pour l'utilité publique, d'avoir su conserver de l'égalité d'humeur pendant son absence, et d'avoir témoigné de l'indifférence pour son retour. Pour moi, je trouve qu'il s'éleva par

illo acceperant, aut etiam suspicabantur, de me idem cogitabant, abjectiore animo me futurum : quum respublica majorem etiam mihi animum quam unquam habuissem, daret, quæ declarasset, sese non potuisse me uno cive carere : quumque Metellum unius tribuni plebis rogatio, me universa respublica, duce senatu, comitante Italia, referente consule, promulgantibus octo tribunis, comitiis centuriatis, cunctis ordinibus, hominibus incumbentibus, omnibus denique suis viribus recuperasset.

Neque vero ego mihi postea quidquam assumpsi, neque hodie assumo, quod quemquam malivolentissimum jure possit offendere. Tantum enitor, ut neque amicis, neque etiam alienioribus, opera, consilio, labore desim. Hic meæ vitæ cursus offendit eos fortasse, qui splendorem et speciem hujus vitæ intuentur, sollicitudinem autem et laborem perspicere non possunt. Illud vero non obscure queruntur in meis sententiis, quibus ornem Cæsarem, quasi descisse me a pristina causa. Ego autem quum illa sequor quæ paullo ante proposui, tum hoc non in postremis, de quo cœperam exponere.

Non offendes eumdem bonorum sensum, Lentule, quem reliquisti : qui confirmatus consulatu nostro, non-

cette constance et cette gravité, au dessus de M. Scaurus même, qu'on cite comme un exemple singulier. Mais ils jugeaient de moi suivant l'opinion qu'on leur avait donnée ou qu'ils se formaient peut-être eux-mêmes de Q. Metellus. Ils s'imaginaient que tous mes sentimens paraîtraient abattus, sans considérer que la république les avait relevés plus que jamais, en déclarant que j'étais le seul citoyen dont elle ne pût supporter la privation, et sans faire attention que Metellus n'avait été rappelé que sur la proposition d'un seul tribun du peuple; au lieu qu'à mon retour j'avais eu l'honneur d'être rendu à la république par l'autorité du sénat, de revenir accompagné des vœux de toute l'Italie, de voir le décret de mon rappel proposé par un consul, publié par huit tribuns [12], dans une assemblée générale de toutes les centuries et de tous les ordres de l'état; enfin, d'être redemandé par les désirs, les suffrages et le zèle de tout le monde.

On n'a pas vu dans la suite que j'en aie pris droit de m'enorgueillir : je n'en suis pas plus coupable aujourd'hui, et je travaille seulement à ne laisser ni mes amis, ni ceux même qui ne m'appartiennent pas de si près, dans le besoin de mon secours, de mes conseils et de mes services. Cette conduite offense peut-être ceux qui considèrent la splendeur et le dehors de ma situation, sans pouvoir pénétrer l'inquiétude et le travail qui l'accompagnent. Je sais qu'ils se plaignent ouvertement des suffrages que j'ai portés en faveur de César, comme si j'avais renoncé à mes anciens principes : mais je prends pour règle les réflexions par lesquelles j'ai commencé, sans fermer tout-à-fait les yeux sur les plaintes dont je parle.

Ne vous attendez pas, mon cher Lentulus, à retrouver dans les honnêtes gens cette manière de penser qu'ils

nunquam postea interruptus, afflictus ante te consulem, recreatus abs te, totus est nunc ab iis, a quibus tuendus fuerat, derelictus; idem non solum fronte atque vultu, quibus simulatio facillime sustinetur, declarant ii qui tum nostro illo statu optimates nominabantur, sed etiam sententia sæpe jam tabellaque docuerunt.

Itaque tota jam sapientium civium, qualem me et esse et numerari volo, et sententia et voluntas mutata esse debet. Id enim jubet idem ille Plato, quem ego vehementer auctorem sequor, tantum contendere in republica, quantum probare tuis civibus possis; vim neque parenti, neque patriæ afferri oportere. Atque hanc quidem ille causam sibi ait non attingendæ reipublicæ fuisse, quod, quum offendisset populum atheniensem prope jam desipientem senectute, quumque eum persuaderi posse diffideret, cogi fas esse non arbitraretur. Mea ratio fuit alia, quod neque desipiente populo, neque integra re mihi ad consulendum, capesseremne rempublicam implicatus tenebar. Sed lætatus tamen sum, quod mihi liceret in eadem causa et mihi utilia et cuivis bono recta defendere. Huc accessit commemoranda quædam et divina Cæsaris in me fratremque meum liberalitas; qui mihi, quascumque res gereret, tuendus esset. Nunc in tanta felicitate, tantisque victoriis, etiamsi in nos non is esset qui est, tamen ornandus videretur. Sic enim te existi-

avaient à votre départ. Quoiqu'elle se fût fortifiée sous mon consulat, elle avait souffert ensuite quelques interruptions : le mal croissant, elle était fort languissante avant que vous fussiez consul ; mais vous lui rendîtes toute sa force. Aujourd'hui elle est abandonnée de ceux même qui devaient la soutenir. Oui, ceux qui portaient le nom d'honnêtes gens de votre temps et du mien, laissent voir aujourd'hui ce qu'ils sont devenus, non-seulement sur leur visage, où la dissimulation se soutient facilement, mais souvent même dans leurs délibérations et dans leurs suffrages.

C'est donc une nécessité pour les citoyens les plus sages, au nombre desquels je veux toujours qu'on me compte, de changer quelque chose à leurs désirs comme à leurs opinions. Platon, dont je suis volontiers les maximes, ne nous dit-il pas qu'on ne doit faire dans le gouvernement que les oppositions qui peuvent être approuvées des citoyens, et qu'il ne faut pas faire violence à sa patrie plus qu'à son père ? Il ajoute que la seule raison qui l'empêcha de prendre part aux affaires publiques, c'est qu'ayant trouvé le peuple d'Athènes presque radotant de vieillesse, et ne voyant aucune apparence de pouvoir le conduire par la persuasion [13], il n'avait pas cru qu'il fût permis d'employer la violence. Ma situation était différente, parce que le peuple romain ne radotait pas comme les Athéniens, et que je n'étais pas libre, comme Platon, lorsque j'ai délibéré si je devais prendre part au gouvernement. Mais j'ai vu du moins avec joie, qu'en prenant le parti auquel je me suis attaché, je pouvais faire bien des choses utiles à moi-même et justes en faveur des gens de bien. Ajoutez que j'ai été tout-à-fait déterminé par les égards extra-

mare velim, quum a vobis meæ salutis auctoribus discesserim, neminem esse cujus officiis me tam esse devinctum non solum confitear, sed etiam gaudeam.

Quod quoniam tibi exposui, facilia sunt ea quæ a me de Vatinio et de Crasso requiris. Nam de Appio quod scribis, sicuti de Cæsare, te non reprehendere : gaudeo consilium tibi probari meum.

De Vatinio autem, primum reditus intercesserat in gratiam per Pompeium, statim ut ille prætor est factus, quum quidem ejus petitionem gravissimis in senatu sententiis oppugnassem, neque tam illius lædendi causa quam defendendi atque ornandi Catonis. Post autem Cæsaris, ut illum defenderem, mira contentio est consecuta. Cur autem laudarim, peto a te, ut id a me neve in hoc reo, neve in aliis requiras; ne tibi ego idem reponam quum veneris; tametsi possum vel absenti. Recordare enim quibus laudationem ex ultimis terris miseris.

Neque hoc pertimueris : nam a me ipso laudantur et laudabuntur iidem. Sed tamen defendendi Vatinii fuit etiam ille stimulus, de quo in judicio, quum illum de-

ordinaires que César a eus pour mon frère et pour moi, et que j'ai regardé comme un devoir de le seconder dans toutes ses entreprises. Au milieu de sa fortune, et couronné comme il est par tant de victoires, pourrais-je me dispenser de ce que je fais pour lui, quand il n'aurait pas pour nous les sentimens dont il est rempli? Je vous confesse volontiers qu'après vous, à qui je suis redevable de mon salut, il n'y a personne à qui j'aie tant d'obligation qu'à César, et pour qui je me fasse plus d'honneur d'entretenir ce sentiment.

Après tout ce que vous venez de lire, il m'est aisé de vous répondre sur ce qui regarde Vatinius et Crassus. Vous n'avez point, dites-vous, de reproche à me faire au sujet d'Appius et de César : je me réjouis de vous voir approuver ma conduite.

A l'égard de Vatinius [14], dès qu'il eut obtenu la préture, nous nous étions réconciliés par l'entremise de Pompée; et je puis même vous dire, qu'en m'opposant à sa demande avec un langage assez dur, j'avais moins pensé à lui nuire qu'à louer et à soutenir C. Caton. Ensuite, César m'a pressé avec des instances extraordinaires de me charger de sa défense. Si vous me demandez pourquoi je l'ai loué, je réponds que, par rapport à lui comme à tout autre accusé, vous ne devez jamais me faire cette question, de peur que je ne vous la fasse aussi à votre retour. Votre absence même ne vous en met pas trop à couvert; car souvenez-vous pour qui vous avez envoyé des louanges de l'extrémité de la terre où vous êtes.

Mais ne vous alarmez point : je loue moi-même et je continuerai de louer les mêmes personnes. Cependant j'avais un motif de plus pour défendre Vatinius; et, par-

fenderem, dixi me facere quiddam, quod in Eunucho parasitus suaderet militi :

> Ubi nominabit Phædriam, tu Pamphilam
> Continuo. Si quando illa dicet : Phædriam
> Intromittamus comissatum; tu Pamphilam :
> Cantatum provocemus. Si laudabit hæc
> Illius formam, tu hujus contra. Denique
> Par pro pari referto, quod eam mordeat.

Sic petivi a judicibus, ut, quoniam quidam nobiles homines et de me optime meriti nimis amarent inimicum meum : meque inspectante, sæpe eum in senatu modo severe seducerent, modo familiariter atque hilare amplexarentur; quoniamque illi haberent suum Publium; darent mihi ipsi alium Publium, in quo possem illorum animos, mediocriter lacessitus, leviter repungere. Neque solum dixi, sed etiam sæpe facio, diis hominibusque approbantibus.

Habes de Vatinio : cognosce de Crasso. Ego, quum mihi cum illo magna jam gratia esset, quod ejus omnes gravissimas injurias, communis concordiæ causa, voluntaria quadam oblivione contriveram, repentinam ejus defensionem Gabinii, quem proximis superioribus diebus acerrime oppugnassem, tamen, si sine ulla mea contumelia suscepisset, tulissem; sed quum me disputantem, non lacessentem læsisset, exarsi non solum præsenti, credo, iracundia, nam ea tam vehemens fortasse non

lant pour lui dans cette cause, j'ai déclaré que j'exécutais ce que le parasite conseille au militaire dans la comédie de *l'Eunuque* :

« Aussitôt qu'elle nommera Phédria, ne manquez pas de nommer Pamphila. Si elle parle d'appeler Phédria à un repas, proposez de faire chanter Pamphila. Si elle relève la beauté de l'une, louez celle de l'autre. Enfin, payez-la toujours d'une réplique qui puisse la piquer. »

De même, j'ai demandé aux juges que, puisqu'un certain nombre de nobles personnages, que je reconnais pour mes bienfaiteurs, marquaient trop d'amitié pour mon ennemi; qu'en ma présence ils affectaient souvent au sénat, tantôt de l'entretenir en particulier d'un air sérieux, et tantôt de l'embrasser d'un air gai et familier; enfin que, puisqu'ils avaient leur Publius, il me fût permis d'avoir aussi le mien, et de m'en servir pour leur rendre la pareille, avec un peu d'envie de les blesser, parce que je me sentais légèrement offensé. Non-seulement je l'ai dit, mais je l'exécute souvent, avec l'approbation des dieux et des hommes.

Voilà ce que j'avais à vous répondre touchant Vatinius : mais il faut vous satisfaire aussi par rapport à Crassus. J'étais fort bien avec lui, parce que le zèle du repos public m'avait fait ensevelir toutes ses injures dans un oubli volontaire; et si, dans sa défense soudaine de Gabinius, que j'avais attaqué peu de jours auparavant [15] avec beaucoup de feu, il n'eût rien mêlé de contraire à mon honneur, je n'aurais pas marqué le moindre ressentiment : mais me sentant blessé, lorsque je ne pensais point à l'attaquer, et que je m'en tenais aux bornes de la dis-

fuisset; sed, quum inclusum illud odium multarum ejus in me injuriarum, quod ego me effudisse omne arbitrabar, residuum tamen insciente me fuisset omne, repente apparuit. Quo quidem tempore ipso quidam homines, et iidem illi quos sæpe nutu significationeque appello, quum se maximum fructum cepisse dicerent ex libertate mea, meque tum denique sibi esse visum reipublicæ, qualis fuissem, restitutum, quumque ea contentio mihi magnum etiam foris fructum tulisset; gaudere se dicebant, mihi et illum inimicum, et eos, qui in eadem causa essent, nunquam amicos futuros.

Quorum iniqui sermones quum ad me per homines honestissimos perferrentur, quumque Pompeius ita contendisset ut nihil unquam magis, ut cum Crasso redirem in gratiam, Cæsarque per litteras maxima se molestia ex illa contentione affectum ostenderet, habui non temporum solum rationem meorum, sed etiam naturæ: Crassusque, ut quasi testata populo romano esset nostra gratia, pæne a meis laribus in provinciam est profectus. Nam quum mihi condixisset, cœnavit apud me in mei generi Crassipedis hortis. Quamobrem ejus causam, quod te scribis audisse, magna illius commendatione susceptam, defendi in senatu, sicut mea fides postulabat.

Accepisti quibus rebus adductus, quamque rem cau-

pute, j'avoue qu'à ma colère présente, qui n'aurait peut-être pas été si vive si je n'eusse pas eu d'autre sujet de m'échauffer, il se joignit un reste de cette haine que je devais à ses anciennes injures, et dont je n'étais pas si bien délivré que je l'avais cru : elle éclata tout entière. Mais je dois vous dire aussi que certaines personnes, les mêmes que je vous cite souvent sans les nommer, me témoignèrent qu'elles avaient tiré un très-grand fruit de la liberté avec laquelle je m'étais expliqué, et qu'il leur avait semblé dans ce moment-là que j'étais redevenu ce que je fus autrefois pour la république. Enfin, ce démêlé produisit de fort bons effets au dehors; mais les mêmes personnes se disaient entre elles qu'elles voyaient avec joie que Crassus était mon ennemi, et que ceux qui soutenaient la même cause ne seraient jamais mes amis.

En effet, j'apprenais leurs discours malins par le récit des plus honnêtes gens. Alors Pompée me pressant, avec plus d'ardeur qu'il n'en a jamais marqué dans aucune autre occasion, de me réconcilier avec Crassus, et César m'ayant témoigné par ses lettres que ce différend lui causait beaucoup de chagrin, je cédai non-seulement aux conjonctures, mais encore à mon propre caractère. Crassus s'invita lui-même à souper avec moi, dans les jardins de Crassipès, mon gendre; et, pour prendre en quelque sorte le public à témoin de notre réconciliation, il partit, comme du sein de ma famille, pour se rendre dans sa province. Il n'est donc pas surprenant que j'aie entrepris, comme vous me dites qu'on vous l'a marqué, de défendre sa cause au sénat avec la fidélité que je devais à mes promesses, et les égards auxquels ses recommandations m'obligeaient.

Vous savez à présent quels ont été mes motifs, et

samque defenderim : quique meus in republica sit pro mea parte capessenda status. De quo sic velim statuas me hæc eadem sensurum fuisse, si mihi integra omnia ac libera fuissent. Nam neque pugnandum arbitrarer contra tantas opes, neque delendum, etiamsi id fieri posset, summorum civium principatum. Neque permanendum in una sententia, conversis rebus, ac bonorum voluntatibus immutatis, sed temporibus assentiendum. Nunquam enim præstantibus in republica gubernanda viris laudata est in una sententia perpetua permansio : sed ut in navigando tempestati obsequi artis est, etiamsi portum tenere non queas; quum vero id possis mutata velificatione assequi, stultum est eum tenere cum periculo cursum quem ceperis, potius quam, eo commutato, quo velis tandem pervenire; sic, quum omnibus nobis in administranda republica propositum esse debeat, id, quod a me sæpissime dictum est, cum dignitate otium, non idem semper dicere, sed idem semper spectare debemus. Quamobrem, ut paullo ante posui, si essent omnia mihi solutissima, tamen in republica non alius essem atque nunc sum. Quum vero in hunc sensum et alliciar beneficiis hominum, et compellar injuriis, facile patior ea me de republica sentire ac dicere, quæ maxime, quum mihi, tum etiam reipublicæ rationibus putem conducere.

quelle affaire, quelle cause j'ai soutenue. Vous devez voir aussi jusqu'à quel point je suis en état de prendre part au gouvernement. Mais je vous prie d'être bien persuadé que, sur tout ce que je viens de vous représenter, je ne penserais pas autrement quand je me trouverais libre de recommencer : car c'est mon principe, qu'il ne faut point entreprendre de résister à de si grandes forces, ni d'ôter, quand on le pourrait, la conduite des affaires à des citoyens d'un rang si distingué. La situation des affaires étant changée, comme la manière de penser des honnêtes gens, il n'est pas question de s'obstiner dans le même sentiment, mais de s'accommoder aux conjonctures. Remarquez que, dans le gouvernement de la république, on n'a jamais loué les plus grands hommes de leur constance perpétuelle à persister dans le même sentiment. Il en est ainsi de la navigation, où la prudence demande qu'on cède à la tempête, quoique ce ne soit pas le moyen de gagner le port, mais où elle veut aussi qu'on change les voiles lorsque ce moyen peut y conduire; car il y aurait de la folie à suivre sa première route au travers du danger, plutôt que d'en prendre une autre qui peut enfin conduire au terme. Devant nous proposer pour but dans l'administration, comme je l'ai dit mille fois, un repos honorable, il n'est pas besoin de répéter toujours la même chose; mais il faut tendre sans cesse à la même fin. Je vous assure donc, comme je viens de le dire, que, quand rien ne gênerait ma liberté, je ne me conduirais point autrement dans les affaires publiques : et si l'on ajoute que j'y suis engagé d'un côté par des bienfaits, et de l'autre par des injures, on ne sera pas surpris que je me permette de dire et de penser ce qui me paraît le plus convenable à mes intérêts et à ceux de la république.

Apertius autem hæc ago, ac sæpius, quod et Quintus, frater meus, legatus est Cæsaris, et nullum meum minimum dictum, non modo factum, pro Cæsare intercessit, quod ille non ita illustri gratia exceperit, ut ego eum mihi devinctum putarem. Itaque ejus omni et gratia, quæ summa est, et opibus, quas intelligis esse maximas, sic fruor, ut meis. Nec mihi aliter potuisse videor hominum perditorum de me consilia frangere, nisi, cum præsidiis iis quæ semper habui, nunc etiam potentium benivolentiam conjunxissem. His ego consiliis, si te præsentem habuissem, ut opinio mea fert, essem usus eisdem : novi enim temperantiam et moderationem naturæ tuæ; novi animum, tum mihi amicissimum, tum nulla in ceteros malivolentia suffusum; contraque quum magnum et excelsum, tum etiam apertum et simplicem. Vidi ego quosdam in te tales, quales tu eosdem in me videre potuisti. Quæ me moverunt, movissent eadem te profecto. Sed, quocumque tempore mihi potestas præsentis tui fuerit, tu eris omnium moderator consiliorum meorum. Tibi erit eidem, cui salus mea fuit, etiam dignitas curæ. Me quidem certe tuarum actionum, sententiarum, voluntatum, rerum denique omnium socium comitemque habebis : neque mihi in omni vita res tam erit ulla proposita, quam ut quotidie vehementius te de me optime meritum esse lætere.

Quod rogas ut mea tibi scripta mittam, quæ post discessum tuum scripserim; sunt orationes quædam quas Menocrito dabo; neque ita multæ, ut pertimescas.

Je me renferme d'autant plus ouvertement dans cette conduite, que Quintus, mon frère, est lieutenant général de César, qui attache tant de prix à toutes les démarches, et, je puis ajouter, aux moindres discours que je fais en sa faveur, que je dois le croire plein d'affection pour moi. Aussi me laisse-t-il disposer de son crédit qui est au plus haut degré, et de ses richesses qui sont immenses, comme d'un bien qui serait à moi. Considérez que je n'aurais jamais réussi à ruiner les projets de mes ennemis, si je n'avais pris soin de joindre aujourd'hui, aux secours qui ne m'ont jamais manqué, l'amitié de ceux qui sont en possession du pouvoir. Je suis persuadé que si vous aviez été à Rome, vous ne m'auriez pas donné d'autres conseils; car je connais votre modération naturelle : je sais que vous m'aimez, et que vous ne souhaitez de mal à personne. Vous avez l'âme grande, noble, avec beaucoup de simplicité et de candeur. J'ai vu certaines gens dans la même disposition contre vous, où vous pouvez les avoir vues contre moi. Les motifs qui m'ont fait agir auraient fait infailliblement sur vous la même impression : mais dans quelque temps que le bonheur de vous revoir puisse m'être rendu, je vous assure que toutes mes idées seront soumises à vos lumières. Vous prendrez soin de ma dignité, après avoir pris soin de mon salut. Vous me verrez lié constamment à toutes vos actions, à tous vos avis, à toutes vos volontés, et, pendant le reste de ma vie, je rapporterai mes principaux efforts à vous donner lieu de vous louer des services que vous m'avez rendus.

A l'égard des ouvrages que j'ai composés depuis votre absence, et que vous me demandez, ils consistent dans quelques harangues que Ménocrite est chargé de vous

Scripsi etiam (nam ab orationibus disjungo me fere, referoque ad mansuetiores Musas; quæ me maxime, sicut jam, a prima adolescentia delectant), scripsi igitur Aristotelico more, quemadmodum quidem volui, tres libros in disputatione ac dialogo de Oratore, quos arbitror Lentulo tuo fore non inutiles. Abhorrent enim a communibus præceptis, ac omnem antiquorum et Aristotelicam et Isocraticam rationem oratoriam complectuntur.

Scripsi etiam versibus tres libros de temporibus meis, quos jam pridem ad te misissem, si esse edendos putassem. Sunt enim testes, et erunt sempiterni, meritorum erga me tuorum, meæque pietatis. Sed verebar, non eos qui se læsos arbitrarentur (etenim id feci parce et molliter), sed eos quos erat infinitum bene de me meritos omnes nominare; quos tamen ipsos libros, si quem cui recte committam invenero, curabo ad te perferendos. Atque istam quidem partem vitæ consuetudinisque nostræ totam ad te defero; quantum litteris, quantum studiis, veteribus nostris delectationibus consequi poterimus, id omne ad arbitrium tuum, qui hæc semper amasti, libentissime conferemus.

Quæ ad me de rebus tuis domesticis scribis, quæque mihi commendas, ea tantæ mihi curæ sunt, ut me nolim admoneri : rogari vero sine magno dolore vix possum.

remettre; le nombre n'en est pas assez grand pour vous effrayer. Comme j'abandonne à peu près ce genre pour me rendre à des études plus douces, auxquelles vous savez que j'ai pris plaisir dès ma première jeunesse, j'ai composé, suivant la méthode d'Aristote (ou du moins tel a été mon but), trois livres de discussions ou de dialogues *sur l'Orateur* : je m'imagine qu'ils ne seront point inutiles à votre fils. Ils n'ont rien qui ressemble aux préceptes communs, et je puis dire qu'ils renferment toute la doctrine des anciens sur l'art oratoire, c'est-à-dire celle d'Aristote et d'Isocrate.

J'ai composé aussi trois livres en vers sur les évènemens de mon administration. Je n'aurais pas manqué de vous les envoyer, si j'avais cru qu'ils dussent paraître aux yeux du public; car ils sont et seront des témoins éternels de vos bienfaits et de ma reconnaissance. Mais quoique je ne doive pas appréhender que personne s'y trouve blessé, parce que j'y ai mis de la douceur et de la réserve, je n'ai pas nommé tous ceux qui m'ont rendu service, parce que le nombre en est infini; et je crains leur mécontentement. Cependant, si je trouve quelqu'un que je puisse charger de cet ouvrage, je ne laisserai pas de vous l'envoyer. Ces fruits de mon application sont encore une partie de ma vie, que je soumets à votre jugement. Tant que je pourrai me livrer à l'étude des lettres, qui ont toujours fait mes délices et les vôtres, j'appellerai vos regards sur mes productions.

Vos affaires domestiques, sur lesquelles vous m'écrivez, et que vous me recommandez, sont tellement l'objet de mes soins, que je n'ai pas besoin d'être averti, et que de me prier c'est me causer un véritable chagrin.

Quod de Quinti fratris negotio scribis, te priore aestate, quod morbo impeditus in Ciliciam non transieris, conficere non potuisse, nunc autem omnia facturum ut conficias; id scito esse ejusmodi, ut frater meus vere existimet, adjuncto isto fundo, patrimonium fore suum per te constitutum.

Tu me de tuis rebus omnibus, et de Lentuli tui nostrique studiis et exercitationibus, velim quam familiarissime certiorem et quam saepissime facias : existimesque neminem cuiquam neque cariorem, neque jucundiorem unquam fuisse quam te mihi, idque me, non modo ut tu sentias, sed ut omnes gentes, etiam ut posteritas omnis intelligat, esse facturum.

Appius in sermonibus antea dictitabat; postea dixit etiam in senatu palam, sese, si licitum esset legem curiatam ferre, sortiturum esse cum collega : si curiata lex non esset, se paraturum tibique successurum; legem curiatam consuli ferri opus esse, necesse non esse : se, quoniam ex senatusconsulto provinciam haberet, lege Cornelia imperium habiturum, quoad in Urbem introisset. Ego, quid ad te tuorum quisque necessariorum scribat, nescio : varias esse opiniones intelligo. Sunt qui putent posse te non decedere, quod sine lege curiata tibi succedatur : sunt etiam qui, si decedas, a te relinqui posse qui provinciae praesit. Mihi non tam de jure certum est, quanquam ne id quidem valde dubium est, quam illud ad tuam summam amplitudinem, dignitatem, liberalitatem, qua te scio libentissime frui

A l'égard de l'affaire de mon frère, que vous n'avez pu finir, dites-vous, l'été dernier, parce qu'une maladie vous empêcha de passer en Cilicie, mais que vous vous proposez de finir incessamment, elle est si importante pour Quintus, qu'en acquérant ce fonds par vos soins, il croira vous devoir l'établissement de son patrimoine.

Ne manquez pas, je vous prie, de me marquer souvent, avec la familiarité de l'amitié, l'état de toutes vos affaires, les études, les exercices de notre jeune Lentulus, et soyez bien persuadé qu'on n'a jamais eu pour personne plus d'amitié et de dévoûment que je n'en ai pour vous. Ce n'est pas vous seulement que je souhaite d'en convaincre, je veux le faire connaître à toutes les nations, et même à la postérité.

Appius a dit en plein sénat [16], comme il s'en était déjà vanté dans ses discours, que, s'il pouvait faire passer sa loi dans une assemblée des curies, il tirerait sa province au sort avec son collègue; mais que, si sa loi ne passait point, il deviendrait votre successeur par convention. Il n'a pas fait difficulté d'ajouter que, si l'usage demandait que les consuls eussent une loi de cette nature, c'était néanmoins sans nécessité, et que pour lui, qui avait obtenu sa province par un décret du sénat, il jouirait du commandement en vertu de la loi Cornelia, jusqu'à ce qu'il fût entré dans la ville. J'ignore ce que vos amis vous écrivent là-dessus; mais les opinions me paraissent fort partagées. Bien des gens pensent que vous pouvez vous dispenser de quitter votre emploi, parce qu'on prétend vous succéder sans une loi des curies: plusieurs même sont persuadés que, si vous partez, il dépend de vous de laisser à quelqu'un le commandement

solere, pertinere, te sine ulla mora provinciam successori concedere, præsertim quum sine suspicione tuæ cupiditatis non possis illius cupiditatem refutare. Ego utrumque meum puto esse, et quid sentiam ostendere, et quod feceris defendere.

Scripta jam epistola superiore, accepi tuas litteras de publicanis : in quibus æquitatem tuam non potui non probare. Felicitate quidem vellem consequi potuisses ne ejus ordinis, quem semper ornasti, rem aut voluntatem offenderes. Equidem non desinam tua decreta defendere : sed nosti consuetudinem hominum. Scis quam graviter inimici ipsi illi Q. Scævolæ fuerint. Tibi tamen sum auctor, ut, si quibus rebus possis, eum tibi ordinem aut reconcilies aut mitiges. Id, etsi difficile est, tamen mihi videtur esse prudentiæ tuæ. Vale.

de la province. Pour moi, je ne suis pas si certain du droit (quoiqu'au fond j'y voie peu d'obscurité), que je le suis de l'importance dont il est pour votre honneur, votre dignité, votre liberté, dont je vous connais assez jaloux, que vous ne tardiez pas un moment à remettre la province à votre successeur ; surtout lorsqu'il vous serait difficile de faire remarquer sa cupidité sans qu'on vous en soupçonnât vous-même. Je m'explique librement, parce que je me crois également obligé, et de vous marquer ce que je pense, et de soutenir le parti que vous aurez pris.

Cette lettre était écrite, lorsque j'ai reçu celle où vous me parlez des publicains : je n'ai pu refuser mon approbation à votre équité [17] ; mais je souhaiterais que, par quelque heureux évènement, vous eussiez pu éviter de choquer dans ses intérêts ou dans ses inclinations un ordre à l'honneur duquel vous avez toujours contribué. Je n'en défendrai pas moins vos décrets ; mais vous savez quel est le caractère des hommes, et vous n'ignorez pas quels ennemis Q. Scévola rencontra dans les gens de cet ordre. Aussi je vous conseille de chercher quelque occasion de vous réconcilier avec eux, ou du moins de les adoucir. L'entreprise est difficile, mais il me semble que la prudence vous y oblige. Adieu.

EPISTOLA CXLIX.
(ad Att., IV, 16.)
Scrib. Romæ, pr. kal. oct. et postridie mane A. V. C. 699.

CICERO ATTICO SAL.

Occupationum mearum vel hoc signum erit, quod epistola librarii manu est. De epistolarum frequentia te nihil accuso. Sed pleræque tantummodo mihi nuntiabant, ubi esses; vel etiam significabant recte esse quod erant abs te : quo in genere maxime delectarunt duæ fere eodem tempore abs te Buthroto datæ; scire enim volebam te commode navigasse. Sed hæc epistolarum frequentia non tam ubertate sua, quam celeritate delectavit : illa fuit gravis et plena rerum, quam mihi Paccius, hospes tuus, reddidit; ad eam rescribam igitur et hoc quidem primum. Paccio re et verbis ostendi, quid tua commendatio ponderis haberet : itaque in intimis est meis, quum antea notus non fuisset.

Nunc pergam ad cetera. Varro, de quo ad me scribis, includetur in aliquem locum, si modo erit locus : sed nosti genus dialogorum meorum; ut in Oratoriis, quos tu in cœlum fers, non mentio potuit fieri cujusquam ab iis qui disputant, nisi ejus, qui illis notus aut auditus esset. Hanc ego de Republica quam institui disputatio-

LETTRE CXLIX.

Rome, le 30 septembre et le 2 octobre au matin, 699.

CICÉRON A ATTICUS.

Il faut que je sois bien occupé, puisque j'ai recours pour vous écrire à la main de mon secrétaire. J'ai reçu plusieurs de vos lettres depuis que vous êtes parti, mais la plupart ne m'ont appris autre chose, sinon où vous étiez, et que vous vous portiez bien. J'ai lu avec beaucoup de plaisir les deux que vous m'avez écrites de Buthrote à quelques jours l'une de l'autre, dans lesquelles vous me marquiez que votre navigation avait été heureuse; et je vous ai su fort bon gré de votre exactitude à m'écrire, quoique vos lettres fussent plus courtes que je ne l'aurais souhaité. Mais celle que Paccius, votre hôte, m'a rendue, est en récompense très-remplie. Pour y répondre, je vous dirai premièrement que je l'ai assuré, et que je l'ai convaincu par les faits, qu'il ne pouvait avoir auprès de moi de meilleure recommandation que la vôtre : je l'ai mis, sur votre témoignage, au nombre de mes plus intimes amis, lui qu'auparavant je ne connaissais pas.

Il faut maintenant répondre à la suite de votre lettre. Je tâcherai de faire entrer Varron dans quelqu'un de mes dialogues; mais, de la manière dont ils sont conçus, ce ne sera pas une chose aisée. Par exemple, dans ceux *de l'Orateur*, pour lesquels vous vous êtes si fort déclaré, je ne pouvais faire mention que des personnes que les interlocuteurs avaient connues, ou dont ils avaient du

nem in Africani personam, et Phili, et Lælii, et Manilii contuli : adjunxi adolescentes Q. Tuberonem, P. Rutilium, duo Lælii generos, Scævolam et Fannium. Itaque cogitabam, quoniam in singulis libris utor prooemiis, ut Aristoteles in iis quos ἐξωτερικοὺς vocat, aliquid efficere, ut non sine causa istum appellarem, id quod intelligo tibi placere. Utinam modo conata efficere possim! rem enim, quod te non fugit, magnam complexus sum et gravem, et plurimi otii, quo ego maxime egeo.

Quod in iis libris, quos laudas, personam desideras Scævolæ : non eam temere dimovi; sed feci idem, quod in Πολιτείᾳ deus ille noster Plato. Quum in Piræeum Socrates venisset ad Cephalum, locupletem et festivum senem; quoad primus ille sermo haberetur, adest in disputando senex : deinde quum ipse quoque commodissime locutus esset, ad rem divinam dicit se velle discedere; neque postea revertitur. Credo Platonem vix putasse satis consonum fore, si hominem id ætatis in tam longo sermone diutius retinuisset : multo ego potius hoc mihi cavendum putavi in Scævola, qui et ætate, et valetudine erat ea, qua esse meministi, et iis honoribus, ut vix satis decorum videretur, eum plures dies esse in Crassi Tusculano. Et erat primi libri sermo non alienus a Scævolæ studiis : reliqui libri τεχνολογίαν habent, ut

moins entendu parler. La même difficulté se trouve dans mes dialogues *de la République,* où je fais parler Scipion, Philus, Lélius et Manilius. J'ai choisi encore, parmi les jeunes gens de ce temps-là, Q. Tubéron, P. Rutilius, avec Fannius et Scévola, tous deux gendres de Lélius. Mais, comme j'ai coutume de mettre une préface à ces sortes de livres, ainsi qu'Aristote fait à ceux qu'il appelle *exotériques* [1], j'ai envie d'en adresser une à Varron, où je pourrai lui donner les louanges qu'il mérite, sans quitter la méthode que je me suis faite. Je me tiendrai à cet avis, puisque vous l'approuvez, pourvu toutefois que je puisse venir à bout de ce que j'ai entrepris. Vous savez que c'est un ouvrage de longue haleine, qui demande beaucoup de loisir, et que j'en ai fort peu.

Vous voudriez que dans mes dialogues *de l'Orateur,* dont vous êtes d'ailleurs très-content, Scévola parût jusqu'à la fin; mais j'ai eu mes raisons pour ne le faire parler que dans le premier livre. J'ai imité ce qu'a fait notre dieu Platon dans ses dialogues *de la République.* Socrate vient trouver au Pirée Cephalus, ce riche et agréable vieillard, qui dit son sentiment sur les questions qui ont été traitées dans le premier livre : mais, après avoir parlé un temps raisonnable sur des matières qui lui conviennent, il quitte la compagnie pour aller faire un sacrifice, et ne revient point la joindre. C'est que Platon a cru, sans doute, qu'il n'y avait pas d'apparence de faire demeurer un homme si âgé pendant toute cette conversation, qui est extrêmement longue. Cette raison est encore plus juste par rapport à Scévola, à qui ni son âge, ni sa santé, ni ses dignités ne pouvaient permettre de passer plusieurs jours de suite à Tusculum, chez Crassus. D'ailleurs, la question que je traite dans le premier livre revient assez

scis : huic joculatorem senem illum, ut noras, interesse sane nolui.

De re Piliæ, quod scribis, erit mihi curæ : etenim est luculenta res, Aureliani, ut scribis, indiciis; et in eo me etiam Tulliæ meæ venditabo. Vestorio non desum : gratum enim tibi id esse intelligo, et, ut ille intelligat, curo; sed scis qui? quum habeat duo faciles, nihil difficilius.

Nunc ad ea, quæ quæris de C. Catone. Lege Junia et Licinia scis absolutum : Fusia ego tibi nuntio absolutum iri; neque patronis suis tam libentibus, quam accusatoribus : is tamen et mecum, et cum Milone in gratiam rediit. Drusus reus est factus a Lucretio, judicibus rejiciendis a. d. v non. quint. De Procilio rumores non boni : sed judicia nosti. Hirrus cum Domitio in gratia est. Senatusconsultum, quod hic consules de provinciis fecerunt, QUICUMQUE POSTHAC.... non mihi, ut qui jam intelligebamus enuntiationem illam Memmii valde Cæsari displicere.

Messalla noster, et ejus Domitius competitor liberalis in populo valde fuit : nihil gratius. Certi erant consules scilicet. At senatus decrevit, ut tacitum judicium ante

au genre d'érudition dans lequel Scévola excellait ; mais les deux autres contiennent un certain détail épineux de règles et de préceptes qui ne convenaient point à cette humeur enjouée et agréable que vous lui connaissiez.

Je penserai à ce que vous me proposez pour Pilia [2], puisque Aurélien vous a assuré que c'est une fort bonne affaire, et je m'en ferai un mérite auprès de Tullia. Je m'emploie pour Vestorius de tout mon pouvoir ; car je sais combien vous vous intéressez à lui, et je suis bien aise qu'il sache combien j'ai de considération pour vous. Mais, l'auriez-vous cru ? il est encore plus difficile à contenter, que nous ne sommes ardens à le servir.

Vous me demandez des nouvelles de l'affaire de C. Caton : on a déjà déclaré, comme vous l'avez su, qu'il n'avait point contrevenu à la loi Junia-Licinia [3], et je vous prédis qu'il en sera de même de la loi Fusia. Je vous dirai, de plus, que ceux qui l'ont accusé en seront encore plus aises que ceux qui ont plaidé pour lui. Au reste, je m'en console ; car il s'est raccommodé depuis peu avec Milon et avec moi. Drusus a été mis en justice par Lucretius, et on fit, le 3 juillet, le choix de la récusation des juges. On craint fort pour Procilius ; mais vous savez comment les affaires tournent dans le temps où nous sommes. Hirrus est bien maintenant avec Domitius. Je n'ai point été pour le décret que les consuls ont fait passer touchant les provinces, et qui commence par ces paroles : *Quiconque dans la suite* [4].... J'étais persuadé que César n'approuverait pas la déclaration que Memmius a faite en plein sénat.

Messalla, notre ami commun, et Domitius, son compétiteur, ont fait au peuple des largesses qui leur ont gagné tous les suffrages : ils sont sûrs d'être élus. Mais il

comitia fieret. Ab iis consiliis, quæ erant omnibus sortita in singulos candidatos, magnus timor candidatorum : sed quidam judices, in his Opimius VEIEN. TR. Antius, tribunos plebis appellarunt, ne injussu populi judicarent : res cedit. Comitia dilata ex senatusconsulto, dum lex de tacito judicio ferretur : venit legi dies; Terentius intercessit. Consules, qui illud levi brachio egissent, rem ad senatum detulerunt.

Hic Abdera, non tacente me. Dices, Tamen tu non quiescis? ignosce, vix possum : verumtamen quid tam ridiculum? Senatus decreverat, ne prius comitia haberentur, quam lex lata esset : si qui intercessisset, res integra referretur : cœpta ferri leviter : intercessum non invitis : res ad senatum : de ea re ita censuerunt, comitia primo quoque tempore haberi, esse e re. Scaurus, qui erat paucis diebus illis absolutus, quum ego partem ejus ornatissime defendissem, obnuntiationibus per Scævolam interpositis, singulis diebus usque ad pridie kalend. octobr. quo ego hæc die scripsi, sublatis, populo tributim domi suæ satisfecerat; se tamen, etsi uberior liberalitas hujus, gratior esse videbatur eorum, qui occuparant. Cuperem vultum videre tuum, quum hæc legeres; nam profecto spem non habes nullam, hæc negotia multarum nundinarum fore. Sed senatus hodie fuerat futurus, id est kalendis octobribus. Jam enim lucescit: ibi loquetur, præter Antium et Favonium, libere nemo:

a été arrêté dans le sénat [5] qu'on ferait, avant les assemblées, une enquête secrète sur tous les prétendans. On leur a donné à chacun des commissaires, ce qui les a fort alarmés. Mais quelques-uns des juges, et entre autres Opimius Antius [6], de la tribu Veientina, firent intervenir les tribuns, qui empêchèrent qu'on ne jugeât cette cause sans un ordre exprès du peuple : ainsi l'affaire ne passa point. On fit seulement un décret qui différait les élections jusqu'à ce qu'on eût publié une loi pour ce jugement : mais, lorsqu'on vint à la proposer, Terentius s'y opposa. Les consuls, qui avaient agi fort mollement, assemblèrent le sénat pour délibérer sur cette proposition.

Imaginez-vous ici le conseil des Abdéritains : aussi je ne pus m'en taire. Quoi donc ! me direz-vous, n'aviez-vous pas résolu de demeurer en repos ? Il n'y a pas moyen, je vous assure. En effet, qui ne perdrait patience ? Le sénat avait arrêté qu'on ne ferait les élections qu'après que la loi dont il s'agit aurait passé ; que si quelqu'un s'y opposait, on délibèrerait une seconde fois sur toute cette affaire. Les consuls proposent cette loi avec indifférence ; ils sont ravis qu'elle ne passe point, et, quand on prend là-dessus l'avis du sénat, on conclut qu'il est à propos de procéder sans délai aux élections. Cependant, Scévola ayant observé les auspices tous les jours d'assemblée jusqu'au 30 septembre que j'écris ceci, Scaurus, pour qui j'ai plaidé avec beaucoup d'éclat et de succès, et qui a été renvoyé absous peu de jours auparavant, a profité de ce délai, et a fait distribuer dans sa maison, à toutes les tribus, de plus grandes sommes qu'aucun de ses compétiteurs ; mais, comme ces largesses sont venues trop tard, elles ne lui ont pas fait autant de partisans. Je voudrais bien voir quel visage vous ferez en lisant ceci ;

nam Cato ægrotat. De me nihil timueris; sed tamen promitto nihil.

Quid quæris aliud? judicia, credo. Drusus, Scaurus non fecisse videntur. Tres candidati fore rei putabantur, Domitius a Memmio, Messalla a Q. Pompeio Rufo, Scaurus a Triario, aut a L. Cæsare. Quid poteris, inquies, pro iis dicere? ne vivam, si scio : in illis quidem tribus libris, quos tu dilaudas, nihil reperio.

Nunc, ut opinionem habeas rerum, ferendum est. Quæris ego me ut gesserim? constanter et libere. Quid ille, inquies, ut ferebat? humaniter, meæque dignitatis, quoad mihi satisfactum esset, habendam sibi rationem putabat. Quomodo ergo absolutus? omnino γοργεῖα γυμνά : accusatorum incredibilis infantia, id est L. Lentuli, L. filii, quem fremunt omnes prævaricatum; deinde Pompeii mira contentio; judicum sordes. Attamen, xxxii condemnarunt, xxxviii absolverunt. Judicia reliqua impendent : nondum est plane expeditus.

car vous n'êtes pas sans espérance que ces brigues et ces profusions dureront encore long-temps. Le sénat doit s'assembler aujourd'hui 1er octobre, et le jour commence à paraître. Personne n'y parlera avec liberté, hors Antius et Favonius. Caton est malade : pour moi, je saurai me contraindre; cependant je ne vous réponds de rien.

De quoi vous parlerai-je encore? de ceux à qui on a fait des procès criminels? Drusus et Scaurus ont été renvoyés absous. On croit que Domitius, Messalla et Scaurus, tous trois prétendans au consulat, seront accusés de brigue, le premier par Memmius, le second par Q. Pompeius Rufus, et le troisième par Triarius ou par L. César. Vous allez me demander comment je m'y prendrai pour défendre de si mauvaises causes; je veux mourir si je le sais moi-même : ces trois livres, dont vous êtes si content, ne me fournissent rien là-dessus.

Pour vous dire maintenant ce que je pense de l'absolution de Gabinius[7], il faut s'en consoler. Vous me demandez comment je me suis conduit dans cette affaire? avec toute la fermeté et toute la liberté possibles. Mais qu'en a dit Pompée? il n'a point trouvé mauvais que je poursuivisse une vengeance à laquelle l'honneur m'engageait, jusqu'à ce qu'on m'eût fait satisfaction. Comment donc Gabinius a-t-il été absous? tout cela est pure grimace[8], il est aisé de le deviner : les puissantes sollicitations de Pompée, la pauvreté et l'avarice des juges, la faiblesse de L. Lentulus, chef de l'accusation, qu'on accuse ouvertement de s'être laissé corrompre, n'en était-ce pas assez pour sauver Gabinius? Et, malgré tout cela, de soixante et dix voix il y en a eu trente-deux contre lui. Mais il n'est pas hors d'affaire; il a encore d'autres jugemens à subir.

Dices, tu ergo hæc quomodo fers? belle mehercule, et in eo me valde amo. Amisimus, mi Pomponi, omnem non modo succum ac sanguinem, sed etiam colorem et speciem pristinam civitatis : nulla est respublica, quæ delectet, in qua acquiescam. Idne igitur, inquies, facile fers? id ipsum : recordor enim', quam bella paullisper, nobis gubernantibus, civitas fuerit : quæ mihi gratia relata sit, nullus dolor me angit; unum omnia posse, disrumpuntur ii qui me aliquid posse doluerunt : multa mihi dant solatia.

Nec tamen ego de meo statu demigro : quæque vita maxime est ad naturam, ad eam me refero, ad litteras, et studia nostra : dicendi laborem delectatione oratoria consolor. Domus me, et rura nostra delectant : non recordor unde ceciderim, sed unde surrexerim. Fratrem mecum et te si habebo, per me ista pedibus trahantur : vobis ἐμφιλοσοφῆσαι possum. Locus ille animi nostri, stomachus ubi habitabat olim, concalluit : privata modo, et domestica nos delectant. Miram securitatem videbis; cujus plurimæ mehercule partes sunt in tuo reditu : nemo enim in terris est mihi tam consentientibus sensibus.

Eh bien, me direz-vous, comment regardez-vous tout ceci? Moi! fort tranquillement, et je m'en sais gré. Nous avons perdu non-seulement la sève et la substance de l'ancienne république, mais encore son apparence et sa forme extérieure; elle n'a plus rien qui nous attache et qui nous intéresse. Et vous n'en êtes point affligé? me direz-vous; tout au contraire : je me souviens de l'état florissant où elle était lorsque j'avais part au gouvernement; la manière dont elle a payé mes services me dispense de gémir de ses maux. Ceux qui m'ont envié le peu de pouvoir que j'avais se désespèrent maintenant de le voir tout entier dans les mains d'un seul, et ce n'est pas une petite consolation pour moi.

D'ailleurs, je me soutiens toujours avec dignité; je trouve dans mes livres une ressource conforme à mon inclination. Les fonctions que j'ai au barreau sont pénibles, mais elles sont brillantes. Je jouis de ma belle maison de Rome et de mes agréables maisons de campagne. Je ne me souviens point d'où je suis tombé, mais d'où je me suis relevé. Pourvu que je passe le reste de mes jours avec vous et avec mon frère, qu'on renverse tout si l'on veut, on ne nous empêchera pas du moins de philosopher ensemble. J'ai perdu cette sensibilité qui troublait mon repos; cette partie de mon être s'est endurcie. Je ne trouve plus de douceur que dans ma famille et avec mes amis. Je jouis enfin d'une admirable tranquillité, dans laquelle votre retour achèvera de m'affermir; car il n'y a personne au monde avec qui je m'accorde mieux de tout point qu'avec vous, et dont l'humeur se rapporte mieux à la mienne.

Sed accipe alia. Res fluit ad interregnum; et est nonnullus odor dictaturæ : sermo quidem multus; qui etiam Gabinium apud timidos judices adjuvit. Candidati consulares omnes rei ambitus : accedit etiam Gabinius; quem P. Sulla, non dubitans quin foris esset, postularat, contradicente et nihil obtinente Torquato. Sed omnes absolventur; nec posthac quisquam damnabitur, nisi qui hominem occiderit. Hoc tamen agitur severius. Itaque indicia calent. M. Fulvius Nobilior condemnatus est : multi alii urbani ne respondent quidem.

Aliud quid novi? etiam absoluto Gabinio, stomachantes alii judices, hora post, Antiochum Gabinium, nescio quem a Sopolidis pictoribus, libertum, ac accensum Gabinii, lege Papia condemnarunt : itaque dixit statim reus, lege majestatis οὐ σ᾿ οἶδ᾿ Ἄρης ἅμα Παφίῃ?

Pomptinus vult a. d. IV non. novembr. triumphare: huic obviam Cato, et Servilius prætores aperte, et Q. Mucius tribunus. Negant enim latum de imperio; et est latum hercule insulse. Sed erit cum Pomptino Appius consul : Cato tamen affirmat, se vivo illum non triumphaturum : id ego puto, ut multa ejusdem, ad nihil re-

Mais j'ai encore d'autres nouvelles à vous apprendre. Les troubles présens aboutiront à un interrègne : il se répand même une certaine odeur de dictature, et c'est ce qui acheva d'intimider les juges de Gabinius. Tous les candidats au consulat sont poursuivis pour brigue. P. Sylla en a aussi accusé Gabinius, dans l'espérance qu'il ne comparaîtrait point, et il l'a emporté sur Torquatus, son contradicteur. Mais les uns et les autres seront absous. Pour être condamné dorénavant, il faudra être convaincu de meurtre. Oh! l'on est fort sévère sur cet article, et l'on fait tous les jours des informations et des poursuites vigoureuses. Fulvius Nobilior a été condamné; d'autres, mieux avisés, ne s'amusent point à se défendre, et se bannissent eux-mêmes.

Quelle nouvelle ai-je encore à vous mander ? attendez, en voici une qui ne laissera pas de vous divertir. Une heure après que Gabinius eut été absous, d'autres juges, indignés d'une telle injustice, condamnèrent sur-le-champ, aux peines portées par la loi Papia [9], un de ses affranchis et de ses officiers, élève du peintre Sopolide, nommé Antiochus Gabinius. Cet homme s'écria aussitôt : *J'avais toujours ouï dire que Mars fut pris dans le même filet que Vénus.*

Pomptinus [10] a choisi le 2 novembre pour le jour de son triomphe. Il a contre lui, parmi les préteurs, Caton et Servilius, et Q. Mucius, tribun du peuple. Ils prétendent qu'on n'a point fait de décret en sa faveur, et il est vrai qu'il a été fait d'une manière assez étrange; mais il est soutenu par le consul Appius. Caton proteste que, tant qu'il sera en vie, il saura bien empêcher son

casurum. Appius sine lege, suo sumptu in Ciliciam cogitat.

Paccianæ epistolæ respondi : cognosce cetera. Ex fratris litteris incredibilia quædam de Cæsaris in me amore cognovi : eaque sunt ipsius Cæsaris uberrimis litteris confirmata. Britannici belli exitus exspectatur : constat enim aditus insulæ esse munitos mirificis molibus : etiam illud jam cognitum est, neque argenti scrupulum esse ullum in illa insula, neque ullam spem prædæ, nisi ex mancipiis; ex quibus nullos puto te litteris, aut musicis, eruditos exspectare.

Paullus in medio Foro basilicam jam pæne texuit iisdem antiquis columnis : illam autem, quam locavit, facit magnificentissimam. Quid quæris? nihil gratius illo monumento, nihil gloriosius. Itaque Cæsaris amici (me dico et Oppium : disrumparis licet) in monumentum illud, quod tu tollere laudibus solebas, ut forum laxaremus, et usque ad atrium Libertatis explicaremus, contempsimus sexcenties H.-S. : cum privatis non poterat transigi minore pecunia. Efficiemus rem gloriosissimam : nam in campo Martio septa tributis comitiis marmorea sumus et tecta facturi; eaque cingemus excelsa porticu; ut mille passuum conficiatur : simul adjungetur huic operi villa etiam publica. Dices, quid mihi hoc monu-

triomphe. Je crois que dans cette occasion, comme dans beaucoup d'autres, il fera plus de bruit que d'effet, et que ce grand éclat tombera de lui-même. Appius a résolu enfin de se rendre à son gouvernement de Cilicie sans loi des curies et à ses dépens.

J'ai répondu à la lettre que vous aviez donnée à Paccius; mais j'ai encore bien des choses à vous dire. César a pour moi toute l'amitié possible; j'ai lieu d'en juger et par ce que me mande mon frère, et par les assurances qu'il m'en a données lui-même dans une lettre fort longue et fort obligeante. On attend d'un jour à l'autre des nouvelles de l'expédition de Bretagne. Les côtes de cette île sont défendues par de très-bons forts, et l'on a reconnu qu'en fait d'argent il n'y en a pas une once, et qu'on n'en remporterait pour tout butin que des esclaves. Je ne crois pas qu'il vous en vienne de ce pays-là, qui sachent la musique et les belles-lettres.

Émilius Paullus a déjà presque relevé la basilique qui était au milieu de la place; il s'est servi des anciennes colonnes, mais il en fait bâtir une qui sera d'une beauté surprenante. Je vous dirai que cette dépense lui fait beaucoup d'honneur, et qu'elle plaît fort au peuple. A son exemple, les amis de César (dussiez-vous en mourir de dépit, il faut que vous sachiez que c'est d'Oppius et de moi que je parle), les amis de César, dis-je, ont résolu, pour exécuter ce dessein que vous approuviez si fort, d'élargir la place que César fait faire, et de la pousser jusqu'au portique de la Liberté. Nous avons prodigué soixante millions de sesterces[11] pour l'acquisition de toutes les maisons qui étaient dans cet espace; on n'a pu s'accommoder à moins avec les propriétaires; il n'y aura rien de plus splendide. Nous ferons aussi dans le Champ-de-

mentum proderit? quid? celabo te res romanas? non enim te puto de lustro, quod jam desperatum est, aut de judiciis, quæ lege Cincia fiant, quærere.

Nunc te objurgari patere, si jure. Scribis enim in epistola, quam C. Decimus mihi reddidit Buthroto datam, in Asiam tibi eundum esse te arbitrari : mihi mehercule nihil videbatur esse in quo tantulum interesset, utrum per procuratores ageres, an per te ipsum, ut abires toties, et tam longe abesses. Sed hæc mallem, integra re, tecum egisse; profecto enim aliquid egissem : nunc reprimam susceptam objurgationem : utinam valeat ad celeritatem reditus tui! Ego ad te propterea minus sæpe scribo, quod certum non habeo ubi sis, aut ubi futurus sis. Huic tamen nescio cui, quod videbatur is te visurus esse, putavi dandas esse litteras. Tu, quoniam iturum te in Asiam esse putas, ad quæ tempora te exspectemus, facias me certiorem velim, et de Eutychide quid egeris.

Mars des enclos et des galeries de marbre, qui seront entourés d'un grand portique de mille pas, où le peuple pourra se mettre à couvert lorsqu'on l'assemble par tribus. Cet ouvrage sera accompagné d'une métairie publique. Qu'est-ce qui me revient de tout cela? direz-vous; pourquoi m'en parler si long-temps? faut-il vous cacher les nouvelles de Rome? aimeriez-vous mieux que je vous entretinsse du dénombrement du peuple auquel on ne pense plus, ou des jugemens à rendre conformément à la loi Cincia [12]?

Il faut maintenant que je vous gronde, si vous le méritez. Vous me marquez, dans la lettre que vous m'avez écrite de Buthrote par C. Decimus, que vous ne pourrez guère vous dispenser d'aller en Asie; il me semble néanmoins que vous n'avez pas dans cette province des affaires qui ne puissent se faire sans vous. Vos absences ne sont-elles pas assez fréquentes? faut-il qu'elles soient encore si longues? Mais il n'y a plus de remède; peut-être que si je m'y étais pris plus tôt, je vous aurais fait changer de dessein. Laissons là des reproches inutiles; ils ne le seront pas néanmoins, s'ils vous font avancer votre retour. Je vous écrirais plus souvent si je savais où adresser mes lettres. J'ai donné celle-ci à cet inconnu, parce que j'espère qu'il vous la rendra en main propre. Puisque vous comptez aller en Asie, marquez-moi quand nous pourrons vous attendre, et ce que vous avez fait pour Eutychide.

EPISTOLA CI.
(ad div., VII, 17.)
Scrib. Romæ, mense octobr. A. V. C. 699.

CICERO TREBATIO.

Ex tuis litteris, et Quinto fratri gratias egi, et te aliquando collaudare possum, quod jam videris certa aliqua in sententia constitisse. Nam primorum mensium litteris tuis vehementer commovebar, quod mihi interdum (pace tua dixerim) levis in urbis urbanitatisque desiderio, interdum piger, interdum timidus in labore militari, sæpe autem etiam, quod a te alienissimum est, subimpudens videbare. Tanquam enim syngrapham ad imperatorem, non epistolam attulisses; sic pecunia ablata, domum redire properabas: nec tibi in mentem veniebat eos ipsos, qui cum syngraphis venissent Alexandriam, nummum adhuc nullum auferre potuisse.

Ego, si mei commodi rationem ducerem, te mecum esse maxime vellem; non enim mediocri afficiebar vel voluptate ex consuetudine nostra, vel utilitate ex consilio atque opera tua. Sed quum te ex adolescentia tua in amicitiam et fidem meam contulisses, semper te non modo tuendum mihi, sed etiam augendum atque ornandum putavi. Itaque, quoad opinatus sum me in pro-

LETTRE CL.

Rome, octobre 699.

CICÉRON A TREBATIUS.

Sur votre dernière lettre, j'ai fait des remercîmens à mon frère, et je crois pouvoir enfin vous louer de ce que vous paraissez fixé à quelque chose. Celles que vous m'écriviez pendant les premiers mois me choquaient beaucoup, lorsque par intervalles, si vous me permettez de le dire, je vous trouvais un air de légèreté dans le regret continuel que vous marquiez de la ville et de ses plaisirs; je vous reprochais tantôt de la paresse et tantôt de la timidité dans les travaux de la guerre; souvent même un peu de présomption, ce qui est fort éloigné de votre caractère. Il semblait que vous eussiez porté à César, non une lettre, mais un billet payable au porteur, et que vous n'eussiez d'impatience que pour revenir après avoir reçu votre argent. Vous ne faisiez pas réflexion que ceux qui ont fait le voyage d'Alexandrie[1] avec de vrais billets n'ont encore pu toucher un écu.

Pour moi, si je ne consultais que mes intérêts, je souhaiterais assurément de vous avoir avec moi; car je tirerais tout à la fois, et beaucoup de satisfaction de notre commerce, et beaucoup d'utilité de vos conseils et de vos services. Mais, comme vous vous êtes attaché à moi, et que vous avez fait fond sur mon amitié depuis votre première jeunesse, je me suis cru obligé non-seulement de vous protéger, mais encore de contribuer à votre fortune et à votre honneur. Aussi devez-vous vous souvenir

vinciam exiturum, quæ ad te ultro detulerim meminisse te credo.

Posteaquam mea mutata ratio est, quum viderem me a Cæsare honorificentissime tractari, et unice diligi, hominisque liberalitatem incredibilem et singularem fidem nossem; sic ei te commendavi et tradidi, ut gravissime diligentissimeque potui. Quod ille ita et accepit, et mihi sæpe litteris significavit, et tibi et verbis et re ostendit, mea commendatione sese valde esse commotum.

Hunc tu virum nactus, si me aut sapere aliquid, aut velle tua causa putas, ne dimiseris; et, si qua te forte res aliquando offenderit, quum ille aut occupatione, aut difficultate tardior tibi erit visus, perferto, et ultima exspectato; quæ ego tibi et jucunda et honesta præstabo. Pluribus te hortari non debeo. Tantum moneo, neque amicitiæ confirmandæ clarissimi ac liberalissimi viri, neque uberioris provinciæ, neque ætatis magis idoneum tempus, si hoc amiseris, te esse ullum unquam reperturum. Hoc, quemadmodum vos scribere soletis in vestris libris, idem Q. Cornelio videbatur. In Britanniam te non esse profectum gaudeo, quod et labore caruisti, et ego te de rebus illis non audiam. Ubi sis hibernaturus, et qua spe, aut conditione, perscribas ad me velim.

de tout ce que j'ai fait volontairement pour vous, tant que je me suis vu prêt à partir pour la province.

Ensuite, lorsque j'eus formé d'autres vues, et que, recevant de César toutes les marques possibles d'amitié et de considération, je fus assuré de sa générosité et de sa bonne foi, je vous ai recommandé, je vous ai livré à lui avec autant de zèle et de chaleur que je l'ai pu. La manière dont il a reçu ma recommandation prouve assez qu'il y a été fort sensible : il me l'a témoigné par ses lettres, et vous l'a fait connaître à vous-même par ses discours et par des effets.

Puisque vous avez trouvé un protecteur de ce caractère, vous ne le quitterez pas, si vous me croyez quelques lumières et quelque amitié pour vous. Quand votre délicatesse pourrait être quelquefois blessée; quand ses grandes occupations, par exemple, ou d'autres difficultés reculeraient l'occasion de le voir, je vous conseillerais de prendre patience et d'attendre la fin, qui sera, je vous le garantis, avantageuse et honorable pour vous. Je ne dois rien ajouter à ces exhortations. Cependant je vous avertis que, si vous ne profitez pas de cette conjoncture, vous ne trouverez jamais ni d'occasion plus favorable pour vous concilier l'amitié d'un homme illustre et généreux, ni de province plus avantageuse, ni de circonstance enfin qui convienne mieux à votre âge. C'est aussi, pour m'exprimer comme vos jurisconsultes [2], le sentiment de Q. Cornelius. Au reste, je suis bien aise que vous ne soyez point parti pour la Bretagne : c'est une fatigue de moins pour vous, et j'y gagnerai de ne pas vous entendre sur ces affaires-là. Ne manquez pas de m'écrire où vous passerez l'hiver, et dans quelle position et dans quelle espérance.

EPISTOLA CLI.
(ad Q. fratrem, III, 2.)

Scrib. Romæ, v id. octobr. A. V. C. 699.

M. CICERO QUINTO FRATRI SAL.

A. D. VI idus octobr. Salvius Ostiam vesperi navi profectus erat cum iis rebus quas tibi domo mitti volueras. Eodem die Gabinium ad populum luculente calefecerat Memmius, sic ut Calidio verbum facere pro eo non licuerit. Postridie autem ejus diei, qui erat tum futurus quum hæc scribebam ante lucem, apud Catonem erat divinatio in Gabinium futura inter Memmium, et Titum Neronem, et C. et L. Antonios, M. F. Putabamus fore ut Memmio daretur, etsi erat Neronis mira contentio. Quid quæris? Prope premitur, nisi noster Pompeius, diis hominibusque invitis, negotium everterit.

Cognosce nunc hominis audaciam, et aliquid in republica perdita delectare. Quum Gabinius, quacumque veniebat, triumphum se postulare dixisset, subitoque bonus imperator noctu in urbem hostium plane invasisset, in senatum se non committebat. Interim, ipso decimo die, quo ipsum oportebat hostium numerum et militum renuntiare, in re hæsit. Summa in frequentia, quum vellet exire, a consulibus retentus est: introducti publicani. Homo undique actus, et quum a me maxime vulneraretur, non tulit, et me trementi voce exsulem appellavit. Hic, o dii! nihil unquam honorificentius no-

LETTRE CLI.

Rome, 11 octobre 699.

M. CICÉRON A QUINTUS SON FRÈRE.

Salvius s'est embarqué pour Ostie le 10 octobre au soir, avec tout ce que vous avez désiré qu'on vous envoyât de chez vous. Le même jour, Memmius a si fort chauffé Gabinius au Forum, que Calidius ne put obtenir la liberté de dire un mot pour sa défense. Mais le lendemain du jour où je vous écris cette lettre, et qui est encore futur, puisque j'écris avant le lever du soleil, on doit s'assembler chez Caton pour décider qui sera l'accusateur de Gabinius[1], entre Memmius, Titus Néron et les deux Antoine[2], Caïus et Lucius. Je m'imagine que Memmius l'emportera, quoique Néron soit fort pressant. Que vous dirai-je? Gabinius est serré de près, et je ne vois que Pompée qui, malgré le ciel et la terre, soit capable de faire manquer l'entreprise.

Voyez à présent jusqu'où va l'audace de l'accusé; car il faut bien vous donner quelque sujet de rire au milieu des désordres publics. Gabinius, après avoir déclaré dans tous les lieux de son passage qu'il demandait le triomphe, et s'être glissé, en bon général, dans la ville ennemie pendant les ténèbres, n'osait néanmoins se présenter au sénat. Mais le dixième jour, lorsqu'il fallut expliquer le nombre des ennemis[3] et des soldats, il demeura court[4]. L'assemblée était extrêmement nombreuse[5]. Il voulait sortir : les consuls le retinrent, et les publicains furent introduits. Il fut pressé de toutes parts. Mais, comme les traits les plus sanglans venaient de

bis accidit. Consurrexit senatus cum clamore ad unum, sic ut ad corpus ejus accederet: pari clamore atque impetu publicani. Quid quæris? omnes, tanquam si tu esses, ita fuerunt. Nihil hominum sermone foris clarius. Ego tamen teneo ab accusando vix mehercule : sed tamen teneo, vel quod nolo cum Pompeio pugnare (satis est quod instat de Milone), vel quod judices nullos habemus, ἀπότευγμα formido; addo etiam malivolentiam hominum, et timeo ne illi, me accusante, aliquid accidat: nec despero rem, et sine me et nonnihil per me, confici posse.

De ambitu postulati sunt omnes qui consulatum petunt. A Memmio Domitius, a Q. Curtio, bono et erudito adolescente, Memmius, a Q. Pompeio Messalla, a Triario Scaurus. Magno res in motu est: propterea quod aut hominum aut legum interitus ostenditur. Opera datur ut judicia ne fiant. Res videtur spectare ad interregnum. Consules comitia habere cupiunt; rei nolunt, et maxime Memmius, quod Cæsaris adventu sperat se futurum consulem. Sed mirum in modum jacet. Domitius, cum Messalla, certus esse videbatur. Scaurus refrixerat. Appius sine lege curiata confirmat se Lentulo nostro successurum : qui quidem mirificus illo die (quod

moi, la patience lui manqua, et d'une voix tremblante il me traita d'exilé. O dieux ! ce moment fut sans doute le plus glorieux de ma vie. Tout le sénat, sans exception, se leva en poussant un cri, et parut fondre sur lui. Les publicains s'avancèrent avec le même bruit et la même impétuosité. En un mot, tout le monde parut tel que vous auriez été vous-même. Il ne se peut rien de plus honorable pour moi que les discours qui se tinrent au dehors. En vérité, je me fais violence pour ne pas me charger moi-même de l'accusation ; mais je prends le parti de me la faire, soit parce que je ne veux rien avoir à démêler avec Pompée (c'est assez de ce qui se prépare au sujet de Milon [6]), soit parce que nous sommes malheureusement sans juges, et que je crains un échec, ou, si vous voulez, l'excès de haine qu'on lui porte. J'appréhenderais qu'il ne lui arrivât quelque chose de sinistre tandis que je l'accuserais. D'ailleurs je ne désespère pas que l'affaire ne puisse se terminer sans moi, et quelque peu par moi.

Tous ceux qui aspirent au consulat sont accusés de brigue. Domitius est accusé par Memmius ; Memmius par Q. Curtius, qui est un jeune homme aimable et savant ; Messalla par Q. Pompée ; Scaurus par Triarius. L'agitation est extrême, parce que tout le monde s'attend à la ruine des coupables ou à celle des lois. On s'efforce d'empêcher les jugemens. Tout paraît annoncer un interrègne. Les consuls voudraient tenir les comices. Les accusés ne le veulent pas, surtout Memmius, parce qu'il espère être consul à l'arrivée de César [7] : mais il est actuellement dans un extrême abattement. Domitius et Messalla paraissent sûrs du succès. Scaurus s'est refroidi. Appius déclare qu'il compte succéder à Lentulus sans

pæne præterii) fuit in Gabinium. Accusavit majestatis ; nomina data, quum ille verbum nullum. Habes forensia. Domi recte, et ipsa domus a redemptoribus tractatur non indiligenter. Vale.

EPISTOLA CLII.
(ad Q. fratrem, III, 3.)
Scrib. Romæ, circa idus octobr. A. V. C. 699.

M. CICERO QUINTO FRATRI SAL.

OCCUPATIONUM mearum tibi signum sit librarii manus. Diem scito esse nullum, quo die non dicam pro reo : ita quidquid conficio aut cogito, in ambulationis tempus fere confero. Negotia nostra sic se habent. Domestica vero, ut volumus. Valent pueri : studiose discunt, diligenter docentur, et nos et inter se amant. Expolitiones utriusque nostrum sunt in manibus, sed tua pæne ad tectum. Jam res rusticas Arcani et Laterii, præterea de aqua et via nihil prætermisi quadam epistola, quin enucleate ad te perscriberem : sed me illa cura sollicitat angitque vehementer, quod dierum jam amplius L intervallo nihil a te, nihil a Cæsare, nihil ex istis locis, non modo litterarum, sed ne rumoris quidem affluxit. Me autem jam et mare istuc et terra sollicitat ; neque desino, ut fit in amore, ea, quæ minime volo, cogitare. Quare non equidem jam te rogo ut ad me de te, de rebus istis scribas (nunquam enim, quum potes, præter-

aucune loi des curies. J'oubliais de vous dire qu'il fut admirable contre Gabinius, dans l'occasion qui me regarde : il l'accusa de lèse-majesté; il indiqua ses témoins, et l'autre n'ouvrit pas la bouche pour répondre. Tel est l'état des affaires publiques. Celles de votre maison sont en bon ordre, et votre maison même avance beaucoup, grâce à la diligence de vos entrepreneurs. Adieu.

LETTRE CLII.

Rome, vers le 15 octobre 699.

M. CICÉRON A QUINTUS SON FRÈRE.

Vous reconnaîtrez, à la main de mon secrétaire, que je suis fort occupé. Apprenez qu'il ne se passe pas un jour où je ne plaide pour quelque accusé. Ainsi tout ce que j'ai à faire et à méditer est remis au temps de ma promenade. Voilà ma situation. Celle de nos affaires domestiques est conforme à mes désirs. Nos enfans sont en bonne santé. Ils s'appliquent à l'étude : on les instruit soigneusement. Ils nous aiment et s'aiment entre eux. On met la dernière main à vos constructions et aux miennes ; les vôtres sont élevées presque jusqu'au toit. Quant à ce qui est de vos terres d'Arcanum et de Laterium, je vous ai rendu compte en grand détail, dans une de mes lettres, de vos eaux et de vos chemins. Ce qui me cause beaucoup d'inquiétude et de tourment, c'est que, depuis plus de cinquante jours, non-seulement je n'ai reçu aucune lettre de vous et de César, ni des lieux où vous êtes, et que je n'en ai même rien appris par le bruit public. La mer et la terre commencent à m'inquiéter également; et l'amitié, comme il arrive toujours, me représente ce à

mittis); sed hoc te scire volo, nihil fere unquam me sic exspectasse, ut, quum hæc scribebam, litteras tuas.

Nunc cognosce ea quæ sunt in republica. Comitiorum quotidie singuli dies tolluntur obnuntiationibus, magna voluntate bonorum omnium : tanta invidia sunt consules, propter suspicionem pactorum a candidatis præmiorum. Candidati consulares quatuor omnes rei. Causæ sunt difficiles. Sed enitemur ut Messalla noster salvus sit, quod est etiam cum reliquorum salute conjunctum.

Gabinium de ambitu reum fecit P. Sylla, subscribente privigno Memmio, fratre Cæcilio, Sullæ filio. Contra dixit L. Torquatus, omnibusque libentibus non obtinuit. Quæris quid fiat de Gabinio? Sciemus de majestate triduo. Quo quidem in judicio, odio premitur omnium generum; maxime testibus cæditur; accusatoribus frigidissimis utitur. Consilium varium. Quæsitor gravis et firmus Alfius. Pompeius vehemens in judicibus rogandis. Quid futurum sit, nescio : locum tamen illi in civitate non video. Animum præbeo ad illius perniciem moderatum, ad rerum eventum lenissimum. Habes fere de omnibus rebus.

quoi je voudrais le moins penser. Je ne vous prie pas de m'écrire votre situation et ce qui se passe près de vous, puisque vous n'y manquez jamais lorsque vous le pouvez; mais je vous déclare qu'au moment où je vous écris j'attends vos lettres avec la plus vive impatience que j'aie jamais ressentie.

Voici l'état des affaires publiques. On soupçonne les consuls de s'être laissé corrompre par l'argent des candidats; et cette prévention les rend si odieux, que tous les gens de bien voient avec beaucoup de plaisir les comices traversés chaque jour par des oppositions. Les quatre candidats consulaires sont tous accusés. Ces causes ont leurs difficultés; mais nous nous efforcerons de délivrer notre ami Messalla du danger, et ce sera travailler en même temps au salut des autres.

P. Sylla a accusé Gabinius de brigue[1], secondé par Memmius son beau-fils, et par son frère Cécilius, fils de Sylla. Il a trouvé dans son chemin l'opposition de L. Torquatus, mais avec peu d'effet, parce qu'elle n'a été goûtée de personne. Vous êtes curieux de savoir ce qu'on fera de Gabinius. Nous saurons dans trois jours ce que produira l'accusation de lèse-majesté; mais je vous apprends d'avance qu'il a contre lui, dans cette affaire, la haine de tous les ordres. C'est par les témoins qu'il est le plus mal mené; car ses accusateurs sont des gens très-froids. Le conseil est partagé. Alfius, qui est le rapporteur, est un homme grave et ferme. Pompée est ardent à presser les juges. J'ignore quel sera le succès; mais il n'y a pas d'apparence qu'il puisse demeurer dans la ville. Je me sens disposé à voir sa ruine avec modération; et l'évènement, quel qu'il soit, ne me fera pas changer d'humeur. Je crois vous avoir instruit de tout.

Unum illud addam. Cicero tuus nosterque summo studio est Pæonii sui rhetoris, hominis opinor valde exercitati, et boni : sed nostrum instituendi genus esse paullo eruditius, et θετικώτερον, non ignoras. Quare neque ego impediri Ciceronis iter atque illam disciplinam volo, et ipse puer magis illo declamatorio genere duci et delectari videtur. In quo quoniam ipsi quoque fuimus, patiamur illum ire nostris itineribus; eodem enim perventurum esse confidimus. Sed tamen si nobiscum eum rus aliquando eduxerimus, in hanc nostram rationem consuetudinemque inducemus. Magna enim nobis a te proposita merces est, quam certe nostra culpa nunquam minus assequemur. Quibus in locis et qua spe hiematurus sis, ad me quam diligentissime scribas velim. Vale.

EPISTOLA CLIII.
(ad Q. fratrem, III, 4.)

Scrib. ix kal. nov. A. V. C. 699.

M. CICERO QUINTO FRATRI SAL.

GABINIUS absolutus est. Omnino nihil accusatore Lentulo subscriptoribusque infantius, nihil illo consilio sordidius. Sed tamen nisi incredibilis contentio, et preces Pompeii, dictaturæ etiam rumor plenus timoris fuisset, ipsi Lentulo non respondisset, qui tum illo accusatore, illoque consilio sententiis condemnatus sit xxxii, quum lxx tulissent. Est omnino tam gravi fama hoc judicium,

J'ajouterai néanmoins que votre Cicéron, qui est aussi le mien, est très-soigneusement instruit par Péonius, son maître de rhétorique, que je crois homme de mérite et fort exercé dans sa profession. Mais vous savez que ma méthode est un peu plus philosophique et plus profonde. C'est ce qui fait aussi que je suis bien aise de voir Cicéron dans la voie qu'on lui fait embrasser, d'autant plus qu'il paraît prendre plaisir à ce genre déclamatoire. Je me souviens que nous y en avons pris nous-mêmes. Il faut le laisser marcher sur nos traces, dans l'espérance qu'il arrivera au même terme. Cependant, si je le mène quelque jour à la campagne, je tâcherai de le faire entrer dans la méthode que j'ai choisie et qui m'est tournée en habitude. La récompense que vous me promettez est grande; ce ne sera pas ma faute si je manque de l'obtenir. Écrivez-moi promptement où vous devez passer l'hiver, et dans quelle espérance. Adieu.

LETTRE CLIII.

Le 24 octobre 699.

M. CICÉRON A QUINTUS SON FRÈRE.

GABINIUS est absous. Comptez qu'il n'y a rien de si puéril que Lentulus, son accusateur, et ceux qui l'ont secondé, ni rien de plus infâme que tout ce conseil. Cependant, si les instances et les prières de Pompée n'avaient été plus ardentes qu'on ne le saurait croire, et si quelques bruits touchant la dictature n'avaient répandu une certaine terreur, l'accusé n'aurait osé répondre à Lentulus même. Jugez-en, puisqu'avec un tel accusa-

ut videatur reliquis judiciis periturus, et maxime de pecuniis repetundis. Sed vides nullam esse rempublicam, nullum senatum, nulla judicia, nullam in nullo nostrum dignitatem.

Quid plura de judicibus? Duo prætorii sederunt: Domitius Calvinus; is aperte absolvit, ut omnes viderent; et Cato, is diremptis tabellis de circulo se subduxit, et Pompeio primus nuntiavit. Aiunt nonnulli, Sallustius tem, me oportuisse accusare. Iis ego judicibus committerem? Quid essem, si me agente esset elapsus? Sed me alia moverunt. Non putasset sibi Pompeius de illius salute, sed de sua dignitate mecum esse certamen. In urbem introisset, ad inimicitias res venisset, cum Æsernino Samnite Pacidianus comparatus viderer, auriculam fortasse mordicus abstulisset. Cum Clodio quidem certe rediisset in gratiam.

Ego vero meum consilium, si præsertim tu non improbas, vehementer approbo. Ille quum a me singularibus meis studiis ornatus esset, quumque ego illi nihil deberem, ille mihi omnia, tamen in republica me a se dissentientem non tulit (nihil dicam gravius), et minus potens eo tempore, quid in me florentem posset, osten-

teur et un tel conseil il a eu contre lui trente-deux voix sur soixante-dix. Ce jugement est en si mauvaise odeur, que, suivant les apparences, Gabinius succombera dans les autres, surtout dans celui du péculat. Mais vous voyez que nous n'avons plus de république, ni de sénat, ni de jugemens; enfin, qu'il ne reste à personne de nous aucune ombre de dignité.

Que vous dirai-je de plus sur les juges? Il y avait deux prétoriens : Domitius Calvinus, qui s'est déclaré ouvertement pour l'absolution, à la vue de tout le monde; et Caton[1], qui, après avoir compté les suffrages, s'est retiré doucement pour en porter la première nouvelle à Pompée. Quelques-uns prétendent, et Sallustius entre autres, que je devais me charger de l'accusation. La prudence me permettait-elle de m'exposer à des juges de cette espèce? Que serait-ce si le coupable m'avait échappé? Mais je me suis conduit par d'autres vues. Pompée se serait imaginé que, dans cette affaire, il était moins question du salut de Gabinius que de sa propre dignité. Il serait entré dans la ville; on en serait venu à des haines ouvertes; on m'aurait pris pour un Pacidianus, qui aurait prétendu se mesurer avec Éserninus le Samnite[2]; il m'aurait peut-être mordu l'oreille jusqu'à me l'emporter. Il n'aurait pas manqué du moins de se réconcilier avec Clodius.

Enfin, je m'applaudis du parti que j'ai pris, surtout si vous ne le condamnez pas. Songez que dans un temps où j'avais rapporté tous mes efforts à l'honneur de Pompée, dans un temps où je ne lui devais rien et où il me devait tout, il ne put souffrir, pour ne pas m'exprimer dans des termes plus forts, que je fusse d'un autre sentiment que lui sur les affaires publiques; et qu'étant

dit. Nunc quum ego ne curem quidem multum posse, res quidem publica certe nihil possit, unus ille omnia possit, cum illo ipso contenderem? sic enim faciendum fuisset. Non existimo te putare id mihi suscipiendum fuisse. Alterutrum, inquit idem Sallustius, defendisses, idque Pompeio contendenti dedisses. Etenim vehementer orabat. Lepidum amicum Sallustium, qui mihi aut inimicitias putat periculosas subeundas fuisse, aut infamiam sempiternam. Ego vero hac mediocritate delector: ac mihi illud jucundum est, quod, quum testimonium secundum fidem et religionem gravissime dixissem, reus dixit, si in civitate licuisset sibi esse, mihi se satisfacturum : neque me quidquam interrogavit.

De versibus quos tibi a me scribi vis, deest mihi quidem opera, quæ non modo tempus, sed etiam animum vacuum ab omni cura desiderat. Sed abest etiam ἐνθουσιασμός : non enim sumus omnino sine cura venientis anni, etsi sumus sine timore. Simul et illud (sine ulla mehercule ironia loquor) tibi istius generis in scribendo priores partes tribuo quam mihi. De bibliotheca tua græca supplenda, libris commutandis, latinis comparandis, valde velim ista confici, præsertim quum ad meum quoque usum spectent. Sed ego mihi ipsi ista per quem agam non habeo : neque enim venalia sunt, quæ quidem placeant, et confici nisi per hominem et peritum et diligen-

bien moins puissant qu'il ne l'est aujourd'hui, il fit voir ce qu'il pouvait contre moi dans ma plus grande force. Lui contesterai-je quelque chose, aujourd'hui que je ne cherche point à pouvoir beaucoup, que la république assurément ne peut rien, et qu'il est seul en possession de tout? car c'était à lui qu'il fallait avoir affaire; et vous conviendrez que je n'ai pas dû l'entreprendre. Mais je devais donc embrasser la défense de l'accusé, dit encore Sallustius, et faire ce plaisir à Pompée, qui me le demandait instamment. Quel ami que Sallustius, et quel conseil! c'est-à-dire qu'il aurait fallu m'attirer des haines dangereuses, ou me couvrir d'une honte éternelle. Pour moi, je m'applaudis du tempérament que j'ai gardé, et je suis ravi qu'après avoir fait ma déposition suivant les lois de mon honneur et de ma conscience, l'accusé se soit cru obligé de déclarer que, s'il lui était permis de demeurer dans la ville, il me ferait toutes sortes de satisfactions. Ajoutez qu'il ne m'a pas fait la moindre question [3].

A l'égard des vers que vous souhaitez que je fasse pour vous, je ne puis guère me livrer à ce travail, qui demande et du temps et une parfaite liberté d'esprit. D'ailleurs, je ne me sens pas l'enthousiasme nécessaire; car si je n'appréhende rien pour l'année prochaine, je ne saurais dire néanmoins que je sois sans inquiétude. J'ajoute, et c'est en vérité sans ironie, que je vous cède l'avantage dans ce genre d'écrire. Je souhaiterais beaucoup que les supplémens de votre bibliothèque grecque fussent achevés, qu'on eût fait des échanges, et qu'on vous eût procuré les livres latins qui vous manquent. J'y suis intéressé, puisque j'en dois aussi faire usage. Mais je n'ai personne sur qui je puisse me reposer de ce soin pour moi-même.

tem non possunt. Chrysippo tamen imperabo, et cum Tyrannione loquar.

De fisco quid egerit Scipio, quæram : quod videbitur rectum esse curabo. De Ascanione tu vero quod voles, facies; me nihil interpono. De suburbano quod non properas, laudo; ut tu habeas, hortor.

Hæc scripsi a. d. ix. kalend. novembr., quo die ludi committebantur, in Tusculanum proficiscens, ducensque mecum Ciceronem meum in ludum discendi, non lusionis : ea re non longius quam vellem, quod Pomptino ad triumphum a. d. iii non. novembr. volebam adesse : etenim erit nescio quid negotioli. Nam Cato et Servilius prætores prohibituros se minantur : nec quid possint scio. Ille enim et Appium consulem secum habebit, et prætores et tribunos plebis. Sed minantur tamen; imprimisque Ἄρη πνέων Q. Scævola. Cura, mi suavissime et carissime frater, ut valeas.

Ce qui serait de mon goût ne peut se trouver à prix d'argent. Il nous faudrait pour cela un homme habile et soigneux. Cependant je donnerai des ordres à Chrysippus, et j'en parlerai à Tyrannion.

Je m'informerai de ce que Scipion a fait touchant le fisc, et je prendrai les soins que je croirai convenables. Vous ferez ce qu'il vous plaira d'Ascanion [4]; soyez sûr que je ne m'y opposerai pas. Je vous loue de ne pas trop vous hâter pour une maison dans les faubourgs, et je vous exhorte en même temps à vous en procurer une.

Je vous écris cette lettre le 24 octobre [5], jour des jeux publics, en partant pour ma maison de Tusculum, où je mène avec moi mon fils, pour qu'il soit à une école d'étude et non à une école d'amusement. Je n'y serai pas aussi long-temps que je le souhaiterais, parce que je veux assister, le 3 novembre, au triomphe de Pomptinus [6]. Je m'attends à quelque petite affaire. Caton et Servilius menacent d'arrêter la fête. Je ne sais de quoi ils seront capables; car Pomptinus aura pour lui le consul Appius, avec les préteurs et les tribuns du peuple. Ils ne cessent pas néanmoins de menacer surtout le redoutable Q. Scévola, qui respire la guerre. Je vous recommande, mon très-cher et très-excellent frère, de prendre soin de votre santé.

EPISTOLA CLIV.
(ad Q. fratrem, III, 5 et 6.)

Scrib. in Tusculano, exeunte mense nov. A. V. C. 699.

M. CICERO QUINTO FRATRI SAL.

Quod quæris quid de illis libris egerim, quos quum essem in Cumano scribere institui : non cessavi neque cesso. Sed sæpe jam scribendi totum consilium rationemque mutavi. Nam jam duobus factis libris, in quibus, novendialibus iis feriis quæ fuerunt Tuditano et Aquilio consulibus, sermo est a me institutus Africani paullo ante mortem, et Lælii, Phili, Manlii, Q. Tuberonis, et Lælii generorum, Fannii et Scævolæ. Sermo autem in novem et dies et libros distributus de optimo statu civitatis, et de optimo cive.

Sane texebatur opus luculenter, hominumque dignitas aliquantum orationi ponderis afferebat. Hi libri quum in Tusculano mihi legerentur, audiente Sallustio, admonitus sum ab illo, multo majore auctoritate illis de rebus dici posse, si ipse loquerer de republica, præsertim quum essem non Heraclides Ponticus, sed consularis, et is qui in maximis versatus in republica rebus essem : quæ tam antiquis hominibus attribuerem, ea visum iri ficta esse; oratorium sermonem in illis nostris libris, quod esset de ratione dicendi, belle a me removisse; ad eos tamen retulisse quos ipse vidissem : Ari-

LETTRE CLIV.

Tusculum, fin de novembre 699.

M. CICÉRON A QUINTUS SON FRÈRE.

Vous me demandez ce que sont devenus les ouvrages auxquels j'avais commencé à travailler dans ma maison de Cumes. Je n'ai pas cessé et je ne cesse pas de m'y appliquer; mais j'ai déjà changé plusieurs fois le projet et la méthode de cette entreprise. J'avais déjà fait deux livres, dans lesquels j'introduisais, pendant les neuf jours de fête qui furent institués sous le consulat de Tuditanus et d'Aquilius, Scipion l'Africain, un peu avant sa mort, avec Lélius, Philus, Manlius, Q. Tubéron, et les deux gendres de Lélius, Fannius et Scévola. Leur entretien, qui roulait sur le meilleur genre de gouvernement et sur ce qui fait l'excellent citoyen, était divisé en neuf jours et en neuf livres.

L'ouvrage avançait heureusement, et la dignité des interlocuteurs donnait du poids à leurs discours. Comme je me le faisais lire à Tusculum, Sallustius, qui était présent, me fit observer que je pouvais traiter les mêmes matières avec beaucoup plus d'autorité, si je parlais de la république en mon propre nom, surtout n'étant point un Héraclide Ponticus [1], mais un consulaire distingué, qui avait eu l'administration des plus grandes affaires de la république : que tout ce que j'attribuais à des héros si antiques passerait pour une fiction; que dans mes livres sur l'éloquence j'avais fort bien fait de mettre mes préceptes dans la bouche d'autrui; mais que les person-

stotelem denique, quæ de republica et præstante viro scribat, ipsum loqui. Commovit me, et eo magis quod maximos motus nostræ civitatis attingere non poteram, quod erant inferiores quam ipsorum ætas qui loquebantur. Ego autem id ipsum tum eram secutus, ne in nostra tempora incurrens offenderem quempiam. Nunc et id vitabo, et loquar ipse tecum, et tamen illa quæ institueram, ad te, si Romam venero, mittam. Puto enim te existimaturum a me illos libros, non sine aliquo meo stomacho, esse relictos.

Cæsaris amore, quem ad me perscripsit, unice delector : promissis iis quæ ostendit, non valde pendeo : nec sitio honores, nec desidero gloriam, magisque ejus voluntatis perpetuitatem quam promissorum exitum exspecto. Vivo tamen in ea ambitione et labore, tanquam id, quod non postulo, exspectem.

Quod me de versibus faciendis roges, incredibile est, mi frater, quam egeam tempore : nec sane satis commoveor animo ad ea quæ vis canenda. Ὑποθέσεις vero ad ea, quæ ipse ego ne cogitando quidem consequor, tu qui omnes isto eloquendi et exprimendi genere superasti, a me petis? Facerem tamen ut possem; sed, quod te minime fugit, opus est ad poema quadam

nages que j'avais introduits étaient néanmoins des personnes que j'avais vues ; enfin, qu'Aristote parle en son propre nom dans tout ce qu'il nous a laissé sur la république et sur les qualités qui font le grand homme. Cet avis fit d'autant plus d'impression sur moi, que je me voyais dans l'impossibilité de toucher aux plus grands mouvemens de Rome, parce qu'ils sont fort postérieurs au temps de ceux que j'introduisais sur la scène. A la vérité, c'était précisément ce que j'avais eu d'abord en vue, dans la crainte d'offenser quelqu'un si je descendais jusqu'à notre temps. Mais j'éviterai aujourd'hui cet écueil. Mon dessein est de me représenter en conférence avec vous. Cependant, si je retourne à Rome, je vous enverrai ce que j'avais composé sur un autre plan ; car vous comprendrez que j'ai eu quelque regret d'y renoncer.

Je mets tout mon bonheur dans l'amitié de César, dont il m'a donné de fortes assurances par ses lettres. Je ne tiens pas beaucoup aux espérances qu'il me prodigue. Les honneurs me touchent peu, et je n'ai pas de passion pour la gloire. Je désire beaucoup plus la durée perpétuelle de ses dispositions, que l'accomplissement de ses promesses. Je m'agite néanmoins, et je travaille autant que si je me proposais tout ce que je ne demande pas.

Pour vous, qui me pressez de faire des vers, je réponds, mon cher frère, que le temps me manque plus que vous ne le sauriez croire, et que, pour chanter le sujet que vous me proposez, il faudrait que j'en ressentisse une impression plus vive. Comment pouvez-vous me demander des figures poétiques sur une matière que je ne puis me représenter, même en idée, vous qui entendez mieux que personne la nature de ce langage et l'art de toutes

animi alacritate, quam plane mihi tempora eripiunt. Abduco equidem me ab omni reipublicæ cura, dedoque litteris; sed tamen indicabo tibi quod mehercule in primis te celatum volebam. Angor, mi suavissime frater, angor, nullam esse rempublicam, nulla judicia, nostrumque hoc tempus ætatis, quod in illa auctoritate senatoria florere debebat, aut forensi labore jactari, aut domesticis litteris sustentari. Illud vero, quod a puero adamaram,

Αἰὲν ἀριστεύειν, καὶ ὑπείροχον ἔμμεναι ἄλλων,

totum occidisse : inimicos a me partim non oppugnatos, partim etiam esse defensos : meum non modo animum, sed ne odium quidem esse liberum : unumque ex omnibus Cæsarem esse inventum, qui me tantum quantum ego vellem amaret, aut etiam (sicut alii putant) hunc unum esse, qui vellet. Quorum tamen nihil est ejusmodi, ut ego me non multa consolatione quotidie leniam : sed illa erit consolatio maxima, si una erimus : nunc ad illa vel gravissimum accedit tui desiderium.

Gabinium si, ut Pansa putat oportuisse, defendissem, concidissem. Qui illum oderunt (ii sunt toti ordines), propter quem oderunt, me ipsum odisse cœpissent. Tenui me, ut puto, egregie, tantum ut facerem quantum omnes viderent. Et in omni summa, ut mones, valde me ad otium pacemque converto.

ces expressions ? Je ferais néanmoins l'essai de mes forces, si la poésie ne demandait, comme vous le savez, une certaine vivacité d'imagination, que les circonstances m'ont absolument fait perdre. Je me dérobe, il est vrai, aux affaires publiques, et je me livre à l'étude des lettres ; mais je veux vous découvrir ce que je m'étais proposé particulièrement de vous tenir caché. Je souffre, mon très-cher frère, je souffre jusqu'au fond de l'âme, de nous voir sans république, sans jugemens, et de me trouver réduit aux exercices du barreau ou à la ressource de mes études domestiques, dans un temps de ma vie où je devrais jouir d'une autorité florissante au sénat. Je gémis d'avoir entièrement perdu ce que j'ai aimé dès ma première jeunesse, de m'être vu forcé de laisser tranquille une partie de mes ennemis, et d'en défendre d'autres ; de n'être libre ni dans mes affections ni dans ma haine ; et de n'avoir trouvé que dans César autant d'amitié que j'en désirais, ou plutôt, comme d'autres le pensent, de n'avoir trouvé que lui qui m'ait aimé volontairement. De tant de maux néanmoins, il n'y en a pas un dont je n'adoucisse tous les jours l'amertume par quantité de consolations ; mais la plus sensible serait de vivre avec vous, et malheureusement le regret de votre absence est une peine très-vive, qui se joint à toutes les autres.

Si j'avais pris la défense de Gabinius, comme Pansa juge que je le devais [2], j'étais perdu. Ceux qui le haïssent (et j'entends par-là tous les ordres de la république) auraient commencé à me haïr aussi, par la haine qu'ils portent à son protecteur [3]. Je crois m'être conduit admirablement. J'en ai fait assez pour satisfaire tout le monde. En un mot, je ne cherche, suivant vos propres conseils, que du loisir et du repos.

De libris Tyrannio est cessator, Chrysippo dicam: sed res operosa est, et hominis perdiligentis. Sentio ipse, qui in summo studio nihil assequor. De latinis vero quo me vertam nescio, ita mendose et scribuntur et veneunt. Sed tamen, quod fieri poterit, non negligam.

Crebrius, ut ante ad te scripsi, Romae est; et qui omnia adjurant debere tibi valde renuntiant. Ab aerario puto confectum esse, dum absum.

Quatuor tragoedias XVI diebus absolvisse quum scribas, tu quidquam ab alio mutueris, et κλέος quaeris, quum Electram et Troadem scripseris. Cessator esse noli; et illud γνῶθι σεαυτὸν, noli putare ad arrogantiam minuendam solum esse dictum, verum etiam ut bona nostra norimus. Sed et istas et Erigonam mihi velim mittas. Habes ad duas epistolas proximas.

EPISTOLA CLV.
(ad Q. fratrem, III, 7.)

Scrib. in Tusculano, exeunte mense nov. A. V. C. 699.

M. CICERO QUINTO FRATRI SAL.

Romae, et maxime Appia ad Martis, mira alluvies. Crassipedis ambulatio ablata, horti, tabernae plurimae: magna vis aquae usque ad piscinam publicam.

Tyrannion est fort lent pour vos livres. J'en chargerai Chrysippus ; mais la commission n'est point aisée, et demande un homme soigneux. Je l'éprouve moi-même, puisqu'avec tout le zèle possible je ne finis rien. Je ne sais à qui m'adresser pour les ouvrages latins, tant sont fautifs ceux que l'on copie et que l'on vend. Cependant j'y apporterai tous les soins qui dépendront de moi.

Crebrius est à Rome, comme je vous l'ai déjà marqué, et ceux qui attestent tout avec serment[4] nient leur dette envers vous. L'affaire du trésor s'est terminée pendant mon absence.

Vous voulez[5] emprunter quelque chose d'autrui, vous qui m'écrivez qu'en seize jours vous avez achevé quatre tragédies? Et vous demandez du secours, après avoir composé une *Électre* et une *Troade?* Ne vous lassez pas, s'il vous plaît ; et soyez persuadé que le but de la maxime *Connais-toi toi-même* n'est pas plus de diminuer l'arrogance, que de nous faire ouvrir les yeux sur nos véritables avantages[6]. Mais ne manquez pas de m'envoyer toutes ces pièces, avec celle d'*Érigone*. Voilà la réponse à vos deux dernières lettres.

LETTRE CLIV.

Tusculum, fin de novembre 699.

M. CICÉRON A QUINTUS SON FRÈRE.

Rome est affligée d'une inondation surprenante, surtout dans le chemin d'Appius, près du temple de Mars. La terrasse de Crassipès est emportée, avec quantité de jardins et de maisons. L'eau a gagné avec beaucoup de violence jusqu'au vivier public.

Viget illud Homeri :

Ἤματ' ὀπωρινῷ ὅτε λαβρότατον χέει ὕδωρ
Ζεύς,

cadit enim in absolutionem Gabinii :

Ὅτε δή γ' ἄνδρεσσι κοτεσσάμενος χαλεπαίνῃ,
Οἳ βίῃ ἐν ἀγορῇ σκολιὰς κρίνωσι θέμιστας,
Ἐκ δὲ δίκην ἐλάσωσι, θεῶν ὄπιν οὐκ ἀλέγοντες.

Sed hæc non curare decrevi.

Romam quum venero, quæ perspexero, scribam ad te, et maxime de dictatura; et ad Labienum et ad Ligurium litteras dabo. Hanc scripsi ante lucem, ad lychnuchum ligneolum, qui mihi erat perjucundus, quod eum te aiebant, quum esses Sami, curasse faciendum. Vale, mi suavissime et optime frater.

EPISTOLA CLVI.
(Ad Att., IV, 17.)

Scrib. Romæ, exeunte nov. A. V. C. 699.

CICERO ATTICO SAL.

O EXSPECTATAS mihi tuas litteras! o gratum adventum! o constantiam promissi, et fidem miram! o navigationem amandam! quam mehercule ego valde timebam, recordans superioris tuæ transmissionis δέῤῥεις. Sed, nisi fallor, citius te, quam scribis, videbo : credo enim te putasse, tuas mulieres in Apulia esse; quod

On rappelle cet endroit d'Homère :

« Aux jours d'automne[1], quand Jupiter verse ses eaux avec violence;

car il convient à l'absolution de Gabinius,

« Ce dieu s'irrite contre les hommes qui font violence à la loi dans leurs jugemens, chassent la justice, et se soucient peu de la colère des dieux. »

Mais c'est de quoi je suis résolu de ne pas beaucoup m'embarrasser.

Lorsque je serai à Rome, je vous écrirai ce que je pourrai découvrir, surtout par rapport à la dictature. Mes lettres seront remises à Labienus[2] et à Ligurius. J'écris celle-ci avant le jour, à la lumière d'une petite lampe de bois, dont j'ai beaucoup de plaisir à me servir, parce qu'on m'a dit que vous l'avez fait faire pendant votre séjour à Samos[3]. Prenez soin de votre santé, mon très-cher et très-excellent frère.

LETTRE CLVI.

Rome, fin de novembre 699.

CICÉRON A ATTICUS.

Que j'attendais vos lettres avec impatience! qu'elles m'ont fait de plaisir en m'apprenant que votre navigation a été heureuse, et que vous êtes arrivé en Italie! quelle exactitude! quelle ponctualité! Les préparatifs que vous aviez faits[1] pour ce voyage me faisaient appréhender qu'il ne fût beaucoup plus long. Mais, si je ne me trompe, nous vous aurons encore plus tôt que vous ne

quum secus erit, quid te Apulia moretur? nam Vestorio dandi sunt dies, et ille latinus ἀττικισμὸς ex intervallo regustandus. Quin tu huc advolas, et invisis illius nostræ reipublicæ germanam. Ne puta, vide, nummis ante comitia tributim uno loco divisis palam, vide absolutum Gabinium : detur esse valiturum.

De Messalla quod quæris, quid scribam nescio : nunquam ego vidi tam pares candidatos. Messallæ copias nosti. Scaurum Triarius reum fecit. Si quæris, nulla est magnopere commota συμπάθεια; sed tamen habet ædilitas ejus memoriam non ingratam; et est pondus apud rusticos in patris memoria. Reliqui duo plebeii sic exæquantur, ut Domitius valeat amicis, adjuvetur etiam gratissimo munere; Memmius Cæsaris commendetur militibus, tum ejus Gallia nitatur : quibus, si non valuerit, putant fore aliquem, qui comitia in adventum Cæsaris detrudat, Catone præsertim absoluto.

Ab Quinto fratre, et a Cæsare accepi a. d. ix kalend. novembr. litteras, confecta Britannia, obsidibus acce-

me le marquez, car votre femme et votre sœur n'étant point dans la Pouille, comme vous l'avez cru, qu'est-ce qui pourrait vous arrêter dans ces quartiers? Je compte néanmoins que vous passerez quelques jours chez Vestorius, pour reprendre insensiblement le goût de la plus fine latinité. Mais vous feriez mieux encore de venir tout droit ici, vous aurez le plaisir d'y voir une copie fidèle de cette république dont j'ai donné l'idée. Vous pouvez [2] non-seulement croire, mais voir que l'on a distribué publiquement, et dans un même lieu, de l'argent à toutes les tribus, ce qui a fait absoudre Gabinius; il ne manque plus que de le voir en crédit.

Je ne puis vous dire rien d'assuré touchant Messalla; vous savez ce qui compose sa faction. Je ne vis jamais tant d'égalité entre les prétendans. Scaurus a été mis en justice par Triarius : l'on ne s'est pas intéressé pour lui autant que vous le pourriez croire; cependant les magnificences de son édilité l'ont rendu assez agréable au peuple [3], et la mémoire de son père est encore chère aux tribus de la campagne. Les deux compétiteurs plébéiens ont aussi l'un sur l'autre des avantages différens, mais assez égaux. Domitius a beaucoup d'amis, et les jeux qu'il a donnés au peuple ont eu un grand succès; Memmius est soutenu par les soldats de César, et aura pour lui les suffrages des peuples de la Gaule Cisalpine [4]. Mais, s'il ne trouve pas son parti assez puissant, il se présentera quelqu'un pour faire différer les élections jusqu'à ce que César ait repassé les Alpes [5]. On s'y hasardera bien plus facilement depuis que Caton a été absous.

J'ai reçu le 24 octobre des lettres de mon frère et de César, datées du 26 septembre, sur les côtes de l'île de

ptis, nulla præda, imperata tamen pecunia, datas a litoribus Britanniæ a. d. vi kalend. octobr. exercitum Britannia reportabant. Q. Pilius erat jam ad Cæsarem profectus.

Tu, si aut amor in te est nostri, ac tuorum, aut ulla veritas, aut si etiam sapis, ac frui tuis commodis cogitas, adventare et prope adesse jam debes : non mehercule æquo animo te careo. Te autem quid mirum, qui Dionysium tantopere desiderem? quem quidem abs te, quum dies venerit, et ego, et Cicero meus flagitabit. Abs te proximas litteras habebam Epheso, a. d. v id. sext. datas.

EPISTOLA CLVII.
(ad Att., IV, 18.)

Scrib. exeunte nov. A. V. C. 699.

CICERO ATTICO SAL.

Puto te existimare, me, nunc oblitum consuetudinis et instituti mei, rarius ad te scribere, quam solebam : sed quum loca et itinera tua nihil habere certi video, neque in Epirum, neque Athenas, neque in Asiam, neque cuiquam, nisi ad te ipsum proficiscenti, dedi litteras : neque enim sunt eæ epistolæ nostræ, quæ si perlatæ non sint, nihil ea res nos offensura sit, quæ tantum habent mysteriorum, ut eas ne librariis quidem fere committamus....... lepidum quo excidat : consules

Bretagne, un peu avant leur embarquement. Les Barbares ont été vaincus, ils ont donné des otages, et payé les sommes qu'on leur a imposées; c'est tout ce que notre armée emporte de cette île, où l'on n'a point fait de butin. Q. Pilius est allé trouvé César.

Si vous avez quelque amitié, ou pour moi, ou pour votre famille, si vous êtes homme de parole; enfin quand vous ne consulteriez que vous-même, vous ne pouvez mieux faire que de venir au plus tôt jouir du bonheur qui vous attend. Je vous assure que j'ai bien de la peine à me passer de vous; mais cela n'est pas surprenant, puisque je m'aperçois si fort de l'absence de Dionysius. Je me joindrai à mon fils, pour vous le demander lorsqu'il en sera temps. Les dernières lettres que j'ai reçues de vous sont datées du 9 août, à Éphèse.

LETTRE CLVII.

Fin de novembre 699.

CICÉRON A ATTICUS.

Si je ne vous écris pas aussi souvent[1] que j'avais coutume de le faire, ce n'est point par négligence, comme vous pourriez vous l'imaginer : c'est que, ne sachant pas où vous êtes, ni quelle route vous tenez, je n'ai point voulu adresser mes lettres, ni en Épire, ni à Athènes, ni en Asie; et je n'en ai confié qu'aux personnes qui allaient droit à vous : car nos lettres ne sont pas de nature à pouvoir être vues sans conséquence, et j'y traite ordinairement des matières si délicates, que je n'ose pas me servir de secrétaire..................

flagrant infamia, quod C. Memmius candidatus pactionem in senatu recitavit, quam ipse et suus competitor Domitius cum consulibus fecissent, uti ambo H.-S. quadragena consulibus darent, si essent ipsi consules facti, nisi tres augures dedissent, qui se affuisse dicerent, quum lex curiata ferretur, quæ lata non esset; et duos consulares, qui se dicerent in ornandis provinciis consularibus scribendo affuisse, quum omnino ne senatus quidem fuisset.

Hæc pactio non verbis, sed nominibus et perscriptionibus, multorum tabulis, quum esse facta diceretur, prolata a Memmio est nominibus inductis, auctore Pompeio. Hic Appius erat idem : nihil sane jacturæ. Corruerat alter, et plane, inquam, jacebat. Memmius autem, dirempta coitione, invito Calvino, plane refrixerat; et eo magis nunc cogitare dictaturam, tum favere justitio, et omnium rerum licentiæ.

Perspice æquitatem animi mei et ludum, et contemptionem Seleucianæ provinciæ, et mehercule cum Cæsare suavissimam conjunctionem; hæc enim me una ex naufragio tabula delecta : qui quidem Quintum meum, tuumque, dii boni! quemadmodum tractat ho-

Ce sera quelque chose de curieux que d'en voir le dénoûment. Les consuls sont perdus de réputation, depuis que Memmius a lu en plein sénat la convention que son compétiteur et lui avaient faite avec eux. Elle portait que, si les consuls de cette année pouvaient les faire désigner pour la prochaine, ils leur donneraient quatre cent mille sesterces[2], à moins qu'ils ne leur fournissent trois augures pour affirmer qu'ils avaient été présens le jour qu'on avait publié la loi des curies, qui n'a pas seulement été proposée; et de plus deux consulaires qui attesteraient qu'ils étaient présens lorsqu'on avait dressé le décret pour régler l'état des provinces de ces mêmes consuls, quoique le sénat n'ait pas même siégé.

Comme cette convention s'était faite par écrit[3], et qu'ils avaient donné de bonnes cautions, Memmius, par le conseil de Pompée, a produit les billets de change, les obligations et le livre de compte qui en faisaient foi. Appius ne s'est point étonné de cet éclat, et n'a rien perdu de son air de confiance; mais son collègue en était si étourdi, qu'il n'en est pas encore revenu. Depuis que Memmius a rompu, malgré Calvinus, l'intelligence qui était entre eux, ses affaires sont entièrement tombées. Il s'est imaginé qu'un interrègne où l'élection d'un dictateur pourront les rétablir, et, dans cette vue, il fomente les désordres et les dissensions publiques.

Admirez, je vous prie, cette égalité d'âme et cette liberté d'esprit que je conserve au milieu de tant de troubles, et le mépris que j'ai pour des gouvernemens[4] que d'autres recherchent avec tant d'ardeur. Mais considérez, surtout, quel plaisir c'est pour moi d'être uni si étroitement avec César. Je m'estime fort heureux d'avoir

nore, dignitate, gratia? non secus ac si ego essem imperator. Hiberna legionum eligendi optio delata commodum, ut ad me scribit. Hunc tu non ames? quem igitur istorum?

Sed heus tu, scripseramne tibi me esse legatum Pompeio? et extra urbem quidem fore ex idibus jan.? visum est hoc mihi ad multa quadrare. Sed quid plura? coram, opinor, reliqua; ut tu tamen aliquid exspectes. Dionysio plurimam salutem; cui quidem ego non modo servavi, sed etiam aedificavi locum. Quid quaeris? ad summam laetitiam meam, quam ex tuo reditu capio, magnus illius adventu cumulus accedit. Quo die ad me venies, si me amas, apud me cum tuis maneas.

EPISTOLA CLVIII.
(ad Q. fratrem, III, 8.)
Scrib. Romae, exeunte nov. A. V. C. 699.

M. CICERO QUINTO FRATRI SAL.

SUPERIORI epistolae quod respondeam nihil est, quae plena stomachi, et querelarum est; quo in genere alteram quoque te scribis pridie Labieno dedisse qui adhuc non venerat. Delevit enim mihi omnem molestiam recentior epistola. Tantum te et moneo et rogo, ut in istis

trouvé cette planche dans mon naufrage. Mon frère se loue fort de ses manières honnêtes et obligeantes ; il ne pourrait être traité avec plus de distinction quand il servirait sous moi. César lui a donné à choisir, dans toutes les Gaules, un quartier d'hiver pour les légions qu'il commande. Et vous n'aimeriez pas un homme de ce caractère? ne le mérite-t-il pas mieux que tous ces gens-là?

Mais, à propos, vous ai-je mandé que je vais suivre Pompée en qualité de lieutenant; que je partirai le 13 janvier? Je trouve que cela me convient sous bien des rapports. Qu'ai-je encore à vous dire? Mais il faut garder quelque chose pour votre arrivée, afin que la curiosité vous amène au plus tôt. Mille complimens à Dionysius. Je lui ai réservé un appartement, ou, pour mieux dire, je lui en ai fait bâtir un exprès. Il peut compter que le plaisir que j'aurai de le voir augmentera beaucoup la joie que j'ai de votre retour. Je vous prie de descendre chez moi, vous et votre famille, le jour où vous arriverez.

LETTRE CLVIII.

Rome, fin de novembre 699.

M. CICÉRON A QUINTUS SON FRÈRE.

Je n'ai rien à répondre à votre précédente lettre, qui est remplie d'humeur et de plaintes : vous me dites que vous m'en avez écrit une autre du même style, par Labienus, qui n'est point encore arrivé. Mais celle que je reçois dissipe tout mon chagrin. Je vous avertis seulement et je vous supplie de vous rappeler, dans les peines,

molestiis, et laboribus et desideriis recordere, consilium nostrum quod fuerit profectionis tuæ. Non enim commoda quædam sequebamur parva ac mediocria. Quid enim erat, quod discessu nostro emendum putaremus? Præsidium firmissimum petebamus ex optimi et potentissimi viri benivolentia ad omnem statum nostræ dignitatis. Plura ponuntur in spe, quam in pecuniis : reliqua ad jacturam struentur. Quare si crebro referes animum tuum ad rationem et veteris consilii nostri et spei, facilius istos militiæ labores, ceteraque, quæ te offendunt, feres : et tamen quum voles depones. Sed ejus rei maturitas nequedum venit, et tamen jam appropinquat.

Etiam illud te admoneo, ne quid ullis litteris committas, quod si prolatum sit moleste feramus. Multa sunt quæ ego nescire malo, quam cum aliquo periculo fieri certior. Plura ad te vacuo animo scribam, quum, ut spero, se Cicero meus belle habebit. Tu velim cures, ut sciam, quibus dare oporteat eas, quas ad te deinde litteras mittemus : Cæsarisne tabellariis, ut is ad te protinus mittat, an Labieni? Ubi enim isti sint Nervii, et quam longe absint, nescio.

De virtute et gravitate Cæsaris, quam in summo dolore adhibuisset, magnam ex epistola tua accepi voluptatem. Quod me institutum ad illum poema jubes perficere, etsi distentus, quum opera, tum animo sum multo magis, quoniam tamen ex epistola, quem ad te

les fatigues et les regrets de cette nature, quelles ont été nos vues au temps de votre départ. Nous ne nous proposions pas de petits avantages, ni même des avantages médiocres. Qu'avons-nous cru devoir acheter par notre séparation? Un appui solide pour notre fortune et notre dignité, dans l'amitié d'un homme très-puissant et d'un excellent caractère. Nous mettons plus en espérance qu'en argent. Le reste est en pure perte. Ainsi, en vous remettant souvent devant les yeux le fond de notre dessein et de notre espérance, vous supporterez plus facilement ces fatigues militaires et toutes les autres peines dont vous vous plaignez. Cependant il dépend de vous de vous en délivrer; mais l'affaire n'est pas encore à sa maturité; quoiqu'à présent elle n'en soit pas fort éloignée.

J'ai à vous recommander aussi de ne rien confier à vos lettres, dont la lecture puisse nous causer du chagrin. Il y a bien des choses dont j'aime mieux n'être pas instruit, que de les apprendre avec quelque danger. Je m'étendrai davantage lorsque j'aurai l'esprit libre, c'est-à-dire aussitôt que mon fils sera, comme je l'espère, entièrement rétabli. Prenez la peine de me faire savoir à qui je dois confier désormais les lettres que je vous écrirai : les donnerai-je aux courriers de César, afin qu'il vous les envoie promptement, ou à ceux de Labienus? car j'ignore où sont situés ces Nerviens, et de combien ils sont éloignés de Rome.

Ce que vous me dites de la fermeté et de la vertu avec laquelle César a supporté sa douleur[1], ma causé beaucoup de joie. Vous m'exhortez à finir le poëme que j'ai commencé pour lui; et quoique j'y sois moins propre que jamais, par mes occupations et par la disposition de

miseram, cognovit Caesar me aliquid esse exorsum, revertar ad institutum : idque perficiam his supplicationum otiosis diebus : quibus Messallam jam nostrum reliquosque molestia levatos vehementer gaudeo : eumque quod certum consulem cum Domitio numeratis, nihil a nostra opinione dissentitis. Ego Messallam Caesari praestabo. Sed Memmius in adventu Caesaris habet spem, in quo illum puto errare : hic quidem friget. Scaurum autem jampridem Pompeius abjecit. Res prolatae. Ad interregnum comitia adducta. Rumor dictatoris injucundus bonis : mihi etiam magis quae loquuntur. Sed tota res et timetur, et refrigescit. Pompeius plane se negat velle : antea ipse mihi non negat. Hirrus auctor fore videtur. O dii! quam ineptus! quam se ipse amans sine rivali! Crassum Junianum, hominem mihi deditum, per me deterruit. Velit, nolit, scire difficile est. Hirro tamen agente, nolle se non probabit. Aliud hoc tempore de republica nihil loquebantur. Agebatur quidem certe nihil.

Serranii Domestici filii funus perluctuosum fuit, a. d. vIII kalend. decembr. Laudavit pater scripto meo.

Nunc de Milone. Pompeius ei nihil tribuit; et omnia Guttae : dicitque se perfecturum ut in illo Caesar incum-

mon esprit, je vois bien que, la lettre où je vous ai parlé de cet ouvrage lui ayant fait connaître que je l'ai commencé, il faut que je reprenne mon travail. Je le finirai pendant ces jours de supplications, qui sont un temps de loisir, dont je suis ravi qu'on ait profité pour délivrer d'embarras notre ami Messalla et tous les autres. Vous pensez comme moi, lorsque vous comptez le voir consul avec Domitius. J'en réponds à César. Mais pour Memmius, qui met son espérance dans l'arrivée de César, je crois qu'il se flatte mal-à-propos; il est fort abandonné. Pompée a cessé depuis long-temps de soutenir Scaurus : les affaires se traînent. Les comices paraissent tendre à l'interrègne. Je vois les honnêtes gens peu satisfaits qu'on parle d'un dictateur : je le suis encore moins des discours qui leur échappent. Mais cette affaire est ralentie par la crainte même qu'elle inspire. Pompée déclare qu'il ne le souhaite point. Il ne me tenait pas auparavant le même langage. Il paraît que ce sera Hirrus qui fera la proposition. O dieux! le sot homme! qu'il doit être sûr de s'aimer sans rival! Pompée s'est servi de moi-même pour détourner de cette entreprise Crassus Junianus, qui m'est fort attaché². Il est difficile de pénétrer s'il le veut ou s'il ne le veut pas. Mais il ne prouvera pas que la volonté lui manque, en laissant agir Hirrus. Les affaires publiques n'offrent point à présent d'autre sujet d'entretien, et tout est assurément dans l'inaction.

Le 24 novembre, les funérailles de Serranius Domesticus le fils ont été fort tristes. Son père a prononcé un éloge funèbre, que j'avais composé.

Parlons de Milon. Pompée ne fait rien pour lui, et fait tout pour Gutta. Il déclare qu'il compte disposer César

bat. Hoc horret Milo. Nec injuria : et, si ille dictator factus sit, pæne diffidit. Intercessorem dictaturæ si juverit manu et præsidio suo, Pompeium metuit inimicum. Si non juverit, timet ne per vim perferatur. Ludos apparat magnificentissimos : sic, inquam, ut nemo sumptuosiores. Stulte bis terque non postulatus; vel quia munus magnificum dederat, vel quia facultates non erant, vel quia magister, vel quia potuerat magistrum se, non ædilem, putare. Omnia fere scripsi. Cura, mi carissime frater, ut valeas.

EPISTOLA CLIX.
(ad Q. fratrem, III, 9.)

Scrib. Romæ, initio decembr. A. V. C. 699.

M. CICERO QUINTO FRATRI SAL.

De Gabinio nihil fuit faciendum istorum quæ amantissime cogitata sunt. Τότε μοι χάνοι. Feci summa cum gravitate, ut omnes sentiunt, et summa cum lenitate, quæ feci. Illum neque ursi, neque levavi. Testis vehemens fui. Præterea quievi. Exitum judicii fœdum et perniciosum levissime tuli. Quod quidem bonum mihi nunc denique redundat, ut his malis reipublicæ licentiaque audacium, qua ante rumpebar, nunc ne movear quidem. Nihil est enim perditius his hominibus, his temporibus. Itaque ex republica quoniam nihil jam vo-

en faveur de Gutta[3]. Milon en est fort effrayé. Je crois qu'il a raison, et que si Pompée devient dictateur, il n'a pas beaucoup de fond à faire sur lui. Cette pensée l'embarrasse. S'il seconde de tout son pouvoir l'opposition à la dictature, il appréhende de se faire un ennemi ouvert de Pompée. S'il demeure tranquille, il craint que la force ne l'emporte. Il prépare des jeux si magnifiques, que personne n'y a jamais fait tant de dépense. C'est une double et une triple folie que d'en donner lorsqu'on ne lui en demande point. Il en a déjà célébré de magnifiques. On sait d'ailleurs que les facultés lui manquent. Et puis[4],
. . . .
. . . . Il me semble qu'il ne me reste rien à vous écrire. Je vous recommande, mon très-cher frère, le soin de votre santé.

LETTRE CLIX.

Rome, au commencement de décembre 699.

M. CICÉRON A QUINTUS SON FRÈRE.

Je ne devais rien faire[1] de ce qu'on imagine avec tant de bienveillance dans l'affaire de Gabinius, *ou que la terre s'entr'ouvre pour m'engloutir*. Je me suis conduit dans cette affaire avec beaucoup de gravité, afin que tout le monde sentît mes motifs, et je n'y ai pas apporté moins de douceur. Je n'ai ni pressé, ni ménagé le coupable. J'ai fait ma déposition avec force; et pour tout le reste je suis demeuré tranquille. J'ai souffert sans aucune plainte un jugement infâme et pernicieux. J'en tire à présent un très-grand avantage, qui est de ne plus sentir la moindre émotion de tous ces maux publics, et

luptatis capi potest, cur stomacher nescio. Litteræ me et studia nostra, et otium, villæque delectant, maximeque pueri nostri.

Angit unus Milo. Sed velim finem afferat consulatus : in quo enitar non minus, quam sum enisus in nostro; tuque istinc, quod facis, adjuvabis. De quo cetera, nisi plane vis eripuerit, recte sunt : de re familiari timeo.

Ὁ δὲ μαίνεται οὐκ ἔτ᾽ ἀνεκτῶς, qui ludos H.-S. ccc comparet. Cujus in hoc uno inconsiderantiam et ego sustinebo, ut potero; et tu, ut possis, est tuorum nervorum.

De motu temporum venientis anni, nihil te intelligere volueram domestici timoris, sed de communi reipublicæ statu : in quo etiam si nihil procuro, tamen nihil curare vix possum. Quam autem te velim cautum esse in scribendo, ex hoc conjicito, quod ego ad te ne hæc quidem scribo quæ palam in republica turbantur, ne cujusquam animum meæ litteræ interceptæ offendant. Quare domestica cura te levatum volo. In republica scio quam sollicitus esse soleas. Video Messallam nostrum consulem; si per interregem, sine judicio; si per dictatorem, tamen sine periculo; odii nihil habet.

d'un excès d'audace et de licence qui me faisait souffrir mortellement; car il n'y a rien de plus corrompu que tous ces gens-là et que le temps où nous vivons. Puisqu'il n'y a plus de plaisir à espérer de la république, je ne vois pas quelle raison j'aurais de m'emporter. Je fais tout mon bonheur, à présent, des lettres et de l'étude, de mon loisir, de mes maisons de campagne, et surtout de nos enfans.

Ma seule inquiétude est pour Milon : je souhaite que son consulat m'en fasse voir la fin, et je m'y emploierai avec autant de zèle que j'ai fait autrefois pour le mien. Vous m'aiderez, comme vous faites, du lieu où vous êtes. Tout est fort bien disposé en sa faveur, à moins qu'on ne nous arrache nos espérances par la force. Je ne suis pas sans crainte pour ses affaires domestiques.

Que direz-vous d'un prodigue, qui emploie trois cent mille sesterces [2] aux jeux qu'il prépare? Je l'aiderai néanmoins de mes conseils [3], dans son imprudence, et je vous exhorte à faire quelques efforts pour vous mettre en état de l'aider aussi.

Quand je vous ai parlé des mouvemens que je prévois pour l'année prochaine, je n'ai pas voulu vous faire entendre que mes craintes fussent domestiques : elles ne regardent que l'état des affaires communes. Quoique je n'aie plus de part à l'administration par mes soins, il m'est presque impossible de n'y pas prendre assez d'intérêt pour en ressentir de l'inquiétude. Je vous ai recommandé de vous observer dans vos lettres : jugez par moi-même quelle attention je vous demande là dessus, puisque, dans la crainte qu'une lettre interceptée n'offense quelqu'un, je ne vous écris pas même les troubles qui éclatent ici publiquement. Soyez donc sans inquié-

Hortensii calor multum valebit. Gabinii absolutio lex impunitatis putatur, ἐν παρέργῳ. De dictatore tamen actum adhuc nihil est. Pompeius abest: Appius miscet: Hirrus parat: multi intercessores numerantur : populus non curat. Principes nolunt. Ego quiesco.

De mancipiis quod mihi polliceris, valde te amo. Et sum equidem, uti scribis, et Romæ et in prædiis infrequens. Sed cave, amabo, quidquam quod ad meum commodum attineat, nisi maximo tuo commodo et maxima tua facultate, mi frater, cogitaris.

De epistola Vatinii risi. Sed me ab eo ita observari scio, ut ejus ista odia non sorbeam solum, sed etiam concoquam.

Quod me hortaris ut absolvam; habeo absolutum suave, mihi quidem, uti videtur, ἔπος ad Cæsarem: sed quæro locupletem tabellarium, ne accidat quod Erigonæ tuæ, cui soli, Cæsare imperatore, iter ex Gallia tutum non fuit.

*** Quid? si cæmentum bonum non haberem, deturbem ædificium? Quod quidem quotidie mihi placet magis; in primisque inferior porticus et ejus conclavia fiunt recte. De Arcano, Cæsaris opus est, vel meher-

tude pour nos intérêts domestiques. Je sais quelle part vous prenez aux affaires publiques. Il ne me reste aucun doute que notre ami Messalla ne soit consul. S'il l'est par le moyen d'un interroi, ce sera sans jugement préalable 4. S'il en a l'obligation au dictateur, il n'y aura pas de danger, car il n'a rien à craindre de la haine. La chaleur d'Hortensius lui servira beaucoup. Savez-vous que l'absolution de Gabinius passe pour une loi solennelle d'impunité? L'affaire de la dictature est encore suspendue. Pompée est absent. Appius intrigue. Hirrus fait des préparatifs 5. On compte déjà plusieurs opposans. Le peuple s'embarrasse peu d'un dictateur. Les chefs n'en veulent point. Et moi, je vis tranquille.

Je vous sais bon gré de la promesse que vous me faites de m'envoyer des esclaves 6, car j'en ai peu, comme vous dites, à Rome et dans mes terres. Mais, je vous prie, mon cher frère, de ne rien entreprendre en ma faveur, qui ne s'accorde avec vos intérêts et vos forces.

La lettre de Vatinius m'a fait rire. Je sais de quelle nature est la considération qu'il a pour moi 7 ; mais je suis assez au dessus de sa haine, pour qu'elle me cause peu d'inquiétude.

Vous en revenez à vos exhortations pour me faire achever mon poëme. Apprenez donc qu'il est fini et que j'en suis fort content ; seulement j'attends un messager sûr, afin qu'il ne lui arrive pas comme à votre *Érigone*, pour laquelle seule la route de la Gaule n'a pas été sûre, sous le commandement de César.

*** Quoi! parce que je n'aurais pas de bon ciment, prendrais-je le parti d'abattre mon édifice? Au reste, il me plaît tous les jours de plus en plus, surtout le portique inférieur, et les cabinets, qui prennent une fort

cule etiam elegantioris alicujus. Imagines etiam istæ, et palæstra, et piscina, et Nilus, multorum Philotimorum est, non Diphilorum. Sed et ipsi ea adibimus, et mittemus et mandabimus.

De Felicis testamento tum magis querare, si scias. Quas enim tabulas se putavit obsignare, in quibus de unciis firmissimum tenuerat (lapsus est per errorem et suum et Sicuræ servi), non obsignavit; quas noluit, eas obsignavit. Ἀλλ' οἰμωζέτω, nos modo valeamus.

Ciceronem et ut rogas amo, et ut meretur, et ut debeo. Dimitto autem a me, et ut a magistris ne abducam, et quod mater discedit, sine qua edacitatem pueri pertimesco. Sed sumus una tamen valde multum. Rescripsi ad omnia, mi suavissime et optime frater.

EPISTOLA CLX.
(ad div., XIII, 6c.)

Scrib. Romæ, post reditum ex exsilio, inter A. V. C. 697 et 699.

M. T. CICERO MUNATIO C. F. S. D.

L. LIVINEIUS TRYPHO est omnino L. Reguli, familiarissimi mei, libertus; cujus calamitas etiam officiosiorem me facit in illum. Nam benivolentior, quam semper fui, esse non possum. Sed ego libertum ejus per se

bonne forme. Pour votre maison d'Arcanum ce serait un ouvrage digne de César, ou de quelqu'un même qui s'y entende mieux encore. Les statues que vous y avez, le lieu des exercices, le vivier et le Nil, demanderaient des Philotimus en grand nombre, et non des Diphiles. Mais je me transporterai moi-même sur les lieux, j'y enverrai et je donnerai des ordres.

Vous seriez bien plus mécontent du testament de Félix, si vous saviez ce qui s'est passé. L'acte dans lequel il instituait pour un douzième [8] chacun de ses héritiers lui a échappé par sa faute, et par celle de Sicura, son esclave; et il a signé celui qu'il ne voulait pas signer. C'est un malheur, mais prenons soin seulement de notre santé.

J'ai pour votre fils toute la tendresse que vous me demandez pour lui, qu'il mérite, et que je lui dois. Je le renvoie, parce que je ne veux pas qu'il soit éloigné de ses précepteurs, et que, sa mère voulant partir, je crains que cet enfant ne mange trop [9] s'il n'était plus sous ses yeux. Mais nous ne laisserons pas de nous revoir souvent. Il me semble, très-cher et très-excellent frère, que j'ai répondu à tous vos articles.

LETTRE CLX.

Rome, après son retour de l'exil, entre les années 697 et 699.

M. T. CICÉRON A MUNATIUS, FILS DE C.

La disgrâce de L. Regulus, mon intime ami, est un motif de plus pour me porter à rendre service à L. Livineius Tryphon, son affranchi; car j'ai toujours eu la plus parfaite disposition à être agréable à Regulus, et j'aime

ipsum diligo. Summa enim ejus erga me officia exstiterunt his nostris temporibus, quibus facillime bonam benivolentiam hominum et fidem perspicere potui. Eum tibi ita commendo, ut homines grati et memores, bene meritos de se commendare debent.

Pergratum mihi feceris, si ille intellexerit, se, quod pro salute mea multa pericula adierit, saepe hieme summa navigarit, pro tua erga me benivolentia gratum etiam tibi fecisse.

EPISTOLA CXLI.
(ad div., XIII, 73.)
Scrib. Romae, A. V. C. 699.

M. T. CICERO Q. PHILIPPO, PROCOS. S. D.

GRATULOR tibi quod ex provincia salvum te ad tuos recepisti incolumi fama et republica. Quod si Romae te vidissem, coram gratias egissem, quod tibi L. Egnatius, familiarissimus meus, absens, L. Oppius, praesens, curae fuisset.

Cum Antipatro Derbete mihi non solum hospitium, verum etiam summa familiaritas intercedit. Ei te vehementer succensuisse audivi, et moleste tuli. De re nihil possum judicare, nisi quod illud mihi certe persuadeo, te, talem virum, nihil temere fecisse. A te autem pro vetere nostra necessitudine, etiam atque etiam peto ut ejus

son affranchi pour l'amour de lui-même. J'ai reçu de lui des marques extraordinaires de zèle dans mes propres disgrâces; et c'est alors que j'ai appris à distinguer aisément la bonne foi et l'amitié dans les hommes. Je vous le recommande donc comme la reconnaissance oblige de recommander ceux dont on a reçu d'importans services.

Si vous voulez m'obliger sensiblement, faites-lui connaître que votre amitié pour moi lui tient compte des fréquens périls auxquels il s'est exposé pour mon salut, et des voyages sur mer qu'il a faits souvent dans la même vue au cœur de l'hiver.

LETTRE CLXI.

Rome, 699.

M. T. CICÉRON A Q. PHILIPPE, PROCONSUL.

Je vous félicite d'être retourné heureusement de la province dans le sein de votre famille, sans préjudice pour vous ni pour la république. Si vous aviez été à Rome, je vous y aurais vu, et je vous aurais fait de vive voix des remercîmens pour l'intérêt que vous avez pris, dans son absence, à L. Egnatius, mon ami intime, et à L. Oppius, qui était avec vous.

Je suis lié, non-seulement par les droits de l'hospitalité, mais encore par une étroite amitié, avec Antipater Derbetès. Vous vous êtes fort emporté contre lui : je l'ai appris, et j'en ai ressenti du chagrin. Je ne puis pas juger de l'affaire, mais je me persuade, assurément, qu'un homme tel que vous n'a rien fait mal-à-propos. Je vous prie très-instamment, au nom de notre ancienne

filios, qui in tua potestate sunt, mihi potissimum condones : nisi quid existimas in ea re violari existimationem tuam. Quod ego si arbitrarer, nunquam te rogarem, mihique tua fama multo antiquior esset, quam illa necessitudo est.

Sed mihi ita persuadeo (potest enim fieri ut fallar), eam rem laudi tibi potius, quam vituperationi fore. Quid fieri possit, et quid mea causa facere possis (nam quin velis, non dubito), velim, si tibi grave non erit, certiorem me facias. Vale.

EPISTOLA CLXII.
(ad div., XIII, 42.)

Scrib. Romæ, inter A. V. C. 694 et 699.

M. T. CICERO L. CULLEOLO, PROC. S. P. D.

L. Lucceius meus, homo omnium gratissimus, mirificas tibi apud me gratias egit, quum diceret, omnia te cumulatissime et liberalissime procuratoribus suis pollicitum esse. Quum oratio tua tam ei grata fuerit, quam gratam rem ipsam existimas fore, quum, ut spero, quæ pollicitus es, feceris? Omnino ostenderunt Bulliones, sese Lucceio Pompeii arbitratu satisfacturos. Sed vehementer opus est nobis et voluntatem, et auctoritatem, et imperium tuum accedere. Quod ut facias, te etiam atque etiam rogo.

Illudque mihi gratissimum est, quod ita sciunt Lucceii procuratores, et ita Lucceius ipse ex litteris tuis,

amitié, de faire grâce en ma faveur à ses fils, qui sont en votre pouvoir; du moins, si vous croyez que votre réputation n'y soit point intéressée. Je me garderais bien de vous presser, si je me l'imaginais; car votre honneur m'est beaucoup plus cher que cette liaison.

Mais, quoique je puisse me tromper, il me semble qu'un peu d'indulgence vous attirera plus d'estime que de blâme. Je vous demande donc en grâce, si ce n'est point une peine pour vous, de me faire savoir comment on pourrait s'y prendre, et ce que vous pouvez faire en ma considération; car je ne doute point de votre bonne volonté. Adieu.

LETTRE CLXII.

Rome, entre 694 et 699.

M. T. CICÉRON A L. CULLEOLUS, PROCONSUL.

Mon cher Lucceius, l'homme du monde le plus reconnaissant, a témoigné chez moi combien il est pénétré de vos bontés. Il m'a dit que vous aviez fait à ses agens les promesses les plus avantageuses et les plus obligeantes. S'il est si sensible à vos simples discours, quelle sera sa reconnaissance pour le service même, lorsque vous aurez exécuté ce que vous promettez? Les habitans de Bullis ont témoigné que, pour satisfaire Lucceius, ils s'en rapporteraient au jugement de Pompée; mais il est fort à souhaiter pour nous que vous y joigniez vos bons offices, votre autorité, et même vos ordres. C'est ce que je vous demande en grâce.

Je suis déjà charmé que les agens de Lucceius aient reconnu, et que Lucceius s'aperçoive lui-même par vo-

quas ad eum misisti, intellexit, hominis nullius apud te auctoritatem aut gratiam valere plus quam meam. Id ut re experiatur, iterum et saepius te rogo.

EPISTOLA CLXIII.
(ad div., XIII, 41.)

Scrib. Romae, post proxime superiorem, A. V. C. 694 et 699.

M. T. CICERO L. CULLEOLO, PROCOS. S. P. D.

Quæ fecisti Lucceii causa, scire te plane volo, te homini gratissimo commodasse : et quum ipsi, quæ fecisti, pergrata sunt, tum Pompeius, quotiescumque me videt (videt autem sæpe), gratias tibi agit singulares. Addo etiam illud, quod tibi jucundissimum esse certo scio, me ipsum, ex tua erga Lucceium benignitate, maxima voluptate affici.

Quod superest, quanquam mihi non est dubium quin, quum antea nostra causa, nunc jam etiam tuæ constantiæ gratia, mansurus sis in eadem ista liberalitate : tamen abs te vehementer etiam atque etiam peto, ut ea, quæ initio ostendisti deincepsque fecisti, ad exitum augeri et cumulari per te velis. Id et Lucceio et Pompeio valde gratum fore, teque apud eos præclare positurum, confirmo et spondeo.

De republica, deque his negotiis, cogitationibusque nostris perscripseram ad te diligenter paucis ante diebus, easque litteras dederam pueris tuis.

tre dernière lettre, que personne n'a plus de crédit et de considération que moi auprès de vous. Je souhaite qu'il l'apprenne par expérience, et je ne cesse pas de vous en prier.

LETTRE CLXIII.

Rome, peu de temps après la précédente, entre 694 et 699.

M. T. CICÉRON A L. CULLEOLUS[1], PROCONSUL.

Soyez persuadé qu'en rendant service à L. Lucceius, vous avez obligé un homme très-reconnaissant, et qu'avec cet avantage vous avez celui d'avoir été agréable à Pompée. A chaque visite qu'il me rend, et je puis vous dire qu'elles sont fréquentes, il vous en fait des remercîmens fort vifs. J'ajoute, parce que je suis sûr que vous y serez sensible, que vos bontés pour Lucceius m'ont causé aussi beaucoup de satisfaction.

Pour l'avenir, quoique je me promette bien que vous conserverez pour lui les mêmes sentimens, autant désormais pour l'honneur de votre constance que vous y étiez porté auparavant pour m'obliger, je ne laisse pas de vous prier très-instamment de soutenir jusqu'à la fin les dispositions que vous avez marquées d'abord, et qui ont été confirmées par des effets, et je vous demande en grâce d'y mettre le comble. Vous pouvez compter que ce sera obliger tout à la fois Lucceius et Pompée, et vous mettre parfaitement bien dans leur esprit.

Je vous écrivis, il y a peu de jours, sur l'état de la république et sur toutes les affaires présentes, et je vous marquai là-dessus mes réflexions : ma lettre fut remise à vos gens.

EPISTOLA CLXIV.
(ad Att., XIII, 49.)
Scripta anno incerto.

CICERO CURIO, PROC. S. P. D.

Q. Pompeius, Sexti filius, multis et veteribus causis necessitudinis mihi conjunctus est. Is, quum antea meis commendationibus et rem, et gratiam, et auctoritatem suam tueri consuerit, nunc profecto, te provinciam obtinente, meis litteris assequi debet, ut nemini se intelligat commendatiorem unquam fuisse. Quamobrem a te majorem in modum peto, ut, quum omnes meos æque ac tuos observare, pro nostra necessitudine, debeas, hunc in primis ita in tuam fidem recipias, ut ipse intelligat nullam rem sibi majori usui, aut ornamento, quam meam commendationem, esse potuisse.

EPISTOLA CLXV.
(ad div., I, 10.)
Scrib. Romæ, A. V. C. 699.

M. T. CICERO S. D. L. VALERIO, JURISCONSULTO.

Cur enim tibi hoc non gratificer, nescio : præsertim quum his temporibus audacia, pro sapientia liceat uti. Lentulo nostro egi per litteras tuo nomine gratias diligenter. Sed tu velim desinas jam nostris litteris uti, et nos aliquando revisas; et ibi malis esse, ubi aliquo numero sis, quam istic, ubi solus sapere videare. Quan-

LETTRE CLXIV.

Date incertaine.

CICÉRON A CURIUS[1], PROCONSUL.

Q. Pompée, fils de Sextus, est lié avec moi depuis longtemps et par beaucoup de raisons. Mes recommandations ont toujours soutenu ses intérêts, son crédit, sa consideration : il se flatte qu'aujourd'hui que vous commandez dans la province il s'apercevra, par mes lettres, qu'il n'a jamais eu de recommandation plus forte. Comme l'amitié qui est entre vous et moi vous oblige d'avoir autant d'égard pour mes amis que pour les vôtres, je vous prie instamment d'accorder si particulièrement votre protection à Pompée, qu'il s'aperçoive que rien ne pouvait lui être plus utile et plus honorable que ma recommandation.

LETTRE CLXV.

Rome, 699.

M. T. CICÉRON A L. VALERIUS[1], JURISCONSULTE.

Pourquoi ne vous accorderais-je pas la qualité de jurisconsulte, surtout dans un temps où l'audace tient lieu de sagesse? J'ai écrit à Lentulus, pour le remercier vivement de votre part. Mais je souhaiterais que vous me délivrassiez de la nécessité de vous écrire, en prenant le parti de nous rejoindre; et qu'il vous parût plus agréable d'être dans un lieu où la compagnie est assez

quam qui istinc veniunt, partim te superbum esse dicunt, quod nihil respondeas, partim contumeliosum, quod male. Sed jam cupio tecum coram jocari.

Quare fac, ut quamprimum venias, neque in Apuliam tuam accedas, ut possimus salvum venisse gaudere. Nam illo si veneris, tanquam Ulysses, cognosces tuorum neminem. Vale.

EPISTOLA CLXVI.
(ad div., II, 1.)
Scrib. Romæ, sub interregno, A. V. C. 700.

M. T. CICERO S. D. C. CURIONI.

Quanquam me nomine negligentiæ suspectum tibi esse doleo, tamen non tam mihi molestum fuit accusari abs te officium meum, quam jucundum requiri : præsertim quum, in quo accusabar, culpa vacarem : in quo autem desiderare te significabas meas litteras, præ te ferres perspectum mihi quidem, sed tamen ducem et optatum amorem tuum. Equidem neminem prætermisi, quem quidem ad te perventurum putarem, cui litteras non dederim.

Etenim quis est tam scribendo impiger quam ego? A

nombreuse, que dans celui où vous êtes, et où vous ne trouvez guère d'autre sage que vous-même. Ceux qui en viennent ici ne laissent pas de rapporter, les uns que vous êtes un superbe, qui ne fait aucune réponse; les autres, un homme dur, qui répond fort mal. Mais je souhaite que nous puissions badiner là-dessus de vive voix.

Revenez donc promptement, et n'approchez point de votre Apulie, afin que nous puissions vous revoir ici en bonne santé; car si vous y allez, il vous arrivera, comme à Ulysse, de ne reconnaître aucun des vôtres. Adieu.

LETTRE CLXVI.

Rome, sous l'interrègne de 700.

M. T. CICÉRON A C. CURION [1].

Quoique je sois fâché que vous me soupçonniez de négligence, je suis bien moins sensible au chagrin que me causent vos reproches, qu'à la joie de vous voir souhaiter que je m'acquitte mieux de ce que je vous dois. Vos accusations me touchent d'autant moins, que je n'ai point en effet de négligence à me reprocher; au lieu que, dans le désir que vous marquez de recevoir plus souvent de mes lettres, je reconnais un témoignage d'amitié qui m'est fort doux et fort précieux, quoique je connusse assez vos sentimens sans cette nouvelle preuve. Je vous assure que je n'ai laissé partir personne, lorsque j'ai pu me flatter qu'il pourrait vous rencontrer, sans le charger d'une lettre pour vous.

En effet, ne suis-je pas l'homme du monde le moins

te vero bis, terve ad summum, et eas perbreves accepi. Quare si iniquus es in me judex, condemnabo eodem ego te crimine : sin me id facere noles, te mihi æquum præbere debebis. Sed de litteris hactenus. Non enim vereor ne non scribendo te expleam; præsertim si in eo genere studium meum non aspernabere.

Ego te abfuisse tam diu a nobis et dolui, quod carui fructu jucundissimæ consuetudinis tuæ; et lætor, quod absens omnia cum maxima dignitate es consecutus: quodque, in omnibus tuis rebus, meis optatis fortuna respondit. Breve est, quod me tibi præcipere meus incredibilis in te amor cogit : tanta est exspectatio vel animi vel ingenii tui, ut ego te obsecrare obtestarique non dubitem, sic ad nos conformatus revertare, ut quam exspectationem tui concitasti, hanc sustinere ac tueri possis. Et quoniam meam tuorum erga me meritorum memoriam nulla unquam delebit oblivio, te rogo ut memineris, quantæcumque tibi accessiones fient et fortunæ et dignitatis, eas te non potuisse consequi, nisi meis puer olim fidelissimis atque amantissimis consiliis paruisses. Quare hoc animo in nos esse debebis, ut ætas nostra jam ingravescens in amore atque in adolescentia tua conquiescat. Vale.

paresseux pour écrire? Pour vous, convenez que je n'ai reçu que deux ou trois de vos lettres, et des plus courtes. Ainsi ne me jugez point avec trop de sévérité, si vous ne voulez pas que je vous condamne pour le même crime, et traitez-moi comme vous souhaitez de l'être. Mais brisons là-dessus; car je ne crains pas que vous vous plaigniez justement de mon silence, surtout lorsque je m'apercevrai que mes lettres vous font plaisir.

J'ai regretté que vous fussiez si long-temps éloigné de nous, parce que je me suis vu privé de la douceur de votre commerce : mais je n'ai pu manquer de voir avec joie que vous ayez dans votre absence, et avec beaucoup de dignité, obtenu tout ce qu'il vous fallait, et que dans toutes vos affaires la fortune ait si bien répondu à mes désirs. Ce qu'une vive amitié m'inspire pour votre conduite se réduit à vous prier, à vous conjurer même de revenir si bien disposé, que vous puissiez soutenir les hautes espérances qu'on a conçues de votre caractère et de votre esprit. Et comme je vous promets que rien ne sera capable d'effacer dans mon cœur la mémoire de ce que je vous dois, je vous prie aussi de vous souvenir, à quelque degré de fortune et de dignité que vous puissiez parvenir, que vous n'y seriez point arrivé si vous n'aviez eu, dans votre enfance, de la docilité pour mes tendres et fidèles conseils. Je me flatte donc de vous trouver tant d'affection pour moi, que, dans un âge qui commence à s'appesantir, je puisse me reposer avec confiance sur votre amitié et sur votre jeunesse. Adieu.

EPISTOLA CLXVII.
(ad div., VII, 11.)
Scrib. Romæ, A. V. C. 700.

CICERO TREBATIO S. D.

Nisi ante Roma profectus esses, nunc eam certe relinqueres. Quis enim, tot interregnis, jurisconsultum desiderat? Ego omnibus, unde petitur, hoc consilii dederim, ut a singulis interregibus binas advocationes postulent. Satisne tibi videor abs te jus civile didicisse?

Sed heus tu, quid agis? ecquid fit? video enim te jam jocari per litteras. Hæc signa meliora sunt, quam in meo Tusculano. Sed quid sit, scire cupio. Consuli quidem te a Cæsare scribis : sed ego tibi ab illo consuli mallem. Quod si aut fit, aut futurum putas, perfer istam militiam et permane : ego enim desiderium tui, spe tuorum commodorum, consolabor. Sin autem ista sunt inaniora, recipe te ad nos. Nam aut erit hic aliquid aliquando; aut, si minus, una mehercule collocutio nostra pluris erit, quam omnes Samarobrivæ.

Denique, si cito te retuleris, sermo nullus erit. Si diutius frustra abfueris, non modo Laberium, sed etiam sodalem nostrum Valerium pertimesco; mira enim persona induci potest britannici jurisconsulti. Hæc ego non

LETTRE CLXVII.

Rome, 700.

CICÉRON A TREBATIUS.

Si vous n'étiez pas hors de Rome, vous en voudriez sortir aujourd'hui ; car à quoi sert un jurisconsulte dans tous ces interrègnes [1] ? Pour moi, je conseille à tous ceux auxquels on réclame une dette, de demander deux délais de consultation à chaque *interroi*. Vous paraît-il ici que j'aie appris de vous assez de droit civil ?

Mais, dites-moi donc, que faites-vous ? comment vont les affaires ? car je trouve de la gaîté dans vos lettres. Ces *signes-là* [2] valent bien mieux que ceux de ma maison de Tusculum. Je veux être informé de ce qui en est. César vous consulte, m'écrivez-vous : j'aimerais bien mieux qu'il se consultât pour vous combler de bienfaits. S'il le fait, ou si vous voyez que ce soit son dessein, croyez-moi, supportez les incommodités de la guerre, et demeurez auprès de lui ; l'espérance de vous voir à votre aise adoucira le regret que j'ai de votre absence. Mais si les apparences ne vous promettent rien, revenez avec nous. Tôt ou tard il vous arrivera ici quelque chose d'heureux ; ou si votre fortune ne change point, un seul de nos entretiens, comme je vous l'ai déjà dit, vaudra mieux que toutes les Samarobrives.

Enfin, si vous prenez le parti de revenir bientôt, on n'en parlera point ; au lieu que si votre absence dure trop long-temps sans vous apporter aucun avantage, je crains non-seulement Laberius [3], mais jusqu'à notre ami

rideo, quamvis tu rideas : sed de re severissima tecum, ut soleo, jocor.

Remoto joco, tibi hoc amicissimo animo præcipio, ut, si istic mea commendatione tuam dignitatem obtinebis, perferas nostri desiderium, honestatem et facultates tuas augeas : sin autem ista frigebunt, recipias te ad nos. Omnia tamen quæ vis, et tua virtute profecto et nostro summo erga te studio consequere.

EPISTOLA CLXVIII.
(ad div., II, 2.)
Scrib. Romæ, A. V. C. 700.

M. T. CICERO C. CURIONI S. D.

Gravi teste privatus sum amoris summi erga te mei, patre tuo, clarissimo viro; qui, quum suis laudibus, tum vero te filio, superasset omnium fortunam, si ei contigisset, ut te ante videret, quam a vita discederet : sed spero nostram amicitiam non egere testibus. Tibi patrimonium dii fortunent. Me certe habebis, cui et carus æque sis et jucundus, ac fuisti patri.

Valerius [4]. Ce serait un rôle fort comique que celui d'un jurisconsulte breton. Je ne badine point ici, quoique vous m'écriviez là-dessus en badinant; mais je prends seulement, suivant ma coutume, un ton plaisant pour traiter une affaire très-sérieuse.

Raillerie à part, si ma recommandation sert là-bas à votre avancement, j'exige, avec toute l'amitié que j'ai pour vous, que vous supportiez l'absence, et que vous ne pensiez qu'à l'augmentation de votre fortune et de votre gloire. Si vous remarquez qu'on s'y porte froidement, venez nous rejoindre. Cependant je suis toujours persuadé que votre vertu et l'ardeur de mon zèle vous feront obtenir tout ce que vous souhaitez.

LETTRE CLXVIII.

Rome, 700.

M. T. CICÉRON A C. CURION.

Je perds, dans un homme aussi illustre que votre père, un témoin bien respectable de la tendresse infinie que j'ai pour vous. Sa propre gloire, et le bonheur d'avoir un tel fils, l'auraient rendu le plus heureux de tous les hommes, s'il avait eu la satisfaction de vous voir avant sa mort : mais j'espère que notre amitié n'aura pas besoin de témoins pour se soutenir. Que les dieux répandent leurs bénédictions sur votre héritage. Soyez sûr du moins d'avoir en moi un homme à qui vous serez aussi cher et aussi agréable qu'à votre père.

EPISTOLA CLXIX.
(ad div., II, 3.)
Scrib. Romæ, A. V. C. 700.

M. T. CICERO C. CURIONI S. D.

Rupæ studium non defuit declarandorum munerum tuo nomine; sed nec mihi placuit, nec cuiquam tuorum, quidquam te absente fieri, quod tibi, quum venisses, non esset integrum. Equidem quid sentiam, aut scribam ad te postea pluribus, aut, ne ad ea mediteris, imparatum te offendam, coramque contra istam tuam rationem, meam dicam; ut aut te in meam sententiam adducam, aut certe testatum apud animum tuum relinquam, quid senserim : ut si quando (quod nolim) displicere tibi consilium tuum coeperit, possis meum recordari. Brevi tamen sic habeto, in eum statum temporum tuum reditum incidere, ut iis bonis, quæ tibi natura, studio, fortuna data sunt, facilius omnia quæ sunt amplissima in republica consequi possis, quam muneribus.

Quorum neque facultatem quisquam admiratur (est enim copiarum, non virtutis); neque quisquam est, quin satietate jam defessus sit : sed aliter atque ostenderam facio, qui ingrediar ad explicandam rationem sententiæ meæ. Quare omnem hanc disputationem in adventum tuum differo. Summa scito te in exspectatione esse,

LETTRE CLXIX.

Rome, 700.

M. T. CICÉRON A C. CURION [1].

Rupa n'a point manqué de zèle pour annoncer de votre part des présens publics; mais j'ai jugé avec tous vos amis qu'il ne fallait rien faire dans votre absence que vous ne fussiez pas le maître de changer à votre retour. Je vous écrirai plus au long ce que je pense là-dessus; ou, de peur que vous ne méditiez votre défense, j'attendrai votre arrivée; et je combattrai votre projet sans que vous soyez préparé à me répondre : de sorte que, si je ne vous fais point entrer dans mon sentiment, il demeurera du moins gravé dans votre esprit; et s'il arrivait, sans que je le désire, que le vôtre vînt à vous déplaire, vous pourriez vous souvenir du mien. Cependant, pour m'expliquer d'avance en peu de mots, persuadez-vous que votre retour tombe dans des conjonctures où les avantages que vous tenez de la nature, de l'étude et de la fortune, serviront plus que des présens à vous faire obtenir ce qu'il y a de plus grand dans la république.

On est revenu de l'admiration qu'on avait pour les présens, qui sont le fait de la richesse et non du mérite. Il n'est personne qui n'en soit rassasié; mais j'oubliais que je ne voulais pas m'expliquer là-dessus. Remettons cela à votre arrivée : je vous déclare qu'on a conçu de vous les plus grandes espérances, et que tout ce que l'on peut attendre de la vertu consommée et d'un esprit dis-

eaque a te exspectari, quæ a summa virtute summoque ingenio exspectanda sunt. Ad quæ si es, ut debes, paratus (quod ita esse confido), plurimis maximisque muneribus et nos amicos, et cives tuos universos, et rempublicam afficies. Illud cognosces profecto, mihi te neque cariorem, neque jucundiorem esse quemquam.

EPISTOLA CLXX.
(ad div., VII, 12.)
Scrib. Romæ, A. V. C. 700.

CICERO TREBATIO S. D.

MIRABAR, quid esset, quod tu mihi litteras mittere intermisisses. Indicavit mihi Pansa meus, epicureum te esse factum. O castra præclara! Quid tu fecisses, si te Tarentum, non Samarobrivam misissem? Jam tum mihi non placebas, quum idem intuebare, quod et Titius familiaris meus. Sed quonam modo jus civile defendes, quum omnia tua causa facias, non civium? Ubi porro illa erit formula fiduciæ *inter bonos bene agier?* Quis est enim *bonus*, qui facit nihil, nisi sua causa? Quod jus statues COMMUNI DIVIDUNDO, quum commune nihil possit esse apud eos, qui omnia voluptate sua metiuntur? Quomodo autem placebit JOVEM LAPIDEM jurare, quum scias Jovem iratum esse nemini posse? Quid porro fiet populo ulubrano, si tu statueris, πολιτεύεσθαι non oportere? Quare si plane a nobis deficis, moleste fero; sin Pansæ assentari commodum est, ignosco. Modo

tingué, on se le promet de vous. Si vous y êtes préparé, comme j'en ai la confiance, vous ferez à vos amis, à tous les citoyens et à la république, d'assez grands et d'assez nombreux présens. Vous reconnaîtrez du moins que personne n'a pour vous plus de tendresse et plus d'attachement que moi.

LETTRE CLXX.

Rome, 700.

CICÉRON A TRÉBATIUS.

Je commençais à m'étonner de ne plus recevoir de vos lettres, lorsque j'ai appris de Pansa [1] que vous vous étiez fait épicurien. O le charmant parti que vous avez embrassé! Qu'auriez-vous donc fait, si je vous avais envoyé à Tarente, au lieu de Samarobrive? J'ai commencé à mal augurer de vous, depuis que vous avez pris mon ami Titius pour modèle. Mais de quel front exercerez-vous désormais la profession d'avocat, lorsque votre principe est de rapporter tout à votre intérêt et rien à celui de vos concitoyens? Et que deviendra pour vous cet ancien axiôme de fidélité, « que les hommes sincères doivent agir sincèrement l'un avec l'autre? » Peut-on l'être encore quand on ne songe qu'à soi? Quel droit établirez-vous pour le partage des biens communs, puisque rien ne peut être commun entre ceux qui n'ont pour règle que leur propre plaisir? Comment pourrez-vous jurer par Jupiter, puisque Jupiter, comme vous le savez bien, n'est pas capable de colère contre les hommes? Et

scribe aliquando ad nos quid agas, et a nobis quid fieri aut curari velis.

EPISTOLA CLXXI.
(ad div., VII, 13.)
Scrib. Romæ, IV non. mart. A. V. C. 700.

CICERO TREBATIO S. D.

ADEONE me injustum esse existimasti, ut tibi irascerer, quod parum mihi constans et nimium cupidus decedendi viderere, ob eamque causam me arbitrarere litteras ad te jamdiu non misisse? Mihi perturbatio animi tui, quam primis litteris perspiciebam, molestiam attulit. Neque alia ulla fuit causa intermissionis epistolarum, nisi quod, ubi esses, plane nesciebam. Hic tu me etiam insimulas, nec satisfactionem meam accipis. Audi, mi Testa : utrum superbiorem te pecunia facit, an quod te imperator consulit? Moriar, ni, quæ tua gloria est, puto te malle a Cæsare consuli, quam inaurari. Si vero utrumque est : quis te feret præter me, qui omnia ferre possum? Sed ut ad rem redeam, te istic invitum non esse, vehementer gaudeo; et ut illud erat molestum, sic hoc est jucundum. Tantum metuo ne

que ferez-vous de vos gens d'Ulubre², lorsque vous ne voulez point qu'un homme sage se mêle de politique? Ma foi, si vous avez déserté tout-à-fait, j'en suis fâché; mais s'il vous revient quelque avantage de flatter Pansa, je vous le pardonne; à condition néanmoins que vous m'écriviez quelquefois ce que vous faites, et ce que je puis faire ici pour vous.

LETTRE CLXXI.

Rome, 4 mars 700.

CICÉRON A TREBATIUS.

M'AVEZ-VOUS cru assez injuste pour me fâcher sérieusement de vous trouver peu de constance et trop d'empressement pour votre retour? et se peut-il que vous ayez attribué mon silence à cette cause? J'ai remarqué dans vos premières lettres que vous n'aviez pas l'esprit tranquille, et j'en ai ressenti du chagrin; mais la seule raison qui m'ait empêché de vous écrire, est que j'ignorais absolument où vous étiez. Vous grondez encore, et cette excuse ne vous satisfait pas. Écoutez, mon cher Testa; je suis curieux d'apprendre si c'est parce que vous avez beaucoup d'argent, ou parce que César vous consulte, que vous devenez si orgueilleux : à l'air que je vous vois, je veux mourir si vous n'aimez mieux être consulté qu'enrichi par César. Mais si vous avez tout à la fois ces deux raisons, vous serez insupportable pour tout le monde, excepté pour moi néanmoins qui supporte tout. Revenons. Je me réjouis beaucoup, au fond, de ce que vous n'êtes plus là malgré vous; et je vois que

artificium tuum tibi parum prosit. Nam, ut audio istic,

> Non ex jure manu consertum, sed mage ferro
> Rem repetunt.

At tu non soles ad vim faciendam adhiberi; neque est, quod illam exceptionem in interdicto pertimescas: *quod tu prior vi hominibus armatis veneris.* Scio enim te non esse procacem in lacessendo. Sed, ut ego quoque te aliquid admoneam de nostris cautionibus, Treviros vites censeo; audio capitales esse : mallem auro, aere, argento essent. Sed alias jocabimur. Tu ad me de istis rebus omnibus scribas velim quam diligentissime. A. d. iv non. mart.

EPISTOLA CLXXII.
(ad div., VII, 15.)
Scrib. Romae, A. V. C. 700.

CICERO TREBATIO S. D.

Quam sint morosi qui amant, vel ex hoc intelligi potest. Moleste ferebam antea, te invitum istic esse; pungit me rursus, quod scribis esse te istic libenter. Neque enim mea commendatione te non delectari facile patiebar; et nunc angor, quidquam tibi sine me esse jucundum. Sed hoc tamen malo ferre desiderium, quam te non ea, quae spero, consequi. Quum vero in C. Matii suavissimi doctissimique hominis familiaritatem venisti, non dici potest quam valde gaudeam : qui fac ut te

ce qui faisait votre chagrin commence à vous causer du plaisir. Ma crainte est seulement que vous ne tiriez peu de fruit de votre artifice, car j'apprends *que, du côté où vous êtes, ce n'est point par le droit*[1]*, mais avec le fer qu'on fait valoir ses prétentions.*

Mais ce n'est point vous[2] qui vous prêtez à la violence, et je ne crains pas que vous encouriez la prohibition de l'édit, *si, le premier, vous êtes venu avec des hommes armés :* je sais que vous n'êtes point un agresseur insolent. Mais il faut que je vous donne aussi quelque avis pour votre sûreté. Je crois que vous avez à faire avec les *Treviri*, et j'apprends qu'ils sont dangereux[3]. J'aimerais mieux qu'ils fussent préposés à l'or, au bronze ou à l'argent. Mais nous plaisanterons une autre fois. Ne me laissez rien ignorer de ce qui vous concerne. Le 4 mars.

LETTRE CLXXII.

Rome, 700.

CICÉRON A TREBATIUS [1].

Voyez quelle est la bizarrerie de ceux qui aiment. J'étais fâché d'abord que vous fussiez comme malgré vous dans le lieu où vous êtes; aujourd'hui j'ai quelque déplaisir d'apprendre par vos lettres que vous y demeurez volontiers. Je voyais avec chagrin que vous ne tiriez aucun agrément de ma recommandation, et je ne suis pas aujourd'hui plus content de vous voir des plaisirs auxquels je n'ai point de part. Cependant j'aime mieux avoir cette peine à supporter, que celle de ne pas obtenir pour vous ce que nous désirons. Je ne puis vous ex-

quam maxime diligat. Mihi crede : nihil ex ista provincia potes, quod jucundius sit, deportare. Cura ut valeas.

EPISTOLA CLXXIII.
(ad div., VII, 18.)
Scrib. in Pomptino, vi id. april. A. V. C. 700.

CICERO TREBATIO S. D.

ACCEPI a te aliquot epistolas uno tempore, quas tu diversis temporibus dederas : in quibus me cetera delectarunt. Significabant enim, te istam militiam jam firmo animo ferre, et esse fortem virum et constantem. Quæ ego paullisper in te ita desideravi, non imbecillitate animi tui, sed magis ut desiderio nostri te æstuare putarem. Quare perge, ut cœpisti : forti animo istam tolera militiam. Multa, mihi crede, assequere. Ego enim renovabo commendationem, sed tempore. Sic habeto, non tibi majori esse curæ, ut iste tuus a me discessus quam fructuosissimus tibi sit, quam mihi. Itaque, quando vestræ cautiones infirmæ sunt, græculam tibi misi cautionem chirographi mei.

Tu me velim de ratione gallici belli certiorem facias : ego enim ignavissimo cuique maximam fidem habeo. Sed ut ad epistolas tuas redeam, cetera belle : illud mi-

primer combien votre liaison avec C. Matius me cause
de joie; c'est un des plus aimables et des plus savans
hommes du monde. N'épargnez rien pour vous en faire
beaucoup aimer; et comptez que vous ne pouvez rapporter de plus agréable fruit de votre voyage. Je vous recommande votre santé.

LETTRE CLXXIII.

Pomptinum, 8 avril 700.

M. CICÉRON A TREBATIUS.

J'AI reçu en même temps plusieurs lettres que vous m'avez écrites à diverses époques, et je suis fort satisfait de ce qu'elles contiennent. J'y apprends que la fermeté ne vous manque plus pour supporter les fatigues militaires, et que vous êtes enfin un homme de courage. Cependant si je vous ai reproché d'en manquer un peu, j'en accusais moins la faiblesse de votre âme que l'extrême impatience que je vous supposais de nous revoir. Continuez donc comme vous avez commencé, et résistez courageusement aux fatigues de la guerre : cette voie vous conduira loin. Je renouvellerai ma recommandation, mais dans le temps qui me paraîtra convenable; car vous devez être persuadé que je m'intéresse autant que vous à vous faire tirer de votre voyage tous les fruits possibles. Puisque votre caution n'est pas suffisante, j'ai pris soin d'en envoyer une en grec[1], de ma propre main.

Mais je vous demande en récompense de me donner des nouvelles de la guerre des Gaules : j'ai beaucoup de confiance en celles qui viennent des poltrons. Revenons

ror. Quis solet eodem exemplo plures dare, qui sua manu scribit? Nam quod in palimpsesto, laudo equidem parcimoniam : sed miror, quid in illa chartula fuerit quod delere malueris, nisi forte tuas formulas. Non enim puto te meas epistolas delere, ut reponas tuas. An hoc significas, nihil fieri? frigere te? ne chartam quidem tibi suppeditare? Jam ista tua culpa est, qui verecundiam tecum extuleris, et non hic nobiscum reliqueris. Ego te Balbo, quum ad vos proficiscetur, more romano commendabo. Tu, si intervallum longius erit mearum litterarum, ne sis admiratus : eram enim affuturus mense aprili. Has litteras scripsi in Pomptino, quum ad villam Metrilii Philemonis divertissem : ex qua jam audieram fremitum clientium meorum, quos quidem tu mihi conciliasti. Nam Ulubris honoris mei causa vim maximam ranunculorum se commovisse constabat. Cura ut valeas. vi idus april. de Pomptino.

Epistolam tuam, quam accepi ab L. Arruntio, conscidi innocentem. Nihil enim habebat quod non vel in concione recte legi posset. Sed et Arruntius ita te mandasse aiebat, et tu adscripseras. Verum illud esto. Nihil te ad me postea scripsisse demiror, praesertim tam novis rebus.

à vos lettres. Tout en est fort bien jusqu'ici : mais j'admire qu'écrivant vous-même, vous ayez la patience d'en faire ainsi plusieurs copies [2]. Que vous recommenciez à écrire sur un papier gratté, c'est une épargne fort louable ; mais je cherche ce que peut être ce que vous avez pris la peine d'effacer, à moins que ce ne soit quelqu'une de vos formules de droit, car je ne puis m'imaginer que vous grattiez mes lettres pour me faire vos réponses sur le même papier. Voudriez-vous me faire entendre que vos affaires n'avancent point, que vous êtes à rien faire, qu'on vous laisse manquer même de papier ? N'est-ce pas un peu votre faute, d'avoir emporté avec vous votre modestie, au lieu de la laisser à Rome [3] ? Lorsque Balbus nous quittera pour vous rejoindre, je vous recommanderai à lui dans des termes romains. Si vous trouvez trop d'intervalle entre mes lettres, ne vous étonnez pas. Je devais être absent pendant tout le mois d'avril ; et je vous écris celle-ci de Pomptinum, où je suis venu chez Metrilius Philémon [4], et d'où j'ai déjà entendu le bruissement [5] des cliens que vous m'avez procurés. On assure en effet qu'un grand nombre de petites grenouilles d'Ulubres se sont remuées pour me faire honneur. Prenez soin de votre santé. Pomptinum, le 8 avril.

J'ai déchiré la lettre que j'ai reçue de vous par L. Arruntius, quoique fort innocente ; car je n'y ai rien remarqué qui ne pût être lu dans une assemblée publique : mais Arruntius m'a dit que vous le souhaitiez, et vous me le marquiez vous-même. Passe pour cela : mais je suis surpris que vous ne m'ayez pas écrit depuis, surtout lorsqu'il y a tant de nouveaux évènemens.

EPISTOLA CLXXIV.
(ad div., II, 4.)
Scrib. Romæ, A. V. C. 700.

M. T. CICERO C. CURIONI S. D.

Epistolarum genera multa esse non ignoras; sed unum illud certissimum, cujus causa inventa res ipsa est, ut certiores faceremus absentes, si quid esset, quod eos scire, aut nostra aut ipsorum interesset. Hujus generis litteras a me profecto non expetis. Tuarum enim rerum domesticarum habes et scriptores et nuntios. In meis autem rebus nihil est sane novi. Reliqua sunt epistolarum genera duo, quæ me magnopere delectant : unum familiare et jocosum, alterum severum et grave. Utro me minus deceat uti, non intelligo. Jocerne tecum per litteras? civem mehercule non puto esse qui temporibus his ridere possit. An gravius aliquid scribam? quid est quod possit graviter scribi ad Curionem nisi de republica? Atque in hoc genere hæc mea causa est, ut neque ea quæ non sentio velim scribere. Quamobrem, quoniam mihi nullum scribendi argumentum relictum est, utar ea clausula qua soleo, teque ad studium summæ laudis cohortabor. Est enim tibi gravis adversaria constituta et parata, incredibilis quædam exspectatio; quam tu una re facillime vinces, si hoc statueris : quarum laudum gloriam adamaris, quibus artibus eæ laudes comparantur, in iis esse ela-

LETTRE CLXXIV.

Rome, 700.

M. T. CICÉRON A C. CURION.

Vous n'ignorez pas qu'il y a plus d'un genre de lettres, mais que le principal, et celui même qui les a fait inventer, est pour informer les absens de ce qu'il leur importe d'apprendre ou à nous de leur faire savoir. Ce n'est point des lettres de ce genre que vous me demandez; car vous ne manquez point de gens qui vous écrivent sur vos affaires domestiques, et je n'ai assurément rien de nouveau à vous marquer sur les miennes. Il reste deux autres genres, auxquels je prends beaucoup de plaisir; l'un familier et badin, l'autre grave et sérieux. Mais je ne sais lequel il m'est permis d'employer. Badinerai-je avec vous dans mes lettres? quel citoyen pourrait rire dans les conjonctures où nous sommes? Vous écrirai-je d'un ton sérieux? de quoi Cicéron peut-il entretenir sérieusement Curion, si ce n'est des affaires publiques? Mais tels sont mes principes, que je ne puis écrire là-dessus ce que je ne pense point. Puisqu'il ne me reste donc aucun autre sujet de lettres, je reviens à mes propos ordinaires, et je vous exhorte à l'amour de la véritable gloire. Vous avez une terrible ennemie, qui n'attend que votre arrivée : c'est l'espérance extraordinaire qu'on a conçue de vous. Vous la surmonterez aisément, si vous prenez pour principe qu'il faut vous perfectionner dans les choses qui peuvent vous conduire à l'espèce de gloire dont votre cœur est le plus touché.

borandum. In hanc sententiam scriberem plura, nisi te tua sponte satis incitatum esse confiderem : et hoc quidquid attigi, non feci inflammandi tui causa, sed testificandi amoris mei. Vale.

EPISTOLA CLXXV.
(ad div., II, 5.)

Scrib. Romæ, A. V. C. 700.

M. T. CICERO C. CURIONI S. D.

Hæc negotia quomodo se habeant, ne epistola quidem narrare audeo. Tibi, etsi ubicumque es, ut scripsi ad te antea, in eadem es navi, tamen, quod abes, gratulor : vel quia non vides ea quæ nos, vel quod excelso et illustri loco sita sit laus tua, in plurimorum et sociorum et civium conspectu : quæ ad nos nec obscuro, nec vario sermone, sed et clarissima et una omnium voce perfertur. Unum illud nescio, gratulerne tibi, an timeam, quod mirabilis est exspectatio reditus tui : non quo verear ne tua virtus opinioni hominum non respondeat, sed, mehercule, ne quum veneris non habeas jam quod cures, ita sunt omnia debilitata et jam prope exstincta. Sed hæc ipsa nescio rectene sint litteris commissa : quare cetera cognosces ex aliis. Tu tamen, sive habes aliquam spem de republica, sive desperas, ea para, meditare, cogita, quæ esse in eo cive ac viro debent, qui sit rempublicam afflictam et oppressam, mi-

Je m'étendrais là-dessus, si je ne faisais réflexion que vous n'avez pas besoin d'être excité. Aussi ce que j'ai dit est-il moins pour vous servir d'aiguillon, que pour vous témoigner mon amitié. Adieu.

LETTRE CLXXV.

Rome, 700.

M. T. CICÉRON A C. CURION.

Je n'ose vous expliquer, même dans une lettre, la situation de vos affaires. Quoique vous soyez, comme je vous l'ai déjà marqué, dans le même vaisseau que nous, en quelque lieu que vous puissiez être, je vous félicite néanmoins de votre absence : soit parce qu'elle vous exempte du spectacle qui frappe ici nos yeux ; soit parce que, dans la situation éclatante où vous êtes, exposé à la vue d'un grand nombre de nos alliés et de nos citoyens, votre gloire rejaillit jusqu'à nous, non par des rapports obscurs ou équivoques, mais par des témoignages unanimes. Mon unique embarras est de ne savoir si je dois vous féliciter ou trembler de l'attente qu'excite votre retour. Je suis bien éloigné de craindre que votre vertu ne réponde point à l'opinion publique ; mais j'appréhende qu'à votre arrivée vous ne trouviez pas de quoi vous employer, tant il y a ici de relâchement dans les esprits, et je dirais presque d'extinction. Je m'explique peut-être trop librement dans une lettre, et j'aime mieux que vous receviez ces explications par un autre. Soit que vous ayez quelque espoir pour la république, soit que vous

seris temporibus, ac perditis moribus, in veterem dignitatem ac libertatem vindicaturus.

EPISTOLA CLXXVI.
(ad div., V, 17.)

Scrib. Romæ, fortassis A. V. C. 700.

M. T. CICERO S. D. P. SEXTIO P. F.

Non oblivione amicitiæ nostræ, neque intermissione consuetudinis meæ, superioribus temporibus ad te nullas litteras misi; sed quod priora tempora in ruinis reipublicæ, nostrisque jacuerunt. Posteriora autem me a scribendo, tuis injustissimis atque acerbissimis incommodis, retardarunt. Quum vero et intervallum jam satis longum fuisset, et tuam virtutem, animique magnitudinem diligentius essem mecum recordatus : non putavi esse alienum institutis meis, hæc ad te scribere.

Ego te, P. Sexti, et primis temporibus illis, quibus in invidiam absens, et in crimen vocabare, defendi; et, quum in tui familiarissimi judicio ac periculo tuum crimen conjungeretur, ut potui accuratissime te tuamque causam tutatus sum; et proxime, recenti adventu meo, quum rem aliter institutam offendissem ac mihi placuisset, si affuissem; tamen nulla re saluti tuæ defui: quumque eo tempore invidia annonæ, inimici non solum tui, verum etiam amicorum tuorum, iniquitas to-

en désespériez, préparez, méditez, disposez tout ce qu'on doit attendre d'un citoyen et d'un homme destiné à relever l'état affligé, opprimé par le malheur des temps et par la corruption des mœurs; enfin à lui rendre sa splendeur et sa liberté.

LETTRE CLXXVI.

Écrite à Rome, probablement en 700.

M. T. CICÉRON A P. SEXTIUS[1], FILS DE P.

Ce n'est point par l'oubli de notre amitié, ni par aucun refroidissement, que j'ai laissé passer quelque temps sans vous écrire. J'ai d'abord été retenu par mon propre abattement, au milieu des catastrophes de la république et des miennes; ensuite vos injustes et cruelles disgrâces sont devenues pour moi une autre cause de retard. Mais l'intervalle a duré sans doute assez long-temps; je me suis enfin rappelé votre vertu et votre grandeur d'âme, et l'opinion que j'en ai m'a fait trouver dans mes principes une raison de rompre le silence.

Je vous ai défendu, mon cher P. Sextius, la première fois qu'on entreprit de vous rendre odieux et que vous fûtes accusé dans votre absence. Ensuite, je me suis fait, autant que je l'ai pu, le défenseur de votre personne et de votre cause, lorsque vous vous êtes trouvé engagé dans l'affaire et dans le péril de votre intime ami. Enfin, dans ces derniers temps et presqu'à mon retour, quoique j'aie trouvé la situation des affaires bien différente de ce qu'elle aurait été si je n'eusse pas quitté Rome, je n'ai pas laissé de vous servir dans toutes les occasions.

tius judicii, multaque alia reipublicæ vitia, plus quam causa ipsa veritasque valuissent, Publio tuo, neque opera, neque consilio, neque labore, neque gratia, neque testimonio defui.

Quamobrem, omnibus officiis amicitiæ diligenter a me sancteque servatis, ne hoc quidem prætermittendum esse duxi, te ut hortarer rogaremque, ut et hominem te et virum esse meminisses, id est, ut communem incertumque casum, quem neque vitare quisquam nostrum, nec præstare ullo pacto potest, sapienter ferres, et dolori fortiter ac fortunæ resisteres; cogitaresque, et in nostra civitate, et in ceteris quæ rerum potitæ sunt, multis fortissimis atque optimis viris, injustis judiciis, tales casus incidisse. Illud utinam ne vere scriberem, ea te republica carere, in qua neminem prudentem hominem res ulla delectet!

De tuo autem filio vereor ne, si nihil ad te scripserim, debitum ejus virtuti videar testimonium recusasse; sin autem omnia quæ sentio perscripserim, ne refricem meis litteris desiderium ac dolorem tuum. Sed tamen prudentissime facies, si illius pietatem, virtutem, industriam, ubicumque eris, tuam esse, tecum esse duces. Nec enim minus nostra sunt quæ animo complectimur,

Et dans les mêmes circonstances, lorsque le mécontentement de la cherté des vivres, la malignité de ceux qui non-seulement étaient vos ennemis, mais qui n'étaient pas mieux disposés pour vos amis, l'injustice des juges et tant d'autres plaies de la république, ont eu plus de force que la vérité et la justice même de la cause, Publius votre fils n'a jamais eu sujet de se plaindre que mes conseils, mes services et mon crédit lui aient manqué.

Si je vous rappelle avec combien de zèle et de fidélité j'ai rempli tous les devoirs de l'amitié, c'est pour vous faire connaître que je me crois obligé par le même motif à vous faire aujourd'hui souvenir, non-seulement que vous êtes homme, mais que vous êtes un homme de courage; qu'en cette qualité vous devez supporter avec modération un mal commun du sort, qu'il n'est au pouvoir de personne de prévenir et d'éviter; que vous devez résister courageusement à la fortune, et faire réflexion qu'à Rome et dans toutes les villes où les jugemens ont été populaires, il est arrivé à quantité de grands et de vertueux personnages d'essuyer les mêmes accidens par d'injustes sentences. Comptez, et plût au ciel que je vous l'écrivisse avec moins de vérité! que vous êtes privé d'une république où il ne reste plus rien qui puisse satisfaire un homme sage.

A l'égard de votre fils, je craindrais, si je ne vous en parlais point, de refuser à sa vertu [2] le témoignage que je lui dois; mais je ne pourrais aussi vous écrire tout ce que je pense de lui, sans renouveler peut-être trop vivement vos regrets et votre douleur. Vous ne sauriez mieux faire néanmoins, dans quelque lieu que vous soyez, que de vous rappeler l'idée de sa tendresse, de sa vertu, de son mérite, et de songer que ce sont des biens qui

quam quæ oculis intuemur. Quamobrem et illius eximia virtus summusque in te amor magnæ tibi consolationi debet esse, et nos ceterique qui te non ex fortuna sed ex virtute tua pendimus semperque pendemus; et maxime animi tui conscientia, quum tibi nihil merito accidisse reputabis, si et illud adjunges, homines sapientes turpitudine, non casu, et delicto suo, non aliorum injuria commoveri.

Ego et memoria nostræ veteris amicitiæ, et virtute atque observantia filii tui monitus, nullo loco deero, neque ad consolandum, neque ad levandum fortunam tuam. Tu si quid forte ad me scripseris, perficiam ne te frustra scripsisse arbitrere. Vale.

EPISTOLA CLXXVII.
(ad div., VII, 14.)
Scrib. Romæ, A. V. C. 700.

CICERO TREBATIO S. D.

Chrysippus Vettius, Cyri architecti libertus, fecit ut te non immemorem putarem mei : salutem enim verbis tuis nuntiavit. Valde jam lautus es, qui gravere litteras ad me dare, homini præsertim prope domestico. Quod si scribere oblitus es; minus multi jam, te advocato, causa cadent. Si nostri oblitus es; dabo operam

vous appartiennent. On ne jouit pas moins de ce que l'imagination nous représente, que de ce qui frappe les yeux du corps. Vous devez donc tirer beaucoup de consolation de sa vertu et de la tendresse extrême qu'il a pour vous. Vous n'en devez pas tirer moins de la constance de vos amis qui vous estiment, et vous estimeront toujours, selon votre mérite et non selon votre fortune. Votre conscience aussi vous fournira la plus grande des consolations. Vous réfléchirez que vous n'avez rien mérité de ce qui vous arrive. Ajoutez à cela que le sage n'est sensible qu'à la honte, et non aux injustices du sort et aux fautes d'autrui !

Le souvenir de notre ancienne amitié, le mérite de votre fils, et les soins qu'il me rend m'avertissent de ne jamais manquer, soit de vous consoler, soit de soulager votre infortune. Si vous me chargez de quelque chose, je ferai en sorte que vous ne m'ayez pas écrit en vain. Adieu.

LETTRE CLXXVII.

Rome, 700.

CICÉRON A TREBATIUS.

Vous ne m'oubliez pas tout-à-fait : Chrysippus Vettius, affranchi de Cyrus l'architecte, m'a fait des complimens de votre part. Mais je me figure que vous êtes déjà fort grand seigneur, puisque vous n'avez pu prendre la peine de m'écrire par un homme qui est presque de ma maison. Si vous avez oublié l'usage d'écrire, on en verra perdre moins de causes à ceux qui vous prendront pour avocat.

ut istuc veniam ante quam plane ex animo tuo effluam. Sin æstivorum timor te debilitat; aliquid excogita, ut fecisti de Britannia.

Illud quidem perlubenter audivi ex eodem Chrysippo, te esse Cæsari familiarem. Sed, mehercule, mallem, id quod erat æquius, de tuis rebus ex tuis litteris quam sæpissime cognoscere. Quod certe ita fieret, si tu maluisses benivolentiæ quam litium jura perdiscere. Sed hæc jocati sumus, et tuo more, et nonnihil etiam nostro. Te valde amamus, nosque a te amari quum volumus, tum etiam confidimus.

EPISTOLA CLXXVIII.
(ad div., II, 6.)

Scrib. Romæ, A. V. C. 700.

M. T. CICERO C. CURIONI S. P. D.

Nondum erat auditum te ad Italiam adventare, quum Servilium, Milonis mei familiarem, cum his ad te litteris misi. Sed tamen quum appropinquare tuus adventus putaretur, et te jam ex Asia Romam versus profectum esse constaret, magnitudo rei fecit ut non vereremur ne nimis cito mitteremus, quum has quam primum ad te perferri litteras magnopere vellemus.

Ego, si mea in te essent officia solum, Curio, tanta

Si c'est moi que vous avez oublié, je tâcherai de me rendre où vous êtes, avant que je sois tout-à-fait sorti de votre souvenir. Enfin, si c'est l'ouverture de la campagne qui vous épouvante assez pour vous ôter la force d'écrire, croyez-moi, imaginez quelque chose, comme vous avez fait pour la Bretagne.

Il est vrai que j'ai appris de Chrysippus, avec bien de la joie, que vous vivez familièrement avec César : mais j'aurais mieux aimé, et vous conviendrez que cela aurait été plus juste, que vous m'eussiez vous-même informé souvent de votre situation. Assurément vous n'y auriez pas manqué, si vous aviez appris les lois de l'amitié au lieu de celles de la chicane. Je badine, comme vous voyez, suivant votre coutume, et même un peu suivant la mienne. Je ne cesse pas de vous aimer beaucoup : mais il faut m'aimer aussi ; et je me flatte que vous le faites.

LETTRE CLXXVIII.

Rome, 700.

M. T. CICÉRON A C. CURION.

Sans savoir encore si vous êtes arrivé en Italie, je fais partir, avec cette lettre, Servilius[1], ami de Milon. Comme on ne peut douter que vous n'arriviez bientôt, et qu'on est même informé certainement que vous avez quitté l'Asie pour revenir droit à Rome, l'importance de la chose m'a fait penser que, souhaitant que vous reçussiez promptement ma lettre, je ne pouvais me hâter trop de vous l'envoyer.

Si les services que je vous ai rendus, mon cher Cu-

quanta magis a te ipso prædicari, quam a me ponderari solent, verecundius a te, si quæ magna res mihi petenda esset, contenderem. Grave est enim homini pudenti, petere aliquid magnum ab eo de quo se bene meritum putet : ne id quod petat exigere magis quam rogare, et in mercedis potius, quam beneficii loco numerare videatur. Sed quia tua in me vel nota omnibus, vel ipsa novitate meorum temporum clarissima et magna beneficia exstiterunt; estque animi ingenui, cui multum debeas eidem plurimum velle debere : non dubitavi id a te per litteras petere, quod mihi omnium esset maximum maximeque necessarium. Neque enim sum veritus, ne sustinere tua in me merita vel innumerabilia non possem; quum præsertim confiderem nullam esse gratiam, quam non vel capere animus meus in accipiendo, vel in remunerando cumulare atque illustrare posset.

Ego omnia mea studia, omnem operam, curam, industriam, cogitationem, mentem denique omnem in Milonis consulatu fixi, et locavi; statuique in eo me non officii solum fructum, sed etiam pietatis laudem debere quærere. Neque vero cuiquam salutem ac fortunas suas tantæ curæ fuisse unquam puto, quantæ mihi sit honos ejus, in quo omnia mea posita esse decrevi. Huic te unum tanto adjumento esse, si volueris, posse intelligo, ut nihil sit præterea nobis requirendum.

rion, étaient aussi grands que vous prenez plaisir à le publier, mais que je suis bien éloigné de le reconnaître, je serais moins libre dans mes instances lorsque j'ai quelque chose d'important à vous demander. Un homme modeste ne demande pas volontiers des faveurs considérables à ceux qu'il croit avoir obligés; il craint que ses demandes n'aient l'air d'une exigence plutôt que d'une prière, et que ce qu'il obtient ne paraisse moins un bienfait qu'une récompense. Mais, comme tout le monde sait au contraire que je vous ai des obligations infinies; que surtout pendant mon exil vos services n'ont pu être ignorés de personne, et qu'il est d'une belle âme de vouloir être obligé de plus en plus à ceux de qui l'on a déjà reçu beaucoup, je ne fais pas difficulté de vous demander, par cette lettre, une grâce à laquelle j'attache le plus grand prix. Je ne suis point embarrassé par la crainte de ne pouvoir soutenir la multitude infinie de vos bienfaits. Je me connais : il n'y a point de faveur que mon cœur ne soit capable d'apprécier, ni qui puisse surpasser l'ardeur de sa reconnaissance.

J'ai rapporté, j'ai fixé tous mes désirs, tous mes efforts et tous mes soins, toute mon industrie, toutes mes pensées, enfin mon âme entière au consulat de Milon; et je me suis persuadé que ma gloire en dépendait, non-seulement comme d'un juste devoir, mais comme d'un office même de piété. Aussi, ne puis-je croire que jamais personne ait eu plus à cœur son propre salut et ses propres intérêts, que moi l'honneur d'un homme à qui j'ai attaché toutes mes espérances. Je conçois que votre secours peut être pour lui d'un si grand avantage, que, si vous êtes disposé à l'accorder, nous n'avons rien à désirer de plus.

Habemus hæc omnia : bonorum studium conciliatum ex tribunatu, propter nostram, ut spero te intelligere, causam : vulgi ac multitudinis, propter magnificentiam munerum, liberalitatemque naturæ : juventutis et gratiosorum in suffragiis studia, propter ipsius excellentem in eo genere vel gratiam, vel diligentiam : nostram suffragationem, si minus potentem, at probatam tamen, et justam, et debitam, et propterea fortasse etiam gratiosam. Dux nobis et auctor opus est, et eorum ventorum quos proposui moderator quidam et quasi gubernator : qui si ex omnibus unus optandus esset, quem tecum conferre possemus non haberemus.

Quamobrem, si me memorem, si gratum, si bonum virum, vel ex hoc ipso quod tam vehementer de Milone laborem, existimare potes; si dignum denique tuis beneficiis judicas; hoc a te peto, ut subvenias huic meæ sollicitudini, ut huic meæ laudi, vel, ut verius dicam, prope saluti tuum studium dices.

De ipso T. Annio tantum tibi polliceor, te majoris animi, gravitatis, constantiæ, benivolentiæque erga te, si complecti hominem volueris, habiturum esse neminem. Mihi vero tantum decoris, tantum dignitatis adjunxeris, ut eumdem te facile agnoscam fuisse in laude mea, qui fueris in salute. Ego, ni te videre scirem, quum ad te hæc scriberem, quantum officii sustinerem, quantopere mihi esset in hac petitione. Milonis omni non

Tout le reste d'ailleurs nous est assuré : la faveur des honnêtes gens, qu'il s'est procurée pendant son tribunat, par le zèle, comme vous le jugez bien, qu'il a marqué pour ma cause ; l'inclination du peuple, qu'il s'est attirée par la magnificence de ses présens[2] et par sa libéralité naturelle ; l'affection de la jeunesse et de ceux qui ont le plus d'influence sur les suffrages, par sa bonne grâce et son empressement ; le secours particulier de mes services, qui n'est pas peut-être fort puissant, mais dont on connaît l'ardeur, et qui est d'ailleurs un devoir juste, une dette, et que cette raison même rendra plus agréable au public. Nous avons besoin d'un chef et d'un guide, d'un homme capable de modérer et de gouverner cette multitude de vents ; et si nous avions la liberté d'en choisir un, il n'y en a point que nous puissions comparer à vous.

Si vous croyez donc pouvoir me regarder comme un homme sensible, reconnaissant, comme un honnête homme, et si l'intérêt même que je porte à Milon doit vous faire prendre de moi cette opinion ; enfin, si vous me jugez digne de vos bienfaits, je vous demande en grâce de soulager ici mon inquiétude, et d'embrasser avec un peu de zèle le soin de ma gloire, ou, pour m'expliquer plus juste, le soin de mon salut.

Du côté de Milon même, je vous garantis que, si vous lui accordez vos bons offices, vous ne trouverez dans personne plus de grandeur d'âme, plus de fermeté, de constance, et d'amitié pour vous. Du mien, je vous assure que mon honneur et ma dignité en recevront un tel surcroît de lustre, que je ne mettrai point de différence entre ce que vous ferez pour moi dans cette occasion, et ce que vous avez fait pour mon salut. J'en dirais davantage ; mais je me figure, en vous écrivant, que vous

modo contentione, sed etiam dimicatione elaborandum, plura scriberem. Nunc tibi omnem rem atque causam, meque totum commendo atque trado.

Unum hoc sic habeto : si a te hanc rem impetraro, me pæne plus tibi quam ipsi Miloni debiturum. Non enim mihi tam mea salus cara fuit, in qua præcipue sum ab illo adjutus, quam pietas erit, in referenda gratia, jucunda. Eam autem unius tui studio me assequi posse confido.

EPISTOLA CLXXIX.
* (ad div., V, 18.)

Scrib. Romæ, A. V. C. 701 (coss. Cn. Pompeio Magno III, primum sine collega, ex kalend. sext. Q. Cæcilio Metello collega).

M. T. CICERO T. FABIO S. D.

Etsi egomet, qui te consolari cupio, consolandus ipse sum; propterea quod nullam rem gravius jamdiu tuli, quam incommodum tuum : tamen te magnopere non hortor solum, sed etiam pro amore nostro rogo atque oro, te colligas virumque præbeas, et qua conditione omnes homines, et quibus temporibus nati simus cogites. Plus tibi virtus tua dedit quam fortuna abstulit : propterea quod adeptus es, quod non multi homines novi; amisisti, quæ plurimi homines nobilissimi.

jugerez combien j'ai de devoirs à remplir, et combien cette affaire demande de moi, non-seulement de mouvemens et d'efforts, mais de véritables combats. Je vous l'abandonne tout entière ; je me recommande et me livre moi-même entièrement à vous.

Mettez-vous bien dans l'esprit que si j'obtiens de vous le secours que je vous demande, je croirai vous devoir presque plus qu'à Milon même; car je n'ai point eu tant d'ardeur pour mon salut, auquel il a contribué plus que personne, que j'aurai de plaisir à lui marquer ma reconnaissance. Or, je suis dans la confiance que votre secours suffit seul pour m'assurer le succès que je désire.

LETTRE CLXXIX.

Rome, 701, sous le troisième consulat du grand Pompée, d'abord sans collègue, Q. Cécilius Metellus lui ayant été adjoint le 1er août.

M. T. CICÉRON A T. FADIUS [1].

J'AI besoin de consolation, moi qui entreprends de vous consoler ; car depuis long-temps je n'avais pas ressenti de chagrin aussi vif que celui qui vous afflige. Cependant je ne laisse pas de vous exhorter instamment, et de vous conjurer même, au nom de notre amitié, de recueillir toutes les forces de votre esprit, et de vous conduire en homme de courage. Songez à quelle condition nous sommes nés, et dans quel temps nous vivons. Vous devez à votre vertu beaucoup plus que la fortune n'a pu vous ôter : il se trouve peu d'*hommes nouveaux* qui aient acquis autant que vous ; et combien ne voyons-nous pas de gens d'une noblesse très-distinguée qui ont perdu ce que vous perdez?

Ea denique videtur conditio impendere legum, judiciorum, temporum, ut optime actum cum eo videatur esse, qui quam levissima pœna ab hac republica discesserit. Tu vero qui et fortunas et liberos habeas, et nos ceterosque necessitudine et benivolentia tecum conjunctissimos; quumque magnam facultatem sis habiturus nobiscum et cum omnibus tuis vivendi; et quum unum sit judicium, ex tam multis, quod reprehendatur, ut quod una sententia, eaque dubia, potentiæ alicujus condonatum existimetur : omnibus his de causis debes istam molestiam quam lenissime ferre. Meus animus erit in te liberosque tuos semper, quem tu esse vis, et qui esse debet.

EPISTOLA CLXXX.
(ad div., III, 1.)

Scrib. Romæ, A. V. C. 701.

M. T. CICERO APPIO PULCHRO, IMP. S. D.

Si ipsa respublica tibi narrare posset, quomodo sese haberet, non facilius ex ea cognoscere posses, quam ex liberto tuo Phania : ita est homo non modo prudens, verum etiam, quod juvet, curiosus. Quapropter ille tibi omnia explanabit. Id et ad brevitatem est aptius, et ad res providentius. De mea autem benivolentia erga te, etsi potes ex eodem Phania cognoscere, tamen videntur etiam aliquæ mihi partes. Sic enim tibi persuade, carissimum te mihi esse, quum propter multas suavitates

En un mot, le sort qui menace les lois, les jugemens et toute la république, doit faire estimer heureux celui qui s'est tiré avec le moins de préjudice possible d'une cité si mal constituée. Vous particulièrement, qui avez du bien, des enfans, des amis qui vous sont tendrement attachés, tels que moi, et quantité d'autres; vous qui aurez la liberté de vivre avec eux et avec tous ceux qui vous appartiennent; vous, enfin, qui voyez tout le monde, sans exception, blâmer votre jugement parmi tant d'autres, parce qu'on sait qu'il n'a passé que d'une voix, et que cette voix, assez douteuse, a été accordée à la faveur, vous devez donc supporter cette disgrâce avec beaucoup de modération. Comptez du moins que mes sentimens pour vous et pour votre famille seront toujours tels que vous les souhaitez et que je vous les dois.

LETTRE CLXXX.

Rome, 701.

M. T. CICÉRON A APPIUS PULCHER[1], IMP.

Si la république pouvait vous rendre compte elle-même da sa situation, vous ne l'apprendriez pas mieux d'elle que de Phania votre affranchi : il est non-seulement d'une grande prudence, mais, ce qui est utile dans bien des occasions, il a l'esprit investigateur. Je lui laisse le soin de vous expliquer tout : c'est le moyen d'être plus court, et de mettre plus de prudence dans les affaires. Mais pour ce qui regarde l'affection que j'ai pour vous, quoique Phania puisse vous en informer de même, une partie de ce rôle m'appartient. Il est vrai, n'en doutez

ingenii, officii, humanitatis tuæ, tum quod ex tuis litteris et ex multorum sermonibus intelligo, omnia quæ a me profecta sunt in te, tibi accidisse gratissima. Quod quum ita sit, perficiam profecto ut longi temporis usuram, qua caruimus, intermissa nostra consuetudine et gratia et crebritate et magnitudine officiorum meorum sarciam: idque me, quoniam tu ita vis, puto non invita Minerva esse facturum : quam quidem ego, si forte de tuis sumpsero, non solum Pallada, sed etiam Appiada nominabo.

Cilix, libertus tuus, antea mihi minus fuit notus: sed ut mihi reddidit a te litteras plenas et amoris et officii, mirifice ipse suo sermone subsecutus est humanitatem litterarum tuarum. Jucunda mihi ejus oratio fuit, quum de animo tuo, de sermonibus quos de me haberes quotidie, mihi narraret. Quid quæris? biduo factus est mihi familiaris : ita tamen ut Phaniam valde sim desideraturus. Quem quum Romam remittes, quod, ut putabamus, celeriter eras facturus, omnibus ei de rebus quas agi, quas curari a me voles, mandata des velim.

L. Valerium jurisconsultum valde tibi commendo; sed ita etiam, si non est jureconsultus. Melius enim ei cavere volo, quam ipse aliis solet. Valde hominem diligo : est ex meis domesticis atque intimis familiaribus. Omnino tibi agit gratias : sed idem scribit meas litteras maximum apud te pondus habituras. Id eum ne fallat, te etiam atque etiam rogo. Vale.

pas, que vous m'êtes très-cher, non-seulement pour tous les agrémens de votre esprit, votre politesse et la bonté de votre caractère, mais encore parce que j'apprends de vous-même et par divers autres témoignages, que vous êtes fort sensible à tout ce qui vous vient de moi. Je m'efforcerai donc de réparer désormais, par la grandeur et la fréquence de mes services[2], la longue interruption de notre liaison et de notre amitié; et soyez persuadé que ce sera si peu *malgré Minerve,* que, si je la retire des mains de vos amis[3], je la nommerai non-seulement *Pallas*, mais encore *Appias*.

Je ne connaissais point encore Cilix, votre affranchi. En me remettant de votre part des lettres pleines de dévoûment et d'amitié, il a secondé merveilleusement vos intentions par ses discours. J'ai pris plaisir à l'entendre parler de vos sentimens pour moi, et de la manière dont vous vous expliquez là-dessus tous les jours. Que dirai-je de plus? en deux jours il est devenu mon ami; je n'en regrette pas moins Phania; quand vous le renverrez à Rome (et je pensais que vous aviez le projet de le faire incessamment), donnez-lui vos ordres pour tout ce que vous voulez confier à mes soins ou à mon activité.

Je vous recommande instamment L. Valerius le jurisconsulte; quand il ne le serait point[4], je ne vous le recommanderais pas moins, car je veux lui être plus utile qu'il ne l'est souvent aux autres. Je l'aime beaucoup : il est de mes amis les plus intimes. Il vous a déjà de la reconnaissance, mais il m'écrit que mes lettres surtout auront de l'influence sur vous; faites, je vous prie, qu'il ne soit pas trompé. Adieu.

EPISTOLA CLXXXI.
(ad div., XIII, 75.)
Scrib. Romæ, A. V. C. 701.

M. T. CICERO T. TITIO T. F. LEGATO S. D.

Etsi non dubito quin apud te mea commendatio prima satis valeat, tamen obsequor homini familiarissimo, C. Aviano Flacco : cujus causa omnia tum cupio, tum mehercule etiam debeo. De quo et præsens tecum egi diligenter, quum tu mihi humanissime respondisti; et scripsi ad te accurate antea; sed putat interesse sua, me ad te quam sæpissime scribere. Quare velim mihi ignoscas, si illius voluntati obtemperans minus videbor meminisse constantiæ tuæ. A te idem illud peto, ut de loco quo deportet frumentum, et de tempore, Aviano commodes; quorum utrumque per eumdem me obtinuit triennium, dum Pompeius isti negotio præfuit. Summa est, in quo mihi gratissimum facere possis, si curaris ut Avianus, quando se a me amari putat, me a te amari sciat. Erit id mihi pergratum. Vale.

LETTRE CLXXXI.

Rome, 701.

M. T. CICÉRON A T. TITIUS[1], FILS DE T., LIEUTENANT.

Malgré la persuasion où je suis que ma première recommandation est suffisante, je me rends aux instances de C. Avianus Flaccus[2] pour qui je m'intéresse beaucoup, et à qui je dois en effet ces sentimens. Je vous ai parlé de lui, et vous m'avez fait une réponse fort obligeante. Je vous avais déjà écrit, avec détails, sur le même sujet; mais Avianus est persuadé qu'il est important pour lui que je renouvelle souvent mes lettres. Vous me pardonnerez donc si, me rendant à ses désirs, je parais oublier quelle est votre constance dans vos engagemens. La grâce que je vous demande est de lui faciliter le lieu et le temps pour le transport du blé. Mes recommandations la lui firent obtenir pour trois ans, lorsque Pompée avait l'intendance de cette affaire[3]. Enfin, si vous voulez m'obliger beaucoup, tout se réduit à faire qu'Avianus, qui n'ignore pas que je l'aime, sache aussi que vous m'aimez; vous ne sauriez me faire plus de plaisir. Adieu.

EPISTOLA CLXXXII.
(ad div., VII, 2.)
Scrib. Romæ, exeunte dec. A. V. C. 701.

M. T. CICERO M. MARIO S. D.

Mandatum tuum curabo diligenter. Sed homo acutus ei mandasti potissimum, cui expediret illud venire quam plurimo. Sed eo vidisti multum, quod præfinisti, quo ne pluris emerem. Quod si mihi permississes; qui meus amor in te est, confecissem cum cohæredibus. Nunc quum tuum pretium novi, licitatorem potius ponam, quam illud minoris veneat. Sed de joco satis est. Tuum negotium agam, sicuti debeo, diligenter.

De Bursa, te gaudere certo scio. Sed nimis verecunde mihi gratularis. Putas enim, ut scribis, propter hominis sordes, minus me magnam illam lætitiam putare. Credas mihi velim, magis me judicio hoc, quam morte inimici, lætatum. Primum enim judicio malo, quam gladio : deinde gloria potius amici, quam calamitate. In primisque me delectavit tantum studium bonorum in me exstitisse contra incredibilem contentionem clarissimi et potentissimi viri.

LETTRE CLXXXII.

Rome, fin de décembre 701.

M. T. CICÉRON A M. MARIUS.

J'EXÉCUTERAI soigneusement vos ordres [1]; mais, en homme entendu, vous vous êtes adressé à celui dont l'intérêt demande que le prix de la vente monte bien haut; et ce qui marque une extrême pénétration, vous avez borné celui que j'aurais pu y mettre. Si vous m'aviez laissé libre, l'amitié que j'ai pour vous m'aurait fait terminer avec les cohéritiers : à présent que je sais votre prix, j'aposterai plutôt quelque acheteur simulé, que de souffrir que cela se vende à moins. Mais c'est assez badiner : j'aurai tout le soin que je dois de cette affaire.

Vous vous réjouissez sincèrement, j'en suis sûr, du succès que j'ai obtenu contre Bursa [2]; mais je ne trouve point assez de chaleur dans vos félicitations. Vous êtes persuadé, m'écrivez-vous, que l'infamie de cet homme diminue la joie de mon triomphe. Je vous assure, au contraire, que la mort de mon ennemi ne m'en aurait pas tant causé que cette sentence. D'abord, j'aime mieux vaincre par un arrêt de la justice que par l'épée. En second lieu, je veux que la victoire soit glorieuse à mon ami, mais qu'elle ne nous attire aucune disgrâce. J'ai ressenti, je vous l'avoue, une joie extrême, de voir tous les gens de bien favoriser ma cause avec tant de zèle contre les efforts incroyables d'un homme aussi illustre et aussi puissant.

Postremo, vix verisimile fortasse videatur, oderam multo pejus hunc, quam illum ipsum Clodium. Illum enim oppugnaram; hunc defenderam. Et ille, quum omnis respublica in meo capite discrimen esset aditura, magnum quiddam spectavit; nec sua sponte, sed eorum auxilio, qui me stante stare non poterant : hic simiolus, animi causa, me, in quem inveheretur, delegerat, persuaseratque nonnullis invidis meis, se in me emissarium semper fore.

Quamobrem valde jubeo gaudere te. Magna res gesta est. Nunquam ulli fortiores cives fuerunt, quam qui ausi sunt eum contra tantas opes ejus, a quo ipsi lecti judices erant, condemnare. Quod fecissent nunquam, nisi iis dolori meus fuisset dolor. Nos hic multitudine et celebritate judiciorum, et novis legibus ita distinemur, ut quotidie vota faciamus ne intercaletur, ut quam primum te videre possimus.

Ajoutez une chose que vous aurez peut-être peine à trouver vraisemblable; c'est que je haïssais ce Bursa beaucoup plus que Clodius. J'avais attaqué Clodius, et j'avais défendu l'autre. Clodius s'est proposé un grand objet, lorsqu'il a cru qu'en attaquant ma vie il pouvait du même coup ruiner la république; et c'est moins de son propre mouvement qu'il m'a persécuté, que par le secours de ceux qui ne pouvaient se soutenir sans m'avoir renversé : au lieu que ce petit singe m'avait choisi exprès pour faire de moi le but de ses invectives, et s'était vanté, auprès de quelques-uns de mes envieux, qu'on pourrait toujours le lâcher contre moi.

Réjouissez-vous donc d'une victoire que je crois fort importante. Jamais Rome n'a eu de plus braves citoyens, que ceux qui ont osé le condamner, sans ménagement pour la puissance de celui qui les avait choisis pour juges. Ils n'auraient pas fait une si belle action, si ma douleur ne leur en avait causé beaucoup. Nous sommes occupés ici par tant de causes célèbres et de nouvelles lois, que, dans l'impatience que nous avons de vous voir, nous souhaitons tous les jours qu'il n'y ait point d'intercalation cette année[3].

NOTES

DES LETTRES CONTENUES DANS CE VOLUME.

LETTRE LXXXVII. 1. *La dédicace du temple du Salut.* En l'an de Rome 442, pendant la guerre contre les Samnites, le consul Junius Bubulius voua un temple à la déesse du Salut; il le fit construire pendant qu'il était censeur, en 446, et en fit la dédicace quatre ans plus tard, pendant sa dictature (Tite-Live, liv. x, ch. 1). Ce temple était sur le mont Quirinal, non loin de la maison qu'Atticus avait héritée de son oncle Cécilius : c'est ce qui donne occasion à Cicéron d'appeler plaisamment la déesse *sa voisine.*

2. *Il n'y eut pas un seul citoyen.... dont le nomenclateur pût savoir le nom.* J'ai rétabli ici l'idée de Cicéron, que Mongault avait négligée. L'esclave nomenclateur savait les noms de toutes les personnes un peu distinguées, parce qu'il était chargé de les annoncer. Les nomenclateurs accompagnaient les prétendans aux magistratures, et leur nommaient ceux qu'ils voulaient aborder et qu'ils ne connaissaient pas.

3. *La porte Capène.* Ainsi appelée, parce qu'on sortait par cette porte pour aller à une petite ville voisine du même nom. On l'appelait, par une raison semblable, *porta Appia, porta Triumphalis;* maintenant *di San Sebastiano.* (Mongault.)

4. *Il se mit à applaudir d'une manière toute nouvelle et toute ridicule.* Mongault s'était éloigné de la pensée de Cicéron, en disant : *qui est fade par son excès.*

5. *Et ajouta qu'en tout je serais un autre lui-même.* Je traduis comme Wieland. Mongault avait dit : *qu'il ne ferait rien que par mes avis.*

6. *Je ne vous parle pas de quelques chagrins de famille.* Mongault pense qu'il s'agit de la mésintelligence de son frère et de sa

femme, qui avait commencé pendant son exil. *Voyez* la lettre 79e, t. XIX, p. 379.

LETTRE XXXVIII. 1. *J'ai plaidé moi-même devant les pontifes, le 30 septembre.* Marckland, Wolf, Niébuhr pensent que le discours *pro Domo* n'est pas celui que prononça Cicéron ; ils le regardent comme l'ouvrage d'un faussaire ; et cette opinion prévaut généralement parmi les philologues.

2. *Les pontifes décidèrent, etc.* On appelait pontifes les prêtres de tous les dieux, tandis que ceux de divinités particulières étaient nommés flamines. Du temps de Cicéron, le collège des pontifes était de quinze membres, dont l'un portait le titre de *maximus*. On les prenait parmi les patriciens et parmi les plébéiens, et leur juridiction s'étendait à tout ce qui intéressait la religion. Quand leurs décisions étaient rendues dans les limites de ces attributions, elles étaient sans appel.

3. *On pouvait.... me rendre cette place.* Clodius n'avait pris pour le portique de la liberté que la dixième partie de la place où était la maison de Cicéron, et son dessein était de s'emparer du reste, qui était à sa bienséance (*pro Domo*). Clodius, au lieu de la statue de la Liberté, y avait placé celle d'une courtisane grecque, que son frère avait rapportée avec d'autres objets d'art.

4. *Portique de Catulus.* Catulus, ayant triomphé des Cimbres, employa les sommes qui lui restèrent de leurs dépouilles à un portique qu'il fit bâtir sur la place où avait été la maison de Flaccus, qui fut tué avec le second des Gracques. (MONGAULT.) — Clodius avait fait démolir ce portique.

5. *Y furent appelés.* J'ai substitué ces mots à ceux-ci : *reçurent l'ordre de s'y trouver* ; ce qui n'est pas exact. Plus haut, j'ai corrigé aussi une traduction vicieuse : *produit par son frère Appius* ne signifie rien ; il faut, *qui en avait la permission de son frère Appius*. Il faut se rappeler que ceux qui n'étaient pas magistrats ne pouvaient parler au peuple que de l'agrément d'un magistrat : or, Appius était alors préteur de la ville.

6. *Marcellinus.* C'est Cornelius Lentulus Marcellinus, désigné consul pour l'année suivante. Lucullus, dont il est ensuite parlé, est le frère du grand Lucullus.

7. *Par rapport à ma position dans l'état.* Mongault avait tra-

duit : *par rapport à mon rang, à ma fortune ;* ce qui ne rend pas le *forensium.*

8. *Je ne puis guère me passer d'une maison de campagne aux portes de la ville.* C'est un regret donné à Tusculum, et non, comme le ferait croire l'ancienne version de Mongault, un projet d'en acheter une autre.

9. *Mes autres chagrins ont quelque chose de plus secret.* Ici Mongault s'était tout-à-fait écarté du sens : je crois que Cicéron fait allusion à quelques différends avec sa femme Terentia.

LETTRE LXXXIX. 1. *Lorsqu'il cherchait à décliner le jugement dont on le menaçait.* Schütz se déclare pour la leçon *tollebat*, comme plus propre à exprimer la violence de Clodius. Voici le fait : Le factieux s'était précipité sur le peuple avec des gladiateurs, pour empêcher les comices de délibérer sur le retour de Cicéron ; il avait tué et blessé beaucoup de personnes. Il fut en conséquence accusé par Milon : aussi n'était-il rien qu'il ne tentât pour échapper à cette poursuite. Candidat pour l'édilité, il savait bien que, s'il était désigné avant le jugement, il y échapperait. De son côté, Milon mettait toujours des obstacles à la tenue des comices, observant, à chaque fois, le ciel quand ils étaient indiqués. Ces éclaircissemens feront comprendre toute la lettre que nous avons sous les yeux.

2. *Acidinus....* C'est C. Manlius Acidinus qui leva le premier des troupes pour Catilina.

3. *Le mont Germalus.* Milon y avait une maison qu'il n'habitait pas. Ce mont tenait au Palatin. Il était ainsi nommé *a Remo et Romulo germanis fratribus.* Varron dit que l'eau du Tibre déposa dans cet endroit le petit berceau dans lequel on les avait couchés.

4. *Dans la maison de Sylla.* P. Sylla, que Cicéron avait défendu, mais qui n'en restait pas moins l'ami de Clodius.

5. *De la succession d'Annius.* Quoique Milon fût de la famille Papia, il était passé par adoption dans celle de son aïeul maternel C. Annius.

6. *Et même par votre bon ami.* On pense qu'il s'agit ici d'Hortensius.

7. *Sextius est plus échauffé que jamais.* Contre Clodius, sans doute, comme l'entend Mongault et Wieland.

8. *D'amis jaloux, etc.* Ce premier reproche regarde peut-être

Hortensius; le second, que l'abbé Mongault et Wieland croient adressé à Pompée, pourrait bien retomber indistinctement sur Atticus lui-même; c'est pourquoi j'ai adouci la traduction en la rapprochant du latin. En vingt endroits de ses lettres, Cicéron reproche à Atticus de l'avoir assisté avec trop de mollesse.

LETTRE XC. 1. *Avant les fêtes.* Prévost et Wieland disent, je ne sais pourquoi, *après les fêtes;* mais elles étaient à venir, comme l'indique l'expression. C'étaient les Saturnales, les Opalies, etc.

2. *Jusqu'à deux cents.* C'était beaucoup relativement à la circonstance; peu si l'on compte le nombre total des sénateurs. Dans une lettre à Atticus, Cicéron parle d'une réunion de quatre cent quinze; il y en avait trois cent dix-neuf lorsqu'il prononça son discours *post Reditum.*

3. *Quelques traits contre César.* César, étant consul, avait porté une loi pour partager au peuple les terres de Campanie, possédées par des particuliers, et lui-même avait distribué les terres du domaine public. Quant au surplus, il fallait employer les deniers publics pour en faire l'acquisition et le partage : c'est là ce qui déplaisait à Lupus.

4. *Parmi ceux qui n'ont point de charges.* — *De privatis.* Prévost avait traduit par un contre-sens : *Passant aux affaires particulières,* tandis que la suite de la lettre s'occupe aussi des affaires publiques. On interrogeait d'abord les hommes en charge, puis les autres consulaires et sénateurs.

5. *Vetus Antistius.* On lisait ordinairement Severus Antistius, mais c'était une faute, car il y avait d'abord Sex. Vetus Antistius; et tel était le véritable nom de ce sénateur, qui, dans ce moment, était tribun du peuple.

6. *Si vigoureusement et avec tant d'esprit.* Wieland me paraît avoir fait un contre-sens en cet endroit. Il ne s'agit pas de grossièreté, mais tout au contraire d'urbanité, d'esprit.

7. *Sur la place des Grecs.* — *Græcostasis* n'est pas un portique, comme le traduisait Prévost, mais une tribune élevée à la droite du comitium. On y recevait principalement les députés des villes grecques qui y attendaient la décision de leurs affaires.

LETTRE XCI. 1. Quelques-uns pensent que cette lettre s'adresse à Q. Fabius Sanga Gallus, qui fut en exil pendant la dictature de César. Il était épicurien. Ce qui annonce que cette

lettre est du consulat de P. Lentulus et de Q. Metellus Nepos, c'est que le fils de Lentulus, dont le souper augural causa la maladie de Cicéron, fut créé augure cette même année.

2. *Reprochent à votre Épicure.* On lit dans Diogène de Laërte une lettre d'Épicure, dans laquelle ces mots se trouvent textuellement. Cicéron les a traduits plus au long au second livre *de Finibus.* (Prévost.)

3. *A la loi somptuaire.* Celle de Licinius, où l'on trouve le terme de *terra nata,* et qui réglait la somme qu'on pouvait employer pour la table dans les occasions solennelles ; elle restreignait aussi l'usage des viandes et des poissons, en laissant toute liberté quant aux fruits de la terre.

LETTRE XCII. 1. Ptolémée Aulète, le père de Cléopâtre et de ce Ptolémée par ordre duquel Pompée fut tué, avait recherché et obtenu l'amitié du peuple romain, qui lui avait été formellement décrétée sous le consulat de César et de Bibulus. Il avait encore plus de raisons que ses prédécesseurs de solliciter cet honneur, car on lui contestait jusqu'à sa légitimité. Aulète accabla le peuple d'impôts, et, devenu l'objet de la haine publique, il fut obligé de s'enfuir à Rome, ce qui arriva sous le consulat de Lentulus Spinther et de Metellus Nepos. Il n'eut pas de peine à obtenir des secours pour reprendre son royaume ; car il s'était attiré l'amitié de Pompée par le zèle avec lequel il le seconda dans la guerre contre Mithridate. Il fut donc rendu un sénatus-consulte sur le rapport de P. Lentulus, et ce sénatus-consulte ordonna que le sort déciderait la question de savoir quel consul rétablirait le roi. Le sort se déclara en faveur de Lentulus en lui donnant la Cilicie pour province. Toutefois, à la fin de l'année, le consul n'étant pas encore parti, le tribun C. Caton mit empêchement à cette expédition, se prévalant des livres Sibyllins, qui défendaient, sous peine de grands malheurs, que le roi fût rétabli par une armée. On rendit donc un second sénatus-consulte en ce sens, au rapport de Marcellinus. Il date des ides de janvier. Le sénat finit par en rendre un troisième, qui défendait absolument de rétablir le roi ; mais ce dernier fut paralysé par l'effet de l'opposition : il n'en fut pas moins rédigé comme un monument de la volonté du sénat.

2. *Ammonius, ministre du roi.* Le roi, après que la supersti-

tion déclarée par les livres Sibyllins eut prévalu, s'était retiré à Éphèse.

3. *L'objection religieuse.* Ici la traduction de Prévost est meilleure que sa note. Le mot *calumnia* marque une sorte d'entrave, d'empêchement créé à dessein. Nous avons vu qu'on appelait *calumniam dicendi* la ruse de quelques orateurs de faire de longs discours, afin d'absorber le reste d'une journée sans arriver à aucune conclusion. Il ne faut donc pas chercher un sens voisin de ce que signifie le mot qui y répond en français.

4. *Bibulus en veut trois.* Dans l'édition de Prévost, toute cette phrase manque tant en français qu'en latin.

5. *Servilius.* P. Servilius Vatia Isauricus, qui avait été consul avec Appius Claudius, père de l'ennemi de Cicéron.

6. *Libon et Hypséus.* Tous deux paraissent avoir été tribuns du peuple, du moins Dion le dit formellement d'Hypséus. L'autre était l'ami et l'allié de Pompée. Dans la suite, Auguste épousa une de ses filles, tandis que Sextus, second fils de Pompée, en avait déjà épousé une.

7. *Parce que vous l'avez élevé.* Prévost traduit : *Parce que vous lui avez donné tant d'éloges;* ce qui n'est pas le sens. Lentulus avait fait décerner à Pompée la surveillance des approvisionnemens.

LETTRE XCIII. 1. *La division des voix.* J'ai conservé l'expression de Prévost, quoiqu'elle fût un peu obscure. On faisait passer de deux côtés différens ceux qui pensaient différemment. Festus nous a conservé la formule suivante : *Qui hoc censetis, istuc transite : qui alia omnia, in hanc partem.* On appelait *pedarii*, sénateurs *pedaires*, ceux qui, sans jamais parler, se bornaient à ce genre de délibération le 19 janvier. L'abbé Prévost nous dit que cette lettre doit être datée selon le calendrier de Numa, Jules César n'ayant point encore opéré de réforme. C'est décider d'un coup une très-grande question chronologique. Le calendrier de Numa, qu'était-il? en quel état était alors l'année (*voyez* la *Chronologie* d'Ideler)?

2. *Par une résolution.* J'ai choisi ce mot pour mettre le texte de Prévost d'accord avec sa note. Il dit : « Lorsqu'un tribun du peuple ou quelque autre s'opposait à quelque décret du sénat, si l'assemblée persistait dans sa résolution, l'acte ne portait pas le nom de décret, mais d'*autorité.* »

LETTRE XCIV. 1. *Aulus Trebonius.* Il paraît qu'il était de l'ordre des chevaliers, car il n'était pas permis aux sénateurs d'exercer le commerce. (Prévost.)

2. *Ampius.* Ce T. Ampius avait gouverné la Cilicie aant P. Lentulus, sous le consulat de Gabinius et de Pison, mais en qualité de prétorien, et non de consulaire. Velleius (liv. II) nomme un T. Ampius, qui était tribun du peuple sous le consulat de Cicéron, et qui avait porté une loi extrêmement flatteuse pour Pompée. C'est apparemment le même. Il fut exilé dans la suite, et Cicéron lui écrivit quelques lettres. César parle aussi de lui au liv. III de *la Guerre civile.* (Prévost.)

LETTRE XCV. 1. *Par divers moyens.* Prévost traduit *par diverses calomnies*, parce que le latin dit *variis calumniis*; mais c'est un véritable contre-sens. Nous avons vu dans une note précédente (lettre 92) ce que signifie l'expression *calumnia dicendi.* Il ne s'agit que de ruses au moyen desquelles on traînait une discussion en longueur.

2. *La loi Pupia,* et non la loi *Popia,* défendait d'assembler le sénat au temps des comices, à moins qu'il n'eût préalablement décidé si on recevrait en février les ambassadeurs étrangers. Marcellinus, ne se souciant pas d'accorder cette faveur à ceux du roi d'Égypte, empêchait la tenue de l'assemblée.

3. *La mise aux voix.* Prévost disait le *partage des voix*, ce qui donne un sens fâcheux et ambigu. *Discessio* est, pour une assemblée délibérante, l'action d'opiner.

LETTRE XCVI. 1. *Cette affreuse motion de C. Caton.* C'est en effet une motion, et non une déclaration. Ce tribun, l'ennemi déclaré de Lentulus, avait proposé une loi pour le rappeler de Cilicie.

2. *Selicius.* Cet ami de Lentulus est probablement le même dont il est parlé dans la lettre 16, et qui paraît avoir été un publicain et un homme qui prêtait son argent à gros intérêts.

LETTRE XCVII. 1. *Gracchus, l'augure.* C'est Titus Sempronius, le père des deux Gracques, dont Plutarque a écrit la vie. S'étant souvenu qu'il avait mal accompli une des formalités religieuses de la désignation des consuls, il en référa au collège des augures, et ceux-ci au sénat, qui ordonna aux consuls d'abdi-

quer, ce qu'ils firent en effet. (voyez *de la Nature des dieux*, liv. IV, ch. 4).

2. *Il ne s'est présenté personne pour acquérir Tusculum.* Il ne s'agit pas de la propriété de Cicéron, mais de celle de Culléon, qu'il voulait acheter pour la réunir à la sienne.

3. *Caninius l'emportera par la violence.* Ce fut en effet Gabinius, et non Pompée, qui fut chargé du rétablissement du roi d'Égypte.

LETTRE XCVIII. 1. Mongault avait fort bien senti qu'il fallait couper en deux la lettre 4 du quatrième livre *à Atticus.* Dans la première partie, Cicéron est à Rome; dans la seconde, il est à Antium, où est sa bibliothèque. De plus, la première partie est du 29 janvier, et la seconde est postérieure au mariage d'Atticus avec Pilia, qui eut lieu le 12 février. Wieland avait opéré la division; Schütz l'a maintenue.

LETTRE XCIX. 1. *Milon s'est rendu à l'assemblée.* Pour répondre à une accusation de violence portée contre lui par Clodius. Il y a lieu de croire que ce Marcellus, dont il est ensuite question, est celui qui fut tué, après la bataille de Pharsale, par Magius Chilon.

2. *Cet outrage a fait changer d'habit au fils.* C'est-à-dire qu'il a pris des habits de deuil, de suppliant, comme c'était l'usage dans les grandes calamités.

3. *Sur lui et sur Clodia sa sœur.* Clodius en avait trois, toutes célèbres par leur lubricité; mais on croit qu'il est ici question de la femme de Metellus, qui poussait ce vice au point qu'on l'appelait *Quadrantaria*, du nom de la pièce de monnaie que valaient les faveurs des courtisanes du plus bas étage.

4. *Afin que Pompée pût s'y trouver.* On pense qu'il ne se hasardait pas à s'éloigner de sa demeure, de peur des violences de Clodius.

5. *Sextius.* Publius, qui, l'année d'avant, étant tribun, proposa, avec sept de ses collègues, le rappel de Cicéron.

6. *De la tribu Pupinia.* Prévost prend *Pupinia* pour un des noms de Nerius; c'est celui de la tribu à laquelle il appartenait. Festus nous apprend que cette tribu était au nombre des rurales. A cette remarque, qui est de Manuce, je préfère celle de Moser, qui voit ici l'indication d'une loi *Pupiena* : toutefois j'ai suivi Manuce dans la traduction.

7. *Les confréries.* Le latin dit *sodalitates decuriatique.* Ces associations de décuries vendaient leurs suffrages aux comices : elles se composaient de gens de la lie du peuple, chacune au nombre de dix. (WIELAND.)

8. *Les calendes de juillet.* C'était le terme des loyers à Rome.

9. *La famille Lamia. — La place des Carènes.* Prévost avait étrangement défiguré le sens avec son *cloaque de l'univers* et ses *habitans de Lamia.* Wieland l'a rétabli.

LETTRE CII. 1. *Vatinius.* Cet homme était devenu l'objet de la haine publique. Macrobe en rapporte un exemple frappant : à un jeu de gladiateurs, il avait fait défendre par les édiles de jeter dans l'arène autre chose que des pommes. Le jurisconsulte Casellius fut consulté sur la question de savoir si les pommes de pin étaient comprises dans l'acception du mot *pommes.* Il répondit affirmativement pour le cas où on les lancerait sur Vatinius.

2. *S'étant levé du banc.* Tel est le véritable sens, et non pas *quitta le banc,* comme le traduit Prévost.

3. *Tullia.... épouse Crassipès.* Peu après le retour de Cicéron, le premier mari de Tullia, C. Calpurnius Pison Frugi fut enlevé par une mort prématurée. On ne sait rien de Furius Crassipès, sinon qu'il se montra chaud partisan de César. Cette seconde union ne fut pas de durée : pendant que Cicéron était en Cilicie, Crassipès répudia Tullia, qui rentra dans la maison paternelle, mais qui, bientôt, épousa Cn. Dolabella. Ce troisième mariage fut encore plus malheureux.

Toute la fin de cette lettre a été mal comprise ou même tronquée par les interprètes. Le *Latiar* est la fête latine elle-même, celle du sacrifice du mont Albain consacrée à Jupiter Latiaris. Tarquin n'avait consacré qu'un seul jour, les consuls y en ajoutèrent un autre après l'expulsion des rois. Après la retraite du mont Sacré, on y joignait un jour encore, enfin un quatrième après les querelles qui eurent pour objet le consulat. Wieland a traduit : *Si les deux fêtes qui suivent les fêtes latines n'eussent causé des délais, l'affaire se serait déjà terminée au Latiar.* J'aime beaucoup mieux le sens de Schütz, et je l'adopte dans ma traduction.

LETTRE CIII. 1. *Tullia avait été fiancée à Crassipès.* On n'a plus cette lettre : il ne peut être question que de la précédente,

NOTES. 425

où l'affaire n'est pas encore conclue. Les dates elles-mêmes prouvent cette lacune.

2. *Le collège Capitolin et le Mercurial.* Il est mention de l'un et de l'autre dans Tite-Live. L'un tenait son nom du temple de Mercure, liv. 11, ch. 27; il est parlé de l'autre au liv. v, ch. 30. C'étaient des associations de marchands.

LETTRE CIV. 1. *Et fort plaisamment.* Prévost s'est étrangement mépris quand il nous représente Cicéron traitant gravement, avec son jeune neveu Quintus, les querelles de Terentia, de Pomponia et de Tullia. Il s'agit d'une conversation gaie, ainsi que le démontrent ces paroles : *Nihil festivius.*

2. *Salebron.* On lit ordinairement Labron; mais j'ai suivi l'opinion émise par Wesseling au sujet de l'itinéraire d'Antonin.

3. *Pourvu que le temps soit favorable.* Prévost avait dit *pourvu que l'occasion soit bonne.*

4. *L'abondance dont vous me parlez.* C'est bien là le sens de ἀμφιλάφεια, comme le remarque Schütz, ἀμφιλαφὴς περιουσία, *divitiarum affluentia.* Quintus lui avait demandé si, à son retour, il le trouverait bien riche en argent.

5. *Aux ouvriers.* A ceux qui bâtissent. Je ne vois pas ce que les forgerons venaient faire dans la traduction de Prévost.

6. *Ce que Caninius avait entrepris pour Pompée.* Le tribun Caninius avait proposé que Pompée, accompagné de deux ambassadeurs, rétablît le roi d'Égypte.

7. *Caton a déclaré.... qu'il s'opposerait à l'assemblée des comices.* Et il s'y opposa en effet; car, pendant trois ans, il n'y en eut pas : les consuls furent créés par forme d'interrègne.

LETTRE CV. 1. *Beau catalogue.* Tel est, je crois, le véritable sens, qui renferme aussi celui qu'avait choisi Mongault. Un catalogue bien fait suppose l'ordre, et c'est une œuvre difficile.

On lit ordinairement συλλάβους. Suivant l'avis de Schütz, qui se fonde sur une citation d'Hesychius, il faudrait lire σιλλύβους. Ce sont des membranes que l'on collait sur le volume et qui annonçaient le titre et le nom des auteurs, ainsi que la table des matières. On les appelait aussi πιττάκια (*voyez* lettres 106 et 107).

2. *Les gladiateurs que vous avez achetés.* C'était une spéculation que d'acheter des gladiateurs, de les exercer et de les louer aux

magistrats qui donnaient des spectacles. On voit que j'ai suivi la leçon *ludum* au lieu de *locum*, que Mongault avait adopté.

3. *Dans les deux dernières occasions.* C'est-à-dire aux jeux célébrés par l'édile.

LETTRE CVI. 1. *Pourquoi.... n'ai-je pas vu le premier celui-ci?* Cicéron, ayant reconnu la faute qu'il avait faite en ne ménageant pas César, pensa d'abord, après son exil, à le gagner, et il lui adressa cette année, en forme de lettre, un écrit où il le louait sur beaucoup de choses qu'il n'avait pas toujours approuvées. C'est de ce même écrit qu'il parle à son frère dans la lettre 120.

(MONGAULT.)

2. *Maison de campagne qui vient de Catulus.* — *Voyez* lett. 97. Schütz croit que ce pourrait être celle qui de Catulus passa à Culéon, et de celui-ci à Vettius, lequel l'aurait achetée pour la revendre à Cicéron. Peut-être est-ce de la maison que Cicéron possédait avant son exil qu'il faut entendre ce passage, car elle pouvait bien venir aussi de Catulus. Je n'ai rien changé à la fin de cette lettre, quoique la correction proposée par Schütz me paraisse bien préférable à ce texte altéré : *Tullia de via recta in hortos. Videtur commodius. Ad te postridie scilicet. Quid enim tua? sed viderimus.* Il paraît qu'Atticus avait invité Tullia à venir chez lui. Cicéron lui répond qu'elle ira tout droit dans les jardins de Crassus, son époux, et viendra chez lui le lendemain, que cet arrangement a paru plus commode, et doit d'ailleurs peu lui importer.

LETTRE CVII. 1. *Arcanum.* C'était une terre de Q. Cicéron aux environs de Minturnes (*voyez* lettres 56, 184, 362).

LETTRE CVIII. 1. Lucceius, l'un des amis de Pompée, préférait la culture des lettres au soin des affaires publiques. Il paraît qu'il réussit, surtout dans le genre historique. On n'a plus sa réponse à cette lettre; mais il est certain, par une lettre à Atticus (268), que Lucceius avait déféré aux vœux de Cicéron.

2. *La guerre italique et civile.* La guerre italique est celle que l'on appelle *Sociale;* par *civile*, Cicéron désigne ici celle qui rendit Sylla maître de la république.

3. *Callisthène*, natif d'Olynthe, disciple d'Aristote et courtisan d'Alexandre le Grand, qui le fit mourir pour avoir conspiré contre sa vie, ou pour lui avoir refusé les honneurs divins. (PRÉVOST.)

4. *L'Hercule de Xénophon.* Hercule vit en songe deux chemins:

l'un conduisait à la vertu, l'autre à la volupté (*Dits mémorables de Socrate*).

5. *Par le récit de la fuite et du retour de Thémistocle?* On sait que Thémistocle mourut à Magnésie, et qu'Athènes ne le revit plus : aussi quelques interprètes proposent-ils de lire *interitu.* Schütz croit qu'il manque quelques mots, et qu'il y avait originairement *de Themistoclis exsilio aut Alcibiadis fuga redituque.* La citation d'Alcibiade serait, en effet, fort naturelle. Cependant on peut admettre aussi qu'il y avait diverses versions sur la mort de Thémistocle, comme le dit Cicéron lui-même dans son Dialogue *de Claris oratoribus.*

6. *Qu'Alexandre voulut, etc.* Horace, *Épit.*, liv. II, ép. 1 :

> Edicto vetuit, ne quis se præter Apellem
> Pingeret......

LETTRE CIX. 1. *Lentulus.* C'est P. Lentulus, flamine de Mars. Il était de la faction opposée à celle de Pompée et de César, ce qui avait été cause qu'il n'avait pu obtenir le consulat trois ans auparavant, Gabinius l'ayant emporté sur lui par leur crédit.

2. *Saufeius.* Les épicuriens pensaient qu'il ne fallait pas tenir compte de la mort, tout se terminant avec la vie.

3. *Je pardonne à Philoxène.* Il aima mieux retourner en prison que de trouver bons les vers de Denys le Tyran.

4. *Le nôtre est l'esclavage.* C'est la leçon *servi* proposée, au lieu de *ferrei*, par Victorius. Schütz l'a suivie.

5. *Vestorius*, banquier de Pouzzoles, grand ami d'Atticus, et qui avait peut-être prêté de l'argent à Cicéron. (MONGAULT.)

LETTRE CX. 1. *Se moquer de ses créanciers!* Schütz traduirait plus volontiers en ce sens, que cela signifiait *dissiper sa fortune.*

2. *Metellus.* On ne sait de quel Metellus il est ici question : ce pourrait être Metellus Nepos. L'hémistiche qui suit est d'Homère.

3. *Laterium.* Il est probable que c'était une petite ferme du patrimoine de Quintus, et que les agrandissemens qu'il fit faire à son retour d'Asie excitèrent les murmures des compatriotes qui ne l'avaient pas toujours connu aussi riche.

LETTRE CXI. 1. *Ce que vous dites de mes poissons au fromage.* — *Patina tyrotarichi ;* c'était un mélange de poisson salé,

de fromage cuit, d'herbes et d'œufs, dont la recette bizarre nous a été conservée par le gourmand Apicius dans son traité *de Arte coquinaria* (lib. iv, c. 2). Quant à ce qui suit sur le petit trésor de Cicéron, *nam de rauduscule, quod scribis*, le *rauduscule* était une petite monnaie de cuivre : le vers grec que Cicéron cite ensuite se trouve, dans Stobée, attribué à Sophocle. C'est cette réponse si connue que Solon fit à Crésus.

J'ai changé toute la fin de cette lettre, la traduction m'ayant paru présenter de nombreux contre-sens.

LETTRE CXII. 1. *Que j'essuie tous les jours.* Clodius invectivait Metellus Nepos, parce qu'il s'était réconcilié avec Cicéron. Aussi Metellus déclare-t-il qu'il ne regarde plus Clodius comme son frère, et que c'est lui, Cicéron, qui lui en tiendra lieu.

2. *Aux comptes de la province.* C'est-à-dire de l'Espagne, que Metellus avait administrée en qualité de proconsul.

LETTRE CXIII. 1. Prévost s'est étrangement trompé sur la date de cette lettre, quand il dit que Racilius avait été tribun deux ans auparavant. Elle a été écrite sous le consulat de Marcellinus et de Philippus, et non sous celui de Pompée et de Crassus. Il ne faudrait, pour le démontrer, que citer les félicitations de Lentulus sur le mariage de Tullia avec Crassipès.

2. *Il ne s'est guère trouvé au sénat.* Après le discours pour Milon, il craignait pour sa vie et ne sortait plus de sa maison, ainsi que nous l'avons déjà fait remarquer au sujet d'une autre lettre, où il est parlé d'un local choisi par le sénat dans le voisinage de sa demeure, afin qu'il pût y venir.

3. *Pendant l'affaire même de Caninius.* Caninius voulait faire ramener Ptolémée par Pompée ; les amis de Lentulus avaient la même prétention pour lui. Il en résultait donc une rivalité.

4. *Et dans l'île de Chypre.* Cette île avait été jointe au gouvernement de Cilicie en faveur de Lentulus, sous le consulat de Pison et de Gabinius.

5. *Vous m'avez été favorable.* On voit que j'ai suivi avec Schütz la leçon *favisti* au lieu de *præfuisti*.

6. *Ils ont fait décerner de fortes sommes à César.* Prévost avait traduit *stipendium* par *appointemens*, contre-sens ridicule. Il s'agit de la solde des troupes. Il paraît que Cicéron lui-même contribua à ces honneurs extraordinaires, et qu'ici il feint de les improuver.

Peut-être dit-il vrai à Lentulus, tandis qu'au sénat il se montrait habile et politique.

7. *La succession établie par la loi Sempronia.* C. Sempronius Gracchus, frère de Tiberius, avait établi par une loi que les provinces consulaires seraient données par le sénat, et que les gouverneurs seraient renouvelés tous les ans. Il y avait alors quatre provinces de cette espèce à donner : les deux Gaules, qui se trouvaient réunies sous l'administration de César; la Syrie, qui était gouvernée par Gabinius, et la Macédoine, qui l'était par Pison. Le sénat s'agita beaucoup cette année pour la distribution de ces provinces, et le résultat fut que la loi Sempronia fut mal suivie, car César fut continué dans les Gaules : ce ne fut point un consulaire, mais un prétorien nommé Q. Ancharius, qui obtint la Macédoine, et Gabinius demeura dans la Syrie.

LETTRE CXIV. 1. *Lorsque je vous conduisais à votre départ.* Valerius Orca allait prendre le gouvernement de l'Afrique.

2. *Il avait la conduite des plus grandes affaires, au nom de sa compagnie.* Le soin de faire rentrer le tribut était confié à des compagnies.

LETTRE CXV. 1. Nous nous sommes conformé, avec Schütz et Wieland, à plusieurs manuscrits qui séparent ce billet de la lettre précédente; et, en effet, c'est une autre personne qui est recommandée.

LETTRE CXVI. 1. *D'avoir refusé à Gabinius.* Il avait remporté en Palestine des avantages sur Aristobule et son fils Alexandre; à raison de quoi il avait écrit au sénat pour obtenir des supplications ou actions de grâces aux dieux, ce qui était un grand honneur.

2. *Procilius jure que cela n'est jamais arrivé à personne.* Ce Procilius était alors tribun du peuple.

3. *Je suis fort incertain sur cette affaire.* C'est ainsi que j'ai rétabli le sens. Prévost avait dit : *Je suis fort incertain du succès de cette cause.* Mais c'est du parti qu'il prendra, et non du succès que Cicéron est incertain. Se décidera-t-il pour la vente des terres de Campanie? ce serait le parti le plus profitable à la république. D'un autre côté, il faudrait plaire à Pompée, qui aimait mieux faire partager ces terres à ses vétérans.

LETTRE CXVII. 1. *Je suis de votre avis sur Trebonius.* Il avait

obtenu la charge de tribun pour l'année suivante, et il l'exerça selon les vues de César et de Pompée. Il fit continuer au premier le gouvernement des Gaules pour cinq ans, et fit donner à l'autre celui de l'Espagne pour le même nombre d'années. C'est ce que Cicéron et Atticus prévoyaient.

2. *Quant à Domitius*. Domitius Ahenobarbus se croyait si sûr de son élection au consulat, qu'il proclamait partout que le premier acte de son administration serait de retirer le commandement de la Gaule à César. Il n'en fallut pas davantage pour éveiller l'attention des triumvirs, qui alors étaient étroitement unis : aussi ne négligèrent-ils rien pour l'écarter.

3. *Qui est consul désigné depuis tout autant d'années qu'il en a*. Wieland et Mongault interprètent ce passage en ce sens, que Domitius était né pour être consul.

4. *Que dans le passé ils ont eu des consuls faits*. Crassus, Pompée et César s'étaient abouchés à Lucques, où il fut convenu que les deux premiers demanderaient le consulat ; c'est sans doute à cette disposition arbitraire des charges de l'état que Cicéron fait allusion. Mon interprétation est conforme à celle de Manuce.

5. *Natta*. De la famille Pinaria. Il était pontife, et Clodius se servit de son ministère quand il consacra la maison de Cicéron.

6. *Quant au poëme, etc.* Mongault attribue cette phrase à la modestie de Cicéron et au sentiment qu'il avait du peu de valeur de ses vers. Wieland croit qu'il s'agit d'un poëme en l'honneur de César et qu'il eût été imprudent de le montrer. C'est peut-être celui *de Temporibus suis*, qui contenait l'histoire de son exil et de son rappel.

7. *Fabius Luscus*. Il paraît que c'est le même que celui qu'il recommande lettre 246. On ignore si le Gavius dont il est ici question est celui que, dans la lettre 264, il qualifie de chien de Clodius. Firmum est un bourg ou une petite ville du Picenum.

8. *Cet homme avec qui vous mangez souvent*. Saufeius, philosophe épicurien.

LETTRE CXVIII. 1. *Le bruit court que Ptolémée est rétabli dans son royaume*. En effet, Gabinius, alors proconsul de Syrie, excité secrètement par Pompée, avait brusquement, et sans se soucier de la sibylle ni des querelles du sénat, ramené le roi d'Égypte dans Alexandrie en lui prêtant le secours des armes ro-

maines. Aussi fut-il, dans la suite, accusé de lèse-majesté; mais le crédit de son protecteur le préserva de toute condamnation.

2. *La bibliothèque de Faustus.* Faustus Sylla, fils du dictateur, gendre de Pompée, possédait la collection que son père s'était faite au moyen du pillage d'Athènes.

3. *Du lac Lucrinum.* Ce n'est plus aujourd'hui qu'un marais boueux et plein de roseaux, *lago de Licola.*

4. *Aux bains.* C'est la partie des bains où l'on se faisait transpirer au moyen de tuyaux de chaleur. Dans les restes de ceux de Badenweiler, on distingue à merveille cette partie de l'édifice (*voyez* nos *Antiquités romaines* de Mandeure, page dernière).

LETTRE CXIX. 1. *Comme Pocylide.* Ce poète avait l'habitude de faire reconnaître ses vers par cet hémistiche : Καὶ τόδε Φωκυλίδου.

2. *De faire placer ses statues.* Dans l'amphithéâtre de Pompée.

3. *Fâché que Messalla.* Pompée favorisait la candidature d'Émilius Scaurus, et, comme deux patriciens ne pouvaient parvenir ensemble au consulat, il craignait que Messalla ne l'emportât sur ce Scaurus, ce qui arriva en effet.

4. *Que vous avez auprès de vous.* Mongault disait *qu'il a auprès de lui,* car il suivait la leçon *secum haberet,* tandis qu'à l'exemple de Schütz, je lis *tecum haberes.* Comme le fait remarquer Manuce, le jeune Quintus était chez Atticus, et non chez son père.

5. *A Naples chez Pétus.* Et non *Létus.* Papirius Pétus, auquel sont adressées plusieurs lettres de Cicéron, avait une maison à Naples, et il en aimait beaucoup le séjour.

LETTRE CXX. 1. *Je lui parlai de ces ouvrages et de ces inscriptions.* En détruisant la maison de Cicéron et le portique de Catulus, on avait, à ce qu'il paraît, endommagé aussi le temple de Tellus. Cicéron voulait, en le réparant, y placer des inscriptions qui rappelassent cet évènement. Il avait besoin pour cela de l'appui de Pompée et de Crassus. Vibullius Rufus, dont il est parlé ici, était l'un des plus chauds partisans de Pompée.

2. *Le jeune Publius Crassus.* Le fils du consul. Il s'appliquait avec ardeur à l'éloquence : lorsque Clodius porta sa loi d'exil contre Cicéron, il prit le deuil avec vingt mille jeunes Romains.

3. *A Byzance, ou vers Brogitarus.* Clodius avait fait rentrer dans leur patrie les exilés de Byzance; il avait placé Brogitarus, homme indigne et sans considération, à la tête du temple de la

mère des dieux à Pessinunte; Clodius espérait donc être payé de ses services. C'est pourquoi Cicéron dit : *Plena res nummorum*. C'était un contre-sens que de traduire : *il n'épargne pas l'argent*, comme l'a fait Prévost.

4. *Sur la brigue, et suivant l'avis d'Afranius*. C'était un sénatus-consulte pour la brigue, et non contre la brigue : il empêchait de revenir sur l'élection qui allait être faite. Il s'agissait de l'emporter pour Vatinius sur Caton, et d'écarter celui-ci de la préture. Pour cela on eut recours à la corruption.

5. *Que les préteurs fussent tenus de demeurer soixante jours*. Je ne sais où Prévost a pris *quinze* jours. Quoi qu'il en soit, cette opinion, sur laquelle on eut soin de ne pas faire voter, était un correctif à la motion d'Afranius. On ordonna donc que les préteurs élus entreraient en charge sur-le-champ.

LETTRE CXXI. 1. *Ateius*. Ce pourrait être Ateius Capito, qui était si curieux de nouvelles, ainsi que le dit Cicéron dans une lettre à Atticus, et dont la visite devait être importune à raison de ses questions.

2. *Nos deux jeunes gens étaient indisposés*. Véritable version de la véritable leçon *iterum Cicerones*. La leçon et la traduction de Prévost ne signifient rien.

3. *La litière*. Le roi Ptolémée l'avait fait faire pour son usage, quand il était à Rome. A son départ il en fit cadeau à Anicius, soit que cet Anicius fût son ami, soit qu'il fût son créancier. Quant aux cent hommes armés, Manuce croit qu'ils se trouvaient là par hasard; Schütz pense que ce pouvait être une plaisanterie de Cicéron, afin d'effrayer son compagnon de voyage.

4. *Mais de mon atelier de construction*. J'ai, comme Schütz, laissé dans le texte *ab area Syria*. Cependant j'adopte sa conjecture; c'est la seule qui puisse rendre cet endroit intelligible. Cyrus était l'architecte de Cicéron; il veut donc dire que l'atelier l'a tellement aguerri au bruit, que ses études n'en seraient pas même dérangées. Du reste, on lit *sed ab areus Sira*, ou *sed ab Araysira*, ou *sed ab ara Siria*, ou encore *sed ab Araxira*, ou enfin *ab area Syra*. Tunstall a proposé *ex arce* ψυρία, parce que, dans la lettre 13 du livre XVI à *Atticus*, Cicéron appelle *Arpinum* νῆσον ψυρίην, comme dans l'*Odyssée* (liv. IV, v. 172). Dans tous les cas, il faut regarder

comme désespérée la restitution de ce passage, et s'en tenir à la conjecture la plus plausible.

5. *Je suis fâché que vous preniez les affaires publiques trop à cœur.* Schütz propose une admirable restitution de tout ceci; mais il reprend les choses de plus haut, et rapporte ici une autre partie de la lettre : *Video te ingemuisse,* etc. Voici sa conjecture : *De republica video te ingemuisse; sic sit* εἴ γ' ἐν αἷᾳ ἔζησας; *nunquam enim dicam* ἔα πάσας, *sed nimium te laborare doleo, et meliorem civem esse quam Philoctetem, qui, accepta injuria, illa spectacula quærebat, quæ tibi acerba sunt, video.* Philoctète, abandonné à Lemnos, avait maudit ses concitoyens.

LETTRE CXXII. 1. *Demetrius.* Le fameux affranchi de Pompée, qui avait gagné tant de biens pendant la guerre de Mithridate, qu'il fit bâtir à ses dépens ce superbe amphithéâtre qui porte le nom de son maître. Il fit faire aussi hors de Rome des jardins magnifiques, et laissa encore en mourant quatre mille talens, c'est-à-dire plus de six millions de notre monnaie. (Mongault.)

2. *Comment va la brigue d'Appius.* Il s'agit apparemment de la demande du consulat, puisqu'il le géra l'année suivante.

3. *Ce nouvel Apuleius.* C'est Clodius qu'il désigne. Apuleius Saturninus était un tribun séditieux du temps de Marius. Cicéron appelle ici Clodius *Apuleia*, à cause de sa mollesse et de ses débauches.

4. *Je ne crains pas que notre conversation ne languisse.* Les mots qui suivent *abs te, opere delector*, ont donné la torture aux interprètes : les uns veulent que cela signifie *nous aimons à parler de vous*, sens un peu forcé qu'ont suivi Mongault et Wieland; les autres pensent que cela fait un sens à part, et qu'il veut dire *les envois de livres* ou *de lettres que vous me faites me plaisent beaucoup.* Enfin, d'autres encore changent l'ordre des mots et lisent : *Ego mecum præter Dionysium abs te, quo magnopere delector, duxi neminem* : « Je n'ai emmené de chez vous personne, excepté Denys, qui me plaît infiniment, et je ne crains pas que la conversation ne languisse. »

5. *Le traité de Demetrius Magnès.* C'était un traité *de l'Union entre les citoyens*, que cet auteur envoyait à Atticus. On cite en-

core de lui un traité, ou une espèce de bibliothèque de tous les écrivains qui avaient porté le même nom. (Mongault.)

LETTRE CXXIII. 1. *Halimetus.* Quel est cet homme? son nom est-il bien ou mal écrit? C'est ce que l'on ignore. Deux manuscrits portent *Alimentus*, ce qui serait un surnom des Cincius : je préférerais cette leçon. Aquilius est sans doute le jurisconsulte Q. Aquilius Gallus, qui avait été le collègue de Cicéron dans la préture.

2. *Pour manquer le sénat.* Les sénateurs présens à Rome devaient y paraître sous peine d'amende. On ne sait pourquoi Milon avait besoin de lui dans ce moment : il ne peut être question ni de l'accusation intentée contre lui par Clodius, car elle se rapporte à l'année précédente, ni du mariage de Milon, qui ne devait avoir lieu qu'en décembre suivant.

3. *Je vous ferai bien venir.* J'ai suivi la leçon *promovebo* au lieu de *promonebo*.

LETTRE CXXIV. 1. *Damasippus.* C'est apparemment celui dont Horace dit (*Sat.*, liv. II, sàt. 3, v. 64) :

> Insanit veteres statuas Damasippus emendo.

2. *J'ai construit quelques exhèdres.* C'étaient des lieux propres à se reposer sous des portiques, et l'on voit souvent, dans les ouvrages de Cicéron, qu'il aimait à engager des conversations avec des amis du même goût que lui. Vitruve en fait cette description (liv. v, ch. 6) : *Constituuntur enim in tribus porticibus exhedriæ spatiosæ, habentes sedes, in quibus rhetores reliquique qui studio delectantur sedere possunt.* (Prévost.)

3. *J'en avais parlé aussi à votre Nicias.* Nicias était un grammairien dont le nom revient dans la lettre 351. Voici l'affaire dont il s'agit : Gallus avait acheté de Cassius une maison dans laquelle habitaient Licinia, sœur de Cassius, et son mari Decius, qui était alors en Espagne : cette femme se refusait à déménager en l'absence de son mari.

LETTRE CXXV. 1. *M. Plétorius.* C'est ainsi que Manuce a rétabli ce nom. Les manuscrits portent *Emplatorius*, que la plupart des éditeurs ont conservé, même Wieland, qui, dans ses notes, s'en reprend, et fait remarquer que la négociation dont il s'agit

ici ne pouvait convenir à un homme obscur, tandis que la famille *Plétoria* était fort connue.

2. *Un ordre qui lui était très-dévoué.* Cicéron, pendant son consulat, était parvenu à lier étroitement l'ordre équestre avec le sénat. Ensuite M. Caton l'en avait aliéné par de mauvaises chicanes et par des refus injustes. Jules César profita de son consulat pour achever de rompre l'union de ces deux ordres et pour s'attacher les chevaliers. (Prévost.)

3. *Un homme d'un mérite distingué.* C'est Pompée, qui avait été fort irrité du refus que le sénat avait fait de confirmer ses actes, par un effet des cabales de L. Lucullus, qui, ayant épousé Servilia, sœur de Caton, avait embrassé toutes les vues de son beau-père; mais Pompée obtint tout ce qu'il souhaitait, après s'être fortifié par l'alliance de César, dont il épousa la fille. (Prévost.)

LETTRE CXXVI. 1. *D'assister aux jeux publics.* Ceux que fit célébrer Pompée pendant son second consulat. Pline, Plutarque et Dion disent que ces jeux furent donnés au théâtre qu'il avait fait construire. Ailleurs Pline dit que ce fut lors de la dédicace du temple de Vénus Victrix, et Aulu-Gelle parle de celle du temple de la Victoire. Cette dédicace eut peut-être lieu en même temps que la dédicace du théâtre, d'autant plus que nous savons par Varron que Pompée fit célébrer des jeux de deux espèces, les uns au théâtre, les autres au Cirque. Les premiers étaient ou scéniques ou gymnastiques. On représenta la *Clytemnestre*, d'Attius, et le *Cheval de Troie*, de Livius Andronicus, et on y joignit des scènes osques et grecques. Au Cirque il y eut des courses de chevaux et des chasses pendant cinq jours : on y tua cinq cents lions, et vingt éléphans combattirent.

2. *Au travers de la forêt de Stabie, et d'où vous découvrez Séjane.* On a fait beaucoup d'efforts pour changer ce passage; les uns lisent *patefecisti scenam*, les autres *Misenum*. Que de la chambre de Marius on ait pu voir Misènes, je ne le conteste pas; mais pourquoi ne pas laisser subsister le texte? Selon le témoignage de Pline, Stabie était une ville de la Campanie, qui subsista jusqu'au temps de la guerre Sociale. Elle fut détruite sous le consulat de Cn. Pompée et de L. Caton, le dernier jour d'avril, par Sylla. Il paraît qu'en perçant une forêt voisine, le Marius ami de Cicé-

ron s'était ménagé un point de vue jusqu'au canton appelé *Sejanum*.

3. *Sp. Mécius.* C'était un censeur dramatique. Horace dit de lui, dans l'*Art poétique* :

> Si quid tamen olim
> Scripseris, in Mœci descendat judicis aures,
> Et patris et nostras;

et dans la sat. 10 du liv. 1er :

> Quæ nec in æde sonent certantia, judice Tarpa.

4. *Ésope.* C'était le plus grand tragique, comme Roscius était le plus grand comique. Ésope ne laissa pas moins de 20 millions de sesterces à son fils (5,910,000 fr.).

5. *Une multitude de mulets.* Et non pas *six cents mulets*, ce qui est impossible. L'expression latine *sexcenti* se prend pour beaucoup, un grand nombre, etc.

6. *Les jeux osques.* Ou, si l'on veut, les fables atellanes, du nom de la ville d'Atella (*voyez* une excellente dissertation publiée par Schober en 1825, et une autre par M. Vaucher, de Genève, en 1829). En parlant des jeux osques qu'on peut voir au sénat, Cicéron se permet une raillerie sur les manières de plusieurs membres de ce corps. Wieland croit néanmoins que la plaisanterie touche le sénat d'Arpinum, tant à cause de l'épithète *nostrum*, que parce que Marius n'aurait pas besoin de se déplacer pour rire de ce spectacle. Arpinum était en effet sur la limite de l'ancien territoire osque : d'ailleurs, ce langage d'Arpinum tenait des abréviations de ce dialecte, comme *po* pour *populus*, *gau* pour *gaudium*, *famul* pour *famulus*, etc.

7. *J'ai vu même.... prévaloir une sorte de pitié, fondée sur l'opinion.* Dion dit que ces animaux, près d'être massacrés, levaient les yeux vers le ciel comme pour se plaindre aux dieux qu'on ne leur gardât pas la foi qu'on leur avait promise en Afrique. Pline dit qu'ils excitèrent tellement la pitié du peuple, qu'il prononça des malédictions contre Pompée, qui les faisait périr.

LETTRE CXXVIII. 1. Ancharius, auquel cette lettre est adressée, avait été tribun en 694 : c'était un ami de Bibulus le

consul. En 698, au moment où Cicéron lui écrit, il est proconsul de Macédoine. Les jeunes Aurelius faisaient en Grèce un voyage d'agrément.

LETTRE CXXIX. 1. *Et peut-être que l'élection des consuls n'ira pas plus loin.* Au lieu d'avoir lieu en juillet, les comices furent différés de mois en mois, et n'eurent pas lieu du tout cette année.

2. *Je suis ravi d'avoir été absent.* Pompée venait d'obtenir pour cinq ans le commandement de l'Afrique et de l'Espagne : il s'agissait de prolonger d'autant celui de César, ce qu'il finit par obtenir par l'influence des consuls et de leurs partisans.

3. *Crassus, notre ami.* La passion dominante de Crassus était la cupidité. Il voulut le gouvernement de Syrie pour en prendre occasion de faire la guerre aux Parthes, car il se promettait bien de piller leurs trésors. Lorsqu'il alla, avant son départ, offrir un sacrifice au Capitole, Ateius, tribun du peuple, prononça sur lui des imprécations, lui dénonça de mauvais présages, et voulut même employer la force pour l'arrêter; mais il s'échappa de la foule et sortit de la ville vers le soir. La terreur suivit ses soldats jusqu'en Syrie; leur découragement et le peu de talent de leur général amenèrent l'horrible défaite qui est devenue si célèbre.

4. *Mes livres* DE L'ORATEUR. Cicéron y travaillait alors, ainsi qu'au traité *de la République.*

LETTRE CXXX. 1. Manuce croit cette lettre de l'année précédente; mais Schütz établit fort bien que Cicéron était revenu en décembre, et qu'il faut que son frère à son tour soit allé à la campagne. L'ambassade des Ténédiens paraît avoir été reçue aux ides de janvier : les Ténédiens demandaient à vivre selon leurs propres lois, ce qui leur fut refusé.

2. *La hache ténédienne.* Tennès, roi qui avait donné son nom à l'île, avait décrété que celui qui surprendrait un adultère le tuerait à coups de hache. Son fils ayant été pris sur le fait, il voulut qu'on lui appliquât la loi. C'est à cela que Cicéron fait allusion. En grec, τενέδιος πέλεκυς était devenu proverbe.

3. *Les Magnésiens de Sipylus.* Prévost avait fait de cela un homme. J'ai combiné la correction de Victorius avec la traduction de Wieland.

4. *Le poëme de Lucrèce.* Comment concevoir que Cicéron refuse

le génie à Lucrèce? On serait presque tenté de croire qu'il s'agit de quelque essai récent, et d'un Lucrèce autre que le grand poète de la nature. La traduction que Prévost faisait du passage suivant était ou contenait un contre-sens. Que signifiait : *Je vous regarderai comme un grand homme si vous revenez ; mais si vous avez été capable de lire l'*EMPÉDOCLE *de Salluste, à peine je vous croirai digne de la qualité d'homme?* Il n'y a aucun rapport entre le retour et la lecture. Cicéron déclare que quiconque lit ce livre est capable d'un effort plus qu'humain. Il ne s'agit que de bien ponctuer le texte.

LETTRE CXXXI. 1. *Je suis entré en lice avec les consuls.* Apparemment sur ce qu'on voulait rappeler Crassus, qui était parti au mépris des auspices. Wieland fait, au sujet de cette lettre, un grand acte d'accusation contre Cicéron. Il lui reproche d'avoir manqué de franchise en élevant si haut ce Crassus, au sujet duquel, dans une précédente lettre à Atticus, il s'était écrié : *O hominem nequam!*

2. *Vos deux fils.* Marcus et Publius. Alors ils étaient tous deux à Rome; mais bientôt Publius rejoignit son père, et périt avec lui chez les Parthes. Marcus est celui qui était dès-lors, et plus tard encore, questeur de César dans la Gaule.

3. *Marcus ne me rend pas mon affection au même degré que Publius.* J'ai préféré la leçon *in Marco benivolentia impar.*

LETTRE CXXXII. 1. *L'affaire du roi de Comagène.* La Comagène était une petite province de Syrie, sur les bords de l'Euphrate : Samosate en était la capitale. Après la guerre de Mithridate, quand la Syrie eut été réduite en province, Lucullus et Pompée accordèrent ce petit district à Antiochus, le dernier de la race des Séleucides. Le roi demandait au sénat les honneurs de la robe prétexte, que déjà il avait obtenus sous le consulat de César.

2. *A celui de Busrène.* J'ai suivi la note de Wieland, qui voit dans *Busrenus* la même forme adjective que dans *Comagenus.* S'il a raison, Busrène sera le nom très-ignoré d'un petit district de l'empire de Mithridate; et Pompée aura donné titre de roi et droit de prétexte à un petit prince obscur.

3. *Le feu est à craindre pour la maison d'Appius.* Les consuls recevant des visites nombreuses, il fallait faire du feu pendant les

grands froids. Je croirais néanmoins, avec Ernesti, qu'il y a là quelque plaisanterie dont nous n'entendons pas le sens.

LETTRE CXXXIII. 1. *De mener avec moi Trebatius.* Apparemment en Espagne, où Cicéron devait accomplir une mission à la suite de Pompée; mais Pompée ne partit point pour ce gouvernement; ce qui fut l'une des causes de la guerre civile.

2. *Rufus.* Il y a une innombrable quantité de variantes dans les manuscrits. On y trouve *Iffium*, *Mirfium*, *Idfium*, *Fivium*, *Ilsinum*, etc. Victorius a corrigé de manière qu'on lût *M. Orfium*, et l'on a voulu que ce fût le même dont il est fait mention dans la lettre 148. Cependant un manuscrit porte *M. Rufum*. Pourquoi ne pas conserver ce nom si romain, si usité?

3. *Ou.... vous le ferez lieutenant de Lepta.* Faut-il lire *delega*, *delegam*, ou *delegabo*? Qui est *Lepta*, et que signifie ce passage? Ce sont choses qu'il faut renoncer à savoir.

LETTRE CXXXIV. 1. *La cause de Célius était au dixième jour.* M. Célius Rufus était poursuivi par Atratinus, qui servait la haine de Clodia. Celle-ci prétendait lui avoir prêté de l'argent, dont il voulait se servir, disait-elle, pour corrompre des esclaves et faire assassiner les envoyés d'Alexandrie. Clodia soutenait que, pour lui avoir réclamé cette somme, Célius Rufus avait voulu la faire empoisonner par ses femmes. Wieland a tort de rapporter à cette année la défense que Cicéron prononça pour Célius, puisqu'il est certain qu'il le défendit deux ans auparavant, et que, dans le discours même, on dit que Clodius a été absous peu de jours auparavant. Ce qui a fait l'erreur, c'est que l'une et l'autre année a eu pour préteur un Domitius, l'un surnommé Calvinus, devant lequel Cicéron parla pour Célius; l'autre Ahenobarbus, qui était en fonctions lors de la seconde affaire de Célius. De la part de l'accusateur Atratinus, il y avait dessein de venger son père, que Célius avait autrefois accusé de brigue.

2. *Pola Servius.* Il faut qu'il ait été de la maison Clodia, ou qu'il en ait été un partisan déclaré; car on apprend par la lettre 202 qu'Appius Pulcher, frère de Clodius, voulait s'en servir pour accuser Célius. Schütz pense, d'après les expressions de Cicéron, que Servius Pola faisait métier d'accuser.

3. *Pendant les jours destinés aux comices.* On ne pouvait tenir à la fois le sénat et l'assemblée du peuple. La loi Puppia défendait

de s'occuper au sénat d'autre chose que de l'expédition des ambassades étrangères, et cela pendant le mois de janvier tout entier, ou du moins jusqu'à l'entier examen des réclamations. Cette disposition fut étendue au mois de février par la loi Gabinia. Les consuls devaient donc, à moins d'empêchement légal, convoquer le sénat tous les jours. L'interprétation d'Appius consistait à ne point tenir les comices pendant ces deux mois, à raison de la multitude des affaires de ce genre. Les tribuns, au contraire, annonçaient que rien ne pourrait les empêcher, aux jours marqués pour les comices, de dénoncer au peuple la conduite de Gabinius, qui, sans mission que de lui-même, était allé rétablir le roi d'Égypte. Il paraît que c'est là ce qu'Appius voulait empêcher, et qu'en cela il était d'accord avec Pompée, protecteur déclaré de Gabinius, lequel avait agi à son instigation.

4. *Callisthène*. Il était d'Olynthe, et écrivit sur la guerre de Troie et sur les exploits d'Alexandre.

5. *Aux Lupercales*. C'est-à-dire demain; car cette lettre avait été écrite le lendemain des ides.

LETTRE CXXXV. 1. C. Trebatius Testa était un jeune homme fort distingué que Cicéron admettait dans son intimité. Vingt ans plus tard, Horace lui adressa la première satire du second livre. Sous Auguste, Trebatius passait pour l'un des premiers jurisconsultes de Rome.

2. *Une infinité de gens*, etc. Ce sont des vers de la tragédie de *Médée*, par Ennius. Voici comment Hermann les distribue:

Quæ Corinthi arcem altam habetis matronæ opulentæ optimates,
Multi suam rem bene gessere et publicam patria procul,
Multi qui domi ætatem agerent propterea sunt improbati.

L'abbé Prévost n'a pas rendu le *manibus gypsatissimis*, «les mains enduites de gypse.» Les hommes jouant les rôles de femmes, Cicéron fait allusion à l'usage de leur blanchir les mains.

LETTRE CXXXVII. 1. *J'ai besoin particulièrement des ouvrages de Varron*. Terentius Varron était, sans contredit, le plus profond et le plus fertile des écrivains. Tout ce que nous avons de lui se réduit à quelques fragmens de son traité *de la Langue latine*, et à un ouvrage d'économie rurale; mais ce que Cicéron dit de son

génie et des sujets qu'il avait étudiés doit nous faire regretter à jamais la perte de ses livres. Que de jour il eût jeté sur l'histoire de Rome ! *Voyez* le livre 1 des *Académiques*, ch. 3 ; *voyez* aussi, dans *la Bibliothèque de Fabricius*, la liste de ses ouvrages.

LETTRE CXXXVIII. 1. *Celle qui suivit immédiatement notre départ.* Il paraît qu'après une entrevue à Rome, Quintus, lieutenant de César, était reparti pour rejoindre l'armée.

2. *Qui s'est mise sous ma protection.* On sait que les villes municipales et les colonies choisissaient des patrons qui défendaient leurs intérêts.

3. *Il est tribun militaire dans notre armée.* Il y avait *votre armée*. Il serait assez ridicule que Cicéron informât son frère de la position des officiers supérieurs de son armée ; Quintus devait savoir cela beaucoup mieux que lui. Je croirais donc, avec Wieland, que Cicéron parle ici de l'armée de Pompée, de celle qu'il avait en sa qualité de gouverneur de l'Espagne, expédition à laquelle lui-même était attaché.

LETTRE CXXXIX. 1. *Vacerra et Manilius.* Il paraît que c'étaient deux jurisconsultes chargés à Rome des affaires de César, et qui s'intéressaient à Trebatius. Précianus suivait César, et avait coutume de le consulter. J'ai changé la leçon *se tibi*, adoptée par Prévost, et j'ai écrit et traduit avec Schütz *te sibi*. Ce qui prouve l'intérêt qu'il prend à Trebatius, à la recommandation de Cicéron, c'est que Trebatius lui a déjà des obligations.

LETTRE CXL. 1. *De Laudes, datée des nones.* J'ai admis la correction de Sigonius, approuvée déjà par Manuce, Lambinus et Schütz : *Laus* était une ville de la Gaule Cisalpine, voisine de Plaisance. On ne sait que faire de *Blandenone*, que l'altération du texte a seule bâtie.

2. *En fait d'affaires publiques et d'inimitiés, je suis et serai plus maniable que le bout de l'oreille.* J'ai rétabli le sens de la fin de cette lettre, que Prévost avait entièrement altéré. Le vers qui la termine est des *Suppliantes* d'Euripide ; c'est le v. 119e.

La fin de cette lettre est perdue, ainsi que le commencement de la suivante, et c'est à tort qu'on les a confondues en les joignant l'une à l'autre. S'il en était ainsi, l'auteur parlerait deux fois des affaires de Rome dans une seule ; puis la date paraît différente,

puisqu'il donne le cours de l'intérêt tel qu'il était aux ides. Je crois donc qu'il faut supposer avant *calamo* une lacune de quelques mots, et reprendre ici une autre date.

LETTRE CXLI. 1. *Lisser mon papier.* Et non *qu'il faudra une marge*, comme le dit Prévost. On lit dans Pline (liv. XIII, ch. 25): *Scabritia chartæ lævigatur dente conchave;* ce que M. Ajasson de Grandsagne traduit par : « Les aspérités du papier disparaissent par l'emploi de l'ivoire ou de la coquille. »

2. *Car j'ai la conscience de nos forces.* J'ai suivi dans le texte la correction de Lambinus, mais seulement en partie; Schütz lit : *Nec laboramus conscientia copiarum nostrarum*, au lieu de l'inextricable leçon : *Nec laborant quoa mea conscientia copiarum nostrarum.* Je me suis décidé pour une traduction qui tient de l'une et de l'autre leçon.

3. *Lorsque nous serons délivrés de ces embarras.* C'est encore un endroit où le texte n'est pas reconnaissable. Wieland entend, par ces embarras, des dettes. Le séjour de la Gaule promettait à Quintus d'amasser de quoi les payer. Tout est énigmatique ici, et le devient beaucoup plus encore par le mauvais état des manuscrits.

L'intérêt de l'argent était monté au double, huit au lieu de quatre. Dix millions de sesterces font 2,045,000 fr. Si l'on procédait par voie d'emprunt, on conçoit la hausse du prix de l'argent. On faisait ces promesses à la centurie ou à la tribu appelée *Prærogativa*, et elles pouvaient s'adresser à l'une ou à l'autre : selon l'espèce des comices qui procèderaient à l'élection des consuls, le sort déterminait laquelle des tribus ou des centuries voterait la première; et, s'il faut en croire Cicéron, dans son discours *pour Plancius*, le suffrage de la *Prærogativa* entraînait ordinairement celui des autres.

LETTRE CXLII. 1. *Le rhéteur Clodius.... et Pituanius.* Il y a de l'ironie dans ces louanges. Sextus Clodius, rhéteur sicilien, enseignait les littératures grecque et latine, et Pituanius était d'une famille fort ancienne, mais obscure; elle faisait partie de l'illustre maison Pinaria.

2. *Ces triples aréopagites.* Qu'est-il besoin de supposer que Cicéron fait allusion aux trois corps du sénat, des chevaliers et du

peuple, tandis que le jugement ne regardait qu'un seul ordre? Il dit ici τρισαρειοπαγίτας, comme on dirait trois fois grands, et peut-être en parodiant l'épithète de *trismégiste*.

3. *Nous ne devons pas souffrir qu'un père de famille soit tué dans sa demeure.* Je lis *occidi nolle* avec Schütz. La suite de l'idée est que cela même est permis aux yeux de beaucoup de juges, puisque Procilius n'a été condamné qu'à une majorité de quatre voix.

4. *Hortensius.* Il y a dans le texte *Hortalus.* C'était le surnom d'Hortensius. Tacite parle d'un Hortalus, petit-fils de ce célèbre orateur. Mongault fait remarquer que ces deux noms signifiaient la même chose, et venaient l'un et l'autre de *horti*, jardins.

5. *Réate.* Ville de l'Ombrie, dans un site délicieux. Les habitans d'Interamna étaient aussi surnommés Nartes, du nom de la rivière Nar. L'autre nom venait de leur position au confluent du Nar et du Velinus. Le lac Velinus s'appelle maintenant *lago di Pie di Luco.* La campagne nommée *Rosea* était ainsi appelée, parce qu'elle était fécondée par une rosée continuelle, résultat des vapeurs des lacs et des fleuves voisins. Elle garde encore le nom de *Rose* (*voyez* Varron, *de Re rustica*). Cicéron était descendu chez Axus, sénateur, qui avait sans doute là, ainsi qu'aux *Sept-Fontaines*, des maisons de campagne. Il y avait quarante stades du lac aux *Sept-Fontaines*.

6. *J'allai ensuite au théâtre.* Pour voir célébrer les jeux de Milon, qui, cette année, était édile.

7. *Il était affranchi, même avant que de paraître.* Cela veut dire dès l'abord, et à force d'applaudissemens. On donnait la liberté pour récompense aux esclaves qui obtenaient un grand succès dans l'art dramatique, et souvent le peuple la demandait pour eux. Cicéron dit confidentiellement son avis à Atticus sur Antiphon : ici le texte a encore souffert des altérations des copistes.

8. *Astya.* Bosius lut dans tous ses manuscrits, *major fuit Astya:nam* : on en a fait *Astyanax;* mais Schütz pense qu'il a eu raison de diviser *Astya : nam*, et il détruit lui-même la particule parasite *quam*, dont le sens serait fort embarrassé. J'ai traduit en me rangeant à l'opinion de ce dernier. Je doute aussi beaucoup que l'on ait bien saisi la pensée exprimée par Cicéron un peu plus haut : le *nihil tam pusillum, nihil tam sine voce, nihil tam verum,*

me paraît se rapporter avec éloge à la manière pathétique dont Antiphon aurait rendu le rôle douloureux d'Andromaque. La preuve que *pusillum* ne se prend pas toujours en mauvaise part, c'est que, dans la même lettre, il appelle *pusilla* sa fille Tullie.

9. *Arbuscula*. Trois courtisanes avaient alors de la célébrité comme actrices, Arbuscula, Cytheris et Origo. Dans la dixième satire du livre premier, Horace en fait mention avec malignité:

.... Nam satis est equitem mihi plaudere, ut audax,
Contemptis aliis, explosa Arbuscula dixit.

La pauvre Arbuscula eut le sort des vieilles actrices.

10. *L'argent est monté tout d'un coup.* Ici, et presque dans les mêmes termes, on retrouve le récit que, dans la lettre précédente, Cicéron a fait à Quintus.

11. *Cela ne plaît point à Pompée.* Il s'agit de la convention faite entre les consuls pour favoriser Memmius et Domitius. Pompée soutenait Scaurus, moins parce qu'il avait été son questeur dans la guerre contre Mithridate, que parce qu'il avait épousé sa sœur Émilia. Le Domitius dont il est parlé est Domitius Calvinus, d'une branche moins illustre qu'Ahenobarbus.

12. *Messius.* C'est le même dont il a été fait mention dans la lettre 87. Il avait été édile l'année précédente.

13. *Servilius.* Fils de Servilius Isauricus: il fut consul quatre ans après César.

14. *Je plaiderai ensuite pour Drusus et pour Scaurus.* Drusus était accusé de prévarication, c'est-à-dire de s'être laissé corrompre par celui dont il s'était déclaré l'accusateur; il fut absous. Scaurus était accusé de concussion par les peuples de Sardaigne. Nous en parlerons à la lettre 156. (MONGAULT.)

LETTRE CXLIII. 1. *Au milieu de tant de travaux.* Il y a dans ce texte une lacune d'un mot, après *propter ejus*. Les uns, rapprochant de cette époque celle de la mort de la fille de César, lisent *propter ejus luctum*; les autres, songeant à ses travaux, *propter occupationes*, ce que j'ai adopté avec Schütz.

2. *Vacerra.* Telle est la leçon originale, la seule bonne, et cependant l'on a préféré le nom d'un personnage inconnu, Battara.

Vacerra est le jurisconsulte duquel il a été parlé déjà dans la lettre précédente à Trebatius, la 139ᵉ.

3. *Cn. Octavius ou Cn. Cornelius.* Ici l'ironie est poussée au point que Cicéron feint de ne se point bien rappeler le nom de ce *fils de la terre*, expression qui, dans le sens mythologique, eût été fort pieuse, mais qui, dans l'usage, désignait seulement la bassesse de la condition de celui qui faisait ainsi l'important. On peut voir, dans la troisième satire de Perse, quel usage les Romains faisaient des mots *terræ filius*.

LETTRE CXLIV. 1. *Ceux même qui s'affligent de nous voir si étroitement liés avec César.* Manuce indique comme tels Domitius Ahenobarbus, alors consul, M. Porcius Caton, le préteur, et le consulaire M. Calpurnius Bibulus.

2. *Les Convives Sophocléens.* Wieland croit qu'il s'agit d'un *drama satyricon*, dans lequel Quintus aurait joué un rôle à l'occasion d'un repas. Je pense, avec Schütz, que c'est une allusion à une pièce de Sophocle, qui pouvait être intitulée Σύνδειπνοι.

LETTRE CXLV. 1. *Mucius et Manilius.* Cicéron s'amuse à citer, sur la question du froid, des vêtemens et du feu, de grandes autorités. Il y a dans le mot *calere* une plaisanterie. La chaleur dont il parle est celle qu'occasionne l'opiniâtreté de l'ennemi, et c'est pourquoi il ajoute : *cette nouvelle m'a fort alarmé pour vous.*

2. *Qui ne pouviez vous passer ici de la vue même d'un andabate.* C'est une espèce d'athlète dont les yeux étaient couverts, et qui combattait à cheval. Au lieu d'*andabatam*, Schütz lit *andabata;* ce qui est d'ailleurs conforme à la traduction de Prévost.

LETTRE CXLVI. 1. *Pendant toute la durée des jeux publics.* Ce sont les jeux palatins, qui commençaient le 4 septembre, et que les édiles curules célébraient pendant neuf jours devant le temple de la mère des dieux, au Palatium. Après une suspension de deux jours, ils recommençaient au Cirque pendant cinq jours encore, ainsi que l'attestent le calendrier romain et d'autres monumens encore. Cicéron avait recommandé à Philotime de bien faire placer les gens de sa tribu.

2. *J'ai trouvé à Diphilus encore plus de lenteur qu'à l'ordinaire.* Prévost avait fait un véritable contre-sens, en disant que sa len-

teur ne répondait pas à sa diligence ordinaire. Cicéron veut dire, au contraire, qu'il s'est surpassé en paresse.

3. *La forme de la voûte en fera un lieu frais en été.* J'ai suivi le texte reconstitué par Schütz : *Nunc hæc vel honestate testudinis, valde boni æstivi locum obtinebit.* Il est inutile d'établir par quelle filiation de corrections il en est venu là. Qu'il nous suffise de dire que, primitivement, on lisait : *Nunc hoc vel honestate testudinis, vel valde boni æstivum locum obtinebit,* passage dont on ne savait que faire, et dont Manuce a fait un usage très-arbitraire, en lisant *Nunc hoc vel in æstate testudinis, vel hunc æstivum locum obtinebit.* Prévost, y voyant encore de la difficulté, y a mis *boni æstivi,* suivant en cela d'*habiles gens.* Schütz a l'avantage de s'être moins écarté du texte altéré que nous livrent les manuscrits.

4. *La terre de Fufidius, que j'ai achetée pour vous..... pour la somme de cent mille sesterces.* Cela ne ferait qu'un peu plus de vingt mille francs. La somme n'est pas considérable, surtout à raison des sources, que Césius affirmait pouvoir arroser cent arpens de prairies.

5. *Qu'il était convenu avec vous à trois sesterces le pied, et qu'ayant mesuré le terrain, il l'avait trouvé de quatorze cents pas.* Cette distance aurait fait sept mille pieds, par conséquent vingt et un mille sesterces. Autrefois il y avait ici une ridicule leçon de quatre cent mille pas; Manuce en fait quatorze cents.

6. *Du temple de Furina.* Et non *de la maison.* On célébrait sa fête sous le nom de *Furinalia,* le 24 juin, ainsi que le disent Varron, Festus, et le vieux calendrier. C'est la même que Furia : elle avait un flamine à elle.

7. *Varron avait déjà fait exécuter le sien.* D'abord expliquons-nous sur ce nom : ou il faut effacer Varron de la phrase précédente, ou il faut le placer ici, et le substituer à ce Velvinus, sorti de la plume des copistes, et qui n'a que faire en ce lieu. Quant au fait en lui-même, Quintus, par égard pour ses voisins, ne fait point passer son chemin sur leurs terres; mais il souhaite qu'ils l'établissent le long de leur domaine. C'est ce que Varron a déjà fait, ce que Locusta n'a pas même commencé.

8. *Ces personnages à manteau.* — *Palliati.* C'étaient sans doute des statues d'hommes illustres vêtus à la grecque.

9. *Philotimus et Cincius.* Philotimus étant l'affranchi de Terentia, il pouvait veiller aux intérêts de Cicéron; Cincius était chargé des affaires d'Atticus, dont Quintus était le beau-frère, ayant épousé Pomponia.

10. *Appeler Hippodamus et quelques autres.* Je lis avec Schütz *Hippodamo*, et non *Hippodamis*. C'est un nom propre assez connu. On a voulu voir ici des dompteurs de chevaux ou des jeunes gens qui suivaient César par amour du butin; mais nous dirons avec Wieland : « Comment comprendrions-nous ce que voulait dire Quintus, puisque Cicéron ne l'a pas compris lui-même? »

11. *Trebonius.* Caïus Trebonius, lieutenant de César, fut tribun du peuple l'année suivante, et fit la motion de lui continuer encore le gouvernement de la Gaule pour cinq ans. Trebonius fut consul avec Q. Fabius Maximus. Dans la suite il fut tué à Smyrne par Dolabella.

12. *Calventius Marius.* Sous ce nom, Cicéron désigne L. Pison Césonius. Le nom de Calventius venait de son aïeul maternel. Dans le discours qu'il prononça contre lui, il le compare à Marius; ce n'est donc ici qu'un jeu de mots.

13. *Érigone.* Tragédie qu'il annonçait avoir composée et envoyée à Appius. Elle fut perdue dans le voyage.

14. *Gabinius est encore aux mains avec trois factions différentes.* Lentulus l'accusait de lèse-majesté, Tibère Néron et C. Memmius de concussion dans son gouvernement de Syrie. Il s'y joignit encore une quatrième accusation de concussion portée par C. et L. Antoine, et une cinquième pour brigue par Sylla. Gabinius fut acquitté du crime de lèse-majesté, que l'on fondait apparemment sur ce qu'il avait rétabli le roi d'Égypte sans l'autorisation du peuple ni du sénat. Il fut condamné pour concussion.

15. *Plus son malheur m'afflige et m'attendrit.* Sa fille Julie venait de mourir à Rome.

16. *Je suis étonné qu'Oppius ait quelque chose à démêler avec Publilius.* Les uns mettent *avec Publius*, les autres *avec Vibullius*, et c'est toujours une énigme. Il est évident cependant que, dans toute cette affaire, il est question de Vibullius et d'Oppius. Il conviendrait peut-être de s'en tenir à ces deux personnages. On aura beau s'évertuer à éclaircir ce passage, il y aura toujours beaucoup d'obscurité.

17. *Vers la fin de votre lettre.* Et non *vers le milieu.* On roulait les lettres, et la fin se trouvait dans l'intérieur. Cicéron dit à Appius : *Legati mihi volumen a te plenum querelæ iniquissimæ reddiderunt* (lettre 244).

18. *De devoir des excuses à César.* « Ego vero nullas δευτέρας φροντίδας. » Ce sont des réflexions plus mûres, témoin ce vers d'Euripide, dans l'*Hippolyte*, vers que Quintus avait peut-être répété à son frère :

Αἱ δεύτεραι πως φροντίδες σοφωτέραι.

19. *Dans le goût d'Aristophane.* C'est la leçon de Victorius : *Aristophaneo modo.* Auparavant il y avait *ab Aristophane meo.*

20. *Beaucoup de plaisir à Annalis.* Il était de la famille plébéienne Villia : elle tenait son surnom de la loi sur les magistratures annuelles, portée par l'un de ses membres, qui avait été tribun.

21. *T. Pinarius.* Il était peut-être le frère de Lucius, qui, petit-fils de la sœur de César, fut institué par lui pour hériter avec Q. Lélius et C. Octavius (*voyez* SUÉTONE, *Vie de César*, ch. LXXXII et la note qui s'y réfère). La *gens Pinaria* était vouée au culte d'Hercule.

22. *L'un a perdu son armée, et l'autre vendu la sienne.* C'est Pison qui l'avait perdue, c'est Gabinius qui avait vendu la sienne ; c'est-à-dire que le premier laissa massacrer les soldats, et que le second reçut de Ptolémée de l'argent pour le rétablir dans sa capitale.

LETTRE CXLVII. 1. « *La sagesse leur vient tard.* » Passage d'une tragédie de Livius Andronicus ou de Névius (on n'est pas d'accord sur ce point); il y avait *sero sapiunt Phryges*, et cela était passé en proverbe. L'allusion était pour les retards qu'ils mettaient à rendre Hélène, qu'ils gardèrent en effet jusqu'à ce qu'il leur en coûtât l'existence.

2. « *Livrez-vous donc tout entier à la sagesse.* » Il y a ici encore une citation de vers dont nous ne pouvons reconnaître l'origine. Elle s'étend jusqu'au mot *acerrimum*. C'est le vers trochaïque octonaire.

3. *Octavius.* On se rappelle ce qu'on en a lu dans une précédente lettre à Trebatius, et le *quis tu es* répond très-bien au *terræ filius*.

4. *Viendrez-vous en Italie cet hiver?* César avait coutume de venir chaque hiver dans la Gaule Cisalpine, où il vaquait à l'administration des cités, où il réunissait d'illustres Romains : il se servait de leur entremise pour apaiser ses ennemis, et même pour les acheter. Là se tenaient des conférences avec Pompée, avec les tribuns; là on décidait qui l'on porterait au consulat, qui on en écarterait. Cette année César ne put venir : Ambiorix lui donnait trop d'inquiétude, il fallait demeurer à portée de l'ennemi.

5. *Samarobrive.* Les antiquaires se disputent sur la position de cette ville. M. Mangon de Lalande a récemment publié un fort savant mémoire en faveur de Saint-Quentin; mais je persiste à penser, avec M. le comte d'Allonville, que c'est à Amiens qu'il faut déterminer la position de *Samarobriva.* Quant à Brai-sur-Somme et à Cambrai, il ne faut pas même s'en occuper.

LETTRE CXLVIII. 1. *Revêtu du titre* d'imperator. Il faut conserver l'expression latine, et ne pas confondre le titre d'empereur avec un titre militaire consacré uniquement par les acclamations dont les soldats saluaient leur général après la victoire.

2. *Cet ennemi éternel de ses propres amis.* C'est peut-être Clodius, c'est peut-être C. Caton, c'est peut-être le consul Appius lui-même. Il se pourrait qu'il y ait ici une allusion au pacte fait avec deux candidats au consulat, dont il sera parlé bientôt dans une lettre à Atticus. Cependant Cicéron dit ici même qu'il s'est réconcilié avec Appius.

3. *Ce qui m'a pu porter à défendre et à louer Vatinius.* Cicéron avait montré beaucoup d'aversion pour cet homme, tant par amour du bien public qu'à cause de sa conduite envers lui-même et envers Sextius, auquel il devait, en grande partie, son rappel.

4. *Pour ce qui regardait mes monumens.* Clodius, comme on le sait, avait fait raser la maison de Cicéron et le portique de Catulus, sur le mont Palatin. Il joignit au portique une partie de l'emplacement de la maison, et le releva ainsi qu'un temple qu'il dédia à la Liberté. Des inscriptions rappelaient ces belles actions. Le reste de l'emplacement de la maison fut d'abord vendu à un certain Strabon, mais bientôt racheté par Clodius, qui voulut construire une maison magnifique pour lui-même. La réintégration de Cicéron vint à la traverse. Le sénat fit détruire tout ce qu'avait élevé Clodius, ordonna le rétablissement de l'ancien por-

tique de Catulus et de l'ancienne inscription. Il alloua une somme assez forte pour rebâtir la maison de Cicéron. Voilà d'où vient qu'il l'appelle souvent *monumentum non meum, sed senatus*. Si plus loin il parle des monumens au pluriel, cela s'explique par un passage de la 123e lettre, où il dit à Quintus, qu'il peut se tenir tranquille sur ce qui regarde les inscriptions, le temple de la Terre et le portique de Catulus. Ces édifices devaient recevoir des inscriptions en l'honneur des Cicérons. Probablement que Lentulus en avait déjà fait la motion ou une motion semblable : cela avait souffert des difficultés; maintenant le crédit de Pompée et de César y pourvoyait, et Clodius lui-même fut obligé de renoncer à sa résistance. (*Extrait d'une note de* WIELAND.)

5. *Toute ma harangue*. Prévost avait singulièrement traduit *tota vero interrogatio mea* : « toutes mes réponses aux interrogatoires. » Il n'est pas question ici de demandes ni de réponses, mais d'un discours suivi. Vatinius répondit, et Macrobe nous apprend qu'il qualifia Cicéron de *scurra consularis*, « bouffon consulaire. »

6. *Fixer l'affaire de Campanie*. Il ne s'agissait pas de la remettre, mais au contraire de la faire enfin décider. L'intérêt de César, au contraire, était de la faire oublier, éloigner de peur que ce ne fût une occasion de revenir sur les actes de son consulat. Il avait donné à vingt mille citoyens, pères de trois enfans, la partie de ces terres qui appartiennent au domaine; mais ce qui en était possédé par des particuliers devait être acheté, selon la loi portée par César. Les sommes destinées à cet usage avaient été dilapidées par Clodius, qui en avait donné une partie à Gabinius, une autre à Pison. Bibulus, le collègue de César, s'était opposé, dès l'origine, à la loi qu'il proposait : il avait allégué les auspices; et ce motif, si Cicéron l'eût fait valoir, pouvait infirmer beaucoup d'actes de César.

Il paraît qu'aux ides de mai Cicéron avait déjà changé de conduite, car l'affaire ne fut pas mise en délibération.

7. *Ce fut dans ce voyage qu'il passa par Lucques*. Chargé de l'approvisionnement de l'Italie, Pompée vint à Lucques, ville de la Gaule Cisalpine soumise à César, qui pouvait par conséquent y aller, ainsi qu'à Ravenne, sans transgresser les lois.

8. *Pendant ma préture et mon consulat*, et non *sa préture* et *son*

consulat. Cicéron, étant préteur, avait appuyé la loi Manilia pour investir Pompée du commandement contre les pirates. Consul, il avait fait voter des actions de grâces aux dieux, pour les victoires remportées pendant la guerre de Mithridate.

9. *A des esclaves armés.* C'est ainsi qu'il appelle les partisans de Clodius.

10. *Obtint l'impunité par les votes.* En ce que l'on avait décidé que les comices precéderaient le jugement que devait subir Clodius à la poursuite de Milon, et auquel il fut soustrait au moyen de l'édilité. Ce furieux avait mis le feu à la maison de Quintus, il avait détruit les travaux de celle de Cicéron, et poursuivi cet illustre citoyen le glaive à la main. Le lendemain il s'était jeté avec des hommes armés sur la maison de Milon.

11. *Ils me comparaient déjà à Q. Metellus.* C'est de Q. Cécilius Metellus qu'il s'agit. Ses victoires sur Jugurtha lui valurent le surnom de Numidicus, et il fut consul en 645, avec Junius Silanus. Marius et le tribun Saturninus le firent bannir de Rome, parce qu'il ne voulait pas renoncer à s'opposer à une loi, ni prêter à ce sujet un serment que tous les sénateurs avaient fait. Il partit donc pour Rhodes, et s'y adonna passionnément à la philosophie.

12. *Publié par huit tribuns.* On voit que j'ai adopté ici la judicieuse correction de Schütz.

13. *Et ne voyant aucune apparence de pouvoir le conduire par la persuasion.* En cet endroit j'ai encore suivi Schütz, en réduisant le texte à ces mots : *quumque eum persuaderi posse diffideret*, le reste y ayant été manifestement introduit par d'ignorans copistes.

14. *A l'égard de Vatinius.* C. Licinius Calvus l'accusait de brigue : aux comices pour la préture, il devait, ainsi que le dit Plutarque, avoir distribué de l'argent aux centuries. Nous avons, dans Quintilien et dans Sénèque, des fragmens du discours de Calvus.

15. *Que j'avais attaqué peu de jours auparavant.* Il faut en effet lire *oppugnassem*, et non *oppugnasset*, ce qui serait par trop absurde, et changerait les rôles de manière à ce qu'il y aurait contradiction et dans le caractère de Cicéron et dans celui de Crassus.

16. *Appius a dit en plein sénat.* Les curies seules pouvaient

investir du commandement militaire et donner droit aux avantages et aux honneurs du triomphe, par suite d'exploits accomplis pendant le gouvernement d'une province ainsi conféré. Cependant on pouvait, d'après la loi Cornelia, portée par le dictateur Sylla, administrer une province par la seule volonté du sénat, et ce pouvoir ne durait que jusqu'à la rentrée des chefs dans la ville. Appius dit donc que, si la loi des curies est faite pour lui et pour son collègue Domitius Ahenobarbus, il tirera sa province au sort; sinon, il se fera désigner pour successeur à Lentulus, en s'entendant avec son collègue. Il n'y eut en effet point de comices, et Appius alla prendre le commandement de l'armée de Lentulus.

17. *Mon approbation à votre équité.* Lentulus s'était vu obligé de suivre des ordonnances et des jugemens contraires aux prétentions des publicains, qui, en Cilicie, poussaient fort loin leurs exactions. Cicéron lui cite l'exemple de Scévola, poursuivi par la haine des chevaliers, dont le questeur Rutilius Rufus fut condamné pour l'avoir secondé.

LETTRE CXLIX. 1. *Exotériques.* Ces livres étaient ainsi appelés, parce qu'ils contenaient les leçons publiques qu'Aristote donnait l'après-midi dans le Lycée, où il admettait tout le monde; au lieu que ses leçons du matin n'étaient que pour ses disciples, parce qu'il y traitait des questions plus abstraites. (MONGAULT.)

2. *Ce que vous me proposez pour Pilia.* Je lis *de re Piliæ*, et non *filiæ*. Cicéron n'avait pas besoin qu'on lui recommandât sa fille. Au surplus, tout ceci est un fragment d'une autre lettre, ainsi que l'attestent les faits mêmes dont il est parlé.

3. *La loi Julia-Licinia.* Elle défendait de faire passer aucune loi qu'elle n'eût été exposée en public pendant trois marchés.

4. *Quiconque dans la suite.* Ici il y a une lacune à laquelle il ne faut pas remédier.

5. *Mais il a été arrêté dans le sénat.* Le texte dit *tacitum judicium*. Ce devait être une information secrète sur la brigue, et les candidats, qui l'auraient employée, devaient être écartés, malgré leur succès, aux comices. Cette mesure devait mettre un frein à la corruption.

6. *Opimius Antius.* Dans le texte, il y a *Opimius* VEIEN. TR. *Antius;* ce qui signifie que le premier était de la tribu Veientina, le second de la Tromentina. Je ne conteste pas que l'on

ait placé les noms de tribus entre le nom de famille et le surnom. Mais Antius Opimius était-il un seul personnage, en sorte que la naissance l'attachât à la tribu Tromentina, l'adoption à l'autre? Cela est possible, mais non pas aussi certain que la double attribution d'Auguste aux tribus Fabia et Scaptia, attestée par Suétone et par une inscription.

7. *Pour vous dire maintenant ce que je pense de l'absolution de Gabinius.* Encore un fragment d'une autre lettre mêlé à celle-ci. Tunstall ajoute ce fragment à la 157ᵉ.

8. *Tout cela est pure grimace.* Les mots qui sont dans le texte ont été restitués par Bosius; l'écriture en était fort altérée.

9. *La loi Papia.* Elle fut rendue en 688, sur la proposition du tribun Papius. Elle faisait sortir de Rome tout ce qui était étranger. Le peintre Sopolide, dont il est ici question, était l'un des plus célèbres de ce temps. Pline (liv. xxxv, ch. 40) le cite avec beaucoup d'éloges. Après les mots : *Cet homme s'écria aussitôt,* Mongault avait ajouté : *Quoi donc! l'on me condamne, tandis qu'on absout mon maître d'un crime!* Mais j'ai retranché ce passage, qui est de pure imagination. Un critique sévère lui ôterait même la traduction du vers ou plutôt du passage grec que nous ne pouvons plus reconnaître.

10. *Pomptinus.* Il avait été préteur sous le consulat de Cicéron : propréteur, il avait vaincu les Allobroges, et réclama le triomphe, qu'il obtint par l'intervention de Servius Galba ; mais il l'avait attendu quatre ans aux portes de Rome. (WIELAND.)

11. *Nous avons prodigué soixante millions de sesterces.* L'expression latine est très-forte, *contempsimus* : « nous n'y avons pas regardé, nous les avons méprisés; » et, en effet, il s'agirait de douze millions deux cent quatre-vingt mille francs, somme immense.

12. *Des jugemens rendus conformément à la loi Cincia?* Il y avait d'abord Coctia, ce que Mongault ne sait comment expliquer, attendu qu'il n'y a pas de loi Coctia. La loi Cincia ne lui paraît pas applicable, et, malgré la leçon de deux manuscrits, il la rejette. Mais, dans cette année, il y eut beaucoup de corruption parmi les accusateurs, et c'était précisément le sujet de la loi Cincia : en sorte que je n'hésite point à donner raison aux deux manuscrits indiqués par Schütz.

LETTRE CL. 1. *Que ceux qui ont fait le voyage d'Alexandrie.* Pour réclamer à Ptolémée l'argent qu'ils lui avaient prêté à Rome. Plus haut, j'ai changé le mot d'*impudence*, trop choquant, et qui ne rendait pas le *subimpudens videbare*. C'est plutôt de la folle prétention, de la présomption, que Cicéron reproche à Trebatius, que de l'impudence.

2. *Pour m'exprimer comme vos jurisconsultes.* Ils aimaient les citations, et s'armaient toujours de grands noms pour appuyer leurs avis. Cicéron plaisante sur cette coutume.

LETTRE CLI. 1. *Qui sera l'accusateur de Gabinius.* Manuce se demande comment Gabinius peut être accusé devant le peuple, le crime de lèse-majesté et celui de concussion étant de la compétence du préteur, qui jugeait avec ses jurés ou assesseurs. Cependant Memmius, à ce qu'il ajoute lui-même, a pu faire usage de sa puissance pour faire voter le peuple. Il faut lire dans Valère Maxime comment il repoussa le fils de Gabinius, qui se jetait à ses pieds, et comment ce Gabinius, qui semblait perdu sans ressource, dut son salut à cette dureté de Memmius. Lélius, de concert avec ses collègues, fit aussitôt mettre Gabinius en liberté (liv. VIII, ch. 13).

2. *Les deux Antoine.* Les frères de celui qui fut ensuite triumvir; ils étaient les petits-fils du célèbre orateur.

3. *Le nombre des ennemis.* Je lis *hostium*, et non pas *hostiarum*. Il s'agit sans doute moins de la question du triomphe, que de rendre compte au sénat du nombre de soldats qu'on avait perdus et d'ennemis qu'on avait tués.

4. *Il demeura court.* J'ai conservé la véritable leçon, l'unique même, *in re hæsit*; c'est comme si l'on disait qu'il demeura court, qu'il balbutia, ne sachant comment se tirer de ce mauvais pas.

5. *L'assemblée était extrêmement nombreuse.* C'est-à-dire qu'il essuya cet affront à la face du sénat tout entier.

6. *C'est assez de ce qui se prépare au sujet de Milon.* Cicéron favorisait sa demande du consulat, tandis que Pompée appuyait Gutta.

7. *A l'arrivée de César.* Sous-entendez dans la Gaule Cisalpine. Il ne pouvait ni quitter son gouvernement, ni entrer dans Rome.

LETTRE CLII. 1. *P. Sylla a accusé Gabinius de brigue.* Lui-même fut condamné pour brigue à la retraite de Torquatus, son compétiteur. Ce Sylla est celui que Cicéron défendit d'une accusa-

tion de violence. A la bataille de Pharsale, il commandait l'aile droite de César. Il faut remarquer qu'à l'époque où il fut condamné pour brigue, l'exil n'était pas encore la peine établie, et qu'il ne le fut que sous le consulat de Cicéron.

LETTRE CLIII. 1. *Caton.* Ce n'est pas le Caton qui, préteur cette année, fut ensuite surnommé Caton le tribun; il n'aurait pu être préteur l'année suivante. Il faut donc ou qu'il y ait erreur de nom, comme le croit Wieland, ou qu'il s'agisse d'un Hostilius ou d'un Porcius Caton, comme le conjecture Manuce.

2. *Pacidianus et Éserninus.* C'étaient de célèbres gladiateurs, mais le dernier l'emportait. C'est une allusion à ce qui est dit dans son traité *Sur le meilleur genre d'orateurs*, où Eschine est comparé à Éserninus, Démosthène à Pacidianus. Cela ne signifie autre chose ici, sinon que son éloquence eût échoué contre le crédit de Pompée.

3. *Il ne m'a pas fait la moindre question.* Les accusés avaient le droit de questionner les témoins pour embarrasser ceux produits contre eux, et se créer des moyens de défense.

4. *Ascanion.* C'était sans doute un esclave que Quintus voulait affranchir.

5. *Le 24 octobre.* Manuce soupçonne qu'il faut lire VI *kalend.*, jour auquel se célébraient les jeux de la Victoire. Cela répondrait au 27 octobre, et différerait de trois jours la date de cette lettre.

6. *Au triomphe de Pomptinus.* Sur les Allobroges. Il se moque ensuite de Scévola, qui voulait l'empêcher. Il dit : Ἄρη πνέων, *spirans Martem*, parce que sa figure annonçait un dessein terrible. Ainsi Aristophane a dit : Ἄρη πνέων, et Cicéron lui-même a rendu l'expression en latin dans la lettre 723 : *Hoc loco fortibus sane oculis Cassius (Martem spirare diceres) se in Siciliam non iturum.*

LETTRE CLIV. 1. *N'étant point un Héraclide Ponticus.* Héraclide Ponticus, assez mauvais auteur de l'école de Platon, avait écrit un traité *de la République* en dialogues. Au sujet de ces intéressans détails sur ce bel ouvrage, je ferai remarquer que Cicéron en est revenu à son premier projet, et qu'il a conservé ses interlocuteurs, au lieu de se mettre en scène, comme le voulait Salluste.

2. *Comme Pansa juge que je le devais.* C'est Vibius Pansa, qui fut consul avec Hirtius et qui périt à Modène. Sans doute qu'à l'armée il s'était entretenu avec Quintus de cette affaire et de la conduite que Cicéron aurait dû tenir.

3. *Par la haine qu'ils portent à son protecteur.* J'ai suivi le sens adopté par Wieland, qui me semble le seul admissible.

4. *Ceux qui attestent tout avec serment.* Il s'agit ici de gens de mauvaise foi que Quintus devait reconnaître à ce trait; ces gens, ayant toujours un serment prêt pour se dégager de toute obligation, nient maintenant qu'ils doivent quelque chose à Quintus. C'est la traduction de Wieland, d'après laquelle j'ai changé celle de Prévost. Toutefois il y a et il y aura toujours de l'incertitude sur des choses qu'il faut se résoudre à ignorer toujours. Quant à l'affaire du fisc, on peut se reporter à la précédente lettre, qui cependant ne nous apprend rien, sinon que Scipion s'en mêlait aussi.

5. *Vous voulez.* A dater de ces mots, on commençait une autre lettre; tandis qu'il résulte formellement de la conclusion, qu'il y a dans une seule et même lettre réponse à deux de Quintus.

6. *Ouvrir les yeux sur nos véritables avantages.* C'est l'interprétation de Socrate sur l'adage grec qu'il cite dans cette lettre.

LETTRE CLV. 1. *Aux jours d'automne.* J'ai suppléé aux lacunes laissées par Prévost; j'ai traduit les vers grecs cités par Cicéron. Ces vers sont de l'*Iliade*, liv. xvi, v. 385.

2. *Labienus.* T. Attius Labienus, lieutenant de César dans la Gaule, passa du côté de Pompée dans la guerre civile. Ligurius est l'ami de César : il en est parlé dans les lettres 404 et 606 de ce Recueil. Il parait que Quintus avait conseillé à son frère d'entretenir des relations avec ceux qui jouissaient de la confiance de César.

3. *Samos.* Cette île s'était trouvée dans le gouvernement d'Asie quand il l'administrait en qualité de propréteur.

LETTRE CLVI. 1. *Les préparatifs que vous aviez faits.* Mongault, dont j'ai conservé la traduction, n'a exprimé que par une généralité le mot grec δέρρεις. Atticus s'était muni de couvertures, de manteaux, d'où Cicéron avait conclu qu'il redoutait les tempêtes de la traversée.

2. *Vous pouvez.* Tout ceci, jusqu'aux mots *il ne manque plus que de le voir en crédit*, est visiblement une interpolation. Schütz

trouve une place assez convenable à ce passage dans la lettre 149, où on lirait : *Nunc ut opinionem habeas rerum, ne puta, sed vide, nummis ante comitia tributim uno loco divisis palam, inde absolutum Gabinium. Etiam videtur esse aliturus. Ferendum est. Quæris ego me ut gesserim.* Cela est bien ingénieux, mais bien arbitraire. Faut-il s'étonner qu'après deux mille ans les textes se trouvent en si mauvais état, quand Cicéron lui-même se plaint des copies détestables que l'on vendait déjà des ouvrages contemporains?

3. *Les magnificences de son édilité l'ont rendu assez agréable au peuple.* Il y avait consumé tout son bien et contracté beaucoup de dettes. Pline évalue à cent millions de sesterces les restes et les débris. La somme est ridiculement exagérée.

4. *Les suffrages des peuples de la Gaule Cisalpine.* Mongault, qui lit *Pompeii Gallia*, au lieu de *ejus Gallia*, ajoute « qui sont dévoués à Pompée. » Pompée n'avait rien à faire dans la Gaule. Il y a encore erreur manifeste des copistes.

5. *Jusqu'à ce que César ait repassé les Alpes.* Cette traduction est bien plus vraie que littérale. Ce n'est pas à Rome que revenait César, c'est dans la province Cisalpine, et là il recevait les hommages des sénateurs et des Romains de toute condition qui se hâtaient d'accourir près de lui.

LETTRE CLVII. 1. *Si je ne vous écris pas aussi souvent, etc.* Il est manifeste que le commencement de cette lettre n'en faisait point partie, et que ce paragraphe a été écrit à une époque où Atticus était encore en Asie.

2. *Quatre cent mille sesterces.* J'ai laissé la somme indiquée par Mongault : cela fait 73,700 fr. Wieland parle de quarante millions de sesterces, chose absurde : cela ferait 7,370,000 fr.

3. *Comme cette convention s'était faite par écrit.* La voici : Appius Claudius et L. Domitius Ahenobarbus voulaient commander des provinces après leur consulat; d'un autre côté, Memmius et Domitius Calvinus voulaient devenir consuls. D'une part, la promesse porte que l'on persuadera au peuple, au moyen du serment de trois augures, que l'affaire a été mise en délibération, ce que deux consulaires affirmeraient; d'autre part, les consuls en charge s'engageaient à faire nommer Memmius et Calvinus.

4. *Le mépris que j'ai pour des gouvernemens.* — *Contemptionem Seleucianæ provinciæ.* Il appelle ainsi la Cilicie, parce que Seleu-

cus y avait bâti plusieurs villes. On ne voit pas cependant qu'on lui eût offert alors le gouvernement de cette province.

LETTRE CLVIII. 1. *César a supporté sa douleur.* — *Voyez* liv. v, ch. 37, de la *Guerre des Gaules*. Cette perte était celle d'une légion massacrée avec Cotta et Sabinus.

2. *Détourner de cette entreprise Crassus Junianus, qui m'est fort attaché.* Manuce voudrait lire ici *Crassum Licinianum*. Cette leçon donnerait le moyen de se rappeler qu'un Licinius Crassus avait été adopté dans une autre famille, par exemple dans la famille Célia. De la sorte ce serait le Célius Vicinianus de la lettre 206, où il faudrait lire *Licinianus*. Enfin, dans la *Guerre civile*, il faudrait aussi substituer ce nom à celui de Vincianus. Lambinus, au contraire, rapporte des médailles où se trouve le nom de *Crassus Junianus*.

3. *Gutta.* Quel était donc ce Gutta qui allait devenir le compétiteur de Milon pour le consulat? Nous sommes obligés de renoncer à le connaître. Asconius nomme trois candidats plébéiens, T. Annius Milon, P. Plautius Hypseus et Q. Cécilius Metellus Scipion.

4. *Et puis....* J'ai préféré des points, j'ai préféré confesser, avec Ernesti et Wieland, que je n'entends pas ce passage. Prévost avait supposé *magister morum*, puis il avait traduit : *Étant maître de mœurs, on n'aurait pas trouvé mauvais qu'il se fût considéré en cette qualité plutôt que sous celle d'édile.* Schütz veut effacer les mots *vel quia magister*. Alors la phrase précédente signifierait : *Il pouvait se considérer comme gérant d'une succession plutôt que comme édile.* Milon venait en effet d'hériter d'une grande partie des biens d'un édile : Cicéron veut dire seulement que, donnant les jeux au nom du défunt, Milon pouvait s'en acquitter plus simplement.

LETTRE CLIX. 1. *Je ne devais rien faire.* Tout ce commencement de lettre a été traduit d'une manière fort lâche par Prévost, qui avait négligé même de rendre les paroles d'Homère (*Iliade*, liv. IV, v. 182).

2. *Trois cent mille sesterces.* L'abbé Prévost commence par en faire de grands sesterces; puis il traduit par *trois cent mille écus*, ce qui prouve au moins qu'il a raison quant à lui. Toutefois il ne s'agit pas ici de grands sesterces, mais peut-être de trente millions de

sesterces que veut dépenser Wieland. D'autres lisent trois cent mille, et Milon s'en trouverait quitte à 61,350 fr. Schütz lit LLS CCCIƆƆƆ. Pline (liv. XXXVI, ch. 24) parle d'une somme énorme pour laquelle Milon s'était endetté. J'ai préféré la vulgate.

3. *Je l'aiderai néanmoins de mes conseils.* Je crois avec Manuce, qu'il s'agit de défendre Milon de l'inconsidération de ses démarches. Cependant il paraît que les secours d'argent ne sont pas étrangers à l'intention de Cicéron. J'ai donc laissé subsister la seconde partie de la phrase.

4. *Sans jugement préalable.* Il s'agit du second jugement, de celui pour brigue ; car il avait déjà échappé au danger du premier, et subi le second après son consulat. Cicéron veut donc dire que, si c'est un interroi qui préside les comices, Messalla prendra possession du consulat sur-le-champ, et par conséquent ne sera point jugé ; que si un dictateur les préside, il pourra exiger le jugement préalable, mais alors encore il n'y a rien à craindre, parce que la haine ne s'en mêlera pas.

5. *Hirrus fait des préparatifs.* Pour proposer la dictature quand il sera tribun ; car en ce moment il n'est que désigné.

6. *La promesse.... de m'envoyer des esclaves.* Je ne sais où Prévost et Wieland ont rêvé des *hypothèques* : il s'agit de prisonniers faits en Bretagne et dans la Gaule. Prévost a tout aussi mal compris le *Romæ et in prædiis infrequens,* qui veut dire qu'il est presque seul à Rome et à la campagne ; que par conséquent il n'a pas assez d'esclaves, et qu'on fait bien de lui en donner.

7. *La considération qu'il a pour moi.* Vatinius avait fait faire sans doute des protestations à Cicéron, qui n'en est pas la dupe. Plus bas Prévost a sauté tout ce qui concerne la perte de la tragédie d'*Érigone.* Il résulte, de la plaisanterie que Cicéron fait à son frère, que César avait rendu les routes très-sûres et très-praticables.

8. *Dans lequel il instituait pour un douzième.* Tout ceci est encore fort altéré : ce que l'on peut deviner, c'est que Félix, qui voulait faire un avantage aux deux Cicéron, avait oublié d'apposer son sceau au testament, ou plutôt qu'il s'était trompé en revêtant de cette formalité un autre acte qu'il ne voulait plus laisser en vigueur.

9. *Je crains que cet enfant ne mange trop.* Le fils de Quintus

était alors âgé de quatorze ans : il prit la robe virile sous Paulus et Marcellus.

LETTRE CLXII. 1. *Culleolus*. Il paraît que Culleolus gouvernait l'Illyrie, car les *Bulliones* dont il était parlé sont de cette contrée. S'il en est ainsi, Culleolus aura été en Illyrie avant le premier consulat de César. Il ne pourrait guère y avoir été plus tard; car il est constant, par cette lettre même, que sa date est antérieure à la mort de Pompée.

LETTRE CLXIV. 1. *Curius*. Quel est ce Curius? quelle province gouverna-t-il? C'est peut-être Marcus Curius, recommandé ailleurs par Cicéron. Il faut qu'il ait été propréteur et non proconsul, car plus de deux cents ans s'étaient écoulés sans qu'il y eût un consul Curius. Le ton de Cicéron n'est pas celui de ses recommandations ordinaires; il fait celle-ci avec un air de supériorité, comme si Curius était son client ou son obligé.

LETTRE CLXV. 1. Le Valerius auquel est adressée cette lettre est sans doute le même que celui qu'il recommande plus tard à Appius. Lentulus est encore, dans ce moment, proconsul de Cilicie.

LETTRE CLXVI. 1. *C. Curion* est le même que, par dérision, il a appelé ailleurs *filiola Curionis*. Son père avait été consul avec Octavius, puis proconsul de Macédoine. Le jeune Curion s'était jeté dans le plus grand désordre : ce fut Cicéron qui le réconcilia avec son père. Depuis lors il écouta les conseils de ce grand homme, et gagna toute son affection.

LETTRE CLXVII. 1. *Dans tous ces interrègnes?* Dion dit que l'année du consulat de Messalla et de Calvinus eut près de six mois d'interrègne, ce qui, d'après les indications d'Asconius, en supposerait environ trente-six. L'interroi ne rendait pas la justice : aussi Cicéron conseille-t-il plaisamment de doubler le délai de consultation, et non *deux assemblées de conseils*, comme l'avait mal-à-propos traduit Prévost. Cette expression avait passé en usage au barreau. Il se pourrait que la juridiction de l'interroi se bornât aux actions pour dettes, et, dans ce cas, le conseil de Cicéron aboutissait à une fin de non-payer.

2. *Ces* SIGNES-LA. Voici un véritable calembourg que nous ne pouvons pas rendre en français. *Signa* signifie à la fois les marques

et les statues. Or, Cicéron venait d'en acheter de fort chères par l'entremise de Fabius Gallus, et c'est à cela qu'il fait allusion.

3. *Laberius.* Il composait alors des *mimes.* C'était un chevalier romain que César contraignit à monter sur la scène : cet auteur se plaignit de cette violence dans un prologue que Macrobe nous a conservé (*voyez* l'excellente dissertation que M. Louis Vaucher a publiée sur la comédie latine; Genève, 1829).

4. *Valerius.* C'est celui auquel est adressée la lettre 165 : il paraît qu'il était jurisconsulte médiocre, mais assez bon plaisant. Cicéron craignait que ces deux personnages ne s'entendissent pour railler son ami Trebatius sous le nom du *jurisconsulte breton.*

LETTRE CLXIX. 1. Il ne paraît pas que Curion ait écouté les sages conseils que lui donne Cicéron dans cette lettre. Il fit célébrer des jeux aux funérailles de son père, et y fit des dépenses extraordinaires dont parle Pline (liv. xxxvi, ch. 24). Aussi ne put-il satisfaire à ses engagemens, ce qui le força de s'abandonner entièrement au parti de César pour échapper à ses créanciers.

LETTRE CLXX. 1. *Pansa.* Celui qui fut consul avec Hirtius, en 711. Le nom de *Titius* est fort incertain : il y a Seïus, Canus, Caïus. Manuce préférerait Titius, afin que ce fût Pomponius Atticus.

2. *Vos gens d'Ulubre.* C'était une petite ville des marais Pontins : ses habitans étaient cliens de Trebatius. Manuce rapporte une inscription qui prouve que ce n'est ni une colonie ni une municipalité, mais une préfecture où l'on jouissait du droit de cité romaine, et où l'on avait des magistrats élus par le peuple ou désignés par le préteur.

LETTRE CLXXI. 1. *Ce n'est point par le droit.* Cicéron cite un fragment du livre viii des *Annales* d'Ennius, et Aulu-Gelle, au liv. xx, ch. 9, le donne beaucoup plus au long.

2. *Mais ce n'est point pour vous,* etc. J'ai suivi la leçon de Lambinus. Au lieu de *et tu soles ad vim faciendam adhiberi?* phrase qui n'a pas de liaison avec ce qui précède, je lis *at tu non soles,* etc., et j'enlève le point d'interrogation. J'ai rétabli aussi les termes de l'édit et changé toute la traduction, qui n'était qu'un contre-sens.

3. *J'apprends qu'ils sont dangereux.* Prévost avait mis *qu'ils sont du genre capital,* ce qui, à son tour, aurait eu besoin de traduction. Cicéron joue sur le mot *capital,* parce qu'à Rome il y avait des *triumviri capitales.* Dans son idée il les oppose à *triumviri monetales.* La pensée de triumvirs est venue de la consonnance *Treviri,* et il aimerait mieux que Trebatius eût affaire à des ennemis riches qu'à des ennemis belliqueux.

LETTRE CLXXII. 1. Trebatius jouissait d'un grand crédit sur César : plusieurs auteurs nous en parlent avec éloge. Quintilien nous dit qu'il plaida avant l'âge fixé pour la questure. Columelle lui attribue trois livres sur l'art du boulanger, du cuisinier et de l'économe. Macrobe parle d'un Cn. Matius, dont il vante la science; mais, peut-être, y a-t-il eu plusieurs Matius? Il y a différence du prénom, ou peut-être erreur de prénom.

LETTRE CLXIII. 1. *J'ai pris soin d'en envoyer une en grec.* Il y a ici grande querelle d'interprètes. Schütz pense que Cicéron fait allusion à son poëme en grec, qu'il adresse à César par l'entremise de Trebatius, auquel cet hommage doit profiter. Ernesti croit qu'une caution grecque est l'opposé d'une recommandation romaine, comme celle que Cicéron veut donner à Trebatius pour Balbus, laquelle caution grecque serait synonyme de *græca fides;* enfin Wieland estime qu'il s'agit d'une recommandation *à la grecque* (il a mis ces mots français dans sa traduction), c'est-à-dire d'une recommandation qui soit l'équivalent d'une demande d'argent, comme il les faut aux Grecs rhéteurs, sophistes, etc.

2. *Vous ayez la patience d'en faire ainsi plusieurs copies.* Trebatius ayant sans doute par erreur envoyé le brouillon et la mise au net, il était arrivé à Cicéron deux copies de la même lettre. Plus bas, après le palimpseste, j'ai effacé, du consentement de Lambinus, de Gronovius, de Grévius, d'Ernesti, ces mots *quam hæc scribere.* On voit que l'usage d'écrire sur d'anciens manuscrits est fort ancien lui-même.

3. *N'est-ce pas un peu votre faute, d'avoir emporté avec vous votre modestie, au lieu de la laisser à Rome?* Modestie, timidité envers César, raison pour laquelle Trebatius ne demandait et n'obtenait rien.

4. *Metrilius Philémon.* J'adopte sans difficulté cette correction de Manuce, au lieu d'*Émilius* qui est défiguré dans les manuscrits.

On trouve néanmoins dans l'oraison *pour Milon* un Émilius Philémon, affranchi de M. Lepidus, qui était de la maison Émilia.

5. *Le bruissement. — Fremitum.* Tout ce passage est une plaisanterie fondée sur ce qu'Ulubre, dont Trebatius avait recommandé les habitans à Cicéron pour le temps de son absence, était situé au milieu des marais : aussi les compare-t-il à des grenouilles. Il dit qu'il les a entendus même de Pomptinum, et que les grenouilles ont coassé de concert pour l'honorer.

LETTRE CLXXVI. 1. Il y a beaucoup de discussions entre les commentateurs pour savoir de quel Sextius il est ici question. Il y en avait deux, tous deux avec prénom de Publius, mais l'un fils de Publius, l'autre de Lucius. Le fils de Lucius avait eté en Macédoine le questeur du proconsul Antoine, et il se trouva, jusqu'à un certain point, compromis dans l'accusation par suite de laquelle cet Antoine fut banni, malgré l'éloquent plaidoyer de Cicéron. Ce fut ce Sextius qui, tribun, réclama le rappel de Cicéron; ce fut lui encore qui fut accusé de violence par Clodius, et défendu par Cicéron. L'autre Sextius, le fils de Publius, fut questeur en 695, édile deux ans après, et plus tard banni comme s'il eût été cause de la cherté des grains.... Wieland accuse ici Cicéron d'avoir si bien mêlé ce qui concerne les deux Sextius, que Ragazzoni les a regardés comme un seul individu. L'accusation est au moins plaisante. Prévost ne veut qu'un seul Sextius : aussi toutes ses notes sont-elles faites dans cette supposition.

2. *De refuser à sa vertu.* Au lieu de *non cepisse*, j'ai pris la leçon de Martyna Lagune, *recusasse.* Malheureusement on ignore s'il la doit à un manuscrit ou à une conjecture.

LETTRE CLXXVIII. 1. *Servilius.* D'autres éditions portent Sext. Villius. Wieland a fait une grande note politique pour prouver que, Crassus étant mort, Cicéron voulait maintenir l'équilibre entre César et Pompée, en leur donnant un troisième triumvir : or, Milon lui paraissait avoir assez d'énergie pour accomplir ses vues; mais avant tout il fallait qu'il eût été consul, et revêtu de la suprême puissance. Nous ne pouvons transcrire ici cette longue note, qui n'a d'ailleurs qu'un intérêt de conjecture.

2. *L'inclination du peuple.... par la magnificence de ses présens.* Milon avait donné plusieurs fois des jeux, et Cicéron traite d'extravagans ceux de son édilité, tant il y fit de dépense.

LETTRE CLXXIX. 1. Fadius, questeur sous le consulat de Cicéron, fut ensuite l'un des tribuns les plus ardens à opérer son rappel. On ne sait pas au juste ce que c'est que le chagrin de Fadius : un commentateur croit qu'il a échoué dans la demande de la préture ; mais les expressions de Cicéron seraient alors bien pompeuses et deviendraient ridicules. D'ailleurs on voit bien qu'il est question d'un jugement, puisqu'il est parlé d'une seule voix qui a fait cette concession au pouvoir, voix peut-être mal comptée, − voix par conséquent douteuse. Peut-être la sentence le condamnait-elle à une amende ; je croirais difficilement à l'exil, car Cicéron dit que Fadius pourra vivre avec lui et avec les siens. S'agirait-il d'une exclusion de fonctions publiques ? je serais tenté de le croire, d'après ces mots : *le sort qui menace les lois, etc.*, *doit faire estimer heureux celui qui s'est tiré avec le moins de préjudice possible d'une cité aussi mal constituée ;* et ici j'ai encore changé la traduction de Prévost. Peut-être Fadius avait-il encouru une peine pour des manœuvres électorales, sans être pour cela accusé de brigue au premier chef. Quoi qu'il en soit, Pompée, dans son troisième consulat, avait redoublé de sévérité contre la brigue : Fadius ne devait pas s'élever à de plus hautes dignités, on le poursuivit pour plaire à Pompée, puisque le jugement avait été *potentiæ alicujus condonatum*. Pighius, dans ses *Annales* (liv. III), rapporte cette lettre au temps de la guerre civile ; mais Ragazzoni a fort bien jugé qu'elle appartenait au troisième consulat de Pompée.

LETTRE CLXXX. 1. Appius Pulcher était alors proconsul en Cilicie. Valère Maxime dit qu'il fut tué à la bataille de Pharsale. Cette maison, qui était l'une des plus anciennes de Rome, était divisée en plusieurs branches : les *Pulcher*, les *Néron* et les *Marcellus*. On ne sait dans quelle occasion l'Appius dont il est ici question avait mérité le titre d'*imperator*. Il était frère de P. Clodius, l'implacable ennemi de Cicéron.

2. *Par la grandeur et la fréquence de mes services.* La leçon *crebritate* est préférable à *celebritate*, comme Ernesti l'a fort judicieusement fait observer.

3. *Si je la retire des mains de vos amis.* Il paraît qu'Appius, qui avait acquis en Grèce une si grande quantité de statues, venait d'offrir une Minerve à Cicéron.

4. *Quand il ne le serait point.* Cicéron ne parle jamais de ce

Valerius sans se moquer de sa qualité de jurisconsulte. Il paraît qu'il ne jouissait pas d'une grande réputation d'habileté.

LETTRE CLXXXI. 1. *Ce Titius* était l'un des quinze lieutenans que Pompée s'était réservé le droit de nommer, quand on lui confia la surveillance des grains de tout l'empire. (WIELAND.)

2. *C. Avianus Flaccus.* C'était un chevalier romain qui avait de grands biens et faisait des affaires en Sicile, où se trouvait alors Titius.

3. *Lui firent obtenir trois ans, lorsque Pompée avait l'intendance de cette affaire.* L'intendance de Pompée dura cinq ans; mais il paraît que le privilège, ou la licence d'Avianus n'eut qu'une durée de trois ans : peut-être Cicéron ne la demanda-t-il pour lui qu'au bout de deux ans, peut-être aussi Pompée mit-il des bornes à sa concession. Quoi qu'il en soit, il semble que ce soit un nouveau terme de trois ans que l'on sollicite dans ce billet.

LETTRE CLXXII. 1. *J'exécuterai successivement vos ordres.* Le commencement de cette lettre est relatif à une mise que Cicéron devait faire pour Marius aux enchères d'une succession dans laquelle Cicéron lui-même était intéressé. Marius lui avait fixé un *maximum*, et il lui fait voir ici qu'il ne tiendrait qu'à lui de se faire surenchérir par un tiers, afin de ne pas rester au dessous du prix le plus élevé. On ne sait pas quel est l'objet, ou le bien que Marius voulait acquérir : il s'agit probablement de tableaux, de statues, etc.

2. *Du succès que j'ai obtenu contre Bursa.* Titus Munatius Plancus Bursa, frère de Lucius Plancus, auquel sont adressées plusieurs lettres. Ce Bursa était tribun du peuple; il succéda à toutes les violences de Clodius contre Cicéron et contre Milon, et fut condamné pour ses excès au bannissement qu'il avait mérité. Le crédit de Pompée n'y put rien. Cicéron dit ici qu'il avait choisi les juges. Pompée avait en effet porté deux lois sur cette matière. Probablement qu'il avait agi comme dans l'affaire de Milon, où il proposa trois cents jurés de tous les ordres de l'état, sur lesquels le sort en désigna quatre-vingt-un. L'accusateur et l'accusé en ayant chacun récusé cinq de chaque ordre, il en resta cinquante et un, savoir : dix-huit sénateurs, dix-sept chevaliers et seize tribuns du fisc.

3. *Qu'il n'y ait point d'intercalation cette année.* La survenance

d'un mois intercalaire (*mercedonius*) aurait eu pour effet de reculer les fêtes, de prolonger les travaux extraordinaires dont parle Cicéron, et par conséquent de retarder l'instant où il pourrait aller voir Marius. *Voyez*, sur les intercalations, le *Traité de Chronologie* d'Ideler.

FIN DU DIX-NEUVIÈME VOLUME.

TABLE

DES MATIÈRES CONTENUES DANS CE VOLUME.

Lettres	Pages
87. Cicéron à Atticus	3
88. Au même	11
89. Au même	19
90. Cicéron à Quintus son frère	27
91. Cicéron à Gallus	33
92. Cicéron à P. Lentulus, proconsul	35
93. Au même	41
94. Au même	45
95. Au même	47
96. Au même	49
97. Cicéron à Quintus son frère	53
98. Cicéron à Atticus	57
99. Cicéron à Quintus son frère	59
100. Cicéron à P. Lentulus, proconsul	67
101. Au même	69
102. Cicéron à Quintus son frère	71
103. Au même	73
104. Au même	75
105. Cicéron à Atticus	83
106. Au même	85
107. Cicéron à Quintus son frère	89
108. Cicéron à L. Lucceius	ibid.
109. Cicéron à Atticus	101
110. Au même	105
111. Au même	107
112. Q. Metellus Nepos à Cicéron	109
113. Cicéron à P. Lentulus, proconsul	111
114. Cicéron à Quintus Valerius, proconsul	125
115. Au même	127
116. Cicéron à Quintus son frère	129
117. Cicéron à Atticus	131
118. Au même	135
119. Au même	137
120. Cicéron à Quintus son frère	139
121. Au même	141
122. Cicéron à Atticus	145
123. Au même	149
124. Cicéron à Fabius Gallus	ibid.
125. Cicéron à P. Lentulus, proconsul	155
126. Cicéron à Marius	161
127. Cicéron à Q. Philippe, proconsul	167
128. Cicéron à Q. Ancharius, fils de Q., proconsul	169
129. Cicéron à Atticus	ibid.
130. Cicéron à Quintus son frère	171
131. Cicéron à M. Licinius Crassus	173
132. Cicéron à Quintus son frère	181
133. Cicéron à César, empereur	185
134. Cicéron à Quintus son frère	189

Lettres	Pages	Lettres	Pages
135. Cicéron à Trebatius...	191	160. Cicéron à Munatius, fils de C..............	359
136. Au même............	193		
137. Cicéron à Atticus.....	195	161. Cicéron à Q. Philippe, proconsul.........	361
138. Cicéron à Quintus son frère.............	197		
		162. Cicéron à L. Culleolus, proconsul.........	363
139. Cicéron à Trebatius...	201		
140. Cicéron à Quintus son frère.............	203	163. Au même............	365
		164. Cicéron à Curius, proconsul.............	367
141. Au même............	207		
142. Cicéron à Atticus.....	211	165. Cicéron à L. Valerius, jurisconsulte.......	ibid.
143. Cicéron à Trebatius...	219		
144. Cicéron à Quintus son frère.............	221	166. Cicéron à C. Curion...	369
		167. Cicéron à Trebatius...	373
145. Cicéron à Trebatius...	225	168. Cicéron à C. Curion...	375
146. Cicéron à Quintus son frère.............	229	169. Au même............	377
		170. Cicéron à Trebatius...	379
147. Cicéron à Trebatius...	251	171. Au même............	381
148. Cicéron à P. Lentulus, proconsul, imp....	253	172. Au même............	383
		173. Au même............	385
149. Cicéron à Atticus.....	293	174. Cicéron à C. Curion..	389
150. Cicéron à Trebatius...	311	175. Au même............	391
151. Cicéron à Quintus son frère.............	315	176. Cicéron à P. Sextius, fils de P.............	393
152. Au même............	319		
153. Au même............	323	177. Cicéron à Trebatius...	397
154. Au même............	331	178. Cicéron à C. Curion...	399
155. Au même............	337	179. Cicéron à T. Fadius...	405
156. Cicéron à Atticus.....	339	180. Cicéron à Appius Pulcher, imp.........	407
157. Au même............	343		
158. Cicéron à Quintus son frère.............	347	181. Cicéron à T. Titius, lieutenant.........	411
159. Au même............	353	182. Cicéron à M. Marius...	415
		Notes..................	416

10 ans DE CRÉDIT

BIBLIOTHÈQUE LATINE-FRANÇAISE

C. L. F. PANCKOUCKE, ÉDITEUR,
Rue des Poitevins, n° 14.

Cette Collection se compose de CENT SOIXANTE-DIX-HUIT volumes, et comprend QUARANTE ET UN AUTEURS.

Chaque auteur se vend séparément.

7 francs le volume in-8°, papier des Vosges, NON MÉCANIQUE, satiné, caractères neufs.

Les DIX ANNÉES DE CRÉDIT seront accordées à toute PERSONNE BIEN CONNUE, et de la manière suivante : Les 178 volumes, à 7 fr. chacun, représentant une somme de 1,246 fr. — L'*Iconographie*, contenant 48 bustes et médailles, et plus de 40 pages de texte d'explication, formant 7 livraisons, 30 fr. — La *Médaille* de bronze, sur laquelle seront gravés le nom et les titres du souscripteur, 18 fr. — Cartonnage des 178 volumes, en papier maroquin lisse, étiquettes dorées, à 75 cent. le volume, 133 fr. 50 cent.

Total général : 1,427 fr. 50 cent.

Cette somme sera soldée en traites de la maison *de librairie*, sur l'acquéreur. — 1re année, deux traites de 30 fr., de six mois en six mois; 2e année, deux traites de 40 fr.; 3e année, deux traites de 50 fr.; 4e année, deux traites de 60 fr.; 5e année, deux traites de 65 fr.; 6e année, deux traites de 75 fr.; 7e année, deux traites de 85 fr.; 8e année, deux traites de 95 fr.; 9e année, deux traites de 105 fr.; et la 10e et dernière année, deux traites de 109 fr.

Sur l'acceptation positive de ces conventions, toute personne BIEN CONNUE recevra aussitôt les 178 volumes cartonnés, *francs de port, à son domicile*, soit à Paris, soit dans les départemens, et sera prévenue des époques fixes des traites qui seront tirées sur elle durant les dix années. Les acquéreurs de moitié ou du quart de la Collection payeront en 5 ans ou 2 ans 1/2, etc., etc.

Ceux qui ne prendraient ni l'*Iconographie*, ni la *Médaille*, ni le cartonnage, en préviendront la maison de librairie, rue des Poitevins, n° 14, et ces valeurs seront déduites de la somme totale.

www.ingramcontent.com/pod-product-compliance
Lightning Source LLC
Chambersburg PA
CBHW072103220426
43664CB00013B/1987